韓国家族関係登録法

戸籍に代わる身分登録法対応と実務

申 榮 鎬 韓国高麗大学校教授
裵　　薫 弁護士（大阪弁護士会所属） 著

日本加除出版

はしがき

　2008年は，韓国家族法史において，非常に大きな意味をもつ年であった。長年，維持されてきた戸主制度ないし家制度の廃止に関する2005年改正民法がようやく施行され，それに伴い戸籍制度に代わる新たな身分登録制度として家族関係登録制度が本格的に稼働し始めた。のみならず，戸籍制度より歴史的淵源が深い姓・本制度における父姓追従主義と姓不変の原則に変化がもたらされ，特別養子制度としての親養子制度が施行された。2008年の1年間に子の姓・本の変更申請が16,525件受理され，そのうちの14,269件が処理され，そのうちの12,582件が認められた。また，特別養子縁組許可申請が1年間に2,498件受理され，1,743件が許可されている。

　家族関係登録制度は，一人一籍の編製方式による身分登録制度である。しかし，家族関係登録簿は，その表現とは異なり，書面帳簿や電算戸籍簿のように原簿形態で存在するものではない。家族関係登録簿は，電算情報処理組織により入力・処理された家族関係登録事項に関する電算情報資料を登録基準地に従い個人別に区分・作成された電算上のデータである。従来の戸籍制度とは根本的に異なる。しかし，家族関係登録簿を作成するにおいては，従前の戸籍法第124条の3により編製された電算戸籍簿を対象に2007年12月31日当時記録されていた事項を基準にしてその戸籍電算資料を個人別に区分・作成したために（家族関係登録法附則3条1項），従来の戸籍と完全に断絶されたものではない。また，家族関係登録簿に記録されなければならない事項や記録事由等は，戸籍制度の下におけるそれとは大きく異なりうる性質のものではない。技術的・手続的側面では既存の戸籍制度のものをそのまま引き継いでいくしかない。本書を執筆するにおいて戸籍法に関する解説書・実務書を多く参考にした理由も，ここにある。また，その間，確立された戸籍法に関する判例のうち，家族関係登録制度の下でもその趣旨がそのまま妥当するもの，戸籍例規や先例のうち必須なものも参考とした。

　家族関係登録制度の下における身分関係の証明は，登録事項別証明書によりなされる。戸籍制度の下では，戸籍謄本という一つの証明書を通じて，本人は

はしがき

　もちろん同一戸籍に記載された者との身分関係を容易に把握することができたのとは異なり，家族関係証明書によっても本人と配偶者，父母，子との関係だけを知りうるのみである。このような範囲を超える親族関係が存在することを証明するためには，関係者らの家族関係証明書が必要である。実務では，除籍処理された電算戸籍やイメージ電算戸籍がより好まれる可能性が大きい。また，最初に作成された家族関係登録簿が電算戸籍簿に基づいており，電算戸籍簿はそれ以前の書面形態の戸籍簿を移記したものであるため，その過程で発生した誤謬も少なくない。家族関係登録簿が身分登録制度としての機能と使命を果たすためには，このような誤謬は至急是正されなければならないだろう。「遺漏された家族の家族情報配布を通じた追加記録の特例」（2008年6月18日大法院家族関係登録例規第277号）の制定も，そのための措置の一つである。そして，電算戸籍簿には表示されていなかった家族，例えば，離婚後再婚した女子の場合，前婚配偶者との実子の記録，認知により父の戸籍に入籍されていた婚姻外の子の記録が家族関係証明書に記載され，戸籍制度の下では隠すことができた離婚の事実や婚外子の出生の事実が露わになるなど，各証明書に望ましくない情報が公開されるという問題も発生している。このように個人の身分情報が過度に公開されているのではないか，反対に各証明書に含まれなければならない情報が抜け落ちているのではないか，などといった指摘も提起されている。今後の改善課題ということができる。

　筆者の申榮鎬は，韓国高麗大学校法学部・法学専門大学院の教授であり，親族相続法の講義や立法に関与した経験と実務を通じて戸籍法と戸籍制度に対する概括的な理解をしているのみである。また，筆者の裵薫は大阪弁護士会に所属する弁護士であり，長年，在日韓国人の家事事件を処理することを通じて，戸籍法を知るに過ぎない。筆者らの能力不足を痛感しながらも，日本に韓国の家族関係登録法制を紹介しようとした目的は，日本には，歴史的経緯により数十万人の在日韓国人が居住しているのに加えて，近時は韓日両国民の婚姻・養子縁組など渉外的要素を含む身分関係の形成が増加し，日本の実務家による適切な事件処理がますます社会的に要請されており，本書がその一助になることを願ったものである。そのため，日本の実務家等に紹介する必要性が大きくな

い事項に関する解説は大胆に省略し，記載例，書式，例規など実務に役立ちそうな資料を多く掲載した。この点について，本書の読者の皆様に御諒解を頂きたい。

　門外漢といえる筆者らが，家族関係登録法について解説をするということは理に合わないというに値する。日本加除出版株式会社の尾中哲夫代表取締役社長の激励と柳田承一専務取締役の強い勧めがなかったなら，このような蛮勇は夢にも考えられないことであった。身の程知らずの挑戦であったが，執筆過程を通じて，筆者自らが多くのものを学ぶことができた。柳田専務取締役に感謝の意を表したい。駐大阪大韓民国総領事館の柳淵馨領事には，書式などの資料や最新の例規に関する貴重な情報を頂いた。感謝の意を表したい。本書の出刊については，多くの方々のご助力を得たが，未完成な韓国語の原稿を補完し，掲載資料を選別することにより，本書の価値を高めてくれた弁護士法人オルビスの金奉植弁護士，企画，編集及び校正に至るまで労苦が多かった日本加除出版株式会社の金塚万由美さんや関係者の皆様に感謝の意を表する。

　本書は日韓合作であり，研究者と実務家の合作でもある。日本と韓国に住む同じ年の筆者ら二人を引き合わせてくださった筆者らの師である韓国高麗大学校法学部名誉教授の崔達坤先生と弁護士の本渡諒一先生に改めてお礼を申し上げたい。

2009年3月

申　榮　鎬
裵　　　薫

凡　例

1．本書で引用する法令は，特段の記載がない限り大韓民国の法令を指す。
2．本文のうち条文のみを表記したものは，「家族関係の登録等に関する法律」の条文を指す。
3．法令の略語は次のとおりである。

民	民法
規則	家族関係の登録等に関する規則
例規	家族関係登録例規
民訴	民事訴訟法
非訟	非訟事件手続法
家訴	家事訴訟法
家訴規	家事訴訟規則
国籍	国籍法
国私	国際私法
法院	法院組織法
特例法	在外国民の家族関係登録創設，家族関係登録簿訂正及び家族関係登録簿整理に関する特例法
戸	旧戸籍法
戸施	旧戸籍法施行規則
戸例	旧戸籍例規

4．本文中では，以下のように法律用語の翻訳をしている。

　　届出→申告　　　　入養→養子縁組
　　親養子→特別養子　罷養→離縁
　　節次→手続　　　　接受→受付

5．判例について，「大法」とあるのは，大法院判例のことを指す。

参考文献

- 金　容　漢　『韓国の戸籍制度と戸籍法』日本加除出版，1977
- 崔　弘　基　『韓国戸籍制度史の研究』第一書房，1996
- 鄭　周　洙　『戸籍法概説』法律メディア，2007
- 法院行政処　『戸籍実務便覧』2003
- 法院行政処　『戸籍非訟事件主文記載例集』2006
- 法院行政処　『家族関係の登録等に関する法律解説』2007
- 法院行政処　『家族関係の登録等に関する規則解説』2007
- 法院行政処　『大法院例規集（家族関係登録編）』2007
- 法院行政処　『家族関係登録実務資料集（記載編）』2007
- 法院行政処　『国際身分関係法令集』2008

（本文で上記の参考文献を引用する場合，その具体的出処は省略する。）

目　次

■ 第1編　総　論 ■

第1章　韓国戸籍制度と家族関係登録制度への改編 ……………… 3
　第1節　韓国戸籍制度の沿革 ……………………………………………… 3
　第2節　韓国戸籍制度の概要 ……………………………………………… 5
　第3節　戸籍制度から家族関係登録制度への改編 …………………… 10
　　1　家族関係登録制度の意義 …………………………………………… 10
　　2　家族関係登録法の立法経緯 ………………………………………… 10

第2章　家族関係登録制度の概要 ………………………………… 15
　第1節　法　源 …………………………………………………………… 15
　第2節　家族関係登録簿の記録事項と登録事項別証明書 …………… 16
　Ⅰ　家族関係登録簿の記録事項 ………………………………………… 16
　　1　記録事項の意義 ……………………………………………………… 16
　　2　記録事項の分類 ……………………………………………………… 16
　Ⅱ　登録電算情報資料の利用と登録事項別証明書の交付 …………… 16
　　1　登録電算情報資料の利用と個人情報の保護 ……………………… 16
　　2　登録事項別証明書の交付 …………………………………………… 18
　　　⑴　証明書の種類と記録事項 ……………………………………… 18
　　　⑵　証明書の交付 …………………………………………………… 29
　　　⑶　証明書の作成方法 ……………………………………………… 35
　　　⑷　申告書類の閲覧及び記載事項証明 …………………………… 35
　第3節　家族関係登録事務の処理 ……………………………………… 36
　Ⅰ　家族関係登録事務の管掌と監督 …………………………………… 36
　　1　家族関係登録事務の意義と性質 …………………………………… 36
　　2　家族関係登録事務の管掌 …………………………………………… 36
　　　⑴　意　義 …………………………………………………………… 36

i

目　次

　　　　　(2)　管掌機関 ………………………………………………………… 37
　　　3　家族関係登録事務の監督 ………………………………………… 39
　Ⅱ　家族関係登録簿の作成 ……………………………………………………… 40
　　1　家族関係登録簿の意義と特徴 ………………………………………… 40
　　　(1)　原簿概念の消滅 ……………………………………………………… 40
　　　(2)　家族関係登録簿の特定登録事項の電算的相互連結 ………… 41
　　2　記録の効力 ………………………………………………………………… 41
　　3　記録の手段と文字 ………………………………………………………… 42
　　　(1)　記録文字の一般原則 ………………………………………………… 42
　　　(2)　外国の国号，地名及び人名の表記 …………………………… 42
　Ⅲ　家族関係登録簿の記録事由 ……………………………………………… 43
　　1　申告等による家族関係登録簿の記録事由 ……………………… 43
　　　(1)　申　告 ……………………………………………………………… 43
　　　(2)　通　報 ……………………………………………………………… 43
　　　(3)　申　請 ……………………………………………………………… 43
　　　(4)　証書の謄本 ………………………………………………………… 44
　　　(5)　裁判書 ……………………………………………………………… 45
　　　(6)　嘱託書 ……………………………………………………………… 45
　　2　職権による家族関係登録簿記録事由 …………………………… 45
　　　(1)　意　義 ……………………………………………………………… 45
　　　(2)　申告に代わる職権記録 ………………………………………… 46
　　　(3)　家族関係登録簿訂正申請に代わる職権記録 ………………… 47
　Ⅳ　家族関係登録簿の閉鎖 …………………………………………………… 47
　　1　閉鎖の意義と事由 ……………………………………………………… 47
　　2　閉鎖の方法 ……………………………………………………………… 48
　Ⅴ　家族関係登録事務の処理と電算情報中央管理所 ……………………… 48
　　1　申告地主義 ……………………………………………………………… 48
　　2　電算情報中央管理所 …………………………………………………… 48

第4節　申　告 ………………………………………………………………………… 50
　Ⅰ　申告の意義と種類 ………………………………………………………… 50

目　次

　　　1　申告の意義 …………………………………………………………… 50
　　　2　申告の種類 …………………………………………………………… 50
　　　　(1)　報告的申告 ……………………………………………………… 50
　　　　(2)　創設的申告 ……………………………………………………… 51
　Ⅱ　申告人 …………………………………………………………………… 52
　　　1　申告義務者と適格者 ………………………………………………… 52
　　　2　申告能力 ……………………………………………………………… 52
　Ⅲ　代　理 …………………………………………………………………… 53
　　　1　任意代理による申告 ………………………………………………… 53
　　　　(1)　報告的申告 ……………………………………………………… 53
　　　　(2)　創設的申告 ……………………………………………………… 54
　　　2　法定代理による申告 ………………………………………………… 54
　　　　(1)　報告的申告 ……………………………………………………… 54
　　　　(2)　創設的申告 ……………………………………………………… 54
　Ⅳ　方　法 …………………………………………………………………… 55
　　　1　書面による申告 ……………………………………………………… 55
　　　　(1)　申告書の作成 …………………………………………………… 55
　　　　(2)　申告書の記載方法 ……………………………………………… 56
　　　　(3)　申告書に添付する書類 ………………………………………… 56
　　　2　口頭による申告 ……………………………………………………… 57
　Ⅴ　場　所 …………………………………………………………………… 58
　　　　(1)　原　則 …………………………………………………………… 58
　　　　(2)　在外国民の場合 ………………………………………………… 58
　Ⅵ　期　間 …………………………………………………………………… 60
　Ⅶ　申告書の処理 …………………………………………………………… 61
　　　1　申告書類の受付 ……………………………………………………… 61
　　　　(1)　意　義 …………………………………………………………… 61
　　　　(2)　受付方法 ………………………………………………………… 61
　　　　(3)　受付番号 ………………………………………………………… 63
　　　　(4)　受付日付の基準 ………………………………………………… 63

目 次

          2　申告書類の審査 ……………………………………… 63
          3　申告書類の受理と記録 ……………………………… 64
    Ⅷ　催告・撤回・追完 ………………………………………… 65
        1　申告の催告 …………………………………………… 65
        2　申告の撤回 …………………………………………… 66
        3　申告の競合 …………………………………………… 67
        4　申告の追完 …………………………………………… 67
  第5節　訂　正 ………………………………………………………… 68
    Ⅰ　意義と類型 ………………………………………………… 68
        1　意　義 ………………………………………………… 68
        2　訂正対象と訂正事由 ………………………………… 69
          (1)　訂正対象 ………………………………………… 69
          (2)　訂正事由 ………………………………………… 70
        3　訂正の類型 …………………………………………… 70
        4　訂正手続相互間の関係 ……………………………… 71
          (1)　訂正申請と職権訂正 …………………………… 71
          (2)　家族関係登録法第104条と第105条の家庭法院の許可による訂正申請 …………………………………………………… 71
          (3)　家庭法院の許可による訂正申請と判決による訂正申請 …… 72
        5　訂正方法 ……………………………………………… 73
    Ⅱ　職権による訂正 …………………………………………… 73
        1　意　義 ………………………………………………… 73
        2　職権による訂正事項 ………………………………… 74
          (1)　監督法院の許可を必要とする職権訂正事項 ………… 74
          (2)　簡易職権訂正事項 ……………………………… 74
        3　訂正手続 ……………………………………………… 75
          (1)　職権訂正申請 …………………………………… 75
          (2)　市・邑・面の長の措置 ………………………… 76
          (3)　監督法院の措置 ………………………………… 76
    Ⅲ　家庭法院の許可による訂正 ……………………………… 77

目　次

　　　1　違法な家族関係登録記録の訂正 ……………………………… 77
　　　2　無効な家族関係登録記録の訂正 ……………………………… 77
　　　3　訂正許可手続 …………………………………………………… 78
　　　　⑴　管轄法院 …………………………………………………… 78
　　　　⑵　申請人及び申請手続 ……………………………………… 78
　　　　⑶　訂正申請 …………………………………………………… 79
　Ⅳ　確定判決による訂正 ………………………………………………… 79
　　　1　意　義 …………………………………………………………… 79
　　　2　手　続 …………………………………………………………… 80
　　　　⑴　確定判決を得ること ……………………………………… 80
　　　　⑵　訂正申請をすること ……………………………………… 81
　　　3　具体的事例 ……………………………………………………… 82
　　　　⑴　虚偽の出生申告 …………………………………………… 82
　　　　⑵　嫡出否認判決が確定した場合の家族関係登録簿訂正手続 … 82
　　　　⑶　親子関係不存在確認判決が確定した場合の家族関係登録簿
　　　　　　訂正手続 …………………………………………………… 83
第6節　国際・在外国民の家族関係登録 ……………………………………… 86
　Ⅰ　総　説 ………………………………………………………………… 86
　　　1　国際家族関係登録事務の意義と類型 ………………………… 86
　　　2　国際家族関係登録事務に関する法令 ………………………… 88
　　　　⑴　家族関係登録法 …………………………………………… 89
　　　　⑵　国際私法 …………………………………………………… 89
　　　　⑶　国籍法 ……………………………………………………… 90
　Ⅱ　国際家族関係登録事務の処理 ……………………………………… 90
　　　1　事務の管掌 ……………………………………………………… 90
　　　2　申告書の保管と公証 …………………………………………… 91
　　　　⑴　申告書の保管 ……………………………………………… 91
　　　　⑵　身分関係の公証 …………………………………………… 92
　　　3　身分行為成立要件具備証明書による審査 …………………… 92
　　　　⑴　韓国での常居所認定 ……………………………………… 93

目　次

　　　　(2)　外国での常居所認定 ……………………………………… 93
　　　　(3)　要件具備証明書 …………………………………………… 94
　　　4　在外国民の家族関係登録事務の処理 ……………………… 95
　　　5　申　　告 ……………………………………………………… 95
　　　　(1)　申告人 ……………………………………………………… 95
　　　　(2)　申告場所 …………………………………………………… 96
　　　　(3)　申告書の記載事項 ………………………………………… 96
　　　　(4)　申告書の添付書類 ………………………………………… 96
　　　　(5)　日本に居住する韓国人の家族関係登録申告 …………… 97
　Ⅲ　在外国民家族関係登録の特例 …………………………………… 98
　　　1　在外国民家族関係登録特例法の目的 ……………………… 98
　　　2　特例法の適用範囲 …………………………………………… 99
　　　3　外国地名の記載と添付書類に関する通則 ………………… 99
　　　　(1)　外国の漢字地名の記載 …………………………………… 99
　　　　(2)　添付書類に関する通則 ………………………………… 100
　　　4　家族関係登録創設許可申請 ……………………………… 101
　　　5　家族関係登録簿訂正許可申請 …………………………… 101
　　　6　家族関係登録簿訂正申請 ………………………………… 101
　　　7　家族関係登録簿整理申請 ………………………………… 102
第7節　不服申請手続 ………………………………………………… 104
　Ⅰ　総　　説 …………………………………………………………… 104
　Ⅱ　不服申請手続 ……………………………………………………… 104
　　　1　不服申請の対象 …………………………………………… 104
　　　2　不服申請人 ………………………………………………… 104
　　　3　管轄法院 …………………………………………………… 105
　　　4　申請書の作成と提出 ……………………………………… 105
　Ⅲ　不服申請に対する法院の決定と抗告 …………………………… 105
　　　1　受付及び処分庁に対する意見の求め …………………… 105
　　　2　法院の裁判手続と抗告 …………………………………… 106
第8節　罰　則 ………………………………………………………… 107

目 次

- Ⅰ 総　説 …………………………………………………………… 107
- Ⅱ 刑罰の賦課 ……………………………………………………… 107
  - 1 登録電算情報の利用 ……………………………………… 107
  - 2 証明書の交付及び申告書類の閲覧など ………………… 108
  - 3 登録電算情報の保安 ……………………………………… 108
  - 4 虚偽の申告と保証 ………………………………………… 109
- Ⅲ 過怠料処分 ……………………………………………………… 109
  - 1 総　説 ……………………………………………………… 109
  - 2 過怠料の類型 ……………………………………………… 110
    - ⑴ 市・邑・面の長の職務懈怠 ………………………… 110
    - ⑵ 催告懈怠 ……………………………………………… 110
    - ⑶ 申告懈怠 ……………………………………………… 111
  - 3 過怠料処分手続 …………………………………………… 112
    - ⑴ 職務懈怠の場合 ……………………………………… 112
    - ⑵ 申告・催告懈怠の場合 ……………………………… 113
  - 4 過怠料の帰属 ……………………………………………… 114

第2編　各　論

第1章　出　生 ……………………………………………………… 117

- Ⅰ 出生申告 ………………………………………………………… 117
  - 1 意義と性質 ………………………………………………… 117
  - 2 親生子（実子）…………………………………………… 117
    - ⑴ 婚姻中の出生子 ……………………………………… 117
    - ⑵ 婚姻外の出生子 ……………………………………… 119
  - 3 申告義務者 ………………………………………………… 120
    - ⑴ 婚姻中の出生子 ……………………………………… 120
    - ⑵ 婚姻外の出生子 ……………………………………… 121
  - 4 期間と場所 ………………………………………………… 121
    - ⑴ 申告期間 ……………………………………………… 121

目　次

　　　　　（2）　申告場所 ………………………………………………… 121
　　　5　申告書の作成方法と添付書類 ……………………………… 121
　　　　　（1）　出生申告書の作成 …………………………………… 121
　　　　　（2）　出生申告書の記載方法 …………………………… 123
　　　　　（3）　添付書類 ……………………………………………… 130
　Ⅱ　国際出生申告 ……………………………………………………… 131
　　　1　国際出生申告 …………………………………………………… 131
　　　2　韓国人と外国人の間で出生した子に対する出生申告 ……… 132
　　　　　（1）　韓国人男子と外国人女子の間の出生子 ……………… 132
　　　　　（2）　韓国人女子と外国人男子の間の出生子 ……………… 133
　　　3　韓国人と外国人の間に出生した子の出生申告書に記載することができる事件本人の姓と本・名前 ……………………… 134
　　　　　（1）　韓国人男子と外国人女子の間の出生子 ……………… 134
　　　　　（2）　韓国人女子と外国人男子の間の出生子 ……………… 135
　　　　　（3）　外国式姓名表記の制限 ………………………………… 137
　　　4　韓国人が外国で出生した場合の出生日時の記載 …………… 137

第2章　認　知 ……………………………………………………… 139
　Ⅰ　認知申告 ……………………………………………………………… 139
　　　1　認知の意義と種類 ……………………………………………… 139
　　　2　任意認知 ………………………………………………………… 139
　　　　　（1）　認知権者 ………………………………………………… 139
　　　　　（2）　被認知者 ………………………………………………… 139
　　　　　（3）　遺言による認知 ………………………………………… 141
　　　3　強制認知 ………………………………………………………… 141
　　　4　認知申告 ………………………………………………………… 141
　　　　　（1）　申告人 …………………………………………………… 141
　　　　　（2）　期間と場所 ……………………………………………… 142
　　　　　（3）　申告書の作成と添付書類 ……………………………… 142
　Ⅱ　国際認知 ……………………………………………………………… 145

1　国際認知 ……………………………………………………… 145
　　　2　韓国人の母と外国人の父との間で出生した婚姻外の子に対す
　　　　る認知 ………………………………………………………… 146
　　　　⑴　韓国法の方式による認知 ………………………………… 146
　　　　⑵　外国法の方式による認知 ………………………………… 147
　　　　⑶　韓国人が外国人を認知する場合 ………………………… 147

第 3 章　養子縁組 ……………………………………………………… 149
　Ⅰ　養子縁組申告 ……………………………………………………… 149
　　　1　養子縁組 ……………………………………………………… 149
　　　2　民法上の一般養子縁組 ……………………………………… 149
　　　　⑴　養子縁組の成立要件 ……………………………………… 149
　　　　⑵　養子縁組の効力 …………………………………………… 152
　　　　⑶　養子縁組の無効と取消 …………………………………… 154
　　　　⑷　離　縁 ……………………………………………………… 155
　　　3　親養子（特別養子）縁組 …………………………………… 156
　　　　⑴　意　義 ……………………………………………………… 156
　　　　⑵　要　件 ……………………………………………………… 157
　　　　⑶　特別養子縁組の取消 ……………………………………… 159
　　　　⑷　特別養子縁組の効力 ……………………………………… 161
　　　　⑸　特別養子縁組の離縁 ……………………………………… 161
　Ⅱ　国際養子縁組と離縁 ……………………………………………… 162
　　　1　国際養子縁組と離縁 ………………………………………… 162
　　　2　国際養子縁組申告 …………………………………………… 163
　　　　⑴　韓国における韓国人と外国人との間の養子縁組 ……… 163
　　　　⑵　韓国における外国人の間の養子縁組 …………………… 164
　　　　⑶　外国における韓国人の間の養子縁組 …………………… 165
　　　　⑷　外国における韓国人と外国人との間の養子縁組 ……… 165
　　　3　外国人の養子となった者が離縁する場合の処理手続 …… 165
　　　4　特別養子縁組の場合 ………………………………………… 166

目　次

　　　⑴　韓国人夫婦が韓国において外国人の子を特別養子とする場合 …………………………………………………………………… 166
　　　⑵　外国人夫婦が韓国において韓国人の子を特別養子とする場合 …………………………………………………………………… 167
　　　⑶　外国人と韓国人の夫婦が韓国において韓国人の子を特別養子とする場合 ……………………………………………………… 168

第4章　婚　姻 ………………………………………………………… 169
Ⅰ　婚姻申告 …………………………………………………………… 169
　1　婚姻の意義 …………………………………………………… 169
　2　婚姻の成立要件 ……………………………………………… 169
　　⑴　実質的成立要件 ………………………………………… 169
　　⑵　形式的成立要件 ………………………………………… 171
　3　婚姻無効・取消 ……………………………………………… 175
　4　裁判・調停による婚姻申告 ………………………………… 175
Ⅱ　国際婚姻 …………………………………………………………… 176
　1　国際婚姻 ……………………………………………………… 176
　2　日本における韓国人の間の婚姻 …………………………… 177
　3　日本における韓国人と外国人との間の婚姻 ……………… 179

第5章　離　婚 ………………………………………………………… 181
Ⅰ　離婚申告 …………………………………………………………… 181
　1　協議離婚 ……………………………………………………… 181
　　⑴　意　義 …………………………………………………… 181
　　⑵　実質的成立要件 ………………………………………… 181
　　⑶　形式的成立要件 ………………………………………… 182
　　⑷　離婚意思の撤回 ………………………………………… 188
　　⑸　協議離婚の無効・取消 ………………………………… 188
　2　裁判上の離婚 ………………………………………………… 189
　3　離婚申告書の作成と添付書類 ……………………………… 190

Ⅱ　国際離婚 …………………………………………………………… 192
　　　1　国際離婚 ………………………………………………………… 192
　　　2　協議上の国際離婚 ……………………………………………… 193
　　　3　裁判上の国際離婚 ……………………………………………… 194
　　　　⑴　韓国法院の離婚判決による離婚申告 ………………………… 194
　　　　⑵　外国法院の離婚判決による離婚申告 ………………………… 196

第6章　親　権

　Ⅰ　親権に関する申告 ……………………………………………………… 199
　　　1　意　義 …………………………………………………………… 199
　　　2　親権者 …………………………………………………………… 199
　　　3　親権者の指定及び変更 ………………………………………… 200
　　　4　親権の喪失・代理権又は管理権の喪失と辞退及びその回復 … 202
　Ⅱ　国際親権 ………………………………………………………………… 203

第7章　後　見

　Ⅰ　後　見 …………………………………………………………………… 205
　　　1　後見の意義 ……………………………………………………… 205
　　　2　後見開始申告 …………………………………………………… 205
　　　　⑴　後見の開始 ……………………………………………………… 205
　　　　⑵　後見人 …………………………………………………………… 205
　　　　⑶　後見開始の申告人及び添付書類 ……………………………… 206
　　　3　後見人更迭申告 ………………………………………………… 208
　　　4　後見終了申告 …………………………………………………… 208
　Ⅱ　国際後見 ………………………………………………………………… 209

第8章　死亡・失踪

　Ⅰ　死亡と失踪宣告に関する申告 ………………………………………… 211
　　　1　死亡申告 ………………………………………………………… 211
　　　　⑴　意　義 …………………………………………………………… 211

目　次

　　　　(2)　申告人 ……………………………………………………… 211
　　　　(3)　申告書の作成方法と添付書類 ……………………………… 212
　　　2　失踪及び不在宣告の申告 ……………………………………… 214
　　　　(1)　意　義 ……………………………………………………… 214
　　　　(2)　失踪宣告の申告 …………………………………………… 215
　　　　(3)　失踪宣告取消の申告 ……………………………………… 215
　　II　国際死亡及び失踪宣告 …………………………………………… 216
　　　1　死　亡 …………………………………………………………… 216
　　　　(1)　韓国に居住する外国人が韓国で死亡した場合 ………… 216
　　　　(2)　在外国民が外国で死亡した場合 ………………………… 216
　　　　(3)　韓国人の外国人配偶者が外国で死亡した場合 ………… 217
　　　　(4)　外国で死亡した者の死亡年月日時 ……………………… 217
　　　2　失踪宣告 ………………………………………………………… 217

第9章　国籍の取得と喪失 …………………………………………… 221
　　1　国籍の取得 ……………………………………………………… 221
　　　(1)　法務部長官に対する国籍取得申告による国籍取得 ………… 221
　　　(2)　帰化による国籍取得 ………………………………………… 222
　　　(3)　国籍回復による国籍取得 …………………………………… 223
　　　(4)　国籍取得者の姓・本創設申告 ……………………………… 224
　　2　国籍の選択 ……………………………………………………… 224
　　3　国籍の喪失 ……………………………………………………… 226
　　　(1)　国籍喪失の原因 ……………………………………………… 226
　　　(2)　国籍喪失申告と通報 ………………………………………… 226

第10章　改名・姓及び本の変更 …………………………………… 229
　　1　改名申告 ………………………………………………………… 229
　　　(1)　改名の意義 …………………………………………………… 229
　　　(2)　改名許可手続 ………………………………………………… 229
　　　(3)　改名許可基準 ………………………………………………… 230

(4)　改名申告 …………………………………………………… 231
　2　姓・本の変更申告 ……………………………………………… 232
　　　(1)　姓・本の変更 ………………………………………………… 232
　　　(2)　管轄法院 ……………………………………………………… 232
　　　(3)　審理手続 ……………………………………………………… 232
　　　(4)　許可基準 ……………………………………………………… 233
　　　(5)　姓・本変更申告 ……………………………………………… 233

第 11 章　家族関係登録の創設 ……………………………………… 235
　1　家族関係登録創設の意義 …………………………………………… 235
　2　申請要件 ……………………………………………………………… 235
　3　申請人及び管轄法院 ………………………………………………… 236
　4　家族関係登録の創設許可申請 ……………………………………… 236
　　　(1)　申請書記載事項と添付書類（疎明資料）………………… 236
　　　(2)　許可裁判 ……………………………………………………… 237
　5　家族関係登録創設申告 ……………………………………………… 238

第 12 章　法定相続人の調査 ………………………………………… 241

■第 3 編　資　料■

資料 1　申告書様式・関係書式 ……………………………………… 245
　1　申告書様式 …………………………………………………………… 247
　　　出生申告書 ………………………………………………………… 247
　　　認知（親権者指定）申告書 ……………………………………… 249
　　　姓・本継続使用申告書 …………………………………………… 251
　　　養子縁組申告書 …………………………………………………… 252
　　　特別養子縁組申告書 ……………………………………………… 254
　　　離縁申告書 ………………………………………………………… 255
　　　特別養子離縁申告書 ……………………………………………… 257

目　次

養子縁組取消申告書 …………………………………… 258
特別養子縁組取消申告書 ……………………………… 259
婚姻申告書 ……………………………………………… 260
離婚（親権者指定）申告書 …………………………… 262
婚姻取消申告書 ………………………………………… 264
親権者（①指定②変更）申告書 ……………………… 265
①親権喪失②法律行為代理権・財産管理権（㋕喪失㋟辞退）申告書 …………………………………………………………… 267
①親権喪失回復②法律行為代理権・財産管理権（㋕喪失㋟辞退）回復申告書 …………………………………………………… 268
後見開始申告書 ………………………………………… 269
後見人更迭申告書 ……………………………………… 270
後見終了申告書 ………………………………………… 271
死亡申告書 ……………………………………………… 272
（①失踪②不在）宣告申告書 ………………………… 274
（①失踪②不在）宣告取消申告書 …………………… 275
改名申告書 ……………………………………………… 276
登録基準地変更申告書 ………………………………… 277
家族関係登録創設申告書 ……………………………… 278
姓・本変更申告書 ……………………………………… 279

2　関係書式

登録簿等の記録事項等に関する証明申請書 ………… 280
委任状 …………………………………………………… 282
家族関係登録簿整理申請（出生） …………………… 283
家族関係登録簿整理申請（婚姻） …………………… 284
家族関係登録簿整理申請（協議離婚） ……………… 285
家族関係登録簿整理申請（死亡） …………………… 286
協議離婚制度案内（在外国民用） …………………… 287

※上記家族関係登録簿整理申請4点は駐大阪大韓民国総領事館において使用されている書式です。

目　次

資料2　関係法令 ……………………………………………………… 303
　家族関係の登録等に関する法律 ………………………………………… 303
　家族関係の登録等に関する規則 ………………………………………… 319
　在外国民の家族関係登録創設，家族関係登録簿訂正及び家族関係登録
　　簿整理に関する特例法 ………………………………………………… 338
　家族関係登録例規第173号　外国法院の離婚判決による家族関係登録
　　事務処理指針 …………………………………………………………… 340
　家族関係登録例規第174号　外国法院の離婚判決による離婚申告 …… 340
　家族関係登録例規第273号　「在外国民の家族関係登録創設，家族関
　　係登録簿訂正及び家族関係登録簿整理に関する特例法」による家族
　　関係登録事務処理指針 ………………………………………………… 341
　家族関係登録例規第278号　登録事項別証明書の発給等に関する事務
　　処理指針 ………………………………………………………………… 350
　大韓民国民法第4編・第5編 …………………………………………… 357
　大韓民国国籍法 …………………………………………………………… 391
　大韓民国国際私法（抄） ………………………………………………… 396
　大韓民国家事訴訟法（抄） ……………………………………………… 400
　大韓民国家事訴訟規則（抄） …………………………………………… 409

条文索引 ……………………………………………………………………… 411
事項索引 ……………………………………………………………………… 415

第1編

総論

第 1 章　韓国戸籍制度と家族関係登録制度への改編

第 1 節　韓国戸籍制度の沿革

　個人の身分関係がどのようなものであるかは，当事者本人のみならず，その者と法的関係を結ぼうとする第三者にも重要な利害関係を生じさせることとなる。なぜなら，身分関係はそれを要件として各種の法律効果を発生させることになるためである。ところで，個人の身分関係は，その属性上，排他的・独占的性質を帯びるものの，可視的なものではない。そこで，身分関係を公的帳簿に記載し，又はその他の手段を通じて公認・公示することが必要となる。このような身分登録ないし身分公示の役割を担う法的制度として，韓国は長年にわたり戸籍制度を維持してきた[1]。

　韓国の戸籍制度も，中央集権形態の古代国家が形成された時から，支配のために不可欠な戸口調査を行う目的で始まった。しかし，前近代社会における戸籍制度は，個人の身分関係を登録・公示するためのものではなく，国家が必要とする租税の徴収と徭役の賦課のための基礎資料として戸口数を調査把握し，社会的身分を確認・明示し，人民の流出を防止するためのものであった。但し，人口の動態を把握するために戸籍には個人の出生から死亡に至るまでの身分関係の変動事項が記載されたため，そのような記載を通じて，婚姻，世系，家族関係ないし親族関係等が間接的にではあるが公示された。建陽元年（1896 年）9 月 1 日勅令第 61 号「戸口調査規則」と同年 9 月 8 日内部令第 8 号「戸口調査細則」により，戸籍制度の近代化に若干の進展がみられたが，それ以前の戸籍制度と同様に「全国的戸数と人口を詳細に編籍し，人民に対し国家において保護する利益を均霑（きんてん）すること」を目的としていた。

---

[1]　崔弘基『韓国戸籍制度史の研究』（第一書房，1996），金容漢『韓国の戸籍制度と戸籍法』（日本加除出版，1977）。

第1編　総　論

　戸籍が身分公示制度としての形態を整えたのは，隆熙3年（1909年）3月4日法律第8号「民籍法」と同年3月20日内部訓令第39号「民籍法執行心得」においてからである。これにより，戸籍制度が家と家における身分関係を公証する文書による登記制度として生まれ変わった。民籍制度は，1922年12月7日朝鮮民事令の改正（制令第13号）により，同第11条の2ないし第11条の11に戸籍に関する条項が新設され，第11条の11に依拠し1922年12月8日朝鮮戸籍令（総督府令第154号）が制定（1923年7月1日施行）されたことで廃止された。朝鮮戸籍令は，1914年に改正された日本戸籍法をほとんどそのまま模倣したものであるが，戸籍制度が法律上の制度として管理される契機となった。

　制憲憲法（1948年）第100条に従い，朝鮮戸籍令は引き続いて施行されていたが，1960年1月1日法律第535号により戸籍法が制定され，現行民法典とともに施行されるに至る。現行民法時代の戸籍は，戸主を基準とし，家別に編製する家族別登録方式を採用し（戸8条），個人の身分関係を統一的・組織的に把握することができるという長所を有していた。その反面，戸主制度・家制度を存続させる温床であるとの批判を受けてきた。戸籍は，国民個々人の身分関係を登録し，これを公示・公証する基本的使命のほかにも，国籍の公示・証明の資料及び人口動態統計の基礎資料として使用され，住民登録票の正確性を担保する機能を有していた。

　戸籍法は，制定以後16回にわたり改正され，2008年1月1日，戸主制度を廃止する2005年改正民法の施行により，これに代わる「家族関係の登録等に関する法律」（以下「家族関係登録法」という。）の施行とともに廃止された。しかし，家族関係登録法による最初の個人別家族関係登録簿は，従前の戸籍法第124条の3によって編製された電算戸籍簿に記録された事項を基準にして作成されているから（附則3条1項），両法の相互関連性は密接である。それだけでなく，従前の戸籍法の規定による除籍簿，家族関係登録法の施行と同時に除籍処理された電算戸籍簿及びイメージ電算戸籍簿に関する登録事務の処理は，従前の戸籍法の規定により（附則4条本文），除籍簿・電算戸籍簿・イメージ電算戸籍簿の謄・抄本の証明力は有効であるため，現在でも戸籍法は制限された範囲内で有効である。

第 2 節　韓国戸籍制度の概要

　戸籍は，個人の身分関係を法が定める手続により戸籍簿という公的帳簿に登録し，これを公示・公証する制度として，市・邑・面の区域内に本籍を定める者に対し，戸主を基準として家別に編製されていた（戸8条）。2005年改正前の民法に規定された「家」は，戸主と家族で構成される観念上の家族団体であった。一家の系統を継承した者，分家した者又はその他の事由で一家を創立又は復興した者は戸主となり（改正前民法778条），その戸主の配偶者，血族とその配偶者，その他民法の規定によりその家に入籍した者が家族となり（同779条），家を構成したのである。このような民法上の「家」別に，旧戸籍法第15条で定めた各種の身分登録事項を記載したものが戸籍である。

　戸籍には，戸主をはじめとして，その家族として戸主の直系尊属，戸主の配偶者，戸主の直系卑属とその配偶者，戸主の傍系親族とその配偶者，戸主の親族ではない者が記載され（戸16条），これらの者に関して，本籍，前戸主の姓名及び戸主との関係，戸籍の編製その他戸籍変動事由の内容と年月日，戸主及び家族の姓名・本・性別・出生年月日及び住民登録番号，戸主及び家族になった原因と年月日，戸主及び家族の実父母と養親の姓名，戸主と家族との関係，他家からの入籍又は他家に入籍した者についてはその他家の本籍と戸主の姓名，戸主又は家族の身分に関する事項，その他大法院規則で定めた事項を記載していた（同15条，8頁戸籍謄本見本参照）。このように戸籍には，戸主と家族間の身分関係及び家族相互間の身分関係が記載され，家の構成員各個人の出生から死亡に至るまでの重要な身分変動関係が時間的順序によって記載されるため，戸籍によって戸主と家族の身分事項が一括的に公示された。このような点で，住民の居住関係などを登録して人口の動態を把握し，住民生活の便益を増進させて行政事務の適正な処理を図るための住民登録とは異なる。また，家族別登録方式という点では共通するが，一つの夫婦単位で登録する日本の戸籍制度とも異なる。

　戸籍は地番の順序によって編綴され（同9条），これを戸籍簿と呼んだ。戸籍は原本と副本を作成し，原本は市・邑・面の事務所にこれを備え，副本は監督

法院がこれを保存してきた（戸10条）。過去には，戸籍簿（除籍簿）が紙帳簿の形態で編製されており，戸籍用紙で作成された戸籍は永久保存しなければならず（戸施93条），戦争・天災その他これに準ずる事態を避けるために必要な場合以外には市・邑・面の事務所の外に移すことができなかった（戸11条1項）。戸籍の電算化作業は1988年から始まり，2002年11月，全国の戸籍簿が電算戸籍簿に転換された。これにより，2003年5月法院行政処に戸籍電算情報中央管理所を設置し，戸籍電算情報資料を保管するWEB基盤戸籍情報システムで戸籍事務を処理する方式に変わった。

情報処理システムによって記録された戸籍簿又は除籍簿は，戸籍電算情報中央管理所で保管・管理され，戸籍事務及び戸籍謄本の発給事務も電算方式でなされてきた。一方，紙形態の除籍簿は戸籍官署で80年間保存しながら（戸施93条1項2号）（情報処理システムによって記録された除籍簿は永久保存する。）その閲覧及び発給サービスを提供してきたが，紙形態で残っている戸籍簿や除籍簿はこれを電算イメージに切り替えた。

電算戸籍簿は，戸主及び家族に関する戸籍記載事項が8頁に掲載したような戸籍謄本の様式によって顕出されるよう管理された。戸籍記載事項は戸籍事項と身分事項に区分され，身分事項は特定身分事項と一般身分事項に区分される。

戸籍事項とは，同一戸籍内にある戸主と家族全員の共通した事項であり，本籍と戸籍（家）に関する事項をいう。ここでいう本籍とは家の所在地をいい，戸籍に関する事項とは家の創設・変更・消滅に関する事項をいう。身分事項とは，戸主と家族の身分に関する事項をいい，そのうち，特定身分事項とは，戸籍簿の記載欄が特定されている身分事項として姓名，父母の姓名，性別，本，戸主との関係，前戸籍，入籍又は新戸籍，出生年月日，住民登録番号がこれに該当する。これに対し，一般身分事項とは，戸主及び家族の身分事項として特定身分事項以外のすべての身分事項として出生，婚姻，認知，養子縁組，死亡，入籍，復籍などをいう。

戸籍の記載は，申告，報告，申請，証書の謄本，航海日誌の謄本又は裁判書によって行われ（戸17条），家族別編製方式であるため，戸籍の編製変更と戸籍間の連結記載がなされた。すなわち，家族中の一人が分家，婚姻，離婚，養子縁組，離縁などによって従前の戸籍から除籍されて新しい戸籍を編製する場

合には，従前の戸籍に記載された身分事項を新しい戸籍に移記し，移籍者の戸籍変動内容と従前の戸籍に属した者との親族関係を公示するために移籍前後の戸籍を相互に連結した。したがって，従前の戸籍には新しい戸籍の表示（「入籍又は新戸籍欄」に本籍と戸主の姓名）を記載し，新しい戸籍には従前の戸籍の表示（「前戸籍欄」に本籍と戸主の姓名）を記載することで，移籍前後の戸籍が連結された。このようにして，戸籍の編製変更による元来の戸籍記載と移記した新戸籍の記載相互間に索引的に連結され，身分関係者間の親族関係の連結を容易に検索することができた。

　戸籍簿は，閲覧や謄・抄本の交付によって公開されていた（戸12条）。紙戸籍時代には紙でできた戸籍簿を直接閲覧し，これを複写する方法で謄・抄本が交付されたため，原則的に対象となる戸籍簿が保管されている戸籍官署でのみ，戸籍謄・抄本を発給できた。しかし，戸籍簿が電算化された以後は，閲覧は戸籍簿に記録された事項のうち必要な事項を記載した書面を閲覧目的で交付し，又は，電子的方法によってその内容を見ることができるようにするという方法によって行われ，謄・抄本の交付は戸籍簿に記録された事項の全部や一部を証明する書面を交付する方法でなされた（戸124条の4）。これにより，戸籍官署の管轄区域と関係なく，戸籍情報処理システムが設置された所では全国のすべての戸籍の閲覧及び謄・抄本の交付が可能となった。

　戸主及び家族，国家又は地方自治団体の公務員として職務上の必要により請求する者，戸籍法以外の法令によって請求できる者は，制限なく戸籍簿の閲覧や謄・抄本の交付を請求することができた。その他の者も戸籍簿の閲覧や謄・抄本の交付を請求することができるが，申請書に必ずその事由を記載しなければならず，その請求が戸籍に登載された者に対する私生活の秘密侵害など不当な目的であることが明らかなときにはその請求が許容されなかった（戸12条2項・3項，戸施21条）。現在も除籍簿・電算戸籍簿・イメージ電算戸籍簿に関する閲覧又は謄本・抄本の交付は可能であり，交付請求権者に関しては家族関係登録法第14条第1項を準用している（附則4条但書）。

第1編　総　論

戸籍謄本（抹消・除籍者含む）

【駐大阪総領事館発給】

本　籍	ソウル特別市　永登浦区　汝矣島洞　1番地の1234					
戸籍編製	［編製日］1986年1月1日					
電算移記	［移記日］2002年05月20日 ［移記事由］戸籍法施行規則　附則　第2条第1項					
前戸主との関係				前戸籍	ソウル特別市　永登浦区　汝矣島洞 1番地の1234	
父	金○○	性別	男	本	金海	
母	李○○					
戸主	キム・ボニン（金本人）			入籍又は新戸籍		
				出生	西暦1965年01月01日	
				住民登録番号	650101-1234567	
出生	［出生場所］ソウル特別市中区明洞1234番地 ［申告日］1968年02月15日　　［申告人］父					
婚姻	［婚姻申告日］1986年01月01日 ［配偶者］朴女人 ［法定分家日］1986年01月01日					
離婚	［協議離婚申告日］1997年04月04日 ［配偶者］朴女人 ［戸籍整理申請日］1997年04月05日 ［送付日］1997年04月24日　　［送付者］日本国駐大阪総領事					
父	朴○○	性別	女	本	密陽	前戸籍	ソウル特別市　江南区　狎鴎亭洞 1234番地　戸主　朴○○
母	崔○○					
妻	パク・ヨイン（朴女人） 除籍			入籍又は新戸籍	ソウル特別市　江南区　狎鴎亭洞 1234番地　戸主　朴女人	
				出生	西暦1968年02月02日	
				住民登録番号	―	
出生	［出生場所］日本国　大阪府　北区　梅田　1丁目1番1号 ［申告日］1976年02月02日　　［申告人］父 ［送付日］1976年02月16日　　［送付者］駐日大韓民国総領事					
婚姻	［婚姻申告日］1986年01月01日 ［配偶者］金本人					
離婚	［協議離婚申告日］1997年04月04日 ［配偶者］金本人 ［戸籍整理申請日］1997年04月05日 ［送付日］1997年04月24日　　［送付者］日本国駐大阪総領事 ［除籍日］1997年04月24日					

第1章　韓国戸籍制度と家族関係登録制度への改編

　　　　　　　　ソウル特別市　永登浦区　汝矣島洞　1番地の1234
　　　　　　　　　　　　　　　　　　　　　　　　　　　金本人

　　　　　　　　　　　　　　　　　　　　【駐大阪総領事館発給】

父	金本人	性別	女	本		前戸籍	
母	朴女人						
子	スニ（順喜）					入籍又は新戸籍	
						出　　生	西暦1986年08月08日
						住民登録番号	860808-2345678
出生	［出生場所］日本国　大阪府　北区　梅田　1丁目1番1号 ［申告日］1986年08月10日　　［申告人］父 ［送付日］1986年08月25日　　［送付者］駐大阪総領事						
親権	［親権行使者指定協議日］1997年04月04日 ［親権行使者］父 ［送付日］1997年04月24日　　［送付者］日本国大阪総領事						

※編注　この書式はハングルで書かれた戸籍謄本見本を日本語訳したものです。

第1編　総　論

第3節　戸籍制度から家族関係登録制度への改編

1　家族関係登録制度の意義

　2008年1月1日から戸主制度を廃止する改正民法の施行と併せ，既存の戸籍法に代わる家族関係登録法の施行により，新たな形態の身分登録制度である家族関係登録制度が誕生することになった。家族関係登録簿は，書面帳簿や電算戸籍のように原簿形態で存在するのではなく，電算情報処理組織により入力・処理された家族関係登録事項に関する電算情報資料を登録基準地に従い個人別に区分・作成された電算上のデータであることから，一種の電子文書形態ということができる。家族関係登録簿に記録された記録事項に基づき登録事項別に証明書が発給され，これらの証明書により必要とされる個人の身分関係が公証・公示される。既存の戸籍が担ってきた機能を代替するものといえる。

2　家族関係登録法の立法経緯

　以下では，家族関係登録制度を規律する基本法律である家族関係登録法の立法経緯を概観する。

　戸主制度に基礎をおく戸籍制度の改編論議は，戸主制度の改善又は廃止と併せて論議されてきた。戸主制度が抱えている違憲的要素と男女不平等的要素を除去して戸主制度自体を維持しようとする立場においては，既存の戸籍制度の根幹をそのまま維持しようと主張し，任意的家長制度への転換又は戸主概念を削除して家族概念を新たに定義し存置させようとする立場においては，既存の戸籍制度を活用して家族簿制度へ転換することを主張した。

　戸主制度の完全廃止論者の立場においても，戸主制度が廃止される場合に不可避な戸籍制度の代替方案については多様な意見が提示された。

　1995年法務部民法改正特別分科委員会は，戸主制度を完全に廃止し，「基本家族別編製方式」を提案した[2]。父母と未婚の子により構成される共同体が家

　2　現行法とは異なる当時の身分登録編製方式であった個人別編製方案については否定的意見が多数であった（『民法改正特別分科委員会会議録』第1巻（法務部，1995.10），374-377頁）。

族の基本単位であるため，これを一つの戸籍又は家族簿に登録し，身分関係を公証・公示させるようにしようという方案である。家族の構成に関しては，夫婦及び親子同籍の原則，二代家族の原則が提示され，戸籍制度の下で家族を代表した戸主を廃止し，行政的事務処理と検索の便宜のための「基準人」（代表者，代表，家主）を定め，既存の戸籍を再編し，又は家族簿として編製[3]しようとするもので，現行日本の戸籍制度と類似した制度といえる。2003年の法務部家族法改正特別分科委員会においても，個人別編製方式と併せて家族別編製方式も論議された[4]。そのほかにも住民登録と一元化する方案[5]が主張された。

2005年2月3日戸主制度に対する憲法裁判所の憲法不合致決定と2005年3月31日民法改正により，戸主制度は歴史の幕を閉じる運命を迎えるに至った。戸主制度が廃止される場合，戸籍制度はどのような形態であれ変わらざるをえない。よって，戸主制度廃止のための民法改正過程においても戸主制度廃止後の身分登録制度に関する論議が同時に進められた。その過程で，前述した基本家族別編製方式も有力に主張されたが，大勢は個人別（一人一籍）編製方式へ傾くことになった。

2004年12月27日，国会法制司法委員会小委員会は，民法改正による戸主制度廃止に備え，法務部と大法院に対し新たな身分公示制度の検討意見の提出を要請した。これに対し大法院は，2005年1月10日，現行の戸籍制度に代わる新たな身分登録簿案として，個人別に身分登録簿を編製し，本人・配偶者・父母・子の身分情報を記載する方式である「混合型一人一籍編製方案」を提示

---

3 基本家族別編製方式は，一定の基準人を中心に構成された一つの家族全体が一括して公示されるため，既存の戸籍制度がもっていた機能と長所をそのまま維持できる反面，提示された家族構成原則によれば，現実的に発生している多様な家族構成形態を反映しにくく，戸主制度下と同様に家族単位で身分登録がなされるために，家族中に血縁構成が異なる者がおり，又はその家族に構成されない者がいる場合（例えば，婚姻外の子と父母が離婚した子に関する身分登録を，父母のうち誰の身分登録簿に編製すべきであるかというような場合）に，その事実が外部に現れ，身分変動事由が発生すれば，その度に家族構成を変更しなければならない等の短所もある方案である。
4 『法務部家族法改正特別分科委員会会議録』（2003.12），359-464頁）。
5 現在の住民登録票に個人別身分登録資料を追加記載し，住民登録資料と個人別身分登録資料をともに管理する方案である。個人別編製方案と類似するが，住民登録は世帯を単位として管理され，その世帯の概念は血縁及び婚姻に基づき構成される家族の概念と異なるという点で差異がある。

第1編　総　論

した。この方案は，一人一籍の家族簿に目的別公簿式証明を導入したものであり，一人一籍制の長所と目的別公簿の長所を採択した方式である。一方，法務部は，2005年1月26日，「本人基準の家族記録簿」形態を提案した[6]。これに対し，国会法制司法委員会は，2005年2月21日，公聴会を開催し論議したが，管掌機関等をめぐる法院と法務部の意見対立が繰り返された。2005年8月，大法院は，従来の主張内容を盛り込んだ「身分関係の登録及び証明に関する法律（案）」を作成し法務部に送付した。法務部は，この案を一部修正して，2005年11月，「国籍及び家族関係の登録に関する法律（案）」を立法予告した。このような論議の中で，事件別・目的別編製方式に立脚した「出生・婚姻・死亡等の申告及び証明に関する法律案」が，2005年9月28日，魯会燦議員により代表発議され，法律案提出権のない大法院の案は，2005年12月28日，李景淑議員により「身分関係の登録及び証明に関する法律案」として代表発議された。一方，法務部案は，2006年3月3日，「国籍及び家族関係の登録に関する法律案」として国会に提出された。第259回国会（臨時会）第9次法制司法委員会（2006年4月21日）は，これら法律案をそれぞれ上程した後，提案説明と検討報告及び大体討論（案件全体に対する問題点と当否に関する一般的討論をいい，提案者との質疑・答弁をも含む（国会法58条）。）を経て，法案審査第1小委員会に回付することとなった。

　法案審査第1小委員会は，以上3件の法律案を審査〈第261回国会（臨時会）第1次（2006年8月24日），第261回国会（臨時会）第1次（2007年4月13日）及び第6次（2007年4月24日）〉した結果，3件の法律案をそれぞれ廃棄し，委員会代案を提案することにした。これに先立ち，2006年9月14日，法制司法委員会は，新たな身分登録法に関する公聴会[7]を開催した。

6　国民個々人について1個の身分登録原簿を作り，本人と本人以外の配偶者・子・父母，配偶者の父母（本人の兄弟姉妹を含めるのかについては見解の差異があった。）の人的事項（住民登録番号と生年月日）と死亡の有無（配偶者を除外，父母の死亡の有無の表示については見解の差異があった。）等の家族事項と本人の出生・養子縁組・婚姻・離婚・死亡等の身分事項を記載し公証・公示する方案である。但し，身分登録原簿の証明発給は厳格に制限され，電算化された身分登録原簿からの出力制限を通じて目的別事項別証明書を発給することができるようにしようとした。既存の電算戸籍資料を個人別に再編し，証明発給を制限しようとする発想であった。それ以後に作成された法律案では，このような原簿概念を導入せず，身分登録簿を電算情報資料形態で作成する方式をとることになる。

第 1 章　韓国戸籍制度と家族関係登録制度への改編

　法制司法委員会が代案を提示し主張した理由は,「戸籍制度に代わる新たな家族関係登録制度を準備し,国民個々人別に出生・婚姻・死亡等の身分変動事項を電算情報処理組織によって記録・管理する一方,その登録情報を使用目的により多様な証明書形態として発給し,国籍変動事項がある場合,国籍業務の管掌機関である法務部長官が国籍変動者の登録基準地である市・区・邑・面の長にこれを直接通報し,家族関登録簿に国民の国籍変動事項を正確に記載できるようにする等,国民の便宜を図」ろうとしたところにある。この代案が,2007 年 4 月 27 日国会本会議を通過し,2007 年 5 月 17 日公布され,2008 年 1 月 1 日から施行されているものである。

7　第 262 回国会（定期会）法制司法委員会会議録参照。

第2章　家族関係登録制度の概要

第1節　法　源

　家族関係登録制度を規律する基本法規としては,「家族関係の登録等に関する法律」と「家族関係の登録等に関する規則（以下「規則」という。）」があり,これを補充・補完する大法院例規がある。家族関係登録法は,既存の戸籍法に代えるため,2007年5月17日法律第8435号として制定され,規則は2007年11月28日大法院規則第2119号として制定された[1]。家族関係登録制度が2008年1月1日から施行されるのに伴い,大法院は従前の戸籍例規を廃止し（例規第274号）,その中で家族関係登録制度でも有効に適用されうる内容のものを選別し,法改正による修正を加え,親養子（いわゆる特別養子,以下「特別養子」という。）制度のような新たな制度の施行に伴い必要となる関連例規を2007年12月10日付で一括制定（2008年1月1日施行）し,家族関係登録事務処理の準則を定めた。

---

[1] この規則は,協議離婚手続を改善するために,2007年12月21日に改正された民法が施行されるに伴い2008年6月5日大法院規則第2181号により改正され,国籍関連通報による家族関係登録簿作成制度が2008年9月1日から施行されるに伴い2008年7月7日大法院規則第2182号により改正された。

第1編　総　論

第2節　家族関係登録簿の記録事項と登録事項別証明書

I　家族関係登録簿の記録事項

1　記録事項の意義

　家族関係登録簿記録事項とは，人の身分関係を公示・公証するために家族関係登録簿に記録できる事項をいう。家族関係登録簿公務員が任意に身分関係事項を家族関係登録簿に記録することはできず，家族関係登録法規が定める事項に限り記録することができる。したがって，家族関係登録法規が定めていない事項が家族関係登録簿に記録されている場合には，これは，違法な家族関係登録簿記録として家族関係登録簿訂正手続によって抹消することができる（104条）。

2　記録事項の分類

　家族関係登録簿の記録事項は，家族関係登録簿事項，特定登録事項，一般登録事項に区分される（詳細は18頁以下参照）。電算戸籍制度の下では，その記載場所によって戸籍事項と身分事項に区分したが，家族関係登録簿事項は戸籍事項に，特定登録事項と一般登録事項は身分事項に該当する。
　家族関係登録簿の記録事項は上記のとおり区分されるが，その具体的事項は個人の身分関係を公示・公証するために発給される登録事項別証明書に記載される内容によって定められることになる。なお，その詳細な説明は，登録事項別証明書の内容と特徴，各種記載例を紹介しながら行うこととする。

II　登録電算情報資料の利用と登録事項別証明書の交付

1　登録電算情報資料の利用と個人情報の保護

　個人の身分関係を登録し，これを公示・公証するという制度の趣旨を勘案すれば，家族関係登録簿の一般公開は不可避である。しかし，情報化社会におい

ては，個人情報の不当な利用によるプライバシーの侵害が引き起こされる。家族関係登録に関する個人の身分に関する電算情報は，他の行政電算情報よりも記録された内容が広範囲かつ具体的である。したがって，家族関係登録電算情報資料に対するアクセスは，他の行政電算情報とは異なり，基本的に個人はもちろん国家機関によっても制限されなければならない必要性が大きい。家族関係登録電算情報資料を利用しようとする場合，その利用手続を厳格に規定し，大量の電算情報の利用による無分別な電算情報の誤・濫用を防止できなければならない。

　家族関係登録簿を管理し，又は登録事務を処理する者が，家族関係登録簿に記録された身分情報を他人に任意に提供したり，不当な目的に利用することもできるので，これを禁止することにし（11条6項），これに違反する場合には3年以下の懲役又は1千万ウォン以下の罰金に処している（117条1号）。

　登録電算情報資料を利用又は活用しようとする人は，関係中央行政機関の長の審査[2]を経て[3]法院行政処長の承認[4]を受けなければならないが，中央行政機関の長が登録電算情報資料を利用又は活用しようとする場合には法院行政処長と協議しなければならない（13条1項）[5]。法院行政処長は，申請内容の妥当性・適合性・公益性など不当な目的のための情報要請であるかどうかを判断し，申請する事項の処理が情報システムにより可能か否か，及び申請する事項の処理が登録事務処理に支障がないか否かの有無を審査しなければならず（規則26条4項），審査した結果，申請を承認し，協議がなされたときには法院行政処長は電算情報資料提供台帳にその内容を記録・管理しなければならない（同5項）。

　2　登録電算情報資料を利用又は活用しようとする者は，①資料の利用又は活用の目的と根拠，②資料の範囲，③資料の提供方式・保管機関及び安全管理対策に関する事項を記載して，関係中央行政機関の長にその審査を申請しなければならず，この場合に申請できる資料は必要最小限の範囲に限る（規則26条1項）。
　3　申請を受けた関係中央行政機関の長は，①申請内容の妥当性・適合性・公益性，②個人の私生活侵害の可能性及び危険性の有無，③資料の目的外使用防止及び安全管理対策確保の有無に関して審査した後，その審査結果を申請人に知らせなければならない（規則26条3項）。
　4　登録電算情報資料を利用又は活用しようとする者は，中央行政機関の審査結果を添付して法院行政処長に承認申請をしなければならない（規則26条3項本文）。
　5　この場合，中央行政機関の長は，資料利用又は活用の目的と根拠等を記載した書面を提出し，協議を要請しなければならない（規則26条3項但書）。

第1編　総　論

　提供された家族関係登録電算情報資料を利用又は活用しようとする者は，本来の目的外の用途で利用又は活用してはならない（13条2項）。これに違反した場合，3年以下の懲役又は1千万ウォン以下の罰金に処される（117条2号）。

2　登録事項別証明書の交付
(1)　証明書の種類と記録事項
　電算処理される家族関係登録簿には，家族関係登録法規が定める個人の身分関係に関するすべての事項が記録され，管理される。したがって，これをそのまま閲覧し，又は証明書として発給されることは，必要以上の個人の身分情報を公開して，私生活の秘密の侵害を引き起こしうる。もちろん家族関係登録簿には原簿概念がないから，それ自体が証明書として発給されはしない。そこで，個人の身分関係を公示・公証するために発給する証明書は，必要事項のみを記載する方式をとり，家族関係登録簿の記録事項に関して発給できる証明書を家族関係証明書，基本証明書，婚姻関係証明書，養子縁組関係証明書，特別養子縁組関係証明書に特定し（15条1項），その交付にも制限を加えている（14条）。これは個人の身分情報保護のためである。次に各登録事項別証明書の内容とその特徴及び記録事項について，詳しくみていく。
　家族関係登録簿には，①登録基準地[6]，②姓名・本・性別・出生年月日及び住民登録番号，③出生・婚姻・死亡など家族関係の発生及び変動に関する事項，④その他に家族関係に関する事項として大法院規則で定める事項を記録しなければならない（9条2項）[7]。このように，本人の家族関係登録簿には，本人の家族関係など登録事項（基本身分情報事項と身分変動事項）のみを記録するだけであり，その他の関係者に対する家族関係などの登録事項は，家族間の連結情報として，必要な部分のみを抽出し，法規が定める電算様式によって証明書で発給する。
　家族関係登録簿の記録事項は，家族関係登録簿事項，一般登録事項，特定登録事項に区分される。家族関係登録簿登録事項別証明書が家族関係登録簿事項欄，一般登録事項欄及び特定登録事項欄に区分されているから，家族関係登録簿の記録事項も，このように区分されるのである。
　家族関係登録簿事項とは，登録基準地の指定又は変更，訂正に関する事項，

第 2 章　家族関係登録制度の概要

家族関係登録簿の作成又は閉鎖に関する記録事項をいう（規則 2 条 3 号）。特定登録事項とは本人，父母（養父母を含む。），配偶者，子（養子を含む。）欄に記録される姓名，出生年月日，住民登録番号，性別，本に関する記録事項をいい（同 4 号），一般登録事項とは，出生から死亡に至るまで，法と規則によって本人の登録簿に記録する家族関係登録簿事項，特定登録事項以外のすべての身分変動に関する記録事項をいう（同 5 号）。したがって，登録事項別証

6　本籍に対応する概念である。各種の身分変動記録（申告書等）の管理地，在外国民登録事務の処理地，家族関係登録簿の検索基準地（家族関係登録簿を検索する際に一番重要な要素は住民登録番号であるが，住民登録番号が現行戸籍上に記載され始めたのは 1975 年からであるから，それ以前に編製され，その後戸籍記載がなされなかった戸籍には住民登録番号が記載されておらず，最初の家族関係登録簿が従前の電算戸籍に基づいて作成されたことにより，そのような場合には他の索引条件が必要になり，その条件として考慮されたのが登録基準地である。），非訟事件の管轄法院決定基準地，在外国民の登録申告書送付他，検索機能，旧戸籍との連絡等の業務の効率性の向上という機能的必要性で導入したもので，実際の生活関係とは関係ない。家族がすべて同一登録基準地をもたなければならないものでもなく，当事者はいつ，どこでもこれを変更できるという点で本籍と異なる。最初の家族関係登録簿が既存の電算戸籍を基礎に作成されたため，従前の戸籍を持っていた人は，従前の戸籍の本籍を登録基準地とした（規則 4 条 1 項）。出生又はその他の事由により初めて登録をする場合には，登録基準地を定めて申告しなければならない（10 条 1 項）。この場合には①当事者が自由に定める登録基準地，②出生の場合に父又は母の特別の意思表示がないときには，子が従う姓と本を持った父又は母の登録基準地，③外国人が国籍取得又は帰化する場合にその人が定める登録基準地，④国籍を回復する場合に国籍回復者が定める登録基準地，⑤家族関係登録創設の場合に登録基準地を定める意思表示がないときには家族関係登録創設しようとする者が申告した住民登録地，⑥父又は母が外国人の場合に登録基準地を定める意思表示がないときには大韓民国国民である父又は母の登録基準地が登録基準地となる（規則 4 条 2 項）。当事者は登録基準地を自由に変更できるが，この場合，新たに変更しようとする登録基準地の市・邑・面の長に変更申告をしなければならない（10 条 2 項，規則 4 条 3 項）。
7　大法院規則が定める記録事項は，①申告又は申請の年月日，②申告人又は申請人が事件本人と違うときには，申告人又は申請人の資格と姓名（申告人若しくは申請人が事件本人の父又は母であるときには，その姓名の記録を省略できる。但し，出生申告人が父又は母の場合には，その姓名の記録を省略しなければならない。これは，特別養子縁組の場合，基本証明書により親父母を知ることができるようになり，それによって特別養子縁組の事実を推測して知れることを防止するための措置である。すなわち，出生申告した父又は母の姓名を記録する場合には，特別養子は基本証明書を見て親父母が別にいることを知ることになり，これは，特別養子制度の立法趣旨に合わないため，これを防止するために父又は母の姓名を記録しないようにしたのである），③在外公館の長や官公署から申告書類の送付があるときには送付年月日と送付者の職名，④通報日付と通報者の職名，⑤証書・航海日誌謄本作成者の職名と提出年月日，⑥家族関係登録に関する裁判・許可・嘱託をする法院とその年月日，⑦登録事件を処理する市・邑・面の名称である（規則 51 条）。

明書の家族関係登録簿事項欄は，家族関係登録簿事項が記載されるように設定された部分であり，特定登録事項欄は，特定登録事項が記載されうるよう設定された部分，一般登録事項欄は，一般登録事項が記載されうるよう設定された部分といえる。

ア　家族関係証明書

家族関係証明書は，本人と家族の身分事項を証明するためのものであり，登録基準地欄と特定登録事項欄だけが存在するのが原則である。家族関係証明書は，本人を基準に，父母・養父母，配偶者，子（養子を含む。）が記載され，これらの特定登録事項（姓名，性別，本，出生年月日，住民登録番号）だけが表示される。兄弟姉妹は，法律上の家族であるが（民779条），家族関係証明書には記載されない。兄弟姉妹関係は，父母の家族関係証明書を通じて証明される。

特定登録事項欄に記載される各事項について変動がある場合には，各家族の家族関係登録簿で訂正又は変更してアップデートすることになり，本人の家族関係証明書を発給するとき，連結情報によってアップデートされた情報が顕出され，証明書として発給される。したがって，特定登録事項欄は，証明書の発給時を基準として有効な情報のみを証明する。このような特定登録事項欄は，家族関係証明書にのみ存在するのではなく，各登録事項別証明書に共通して存在する。基本証明書には本人，婚姻関係証明書には本人と配偶者，養子縁組関係証明書には本人，養父母，養子，特別養子縁組関係証明書には本人，実父母，養父母，特別養子などの各特定登録事項欄が存在する。

家族関係証明書に記載された家族は，現在有効な家族関係にある者を表示する（規則21条7項）。すなわち，婚姻無効・取消又は離婚した場合の配偶者や，養子縁組の無効・取消又は離縁した場合の養父母は，家族関係登録簿の特定登録事項欄から抹消され，家族関係証明書の特定登録事項欄に記載されない。但し，家族が死亡，国籍喪失，不在宣告，失踪宣告に該当する場合には，当該家族はそのまま記載を残し，姓名欄の横に死亡等の事由が記載され，証明書として発給される（規則21条6項）（22頁の様式の

金順喜の場合がここに該当する。）。これらの事由は，親族関係消滅原因ではないため，このように区別して取扱う。

　家族関係証明書には，他の4種類の証明書にある一般登録事項欄がないのが原則である。その理由は，家族関係証明書に記載される家族は現在有効な家族のみを示すものであるから，その変動事項を記載する必要がなく，その詳細な変動事項は他の各証明書の一般登録事項欄に記載されているからである。しかし，例外的に，家族関係登録簿を作成する過程で発生する錯誤記載や遺漏などを訂正する場合には，一般登録事項欄を作り，その中にこのような訂正事由を記載する。錯誤記載や遺漏した家族を後で訂正した場合，その訂正事由が記載される適当な証明書がないことを勘案したものである。また，家族関係証明書のどこにも訂正された事由が記載されなければ，訂正前後の家族事項が相互に一致しない理由を知ることができなくなる結果，相続等において混乱が発生しうるという点も考慮したものである。

　2007年12月31日付の電算戸籍を土台に作成された家族関係登録簿の家族関係証明書に関して，留意すべき事項を詳しくみていくと次のとおりである（例規第259号）。

　第一に，家族の中で特定登録事項欄に記載される者は，2007年12月31日を基準に戸籍に登載されている人に限り，その前に死亡，国籍喪失，不在宣告，失踪宣告の理由で戸籍から除籍された者は，家族関係登録簿を作成しないので，家族関係証明書に現れない。但し，父母・養父母の場合には，死亡等の事由で除籍されても，その姓名だけは記載されている。

　第二に，本人の父母は，旧戸籍上同一の家に入籍していたのか否か及び生存の有無を問わず，その姓名だけは記載された家族関係証明書が発給される。旧戸籍には父母欄があり，その父母欄には例外なくハングルで姓名が記載されているから，可能なのである。したがって，電算戸籍情報を基礎に家族関係登録簿を作成する過程で，父母の特定登録事項すべてが電算的に自動構成されない場合にも，父母はハングルで姓名だけは記載される。勿論，電算的に自動構成が可能ならば，父母の特定登録事項がすべて記載された状態で証明書が発給されうる。但し，この場合にも，生存する父母

第1編　総　論

［家族関係登録規則　別紙第1号書式］

家族関係証明書

登録基準地	ソウル特別市永登浦区汝牟島洞1番地の1234

区分	氏名	生年月日	住民登録番号	性別	本
本人	김본인（金本人）	1965年01月01日	650101-1234567	男	金海

家族事項

区分	氏名	生年月日	住民登録番号	性別	本
父	김일남（金一男）	1941年02月01日	410201-1555555	男	金海
母	이일녀（李一女）	1938年03月01日	380301-2333333	女	全州
養父	김양부（金養父）	1940年04月01日	400401-1333333	男	金海
養母	이양모（李養母）	1942年04月02日	420402-2222222	女	全州

配偶者	박여인（朴女人）	1968年02月02日	680202-2345678	女	密陽

区分	氏名	生年月日	住民登録番号	性別	本
子	정이군（鄭二君）	1973年11月20日	731120-1234566	男	全州
子	김일순（金一順）	1990年01月01日	900101-2777777	女	金海
子	김순희（金順喜）　死亡	1995年11月11日	951111-2888888	女	金海
子	김상준（金上樽）	1999年05月08日	990508-1325656	男	金海

上記家族関係証明書は、家族関係登録簿の記録事項と相違ないことを証明します。

年　　月　　日

○○市（邑・面）長　　○　　○○　　職印

の場合にのみ，特定登録事項がすべて記載され，死亡すれば姓名だけが記載される。

第三に，電算戸籍には表示されていなかった家族，例えば離婚後再婚した女子の場合，引収入籍（いわゆる連れ子養子）しなかった前婚配偶者との嫡出子，認知によって父の戸籍に入籍されていた婚姻外の子などは，母の家族関係証明書に記載される。

　イ　基本証明書

基本証明書は，家族関係登録簿の基本になる証明書であり，本人に関する基本的な登録事項である出生，国籍，改名，親権，死亡等が記載される。すなわち，婚姻，養子縁組，特別養子縁組に関する事項以外で法律と規則が規定する本人の記録事項に関する事項を記載する証明書である。基本証明書に記載される事項も，発給時の状態だけが表示されることになる。すなわち，姓と本の変更がある場合，変更された姓と本が記載され，変更前の姓と本は表示されない。

基本証明書には他の証明書にはない部分がある。すなわち，登録基準地欄の下にある部分の家族関係登録簿事項欄である。ここには，登録基準地の指定，変更，又は訂正に関する事項や，家族関係登録簿の作成又は閉鎖に関する事項が記載される。

　ウ　婚姻関係証明書

婚姻関係証明書は，婚姻に関連する身分変動事項を証明するものであり，本人の婚姻・離婚に関する事項と配偶者の姓名訂正又は改名に関する事項が記載される。婚姻関係証明書の特定登録事項欄には，本人と現在有効な婚姻関係にある配偶者が記載され，離婚したり，婚姻が取消又は無効となった配偶者であった者は記載されない。これらの事項は，婚姻関係証明書の一般登録事項欄に，その事由とともに姓名が記載される。

配偶者が死亡，国籍喪失，不在・失踪宣告を受けてその者の家族関係登録簿が閉鎖になったとしても，本人の婚姻関係証明書の特定登録事項欄はそのまま置かれ，姓名欄の横にその旨が記載される。これらの事由が親族

第1編　総　論

[家族関係登録規則　別紙第5号書式]

基本証明書

登録基準地	ソウル特別市永登浦区汝矣島洞1番地の1234

区分	詳細内容
作成	【家族関係登録簿作成日】2008年01月01日 【作成事由】家族関係の登録等に関する法律付則第3条第1項
変更	【変更日】2008年01月03日 【前登録基準地】ソウル特別市冠岳区奉天洞100番地の3 【処理官署】ソウル特別市永登浦区

区分	氏名	生年月日	住民登録番号	性別	本
本人	김본인（金本人）	1965年01月01日	650101-1234567	男	金海

一般登録事項

区分	詳細内容
出生	【出生の場所】ソウル特別市中区明洞1234番地 【届出日】1968年02月15日 【届出人】父
国籍回復	【国籍回復許可日】1975年01月02日 【国籍回復前の国籍】米国 【届出日】1975年01月03日 【届出人】김일남 【送付日】1975年01月03日 【送付者】ソウル特別市冠岳区庁長
改名	【改名許可日】1976年02月02日 【許可法院】ソウル家庭法院 【届出日】1976年02月05日 【届出人】김일남 【改名前の名】철수 【改名後の名】본인
訂正	【職権訂正書作成日】2008年03月01日 【訂正日】2008年03月01日 【訂正前の住民登録番号】650101-1234578 【訂正後の住民登録番号】650101-1234567 【処理官署】ソウル特別市永登浦区

上記基本証明書は、家族関係登録簿の記録事項と相違ないことを証明します。

　　　　　　　　　　　　　　　　　　　　　　　年　　月　　日
　　　　　　　　　　　　○○市（邑・面）長　　○　　○○　　職印

第 2 章　家族関係登録制度の概要

[家族関係登録規則 別紙第 2 号書式]

婚姻関係証明書

登録基準地	ソウル特別市永登浦区汝矣島洞 1 番地の1234

区分	氏名	生年月日	住民登録番号	性別	本
本人	김본인(金本人)	1965年01月01日	650101-1234567	男	金海

婚姻事項

区分	氏名	生年月日	住民登録番号	性別	本
配偶者	박여인(朴女人)	1968年02月02日	680202-2345678	女	密陽

区分	詳細内容(注1)
婚姻	【届出日】1986年01月01日 【配偶者】전여인
離婚	【協議離婚届出日】1987年04月04日 【配偶者】전여인
婚姻	【届出日】2008年02月01日 【配偶者】박여인 【配偶者の住民登録番号】680202-2345678 【処理官署】ソウル特別市中区

　上記婚姻関係証明書は、家族関係登録簿の記録事項と相違ないことを証明します。

年　　月　　日

○○市（邑・面）長　　○　　○○　　[職印]

（注 1）2008 年 1 月 1 日以降届け出られた事件については、記録後、処理官署の表示をしなければならない（規則第45条、第51条参照）。

関係消滅原因ではないためである。しかし，配偶者が死亡した後，生存配偶者が再婚すれば親族関係が終了するため（民775条2項），このときには，生存配偶者の家族関係登録簿の特定登録事項欄で，死亡した配偶者を抹消し，家族関係証明書と婚姻関係証明書の各特定登録事項欄に死亡した配偶者が記載されないようにする。但し，死亡した配偶者の閉鎖登録簿には，再婚した生存配偶者を抹消せずにそのまま置いておく。相続と関連して，死亡後再婚して親族関係が終了した生存配偶者も死亡当時は正当な相続人であるため，これを公示・公証するためである。

エ　養子縁組関係証明書

養子縁組関係証明書は，養子縁組に関連する身分変動事項を証明するものであり，本人，養父母，養子の各特定登録事項と養子縁組，離縁，養子縁組の無効・取消に関する一般登録事項が記載される。家族関係証明書では，養子を子と表示し，嫡出子と区別せずに証明しているが，養子縁組の関係証明書には養子として表示される。離縁，養子縁組の無効・取消の場合，当事者の家族関係登録簿で相手方当事者に対する特定登録事項が抹消されるため，養子縁組関係証明書の特定登録事項欄に記載されず，一般登録事項欄にその事由が記載される。

オ　特別養子縁組関係証明書

特別養子縁組関係証明書には，本人，実父母，養父母，特別養子の各特定登録事項と，養子縁組，離縁，養子縁組の無効・取消に関する一般登録事項が記載される。特別養子縁組申告によって甲の子が他人の特別養子として養子縁組する場合には，甲の家族関係登録簿の特定登録事項欄で甲の子を抹消し，一般登録事項欄にその事由を記録して，甲の家族関係証明書には特別養子縁組した子が現れず，甲の特別養子縁組関係証明書には特別養子縁組した子が抹消された事由が記載される。同時に，特別養子縁組を行った養父母の家族関係登録簿の特定登録事項欄に養子の特定登録事項を記録し，一般登録事項欄に特別養子縁組の事由を記録して，養父母の特別養子縁組関係証明書には特別養子縁組に関する事項が記載される。

第2章　家族関係登録制度の概要

[家族関係登録規則 別紙第3号書式]

養子縁組関係証明書

登録基準地	ソウル特別市永登浦区汝矣島洞1番地の1234

区分	氏名	生年月日	住民登録番号	性別	本
本人	김본인（金本人）	1965年01月01日	650101-1234567	男	金海

養子縁組事項

区分	氏名	生年月日	住民登録番号	性別	本
養父	김양부（金養父）	1940年04月01日	400401-1333333	男	金海
養母	이양모（李養母）	1942年04月02日	420402-2222222	女	全州
養子(注2)	정이군（鄭二君）	1973年11月20日	731120-1234566	男	全州
養子	김상준（金上樽）	1999年05月08日	990508-1325656	男	金海

区分	詳細内容(注3)
養子縁組	【届出日】1995年01月03日 【養子】정이군
養子縁組	【届出日】1997年03月10日 【養父】김양부 【養母】이양모
養子縁組	【届出日】2008年01月03日 【養子】김상준 【養子の住民登録番号】990508-1325656 【処理官署】ソウル特別市中区

　上記養子縁組関係証明書は、家族関係登録簿の記録事項と相違ないことを証明します。
　ただし、特別養子縁組関係については、特別養子縁組関係証明書にのみ表示します。

　　　　　　　　　　　　　　　　　　　　　　　　　年　　月　　日

　　　　　　　　　　　　　　　○○市（邑・面）長　○　○○　　職印

（注2）本人が養子である場合は、この欄の上に養父母の欄が設けられ、養父母の氏名が記載される。
（注3）在外公館に家族関係登録届出をした場合には、在外公館から送付され、国内の家族関係登録官署が受け付けた日付および送付者である在外公館長の職名が追加記録される（規則第51条）。

第1編　総　論

[家族関係登録規則　別紙第4号書式]

特別養子縁組関係証明書

登録基準地	ソウル特別市永登浦区汝矣島洞1番地の1234

区分	氏名	生年月日	住民登録番号	性別	本
本人	김본인（金本人）	1965年01月01日	650101-1234567	男	金海

特別養子縁組事項

区分	氏名	生年月日	住民登録番号	性別	本
(注4)特別養子	김순희（金順喜）　死亡	1995年11月11日	951111-2888888	女	金海

区分	詳細内容(注5)
養子縁組	【特別養子縁組裁判確定日】2008年03月02日 【決定法院】ソウル家庭法院 【特別養子】김순희 【特別養子の住民登録番号】951111-2888888 【届出日】2008年04月03日 【届出人】김본인 【処理官署】ソウル特別市永登浦区

　上記特別養子縁組関係証明書は、家族関係登録簿の記録事項と相違ないことを証明します。

年　　月　　日

○○市（邑・面）長　　○　　○○　　[職印]

（注4）本人が特別養子である場合には、この欄の上に養父母の氏名が記載される。
（注5）届出人の住民登録番号は記載しない。

また，特別養子縁組した子の家族関係登録簿は，これを閉鎖し，再作成する。新たに作成された特別養子の家族関係登録簿の父母欄に養父母の特定登録事項を記録し，実父母欄には実父母の特定登録事項を記録し，一般登録事項欄に特別養子になった事由を記録して特別養子の家族関係証明書の父母欄に養父母が記載されるようにする。したがって，特別養子の家族関係証明書には，実父母が父母欄から消えて，代わりに養父母が記載される。これは，特別養子縁組で実父母との親族関係がすべて終了する点（民908条の3第2項本文）を反映したものである。しかし，特別養子縁組関係証明書には，実父母と特別養父母がすべて記載され，特別養子縁組前後の変動事項を知ることができる。

(2) 証明書の交付

旧戸籍法下では，戸籍の電算化が完了したことによって，戸籍公開主義の原則に制限を加えるために，2000年12月29日付で，戸主又は家族等でない申請人が，戸籍の閲覧，謄・抄本及び証明書の交付を請求するときには，申請書に請求事由を記載させ（戸12条2項，戸規21条），私生活の秘密侵害など不当な目的が明らかな請求であるときには，その閲覧・交付及び証明を拒否できることにする（戸12条3項）などの戸籍法規の改正があった。しかし，請求事由に対する疎明資料を添付する必要はなく，本籍だけを知っていれば事実上制限なく戸籍謄・抄本の発給を受けることができ，閲覧及び謄・抄本の交付目的が不当であると予測されるとして交付請求を拒否することができなかった。個人情報の保護と私生活上の秘密の侵害を防止するには不十分であった。個人の身分に関する微妙な事項が含まれている個人身分情報は，より高度な情報保護が要請されるため，家族関係登録法では証明書の発給申請資格及び対象等において，より厳格な制限を置くことになったのである。

家族関係登録簿の閲覧は認められない。家族関係登録簿の原本があるのではなく，電算データの形式で管理されており，電算的に管理されている情報を証明書の形態で公開できるだけだからである。

第1編　総　論

ア　交付申請

① 申請人　本人又は配偶者，直系血族，兄弟姉妹は，手数料を納付し登録事項別証明書の交付を請求することができる。代理人が請求する場合には，本人等の委任を受けなければならない[8]。但し，国家又は地方自治団体が職務上の必要性から文書で申請する場合，訴訟・非訟・民事執行の各手続で必要な場合，他の法令で本人等に関する証明書を提出するよう要求される場合，又は民法上の法定代理人，債権・債務の相続に関連して相続人の範囲を確認するために登録事項別証明書の交付が必要な者，その他に公益目的上合理的理由がある場合で大法院例規が定める者[9]は，本人等でない場合にも，本人等の委任なくして交付を申請することができる（14条1項，規則19条2項）。

外国人は，登録事項別証明書の交付を請求することができない。但し，韓国人との身分行為により，又は現在外国国籍を取得して韓国国籍を喪失したが，過去に出生等の原因により韓国の除籍又は家族関係登録簿に記録された外国人の場合，本人及び本人の直系血族は，その

---

[8] 本人等の代理人が登録事項別証明書の交付を請求する場合には，本人等が署名または捺印した委任状と印鑑証明書または身分証明書（住民登録証，運転免許証，旅券，公務員証等をいい，証明書交付申請に共通して適用される。）写しを提出しなければならない。委任状は原本を提出し，弁護士の場合，登録事項別証明書の交付請求の委任の趣旨が明確に記載された訴訟委任状の写しを提出することができる（規則19条1項但書，例規第278号「登録事項別証明書の発給等に関する事務処理指針」2条3項）。

[9] 例規第278号「登録事項別証明書の発給等に関する事務処理指針」第2条第5項は，①国家，地方自治団体又は公共機関が職務上の必要により文書で申請する場合であり，根拠法令と事由を記載する申請機関の公文及び関係公務員の公務員証（公共機関の場合は社員証）を添付したとき，②訴訟，非訟，民事執行・保全の各手続で必要な場合であり，これを疎明する資料を添付したとき，③他の法令で本人等に関する登録事項別証明書を提出するよう要求する場合であり，これを疎明する資料及び関係法令による正当な権限を有するものであることを確認できる資料を添付したとき，④民法上の法定代理人（後見人，遺言執行者，相続財産管理人，不在者財産管理人等）がこれを疎明する資料と申請人の身分証を添付したとき，⑤債権・債務等財産権の相続に関連して，相続人の範囲を確認するために登録事項別証明書が必要な場合であり，これを疎明する資料と申請人の身分証を添付したとき，⑥保険金又は年金の受給権者を決定するために申請対象者に対する登録事項別証明書が必要なとき，⑦「公益事業のための土地等の取得及び報償に関する法律」による公益事業を遂行するときに土地等の所有者の相続人を確認する必要があるときには，本人等の委任なくして登録事項別証明書を申請することができると規定している。

登録事項別証明書の交付を請求できる（例規第278号4条1項）。

本人が請求する場合には申請書を作成しないことがあるが[10]，申請書には大法院例規（第278号「登録事項別証明書の発給などに関する事務処理指針」）が特別に規定する場合を除き，対象者の姓名と登録基準地を正確に記載しなければならない[11]。また，本人等の委任なくして交付申請できる場合にはこれを証明・疎明できる身分証明書や資料を添付して提出しなければならない（規則19条3項）。

市（区）・邑・面の長が申請書を受付するときには，申請人が申請書の申請人欄に記載された者と一致するか否かを身分証明書により確認しなければならない。代理人が請求する場合には，委任者及び申請書の申請人欄に記載された申請人（代理人）の身分を確認しなければならない（例規第278号7条）。

郵便で登録事項別証明書の送付を請求する場合には，申請書に定められた事項を記載し，法律上正当な請求権者の身分証明書の写しを添付しなければならない。申請人が身分証明書の写しを添付せず，又は請求事由を記載しなければならない者が記載しない場合，若しくは請求事由が不当な目的であることが明らかな場合は，市（区）・邑・面の長は申請書にその拒否事由を記載し，返送しなければならない（同8条）。申請人が大韓民国電子政府ホームページ（www.egov.go.kr）の民間サービスシステムで要求する様式に従って，各情報を入力し公認認証書による本人確認手続を経て，申請人本人の家族関係登録簿の登録事項別証明書（特別養子縁組関係証明書を除く。）の交付を請求する場合には，申請する登録事項別証明書を郵便にて送付することができる（同9条）。

② 申請事由の記載　交付申請は，申請書にその事由を記載して提出しなければならない。国家機関又は他の法令により公共機関等が登録事

10　国家，地方自治団体，公共機関が電子政府法により電子文書を利用して根拠法令と事由を記載した公文を送付する場合にも，申請書作成と身分証提出を省略することができる（例規第278号7条5項）。
11　但し，本人，配偶者，直系血族の場合には，姓名と住民登録番号でも証明書の交付を請求できる（例規第278号2条4号）。

項別証明書を請求する場合には，各対象者ごとに証明書が必要な理由を具体的に明示しなければならない（規則22条1項前段）。正当な利害関係を有する者が証明書の交付を請求する場合には，各登録事項別証明書が必要な理由を別々に明らかにしなければならない。本人の私生活を保護するために，正当な利害関係を有する者でも，すべての登録事項別証明書の交付請求を自由に行うことができるのではなく，必要な証明書のみを交付請求できるようにするため，各登録事項別証明書を必要とする理由を別々に明らかにするようにしたのである。本人，配偶者，直系血族以外の者が家族関係証明書の交付を受けようとする場合，家族関係証明書が必要な理由を明らかにしなければならない（規則22条3項）。本人以外の他の家族の身分情報まで公開される家族関係証明書は，他の証明書とは異なりその交付要件をより強化する必要性があるので，兄弟姉妹まで無制限に証明書の発給を許容することに対する憂慮を考慮したものである。

　市（区）・邑・面の長が申請書を受付したときは遅滞なく電算情報処理組織に入力しなければならないが，交付請求が登録簿に記録された者の私生活の秘密を侵害するなど不当な目的によることが明らかであると認められたときには，証明書の交付を拒否できる（14条4項）。不当な目的の請求とは，婚姻外の出生子である事実又は離婚経歴など一般的に他人に知られたくないと考えられる事項を，正当な事由なくただ好奇心で知ろうとしたり，その家族関係登録簿に記録された身分事項を犯罪に利用するために請求する場合等をいう。不当な目的であるかどうかの判断は，申請人欄と請求事由欄の記載及び疎明資料の内容で判断する。申請人欄の記載をせず，又は請求事由を記載しなければならない者が請求事由を記載しない場合，若しくは申請人や請求事由に虚偽を記載する場合には，一旦，不当な目的があるとみなしうる（例規第278号6条）。

③　証明範囲の制限　市・邑・面の長は，登録事項別証明書を交付するとき，各証明書の本人又は家族の住民登録番号欄及び一般登録事項欄に記録された住民登録番号のうち，その一部を公示しないことができ

る（規則23条1項）。登録事項別証明書には本人のみならず家族の住民登録番号が公示されるため，証明書を制限なく発給することになれば個人情報保護の面で問題があるからである。住民登録番号の公示制限方法は，登録事項別証明書の本人又は父母，養父母，配偶者及び子の住民登録番号欄及び一般登録事項欄に記録された住民登録番号の後の部分6桁数字を隠して（例：080101-3＊＊＊＊＊＊）作成し，交付する方法とされている（例規第278号10条）。

イ　特別養子縁組関係証明書交付の特例

　特別養子縁組制度の趣旨に従い，特別養子縁組関係証明書の交付については，他の証明書の場合より一層厳格な制限を加え，特別養子の福利を優先している。特別養子縁組関係証明書は，①成年者が本人の特別養子縁組関係証明書を申請する場合で成年者であることを身分証明書によって疎明する場合，②特別養子の実父母・養父母が本人の特別養子縁組関係証明書を申請する場合には特別養子が成年者であることを疎明する場合，③婚姻当事者が民法第809条の親族関係を把握しようとする場合で出席した両当事者及びその身分証明書によって，家族関係登録事務担当公務員が婚姻意思及び婚姻適齢であることを確認した場合，④法院の事実照会嘱託があるか若しくは捜査機関が規則第23条第5項により文書で申請する場合，⑤民法第908条の4及び民法第908条の5により，養子縁組取消又は養子離縁をする場合でこれに関する法院の受付証明書が添付された場合，⑥特別養子の福利のために必要であることを特別養子の養父母が具体的に疎明資料を添付して申請する場合，⑦特別養子縁組関係証明書が訴訟，非訟，民事執行保全の各手続において必要な場合で疎明資料を添付して申請する場合，⑧債権・債務等財産権の相続と関連して，相続人の範囲を確認するために死亡した者の特別養子縁組関係証明書が必要な場合で疎明資料を添付して申請する場合，⑨家族関係登録簿が作成されないまま死亡した者の相続人の特別養子縁組関係証明書が必要な場合で法律上の利害関係に対する疎明資料を添付して申請する場合，⑩法律上の利害関係を疎明するために特別養子の実父母・養父母の特別養子縁組関係証明書を申請する場合でそ

の該当法令とそれにともなう具体的な疎明資料及び必要理由を提示して申請する場合に，交付を請求することができる（14条2項，規則23条3項，例規第278号3条1項）。このような特別養子縁組関係証明書の交付に対する制限は，交付請求対象の家族関係登録簿の本人が特別養子で養子縁組したか否かに関係なく適用される（同2項）。

ウ 在外国民及び在外公館での証明書交付

海外に居住する在外国民も，直接市（区）・邑・面へ，郵便で登録事項別証明書の交付を請求することができる。申請人はその身分を確認できる書面を添付しなければならない。市（区）・邑・面の長は，その登録事項別証明書を申請人に直接送付する（例規第278号12条）。

法院行政処長が定める在外公館（2009年2月現在，日本においては，駐日本大韓民国大使館領事部，駐大阪総領事館，駐福岡総領事館）は，証明書交付申請の受付と交付事務を処理することができる（規則24条1項）。法院行政処長が指定する在外公館は，家族関係登録電算情報処理組織により登録事項別証明書交付事務を処理する。外国官公署は使用用途を明示した文書によって外交通商部又は在外公館を経て市（区）・邑・面の長に登録事項別証明書の交付を請求することができ，この場合，市（区）・邑・面の長は使用用途を審査した後，外交通商部を経て登録事項別証明書を外国官公署へ送付することができる。

但し，日本国駐在韓国領事機関（駐日本大韓民国大使館領事部，駐大阪総領事館，駐福岡総領事館等）が日本国官公署から登録事項別証明書の交付を請求された場合には，日本国外務省を経たものに限り，使用用途を審査した後，外交通商部を経ないで直接日本国外務省へ登録事項別証明書を送付することができる（例規第278号13条）。

エ 除籍謄・抄本及び閉鎖登録簿に対する登録事項別証明書の発給

登録事項別証明書の発給に対する規定は，閉鎖登録簿に関する証明書の交付の場合に準用される（14条5項）。除籍簿（2008年1月1日以前に除籍された電算戸籍及び戸籍用紙で作成された除籍をいう。）の閲覧及び謄・抄本の交

付を請求するときにも，例規第278号第1章及び第2章の規定が準用される（例規第278号14条）。

(3) 証明書の作成方法

登録事項別証明書は，先に詳しくみた書式により発給される。証明書には，市・邑・面の長の職名（職務代理者の場合には代理資格も表示しなければならない。）と姓名を記録した後，その職印を押印しなければならない。証明書が多くの枚数からなるときには，各ページにページ数，発行番号を記録し，各ページにかけて職印で割印しなければならない。割印は，認証機に職印を付着して認証でき，自動穿孔方式でも行うことができる。証明書に空欄や余白があるときには，その旨を表示しなければならない（規則21条1項ないし5項）。法院行政処長が登録事項別証明書の記載例を定めたときには，それに従って証明書を発給しなければならない（同9項）。

(4) 申告書類の閲覧及び記載事項証明

申告人や利害関係人は，申告書類について訴訟等のために必要な場合には，その閲覧及び証明書を請求できなければならない。しかし，管轄監督法院に申告書類を送付して監督法院で申告書類を保管している場合には，証明書は請求できず，閲覧のみを請求できる（42条4項）。監督法院は，その申告書類の受理機関ではないからである。法院に保管されている申告書類については，認証ある写しを交付することはできないが，利害関係人等の請求があれば閲覧の延長として，認証のない単純な写しを交付することができる。

申告人は，申告の受理又は不受理の証明書を請求することができる（同1項）。登録事項別証明書の交付を請求することができる利害関係人は，市・邑・面の長に対し，申告書やその他に受理した書類の閲覧又はその書類に記載する事項に関して証明書を請求できる（同2項）。利害関係人が家族関係登録簿記録事由に該当する書類を閲覧するときには，登録事務担任者の面前でしなければならない（規則27条1項）。

第1編　総　論

第3節　家族関係登録事務の処理

Ⅰ　家族関係登録事務の管掌と監督

1　家族関係登録事務の意義と性質

　家族関係登録事務とは，家族関係の発生及び変動事項に関する登録とその証明に関する事務をいう（2条，以下「登録事務」という。）。即ち，身分関係の変動原因となる法律行為又は事実関係が発生した場合に，法の定めるところに従い，申告や申請等があればこれを受理し，家族登録簿に記録し，身分関係を公示・公証する事務及びこれにともなう事務を指す。

　地方自治法第9条第2項は，登録事務を住民登録事務とともに地方自治団体の事務の一つとして例示している。旧戸籍法下においても，戸籍事務は国家事務に属するが，その処理が市・邑・面の長に委任され，市・邑・面の長が管掌するものとして規定されていた（戸2条）。ここにいう委任は，団体委任ではなく機関委任に該当するものとして解釈されてきた。判例は，「戸籍法及び地方自治法の諸規定に鑑みれば，戸籍事務は国家の事務として国家の機関委任により遂行される事務ではなく，地方自治法第9条が定める地方自治団体の事務といえるが，但し，一般行政事務とは異なり司法的性質が強く法院の監督を受けることになるにすぎない」（大法1995年3月28日言渡94タ45654判決）という立場をとってきた。このような大法院判例にもかかわらず，実務では戸籍事務を準司法的性格が強い司法行政事務に属すると解する見解が有力であった[12]。

2　家族関係登録事務の管掌

(1)　意　義

　登録事務の管掌とは，登録事務を処理する権限を有する者が自己の責任の下に自己の名で登録事務を処理することをいう。登録事務を処理する権限を有する者を登録事務管掌者という。前述のとおり，大法院が登録事務管掌者

12　『戸籍実務便覧』（法院行政処，2003），11面。

に定められるまでには，立法過程において法務部の反対が強かった。法務部は，登録事務が国家事務であり，行政事務としてこれを司法府が管掌するのは三権分立の原則に違背するという点を強調し，国籍及び受刑事務の連携を通じた業務の効率性及び監査の効率性の向上に加え，外国の立法例と沿革等の理由も提示して，登録事務を法務部長官が管掌しなければならないと主張した。これに対し，大法院は，登録事務が単純な行政事務ではなく，国民の身分及び財産・相続等の法律関係に重大な影響を及ぼす準司法的性格が強い司法行政事務であり，司法府が管掌するのが妥当であるという反論を提起した。最終的に大法院の見解が多数の支持を得て，立法者もこれを受容したのである。

(2) **管掌機関**

① 管掌者　司法府が身分登録事務の管掌者となったのは，1949年9月26日に制定された法院組織法（法律第51号）からである（法院2条及び8条）。但し，1960年1月1日，戸籍法が制定・実施されるまで，効力を維持してきた朝鮮戸籍令は，戸籍事務の管掌は府尹及び面長が担当し，監督事務は地方法院長及びその支庁の判事又は上席判事の所管として規定されていた（朝鮮戸籍令2条及び2条の2）。戸籍事務を市・邑・面の長が管掌するよう委任し，法院が監督する体制は，その後も引き続き維持された（戸2条及び4条）。現行法院組織法も，登録事務を法院の権限と規定し（法院2条3項），司法行政事務を管掌する法院行政処に登録事務を管掌させている（同19条）。

　　大法院及び法院行政処は，登録事務の中央管掌機関として全国の登録事務を総括し，法の施行に必要な規則を制定及び改正し（8条），規則として定めることが難しい細部的業務手続に関しては，例規を定め，法解釈上の争いの余地を減らし，登録事務の統一を期している。法院

第1編　総　論

　　　行政処には電算情報中央管理所を設置し[13]，登録簿等の保管と管理，電算情報処理組織による登録事務処理の支援及び登録電算情報資料の効率的な活用を図っている（12条1項1文）[14]。
　②　受任者　登録事務が国家事務として大法院が管掌するとしても，一般行政事務との関連性と国民のアクセスの便宜性を考慮し，大法院長は登録事務を各市・邑・面の長（都農複合形態の市において洞地域については市長，邑・面地域については邑・面長，そして特別市及び広域市と区を置いた市においては区庁長）に委任して処理させている（3条1項・2項）。
　③　代行者　登録事務の代行者とは，登録事務管掌者の業務のうち，法規が定めている一部の業務だけを自己の権限と責任の下に，自己の名で処理する者をいう。在外公館の長と市や区に所属する洞の長がこれに属する。
　　　大韓民国在外公館の長は，その管轄地域にいる大韓民国国民の家族関係登録法上の各種申告や申請を受理することができ，在外国民が外国の方式に従って作成した申告事件に対する証書を受理することができる（34条及び35条）。また，法院行政処長が定める在外公館は，証明書の交付申請の受付と交付事務を処理することができる（規則24条1項）[15]。

13　法院行政処に電算情報中央管理所を設置したのは，2000年12月29日戸籍法改正（法律第6308号）によってであり，2003年5月6日からは全国の戸籍電算情報資料がここから集中管理された。電算情報中央管理所の役割と機能は，①家族関係登録簿等とバックアップ資料の保管・管理，②家族関係登録簿等の索引情報管理，③使用者情報管理，④各種コードの記載例管理，⑤関係機関との情報連携，⑥家族関係登録統計情報管理，⑦システムプログラムの維持・保守，⑧情報処理要求事項と障害内容の受付及びその対応と技術支援，⑨家族関係登録情報のバックアップ管理，⑩家族関係登録情報の保安管理等である。ここでは，情報システムを総合的に管理・運営するために電算運営責任官を置くことである（規則5条）。電算運営責任官の業務に関しては規則第6条が定めている。
14　法院行政処長は，必要な時（在外公館で家族関係登録簿の記録事項についての証明書を発給する場合等），電算情報中央管理所に所属する公務員をして，家族関係証明書等の登録に関する各種証明書の発給事務を担当させることができる（12条2項）。この場合には，電算運営責任官名義で発給し（規則6条4項），証明書発給手続等，必要な事項は例規で定めている（同5項，例規第278号「登録事項別証明書の発給等に関する事務処理指針」16条参照）。一方，法務部長官の国籍通報による家族関係登録簿作成業務の電子的処理のために国籍関連通報に必要な範囲で法務部と電算情報処理組織を連携させることにしている（12条1項2文）。

3　家族関係登録事務の監督

　登録事務の性格を考慮すれば，事務執行に対する厳格な監督が必要である。前述のとおり，大法院長が登録事務の管掌者であるが，その処理権限を市・邑・面の長に委任している。よって，従来と同様に監督権を行使しなければならないが，その権限を市・邑・面の事務所所在地を管轄する家庭法院長に委任し，家庭法院支院長は家庭法院長の命を受け，その管轄区域内の登録事務を監督することになっている（3条3項）。各地方法院に家庭法院が設置されなければならないが，現在はソウル家庭法院一つだけが設置されている。家庭法院及び家庭支院が設置されていない地域での家庭法院の権限に属する事項は，家庭法院及び家庭支院が設置されるときまで，地方法院又は地方法院の支院が管轄するため（家訴附則5条1項），ソウル以外の地域では地方法院長と地方法院支院長が登録事務を管轄することになる。但し，高等法院所在地である釜山・大邱・光州・大田地方法院に家庭支院が設置されており（各級法院の設置と管轄区域に関する法律2条），家庭支院は家庭法院が設置されていない地域で家庭法院の権限に属する事項を管轄するため（法院31条の2本文），上記地方法院の家庭支院長は，上記地方法院長が管掌していた管轄区域内の登録事務に対する監督権を行使する[16]。

　登録事務の具体的な事項の処理例として適合するものを「先例」といい，業務処理の参考とし，同種の事項について一般的・継続的に適用できる性質の事務処理指針は「例規」という[17]。大法院は，登録事務処理手続等に関し，規則で定めがない必要な事項を例規で定め（規則88条），これを集め例規集として発刊し，登録事務を処理する官署に配布している。現在，大法院は，新たに制定した例規を集め，『大法院例規集（家族関係登録編）』（法院行政処，2007.12.）を発刊し，市（区）・邑・面の長及び在外公館の長に配布し，これを管理させて

15　例規第15号「電算情報処理組織による在外公館の登録事項別証明書等の発給に関する事務処理指針」。

16　法と規則において，監督法院と家庭法院をともに使用しているが，監督法院は家庭法院とその支院を含む意味であり，家庭法院は本院のみを意味する。

17　例規は，登録事務処理手続に関する有権解釈であるだけでなく，それを通じて実体法規の解釈・適用についての有権解釈をも行う（金容漢『韓国の戸籍制度と戸籍法』，59-60頁）。「死亡した妻の姉妹との婚姻申告に関する例規」第151号，「死亡した前夫の兄弟との婚姻は取消事由という例規」第152号などがその例である。

いる（例規第8号）。

Ⅱ　家族関係登録簿の作成

1　家族関係登録簿の意義と特徴

　家族関係登録簿とは，電算情報処理組織によって入力・処理された家族関係登録事項に関する電算情報資料を，登録基準地によって個人別に区分して作成したものをいう（9条1項）。従前の戸籍は，戸主を基準として家別で編製して戸主及びその家族の身分事項を記載する家中心の編製方式であった（戸8条，15条）。これに対し，家族関係登録簿は個人別に区分・作成し，電算情報処理組織によって本人の家族関係登録簿記録事項を入力して作成する。このように，家族関係登録簿は，電算上の概念で，磁気ディスク，磁気テープその他これに類似する方法によって，一定の家族関係登録事項を確実に記録・保管できる電子的情報貯蔵媒体に貯蔵された電算情報の集合を指す。

(1)　原簿概念の消滅

　個人別に作成される家族関係登録簿は，その原簿概念を想定していない。従前の電算戸籍システムの下でも，戸籍を補助記憶装置（磁気ディスク・磁気テープその他これに類似する方法によって一定の戸籍事項を確実に記録・保管できる情報媒体を含む。）に記録して作成していたが（戸124条の3第1項），電算上の戸籍原簿概念を置き，その原簿による謄本を発給する形態で個人の身分関係を公示・公証してきた。家族関係登録簿制度を導入する過程でも，このような原簿概念を維持しようとしたことがある。しかし，現在の家族関係登録簿は，電算上ある形式を備えて存在するのではなく，ある人の家族関係登録簿に登録された事項に関する情報を集めた情報の集合である。もちろん，電算上では個人の身分関係情報が一定の形態で集まっていることになる。このような家族関係登録簿の現実的存在形態に忠実に原簿概念を維持し，原簿による様式を定めることになれば，原簿による謄本形態の情報を国民に提供するしかない。このような方法では，必要な情報以外の情報まで公開することになり，個人の身分情報保護がなおざりになるという指摘を免れない。そのた

め，原簿概念及びその様式を置かないのである。したがって，家族関係登録簿とは，法律で定める個人の身分情報に関する家族関係登録簿記録事項を電算情報処理組織によって，登録基準地により個人別に区分して入力・処理する身分情報の電算単位別集合体といえる。

(2) 家族関係登録簿の特定登録事項の電算的相互連結

国民すべてに対して各人一つの家族関係登録簿を作成する方式の下では，一個人に対して申告・申請事件が受理され，家族関係の変動を記録し，又は家族相互間の記録に反映する必要性が生じる場合（例：婚姻，配偶者の改名など）には，まず，その事件本人の家族関係登録簿に記録し，次に，この者と関連する家族らの家族関係登録簿をすべて捜し，その該当事項欄にその変動内容を一つひとつ追加記録しなければならない。このような家族関係登録事務の処理方式は，家族関係登録公務員の業務負担を重くし，業務処理時，錯誤や遺漏を引き起こす可能性を大きくする。また，業務処理に混乱と記録の錯誤・遺漏を誘発するだけでなく，国民に不便をもたらすことになる。このような問題点の解決のため，本人以外の他の家族の特定登録事項に関する情報は，当該家族の家族関係登録簿の当該情報を電算上リンクして使用できるようにしている。こうして，重複記録を通じた錯誤記録の可能性をなくし，業務処理を簡素化できるようにしたのである。

2　記録の効力

戸籍制度の下でも，戸籍記載の効力について，学説と判例は推定力を認定していた。すなわち，戸籍は，人の身分関係を証明する公文書であり，戸籍簿の記載は，法律上その記載が適法になされ，その記載事項は真実に符合するものという推定を受けるが，同記載に反する証拠により，その推定を覆すことができると解されていた（大法 1979 年 2 月 27 日言渡 78 タ 2152 等）。このような立場は，家族関係登録簿制度の下でもそのまま維持されるものと解される。したがって，家族関係登録簿に記録された事項は，一応，その記録が適法になされ，真実に符合するものと推定を受けることになるが，その記録内容に反する証拠又はその記録を無効とする事実の確認により，その推定は覆される。しかし，

反証により，家族関係登録簿記録の事実上の推定力が覆る場合にも，その記録を家族関係登録公務員が任意で訂正することはできず，違法，又は事実と符合しない家族関係登録簿の記録を正すためには，家族関係登録簿の訂正などの手続を経なければならない。

3 記録の手段と文字

(1) 記録文字の一般原則

公共機関の公文書は，語文規範に合わせて，ハングルで作成しなければならないため（国語基本法14条），家族関係登録簿上の記録もハングルで表記されなければならない。このために，家族関係登録簿の記録は，ハングルとアラビア数字で行う（規則63条2項）。しかし，特定登録事項欄の姓名欄は，漢字で表記できない場合を除き，"김철수（金哲秀）"のように，ハングルと漢字を併記する[18・19・20]。

(2) 外国の国号，地名及び人名の表記

家族関係登録簿に記録される外国の国号，地名及び人名は，当該外国の原地音をハングルで表記し，文化体育観光部が告示する外来語表記法によることを原則とする（例規第292号2条）。家族関係登録申告書に記載する場合も同じである。

---

[18] 姓名の表記をする場合において，漢字がない純粋なハングル「名」の場合には，ハングルで姓名を記録した後，括弧をして「姓」を漢字で「名」はハングルで記録する（例：「姓」が漢字で「名」がハングルの場合「김하늘(金하늘)」）（例規第37号3.カ）。出生申告時，出生子の「名」をハングルでのみ申告した場合にはハングル「名」のみをもつ場合に該当するため，後に漢字「名」を一緒に記録しようとする場合には，追完申告ではなく改名手続によらなければならない（同3.タ）。
[19] 漢字である姓をハングルで記録するときには，ハングル表記法によって表記する。但し，日常生活で漢字姓を本来の音価で発音及び表記して使用するなど，姓のハングル表記に頭音法則適用の例外を認定する合理的事由がある場合にはその限りではない（例規第37号2.）。
[20] 特定登録事項欄の姓名欄以外の欄に記録する姓名は，すべてハングルで記録する（例規第37号1.4）。

Ⅲ　家族関係登録簿の記録事由

　記録事由とは，家族関係登録簿に人の身分関係を記録するための一定の記録原因をいう。家族関係登録法は，家族関係登録簿の記録原因として申告などによる場合（16条）と職権による場合（18条，38条）に区分して規定している。これは，旧戸籍法と同様である（戸17条，22条及び43条）。

1　申告等による家族関係登録簿の記録事由
　(1)　申　告

　　申告は，家族関係登録簿記録事由の中で，最も基本的で，かつ，原則的な記録事由に該当する。大部分の家族関係登録簿の記録は，申告により成り立っている。これは，報告的申告においては，当該身分関係の変動事実を最もよく知っている事件本人又は特定関係人の申告に基づいて家族関係登録簿に記録することが家族関係登録簿の真実性を確保する最も合理的な方法であり，創設的申告は，個人の身分関係に関する公示をなし，申告が身分行為の成立・効力要件（民812条・878条等）となっていることに起因している。

　(2)　通　報

　　家族関係登録簿記録事由の中には，性質上，申告を期待できないものもあり，公益上，申告義務者の申告にのみ依存できないものもある。このような場合に備えて，補充的に認められる記録事由が通報である。災難による死亡通報（87条），死刑執行又は獄死に基づく死亡通報（88条），国籍取得（93条）・帰化許可（94条）・国籍回復許可（95条）による国籍通報がこれに該当する。従前の「報告」が，通報に変更されたものである。

　(3)　申　請

　　申請は，市（区）・邑・面の長に対し，違法又は錯誤による家族関係登録簿記録の訂正を求める行為である。法第104条ないし第107条に規定された家族関係登録簿訂正申請が典型的な例である。違法又は錯誤の家族関係登録

第1編　総　論

簿の記録を訂正するためには，判決や家族関係登録簿訂正許可決定を受けて，市（区）・邑・面の長に対し，家族関係登録簿記録の訂正を申請しなければならない。しかし，例規第54号（家族関係登録簿職権訂正事務処理指針）による職権訂正申請は，家族関係登録公務員の職権訂正を促し求める申請であるから，ここでいう申請とは異なる。

(4) 証書の謄本
ア　家族関係登録簿の記録をする場合
外国にいる大韓民国国民が，当該外国の方式によって実体的な創設的身分行為（婚姻，認知，養子縁組など）を行い，その国の権限ある機関で作成された証書の謄本を在外公館の長や事件本人の登録基準地である市（区）・邑・面の長に提出した場合には，家族関係登録簿に記録しなければならない（35条）。ここでいう外国とは，国交関係がある外国をいうが，未修交国家の権限ある機関で作成された証書の謄本による家族関係登録簿の記録も許容される（1989年10月21日法政第1661号戸籍先例参照）。

イ　家族関係登録簿の記録をすることができない場合
①　韓国人が，身分変動事項につき，居住地国の方式によって固有の意味の報告的申告（出生，死亡など）を行った場合には，法による有効な家族関係登録申告とみることができないため，その受理証明書などの交付を受けたとしても，証書謄本の提出方式による家族関係登録簿の記録は行うことができず，別途，家族関係登録申告を行わなければならない（例規第30号2．タ）。但し，この場合，その居住地国の方式により申告した事実を証明する書面（例：受理証明書など）で，家族関係登録申告書に添付しなければならない出生証明書や死亡証明書などに代えることはできる。

②　外国に居住している韓国人が，外国法院の確定判決を受けて伝来的意味の報告的申告（裁判上の離婚，裁判上の認知など）を行う場合に，その居住地国の方式によって申告した事実を証明する書面では，家族関係登録申告書に添付しなければならない確定判決と執行判決に代え

ることができない（例規第30号2．タ）。但し，裁判上の離婚については，後述のとおり例外がある（196頁以下参照）。

⑸　裁判書

ここでいう裁判書とは，市（区）・邑・面の長の違法・不当な処分に対する当事者の不服申立があった場合に，家庭法院が家族関係登録簿の記録を命じた裁判書をいう（109条ないし113条）。したがって，家事訴訟手続による判決や家族関係登録非訟手続による訂正決定などの裁判書はこれに該当しない。この場合には，嘱託や家族関係登録簿訂正申請により，家族関係登録簿の記録を行うことになる。

⑹　嘱託書

家庭法院は，大法院規則で定める判決又は審判が確定し，又は効力が発生したときには，大法院規則が定めるところによって，遅滞なく家族関係登録事務を処理する者に対し家族関係登録簿の記録を嘱託しなければならない（家訴9条)[21]。家庭法院の家族関係登録簿の記録嘱託があれば，市（区）・邑・面の長は，これを家族関係登録簿に記録しなければならない。

2　職権による家族関係登録簿記録事由
⑴　意　義

家族関係登録簿の記録は，身分関係の変動事実を一番よく知る者の申告によってなされるのが原則である。しかし，申告義務者が申告をせず，又は家族関係登録簿訂正申請をしない場合には，家族関係登録公務員が職権で家族関係登録簿の記録を行うことができる。このような家族関係登録公務員の職

21　家庭法院が家族関係登録簿の記録を嘱託しなければならない判決又は審判とは，①親権，法律行為代理権，財産管理権の喪失宣告の審判又はその失権回復宣告の審判，②親権者の指定と変更の判決又は審判，③後見人の選任又は変更の審判，④家事訴訟法第62条の規定（事前処分）により，親権者の親権，法律行為代理権，財産管理権の全部又は一部の行使を停止し，又は後見人の任務遂行を停止する裁判とその代行者を選任する裁判であり，⑤上記④の裁判が本案審判の確定，審判請求の取下げその他の事由で効力を喪失するに至ったときにも，家族関係登録簿の記録を嘱託しなければならない（家訴規5条）。

第1編　総　論

権記録は，申告に代わる職権記録と家族関係登録訂正申請に代わる職権記録に区分される。前者は，原始的に家族関係登録簿の記録を職権で行う場合で，後者は，家族関係登録簿に一旦記録された家族関係登録簿の記録を事後的に訂正する場合である。

(2) 申告に代わる職権記録
　ア　申告の催告による職権記録

　　家族関係登録申告を怠った申告義務者が存在することを知った市(区)・邑・面の長は，相当な期間を定めて，その期間内に申告する旨の催告をしなければならず，申告義務者がその期間内に申告をしないときには，市(区)・邑・面の長は，再び相当な期間を定めて催告することができる(38条1項・2項)。このように催告をしても申告義務者が申告せず，又は催告することができないときには，市(区)・邑・面の長は，監督法院の許可を得て職権で家族関係登録簿の記録を行うことができる(同3項・18条2項)。

　イ　配偶者の身分変動事由の職権記録

　　配偶者の一方について，死亡，失踪宣告・不在宣告及びその取消，国籍取得とその喪失，姓名の訂正又は改名の申告があるときには，他の配偶者の登録簿にもその旨を職権で記録しなければならない(規則54条)。しかし，その記録に遺漏があったときには，簡易職権訂正・記録手続(規則60条2項3号・61条)によって職権で記録する。

　ウ　子の身分変動事由の職権記録

　　婚姻外の出生子が婚姻中の出生子になったとき，又は父母の婚姻が無効になったときには，子の家族関係登録簿の一般登録事項欄に，その事由を職権で記録しなければならない(規則55条2項)。父母の婚姻が無効な場合，その内容は父及び母の家族関係登録簿にだけ記録することが，個人別編製方式を採択する家族関係登録制度に符合する。しかし，父母の婚姻無効が子の身分関係にも影響を及ぼすため(婚姻中の子から婚姻外の子へ)，そ

の子の家族関係登録簿に，その父母の婚姻無効の有無についての内容が記録される必要がある。このため，父母の婚姻無効事項を特別に子の家族関係登録簿の一般登録事項欄に記録することにより，子の身分関係を明確にしたのである。このような事由の記録の遺漏があったときには，簡易職権訂正・記録手続（規則60条2項2号・61条）によって職権で記録する。

(3) 家族関係登録簿訂正申請に代わる職権記録

家族関係登録簿の記録が法律上無効であり，又はその記録に錯誤や遺漏があることを知ったときには，市（区）・邑・面の長は，遅滞なく申告人又は事件本人にその事実を通知しなければならない（18条1項本文）。このような通知をしたものの，家族関係登録簿訂正の申請をする者がいないとき，又は家族関係登録簿記録の錯誤又は遺漏が市（区）・邑・面の長の過誤に起因したものであるときには，市（区）・邑・面の長が，監督法院の許可を得て職権で家族関係登録簿訂正の記録を行うことができる（18条2項）。但し，規則第60条第2項が規定する簡易職権訂正事項は，監督法院の許可なくして市（区）・邑・面の長が職権で家族関係登録簿の記録を訂正することができ，このときには職権訂正書を作成しなければならない（規則61条）。

Ⅳ 家族関係登録簿の閉鎖

1 閉鎖の意義と事由

家族関係登録法は，旧戸籍法上の特定人の戸籍に対する除籍と抹消という概念をすべて包括する意味で閉鎖という用語を使用している。本人が死亡し，又は失踪宣告・不在宣告を受けたとき，国籍を離脱又は喪失したとき（従前の除籍事由）には家族関係登録簿を閉鎖する（11条2項）。その他に，家族関係登録簿が二重に作成された場合，錯誤又は不適法に作成された場合，訂正された家族関係登録簿が利害関係人に顕著に不当であると認められて再作成する場合（従前の抹消事項）にも，家族関係登録簿を閉鎖する（規則17条2項）。閉鎖した家族関係登録簿は，法院行政処長が保管・管理する（11条3項）。

2　閉鎖の方法

　市・邑・面の長が家族関係登録簿を閉鎖するときには，家族関係登録簿事項欄と一般登録事項欄に，その趣旨と閉鎖事由を記録し，これを登録事項別証明書として発給する場合には，証明書の右側上端に「閉鎖」という文字が記録される（規則65条）。家族関係登録簿が，閉鎖された者の家族である父，母，配偶者又はその子の家族関係証明書や婚姻関係証明書などの特定登録事項欄の各姓名欄に死亡等の閉鎖事由を表示し，既にその者の家族関係登録簿が閉鎖された事実が表示される。家族関係登録簿再作成の手続を完了したときにも，既存の家族関係登録簿に「閉鎖」の表示をした後，閉鎖登録簿として管理するが（例規第41号6条4項），これは，本来の意味の閉鎖ではない。

Ⅴ　家族関係登録事務の処理と電算情報中央管理所

1　申告地主義

　家族関係登録事務は，家族関係の発生及び変動事項の登録に関する申告等を受付又は受理する申告地の市・邑・面の長が処理する（4条）。旧戸籍法下では，申告事件についての本籍地処理原則により，本籍地外の戸籍官署に申告事件が受付されれば，受付地の官署はこれを本籍地の戸籍官署に送付し，本籍地の戸籍官署は，この送付を受けて処理することが原則であった。しかし，戸籍電算化の完了後は，本籍地や管轄に関係なく，全国のどの戸籍官署でも登録申告を受付けて，これを審査し電算により入力できるようになった。本籍地処理原則を維持する必要がなくなったのである。すなわち，申告地での家族関係登録事務が電算情報処理組織によって入力・処理されるため，家族関係登録法は受付地（申告地）処理原則をとったのである。但し，在外国民の場合，在外公館での登録事務処理が不可能であるため，在外公館の長は，受付した申告書類を本人の登録基準地の市・邑・面の長に送付して処理することになる（36条）。

2　電算情報中央管理所

　市・邑・面の長は，家族関係登録事務を電算情報処理組織によって処理しなければならない（11条1項）。このように処理された個人の家族関係登録事項

に関する電算情報は,法院行政処に設置される電算情報中央管理所によって集中管理される[22]。電算情報中央管理所は家族関係登録簿などの保管と管理,電算情報処理組織による登録事務処理の支援及び登録電算情報資料の効率的活用のための役割と活動を行う(12条1項,規則5条1項)。また,登録事項別証明書の発給業務を処理することができる(12条2項)。法院行政処長は,電算情報中央管理所に電算運営責任官を置いて情報システムを総合的に管理・運営しなければならないが(規則5条2項),電算情報中央管理所所属公務員が登録事項別証明書を発給する場合には,電算運営責任官がその事務を処理して証明書の発給者になる。また,在外公館で電算情報処理組織によって除籍など謄・抄本及び登録事項別証明書を交付する場合には,電算運営責任官がその発給者となる(規則6条4項,例規第278号16条)[23]。

---

22 法院行政処が戸籍電算情報中央管理所を設置し,全国戸籍電算情報資料をここに移管して一括保管・管理,維持補修,バックアップ管理,保安管理などの業務を担当することとしたのは,2003年5月6日からである。

23 2007年まで3か所の在外公館(日本国駐在東京,福岡,大阪各領事館)で施行した電算戸籍謄本発給サービスでは,大法院所在地である瑞草区庁長名義で戸籍謄本が発給された。

第1編　総　論

第4節　申　告

Ⅰ　申告の意義と種類

1　申告の意義

　申告とは，家族関係登録事務処理権限を有する市・邑・面の長に対し，人の身分に関する事項を内容とする行政上の処分（家族関係登録簿に一定の身分事項を記録する。）を要求する公法上の行為をいう。市・邑・面の長は，家族関係登録事項の申告があれば，その申告に対して受理又は不受理処分をしなければならない。

2　申告の種類
(1)　報告的申告

　報告的申告とは，申告と関係なく既に効力が発生した事実と，既に成立した法律関係に関する申告をいう。出生や死亡による法的効果は，申告によって発生するのではなく，その事実が発生したときに生じる。したがって，このような場合の申告は，発生した事実の公示・公証のための報告といえる。

　報告的申告は，固有の報告的申告と伝来の報告的申告に区分される。前者は，事実の発生によって身分変動の効力が発生する場合で，出生申告，死亡申告，後見開始申告，後見終了申告，国籍喪失申告などがこれに属する。後者は，本来は創設的申告事項であるが，身分変動事由が裁判など特別の事情によって既に発生した場合，やむを得ず報告的申告によって家族関係登録簿を整理するしかない場合で，裁判上の離婚申告，裁判上の認知申告，裁判上の離縁申告，特別養子縁組申告などがこれに属する。在外国民がその国の方式によって申告事件に関する証書を作成する場合に，その証書謄本（婚姻証書謄本，養子縁組証書謄本など）を提出して申告する場合も，これに該当する。その他に失踪宣告申告，改名申告，家族関係登録創設申告も，報告的申告である。

　報告的申告事項は，申告しなければ事実状態と家族関係登録簿の記録が一

致せず，家族関係登録簿の公示機能を害するだけでなく，国民の権利行使にも損害を与えるおそれがある。したがって，報告的申告事件は，必ず申告義務者と申告期間を法定し，その期間内に申告を怠った者には過怠料の制裁を課することで，申告を強制している。

(2) 創設的申告

創設的申告とは，申告の受理によって身分関係の発生・変更・消滅の効力を生じさせる申告をいう。創設的申告は，その申告の受理によって身分関係の効力が発生するので，その性質上，申告義務者や申告期間の規定がなく，申告の懈怠に対する制裁規定も必要としない。創設的申告は，強制する必要がなく，創設的効力の発生を願う者自らの申告に任せるものである。創設的申告には婚姻申告，協議離婚申告，任意認知申告，養子縁組申告，協議離縁申告などがある。

その他，申告の類型は，①申告をするためには家庭法院の判決又は許可がなければならない申告（失踪宣告，姓と本の変更申告，改名申告など）とそうではない申告，②申告が独立的になされる独立的申告と独立的申告に付加して成り立つ付加的申告（認知申告と離婚申告に付加的に行う親権者指定申告），③申告が受理されればその申告事項が家族関係登録簿に記録される一般申告と記録することができず，又は記録する必要がない特種申告などに区分される。

特種申告は，家族関係登録簿に記録されないため，申告人の請求による受理証明書の交付又は利害関係人の請求による記載事項証明書の交付や閲覧により申告された事実を公開することとなる。特種申告書類は，市・邑・面の長が受付順序によって特種申告書類編綴帳に編綴して保存するが（規則69条1項），特種申告書類編綴帳に編綴しなければならない申告書類としては，家族関係登録不明者に対する申告書類，胎児認知申告書類，認知された胎児の死産申告書類，外国人に対する申告書類，父未定の出生申告書類などがある。そして，胎児認知申告，離婚意思撤回申告，婚姻申告受理不可申告，及び婚姻申告時の子が母の姓と本に従う旨の協議書を提出する場合は，特種申告書類等受付帳にも受付に関する記録をしなければならない（同3項）。

第1編　総　論

Ⅱ　申告人

1　申告義務者と適格者

申告人とは，特定の家族関係登録の申告をした者をいう。したがって，申告を行える者である申告適格者や申告義務者とは異なる。

申告義務者は，申告をしなければならない法律上の義務がある者で，申告を怠れば過怠料の制裁を受ける。報告的申告において認められる概念である。これに対して，申告適格者は，法律上の申告義務はないが，有効な申告ができる者をいう。申告義務がないため，過怠料の制裁は発生しない。例えば，死亡申告の場合，同居する親族は申告義務者であるが，親族，同居者，死亡場所を管理する者，死亡場所の洞長又は統・里長は死亡申告が行える申告適格者である（85条）。

申告義務者が数人であるときには，その順位が定められている（46条3項）。申告義務者が未成年者又は禁治産者であるときには，親権者又は後見人[24]が申告義務者となるが，意思能力がある未成年者や禁治産者も申告ができる（26条1項）。申告における意思能力とは，申告事件の意味と効果を理解できる能力をいい，禁治産者の意思能力に関しては医学的方法により（27条2項，例規第67号），未成年者については個々の事件で一定の年齢を基準に画一的に定めている。

2　申告能力

申告能力とは，単独で有効な申告が行える能力をいう。申告能力は申告の有効要件であるため，申告能力がない者の申告は受理できない。申告事件の意味と効果を理解しうる能力を備えた意思能力のある者は，報告的申告はもちろん，創設的申告でも申告能力を有する。

報告的申告の場合，申告義務者が未成年者又は禁治産者であるときには，親権者又は後見人が申告義務者になるが[25]，未成年者又は禁治産者が意思能力を

---

[24] 意思能力がない者の家族関係登録申告を後見人が申告する場合，その資格を確認するために，まず後見開始申告をしなければならない（例規第68号）。

有するときには，本人が直接申告してもかまわない。親権者又は後見人が申告する場合には，申告書に，①申告しなければならない人の姓名・出生年月日・住民登録番号及び登録基準地，②無能力者となった原因，③申告人が親権者又は後見人という事実を記載しなければならない（26条2項）。報告的申告は，既になされた事実又は法律関係に関する事後の申告にすぎず，未成年者や禁治産者に罰則で申告を強制することも妥当ではないため，親権者又は後見人を申告義務者として定め，意思能力がある限り未成年者や禁治産者本人も直接申告できるようにしたのである。

創設的申告事項である形成的身分行為は，意思能力があれば，本人が単独で行えると解釈するのが通説である。但し，韓国民法は，このような一般論とは異なり，未成年者と禁治産者の大部分の形成的身分行為の有効要件として，親権者や後見人などの同意を規定している（民801条・802条・808条・835条・871条・873条・900条・902条等）。いずれにせよ，限定治産者が形成的身分行為を行う場合や，意思能力がある未成年者や禁治産者の形成的身分行為の有効要件として親権者や後見人などの同意が規定されておらず，単独で行える場合には，その申告も単独で行えなければならない。すなわち，無能力者がその法定代理人の同意なく行える行為に関しては，無能力者が申告しなければならず，禁治産者が申告する場合には，申告書に申告事件の性質及び効果を理解する能力があることを証明できる診断書を添付しなければならないとされている（27条）。

Ⅲ　代　理

1　任意代理による申告

(1)　報告的申告

申告は，書面や口頭で行うことができる（23条1項）。書面による報告的申告は，使者や郵便による申告書の提出が可能であるため，委任代理による申告は許容されない。したがって，口頭による報告的申告の場合，申告人が

25　事件本人が意思能力のない者であるときには，法定代理人が登録基準地変更申告・家族関係登録創設許可申請をして，家族関係登録創設許可の裁判があるときには，その法定代理人がまた申告義務者になる（例規第69号）。

疾病又はその他の事故で出席できないときには，代理人によって申告することができる（31条3項本文）。代理人が口頭で申告する場合には，代理権限を証明する書面（委任状など）を添付しなければならない（規則36条）。代理人が出生申告を口頭で行う場合には，家族関係登録簿に申告人についての記載例は「【申告人】父代理人〇〇〇」とする（例規第34号）。

(2) 創設的申告

　創設的申告も，口頭で申告する場合に限り，委任代理による申告が許容される。しかし，創設的申告の中で本人の意思が絶対に尊重されなければならないもの，すなわち，認知（55条），胎児の認知（56条），養子縁組（61条），離縁（63条），婚姻（71条），離婚（74条）など，代理に親しまない申告の場合等は，代理人による申告が許されない（31条3項但書）。

　委任代理による申告は，口頭による申告に限り許容されるため，市・邑・面の長は，申告代理人の陳述及び申告年月日を記録し，申告代理人に読み聞かせ，申告代理人に，その書面に署名又は記名捺印させなければならない（31条2項）。市・邑・面の長がこれにより申告書を作成する場合には，申告書の余白にその旨を記載し，職名と姓名を記載した後，職印を押印しなければならない（規則35条）。

2　法定代理による申告

(1) 報告的申告

　報告的申告義務者が未成年者や禁治産者の場合には，法定代理人である親権者や後見人も，申告義務者となり，申告をしなければならない（26条本文）。この場合，法定代理人の申告は，申告義務者としての申告であるため，書面による申告も可能である。これは，委任代理の場合と異なる点である。

(2) 創設的申告

　創設的申告は，意思能力があるならば，未成年者や禁治産者が直接申告しなければならず，法定代理人が申告することはできない。したがって，意思能力がない未成年者や禁治産者は，法定代理人の同意を得たとしても申告す

ることができないだけでなく，法定代理人が代わりに申告することもできない。形成的身分行為は代理に親しまないからである。但し，代諾養子縁組の場合，代諾を代理と解するのが多数説及び判例の立場であるから，養子が15歳未満であるため民法第869条によって法定代理人が養子縁組を承諾した場合には法定代理人が，15歳未満の者の協議離縁の場合には離縁を協議した者が申告しなければならない（62条1項本文・64条1項本文）。創設的申告の場合，事件本人が出席しないときには，事件本人の身分証明書を提示し又は印鑑証明書を添付しなければならないが（23条2項第1文），この場合には，法定代理人，又は協議をした者の出席又は身分証明書の提示があり，若しくは印鑑証明書の添付があれば，申告事件の本人の身分証明書の提示又は印鑑証明書の添付があるものとみなされている（規則32条3項）。

Ⅳ　方　法

1　書面による申告

(1)　申告書の作成

各種家族関係登録申告書の様式は，大法院例規で定められている（24条，規則29条，例規第263号）。申告書には，共通して①申告事件，②申告年月日，③申告人の出生年月日・住民登録番号・登録基準地及び住所，④申告人と申告事件の本人が異なるときには，申告事件の本人の登録基準地・住所・姓名・出生年月日及び住民登録番号と申告人の資格を記載し[26]，申告人が署名又は記名捺印しなければならない[27]（25条1項）。

家族関係登録の有無が明らかでない者及び家族関係登録簿がない者についても，家族関係登録申告をすることができる。したがって，申告人その他の者が家族関係登録されておらず，又は明らかでない場合には，申告書類にその旨を記載しなければならない（規則34条1項）。一般申告書類と容易に区

26　法律上，住民登録番号が記載事項になっており，住民登録番号を記載するときには，出生年月日の記載を省略できる（25条2項）。
27　申告書に署名又は記名捺印ができないときには拇印をすることができる。この場合，担当公務員は，本人の拇印であることを証明するという文言を記載し，記名捺印しなければならない（規則33条，例規第70号）。

第1編　総　論

別できるようにするためである。また，外国人には登録基準地がないため，事件本人やその父又は母が外国人の場合には，申告書の登録基準地欄にその国籍を記載しなければならない（同2項）。

　婚姻，養子縁組及び協議離縁のように，証人[28]を必要とする事件の申告においては，証人は申告書に住民登録番号及び住所を記載し，署名又は記名捺印しなければならない（28条）。証人は，成年者でなければならず，二人である（民812条2項・878条2項・904条）。協議離婚申告は，成年者である証人二人が連署した書面で行わなければならないが（民836条2項），協議離婚申告書に家庭法院の離婚意思確認書謄本を添付するときには，証人二人の連署があるものとして擬制される（76条）。すなわち，離婚申告書に証人二人の記載を省略できるのである。

(2)　申告書の記載方法

　申告書は，ハングルとアラビア数字で記載しなければならない。但し，事件本人の姓名は，漢字で表記できない場合を除いては漢字を併記しなければならず，事件本人の本は漢字で表記できない場合を除いては漢字で記載しなければならない。申告書の添付書類が外国語で作成されているときには，翻訳文を添付しなければならない（規則30条）。申告書審査の正確性と迅速性のためである。

　申告書の文字は，明確に記載しなければならない。申告書の記載を訂正する場合には，余白に訂正する文字の数を記載し，申告人が捺印しなければならない（規則31条）。この場合，申告人本人の訂正捺印だけで足り，それ以外の証人と同意権者などの訂正捺印は必要ない（例規第74号）。

(3)　申告書に添付する書類

　韓国民法と家族関係登録法は，各種申告時に申告書に添付しなければならない書類について規定している。家族関係登録法が規定している添付書類については，各々の申告で説明する。前述のとおり，韓国民法は，未成年者と

---

[28] 婚姻・離婚・養子縁組及び離縁に対して同意をした者も，その事件の証人となることができる（例規第72号）。

禁治産者の形成的身分行為に関して，父母又は後見人，親族会の同意，承諾が必要であると規定している。このように申告事件において，父，母又は他人の同意又は承諾が必要な場合には，申告書にその同意又は承諾を証明する書面を添付しなければならない。但し，親族会が同意をする場合には，親族会の決議録を添付しなければならず，その他の同意又は承諾においては，同意又は承諾をした者をして申告書にその理由を付記し署名又は記名捺印させることができる。また，申告事件，申告人又は申告事項などにおいて，裁判又は官公署の許可を要する事項がある場合には，申告書にその裁判書又は許可書の謄本を添付しなければならない（32条）。

2　口頭による申告

申告は，口頭でも行うことができる。口頭で申告しようとするときには，申告人は，市・邑・面の事務所に出席して，申告書に記載しなければならない事項を陳述しなければならない。市・邑・面の長は，申告人の陳述及び申告年月日を記録し，申告人に読み聞かせて，申告人をしてその書面に署名又は記名捺印させなければならない（31条1項・2項）。申告人の陳述に従って市・邑・面の長が申告書を作成する場合には，申告書余白にその旨を記載し，職名と姓名を記載した後，職印を押印しなければならない（規則35条）。

口頭で申告しようとするときには，申告人が市・邑・面の事務所に出席して申告書に記載しなければならない事項を陳述しなければならないが，申告人が疾病又はその他の事故で出席できないときには，代理人をして申告させることができる。しかし，創設的申告の中で，本人の意思が絶対に尊重されなければならないもの，すなわち，認知，養子縁組，離縁，婚姻，離婚申告などは，代理人による申告が許されない（31条3項）。その他の創設的申告は，口頭で申告する場合に限り，委任代理による申告が許容される。

しかし，創設的申告は，申告により効力が発生する登録事件であり，身分に関する事項に重大な影響を及ぼすこととなるため，その事件本人が出席して直接申告せずに代理申告する場合及び使者が申告書を提出する場合（例：婚姻当事者が他の一方当事者の使者として婚姻申告書を提出する場合）には，本人の真正な意思確認のために，事件本人の住民登録証，運転免許証，旅券，国際運転免許

証，電子カード式公務員証，外国国家機関名義の身分証，その他例規第23号が定める身分証明書を提示し，又は申告書に申告事件本人の印鑑証明書を添付しなければならない（規則32条2項）。この場合，本人の身分証明書を提示せず，又は本人の印鑑証明書を添付しないときには，申告書を受理してはならない（23条2項）。市・邑・面・洞の長は，申告人又は提出人が不出席申告事件本人の身分証明書を提示したときには，その身分を確認した後，申告書類の裏面にその写しを添付しなければならない（規則32条1項）。

Ⅴ　場　所

(1) 原　則

　申告は，申告事件本人の登録基準地又は申告人の住所地や現在地で行うことができる（20条1項）。申告の場所に関しては，どのような制限も置いていない。旧戸籍法は，申告場所の一つとして，居住地など一時滞留地を意味する現住地を規定していたが，家族関係登録法は，これを現在地と規定し，どこででも自由に申告できるようにしたのである。申告地処理原則（4条）により登録事務が処理されるので，全国どこででも登録申告ができ，申告を受付したその登録官署で家族関係登録簿に記録することになる。このように受付地の家族関係登録官署で登録事務が処理されるので，家族関係登録簿の一般登録事項欄には，当該事件を処理した市・邑・面を表示しなければならない（規則45条2項本文）。

　大韓民国の国民ではない外国人に関する申告は，その居住地又は申告人の住所地や現在地で行うことができる（20条2項）。

(2) 在外国民の場合

　在外国民は，韓国に居住している者と同じく，報告的申告事項について申告義務を負う。報告的申告の対象である身分変動事実につき，居住地国の法によってその国の官公署などに家族関係登録申告をした場合にも，同一の申告事項についての申告義務が免除されるのではない。在外国民は，その地域を管轄する在外公館の長に申告することができるが（34条），他の地域を管

轄する在外公館の長に家族関係登録申告をすることはできない。申告を受けた在外公館の長は，これを受理して1か月以内に外交通商部長官を経由して登録基準地の市・邑・面の長に送付し（36条），登録基準地の市・邑・面の長は，これに基づき家族関係登録簿に記録する。在外国民は，居住している地域に在外公館が設置されている場合にも，申告事件の本人登録基準地の市（区）・邑・面の長に直接郵便の方法で提出し，又は帰国して登録基準地又は現在地の市（区）・邑・面に提出する方法で申告を行うことができる（例規第30号2）。

在外国民がその居住国の方式によって申告事件に関する証書を作成した場合には，3か月以内に，その地域を管轄する在外公館の長に対し，その証書の謄本を提出しなければならない（35条1項）。書類を受理した在外公館の長は，1か月以内に外交通商部長官を経由して本人の登録基準地の市・邑・面の長に送付しなければならない（36条）。居住地域が在外公館の管轄に属しない場合には，3か月以内に，登録基準地の市・邑・面の長に対し，証書の謄本を発送しなければならない（35条2項）。

登録されているか否かが明らかでない者，若しくは登録されておらず又は登録することができない者に関する申告が受理された後，その者に関して登録されていることが判明したとき，又は登録できるようになったときには，申告人又は申告事件の本人は，その事実を知った日から1か月以内に受理された申告事件を表示し，初めにその申告を受理した市・邑・面の長に対し，その事実を申告しなければならない（22条）。家族関係登録がされているか否かが明らかでない場合又は家族関係登録をすることができない者に関する申告は，これを受理したとしても家族関係登録簿に記録することができない[29]。したがって，その後に申告事件の本人の家族関係登録がされていることが判明したとき，又は家族関係登録ができるようになったときに，その旨を申告させて家族関係登録簿に記録させるのである。

---

29 この申告は，受付帳に記録し，家族関係登録簿の存在申告があるまで，特種申告書類編綴帳に編綴して保管する（例規第22号）。

第1編　総　論

Ⅵ　期　間

　申告期間とは，既に効力が発生した事実と成立した法律関係に関して，その事実又は法律関係があるときから申告をしなければならない一定の期間をいう。申告を強制する必要がある報告的申告についてのみ定められ，原則的に1か月である。

　申告期間は，申告事件の発生日から起算する。裁判の確定日から起算しなければならない場合に裁判が送達又は交付前に確定したときには，その送達又は交付された日から起算する（37条）。また，申告人の生存中に郵送した申告書は，その死亡後であっても市・邑・面の長は受理しなければならず，この申告書が受理されたときには，申告人の死亡時に申告したものとみなす（41条）。意思能力がない未成年者が行わなければならない申告は，その親権者がいないときには，後見人が就任した日からその申告義務が発生するため，その申告期間も就任日から進行する（例規第80号）。

　1か月の期間計算は，暦によって計算し，末日が土曜日又は公休日に該当するときには翌日に満了する（例規第281号）。

　市・邑・面の長は，申告期間が経過した後の申告であっても受理しなければならない（40条）。申告期間を経過すれば過怠料の賦課が問題となるが（122条），不受理の原因ではないためである。

　市・邑・面の長は，申告を怠った者を知ったときには，相当の期間を定めて申告義務者に対し，その期間内に申告することを催告しなければならず，申告義務者がその期間内に申告をしないときには，市・邑・面の長は再び相当の期間を定めて催告することができる（38条1項・2項）。催告することができないとき及び催告をしても申告をしないときには，監督法院の許可を受けて職権で記載し，又は簡易職権訂正によって記載することができる（同3項）。

Ⅶ 申告書の処理

1 申告書類の受付
(1) 意　義
　申告の受付とは，家族関係登録に関する申告書類や申告事実を受付の権限ある家族関係登録官公署が受け取り管理する行為をいう。これは，事実行為として申告を適法・有効であると認め，その手続に従ってこれを処理する行政処分で，受理とは異なる概念である。ここでいう申告書類とは，申告書と申請書のみならず，棄児発見調書（52条2項），死亡通報書（87条・88条・90条），国籍喪失通報書（98条），証書の謄本（35条・49条），職権記録（訂正）許可書（18条・38条），職権記録（訂正）書（規則61条），家庭法院の家族関係登録簿記録嘱託書（家訴9条，家訴規5条・6条）その他の家族関係登録簿記録の原因となるすべての書類をいう（例規第21号1条）。

(2) 受付方法
　市・邑・面・洞の長や在外公館の長が申告書類を受付し，又は送付を受けたときには，その最初のページの表面の余白に受付印を押し，受付番号及び受付年月日を記載した後，処理者が捺印しなければならず（規則40条），申告人が請求する場合には受付証を交付しなければならない（同2項）。申告書類を受付し，又は送付を受けたときには，法第23条2項と規則第32条による本人，申告人又は提出人の身分確認手続を経なければならない（同3項）。
　申告は，郵送の方法でも行うことができるが[30]，郵便受付する場合に申告事件本人の身分証明書の写しが添付されたときには，これによって身分確認を行うことができる。しかし，申告により効力が発生する登録事件において，申告事件本人の印鑑証明書が添付され，又は規則第32条第3項による法定代理人等の印鑑証明書が添付されたときは，これにより身分確認を行うことができる（規則40条4項）。身分証明書の写しや印鑑証明書が添付されない

30　申告書類が郵便によって受付された場合には，その申告書に「郵便提出」と記載する（例規第21号3条2項）。

第1編　総　論

場合には，申告を受理してはならない（同5項）[31]。

受付された申告書類には，最初のページの表面の上部右側余白に処理状況欄を作り，各該当事項を記載した後，処理者が捺印しなければならない（規則42条）。在外公館の長や洞長が家族関係登録申告を受付，受理して登録基準地市（区）・邑・面の長や洞が所属する市（区）の長に送付する場合にも，申告書に処理状況欄を設置し，各該当事項欄を記載し捺印した後に送付しなければならない（例規第21号3条3項）。

31　申告事件別に申告人等の確認方法に関する対比表（例規第23号別紙）

区分	申告書提出方法	本人出席可否	署名又は捺印方法	身分証明書提示及び添付書面
報告的申告	出席		署名，捺印	出席者の身分証明書（出生・死亡申告書を提出人が受付する場合，申告人の身分証明書の写しを添付）
	郵便		署名，捺印	身分証明書の写し
創設的申告	出席	双方出席	署名	出席者の身分証明書
			捺印	出席者の身分証明書
		一方出席	署名	不出席者の身分証明書又は署名公証書，出席者の身分証明書（但し，事実婚存在確認の判決による婚姻申告及び協議離婚申告時，不出席者の身分証明書又は署名公証書は不要）
			捺印	不出席者の身分証明書又は印鑑証明書，出席者の身分証明書（但し，事実婚存在確認の判決による婚姻申告及び協議離婚申告時，不出席者の身分証明書又は印鑑証明書は不要）
		双方不出席，提出人出席	署名	不出席者の身分証明書又は署名公証書，出席者の身分証明書
			捺印	不出席者の身分証明書又は印鑑証明書，出席者の身分証明書
	郵便		署名	署名公証書
			捺印	印鑑証明書

(3) 受付番号

市・邑・面・洞の長や在外公館の長は，受付帳[32]に受付又は送付を受けた事件を受付番号の順序どおりに記録しなければならない。受付番号は，受付する市・邑・面で順に一連の番号を付し，受付番号は毎年更新する。受付帳の事件名は，申告の種類によって，申告の追完の場合には申告書式備考欄に元来の受付番号も付記する（規則41条）。

離婚申告と親権者指定申告などのように，一つの申告書で数個の事項を申告する場合には，各事項別に受付番号を付する。事件本人が数人の場合には，家族関係登録簿に記録を要する事件本人ごとに受付番号を付するが，婚姻，離婚，養子縁組，離縁及び認知申告のいずれか1つに該当する場合には，事件本人の数と関係なく1件として受付する（例規第280号4条2項）。

(4) 受付日付の基準

申告書類に押す受付印の受付日付は，市（区）・邑・面・洞の長や在外公館の長が実際に申告書類を受けた日付を記載する。在外公館の長や洞長が家族関係登録申告を受付，受理して登録基準地である市（区）・邑・面の長や洞が所属する市（区）の長に送付する場合に，登録基準地である市（区）・邑・面や洞が所属する市（区）の事務所での受付日付は，送付の日付ではなく送付を受けた日付を記録する（例規第21号3条）。

2 申告書類の審査

家族関係登録公務員は，申告書類を受付したときには，遅滞なく審査し，受付した当日に受理の可否を決定しなければならない（規則43条1項・例規第35号）。家族関係登録事件の審査方法に関しては，法規上要求する資料の提出を

---

32 市・邑・面・洞の長や在外公館の長が申告書類を受付するときには，家族関係登録事件受付帳を作成することになる。受付帳の記録方式は，例規第25号に規定されている。一方，情報システムにより作成した簿冊と書類は，その電算記録を保存することで，簿冊と書類の保存に代えることができるが（規則86条），情報システムにより受付業務を処理した受付担当者が毎日業務を終えたときに，電算入力された受付記録を出力して備え置かなければならない（規則41条4項）。家族関係登録事件受付帳を閲覧しようとする民願人の要求に対応するためには，出力され，編綴された受付帳が便利だからである。

第1編　総　論

受けて，その資料の範囲内で審査する形式的審査主義がとられている。したがって，それが適法か否かの判断が曖昧だからといって，法規に規定されていない他の資料を提出させることは妥当でない。しかし，このような形式的審査権の範囲内でも，既に提出された書類を補完する付随的な資料の提出を要求できて初めて，家族関係登録簿に要求される真実性を確保することができる。このため，市・邑・面・洞の長や在外公館の長は，申告書類を審査するために必要なときには，登録簿の登録事項別証明書やその他の書類を提出させることができるようにしたのである。但し，家族関係登録事務が電算で登録・管理されるため，申告書類に添付しなければならない除籍謄・抄本や登録事項別証明書を市・邑・面・洞・在外公館で情報システムにより確認できる場合には添付を要しない（規則44条）。

また，家族関係登録公務員は，申告書類に不備な点があれば，これを補完させなければならない。この場合に，必要なときには，申告人をして既に受付された申告書類の記載事項を補充又は訂正させることができる（例規第35号）。

3　申告書類の受理と記録

家族関係登録申告の受理とは，家族関係登録事務処理者が申告を適法・有効なものと認め，その処理を認容する行政処分をいう。これに対し，不受理とは，申告が違法又は無効であることを理由に，その処理を拒否する行政処分をいう。市・邑・面・洞の長や在外公館の長が申告書類を受付したときには，遅滞なく，その受理の可否を決定し，これを受理するときにその申告事件に無効事由がなければ，直ちに家族関係登録簿に記録しなければならない（規則45条1項）。申告が形式上の要件を備えている場合には，それによる記録手続を踏まなければならないのである。しかし，申告事項が虚偽であることを公的に確認でき，又は虚偽であることが明白な場合には，その記録を拒否することができる（例規第35号）。市・邑・面の長が申告を受理しないときには，その理由を遅滞なく申告人に対し書面で通知しなければならない（43条）。

申告を受理又は不受理とする場合には，受付帳の受理事項欄にその旨と日付を記録しなければならない。しかし，受付当日に受理した申告事件についてはこの限りではない（規則43条2項）。

64

申告書が受理されたときには，申告人は誤りやその他の理由により申告書の取下又は取消をすることができない。申告書類に錯誤がある場合には，家族関係登録簿訂正手続を経なければならない（例規第26号）。

申告書類の審査の結果，補完できない不備事項がある場合には，これを不受理とし，その旨を告知簿に記載し，申告人には申告不受理通知をしなければならない。この場合には，不受理通知書副本1通を作成して申告書類とともに不受理申告書類編綴帳に編綴する。申告人の行方不明などの事由により不受理通知書が返送されてきた場合には，その所在を知りえたときまで，上記の副本に仮綴して保管する（例規第27号）。申告書以外の添付書類は，申告人の請求によって返還することができる（規則47条）。

申告人は，申告の受理又は不受理の証明書を請求でき，利害関係人は市・邑・面の長に対し申告書やその他に受理した書類の閲覧又はその書類に記載した事項に関して証明書を請求することができる（42条1項・2項）。これは訴訟などの場合に，申告した申告書類について閲覧や証明書が必要な場合があることを考慮したものである。

Ⅷ　催告・撤回・追完

1　申告の催告

家族関係登録簿には正確な事実が反映され，それに基づいて個人の身分関係が公示・公証されなければならない。このため法は，報告的申告事項については，申告義務者を定め，申告義務者が申告を怠った場合には過怠料の制裁を加えている（122条）。これとともに市・邑・面の長は，申告を怠った者を知ったときには，相当の期間を定めて，申告義務者に対し，その期間内に申告することを催告しなければならない（38条1項）。申告義務者が上記期間内に申告をしないときには，市・邑・面の長は，再び相当の期間を定めて催告することができる（同2項）。また，催告ができないとき，又は催告をしても申告をしないときには，監督法院の許可を受けて職権で記録しなければならず，軽微な事項の場合には，職権で記録したうえで監督法院に報告しなければならない。国家又は地方自治団体の公務員が申告を怠った者がいることを知ったときには，遅

第1編　総　論

滞なく申告事件本人の登録基準地の市・邑・面の長に通知しなければならず，通知を受けた登録基準地の市・邑・面の長は，上記の場合と同じく監督法院の許可を受けて職権で記録し，又は簡易職権訂正手続によって記録することができる（同3項）。

2　申告の撤回

　申告の撤回とは，申告を受理する前に，申告人が申告を取り下げ，又は取り消す意思表示をいう。報告的申告は，性質上その撤回が許されない。したがって，報告的申告の撤回があった場合にも，申告事項が虚偽であることを公的に確認でき，又は虚偽であることが明白な場合に限り，不受理処分ができるのみである（例規第35号）。それ以外の場合には，受理して家族関係登録簿に記録しなければならない。しかし，創設的申告の場合は，申告意思が申告書を作成するときのみならず，提出，受付及び受理するときまで継続しなければならないため，受理前には撤回が許される。申告の撤回により申告意思が欠如すれば，その申告は受理できず，不受理処分をしなければならない。撤回された申告書類は，市・邑・面の長が受付順序に従って，特種申告書類編綴帳に編綴して保存することになる（規則69条1項）。但し，協議離婚の意思の確認を受けた当事者が離婚意思を撤回しようとする場合には，離婚申告が受付される前に自己の登録基準地，住所地又は現在地の市・邑・面の長に，協議離婚意思の確認法院及び確認年月日を記載した離婚意思撤回書を，離婚意思確認書謄本を添付して提出しなければならず，在外国民の場合は，登録基準地に提出しなければならない（規則80条1項）。協議離婚意思撤回書は，家族関係登録文書件名簿（事件受付帳。閲覧等証明書請求受付簿及び告知簿に登録されない家族関係登録に関する文書を発送又は受付するときに，その文書の要旨，その発・受年月日等を記載する帳簿である。）に受付し，家族関係登録文書件名簿とその撤回書面に受付年月日と受付時刻が明らかになるように記録しなければならない（例規第168号第2）。離婚意思の確認を受けた他方当事者が提出した離婚申告が先に受け付けられた場合には，その離婚申告を受理しなければならないからである（規則80条2項）。離婚申告書と離婚意思撤回書の受付時刻が同じ場合には，離婚意思撤回書が先に受付されたものとして処理される（例規第168号第2）。

3 申告の競合

申告の競合とは，同一の事件について，同一の申告人又は数人の申告義務者からの数個の申告が受理された場合をいう。この場合には，先に受理された申告に従って家族関係登録簿に記録しなければならない。したがって，後に受理された申告によって家族関係登録簿に記録したときには，先に受理された申告に合わせて登録簿の記録を訂正しなければならない。この場合，申告が市・邑・面を異にして受理されたときには，後に受理した市・邑・面の長がこれを訂正し，先に受理された申告書類写本をファクシミリ等の方法で受け取って，職権訂正書に添付した後，家族関係登録申告書類編綴帳に編綴しなければならない（規則57条）。

4 申告の追完

追完とは，申告を受理した後，家族関係登録簿に記録する前に，その申告の欠缺を補正する手続をいう。したがって，受理前に申告の欠缺を訂正する手続である補正や，家族関係登録簿に記録した後に申告の欠缺を訂正する家族関係登録簿訂正手続とは異なる。市・邑・面の長は，申告を受理した場合に欠缺があって登録簿に記録ができないときには，申告人又は申告義務者に催告して補完させなければならない（39条）。申告により家族関係登録簿を作成する場合，申告書に家族関係登録簿の記録事項である姓と本又は出生事由などの記載がなく，又は家族関係登録簿に記録しなければならない事項を明確にするために特に必要なものとして申告書に記載される事項が申告書から漏落したときにも，追完申告させて記録しなければならない（例規第76号）。申告に父母その他の者の同意を必要とする場合，申告書にその同意の欠缺があるにもかかわらず，これを受理したことを発見したときには，その申告事件に事実上同意したがこれを証明する書面の添付又は申告書の記載のみが漏れたにすぎない場合には，同一の方法でこれを追完することができる（例規第75号）。追完の催告は，家族関係登録事件を受付して受理した申告地の市（区）・邑・面の長がしなければならない（例規第77号）。

第1編　総　論

第5節　訂　正

I　意義と類型

1　意　義

　家族関係登録簿の訂正とは，家族関係登録簿の記録が真実に反する場合や，不適法である場合に，その家族関係登録簿の記録を真実に符合させ，適法なものに是正する法的手続をいう。すなわち，家族関係登録簿の訂正とは，家族関係登録簿の記録が法律上認められない場合や，その記録に錯誤や遺漏がある場合に，真正な身分関係と一致するように正す方法をいう。身分公示制度の使命は，個人の身分に関する事項を正確に証明・公証することにある。家族関係登録簿が，このような使命を確実に遂行するためには，個人の身分関係が漏れなく記録され，それが正しい身分関係と一致していなければならない。

　ところで，個人の身分関係は，家族関係登録簿に記録されて初めて発生し，変動するのではない。家族関係登録簿に記録される前に，出生や死亡のような一定の事実の発生，身分行為の申告とその受理，又は形成判決の確定によって，発生，変更又は消滅するのである。家族関係登録簿への記録とは，このように既に形成されている身分関係をそのまま反映させることにすぎず，存在する身分関係をありのまま公証できるように，身分関係の内容を実像のまま顕出できなければならない。

　家族関係登録簿の記録が不当な場合や，真実に反することになるのは，申告それ自体から始まる場合が多い。これは，申告をより容易にするため申告方法を簡易化し，特別な場合を除いて一定の事項が記載された申告書だけを要求し(25条)，申告内容の真実性に対する証明を要求しておらず，家族関係登録事務を処理する者に形式的審査権だけを付与した結果もたらされたものである。これに対し，申告は正当であるが，これを受理して家族関係登録簿に記録する過程での誤りに由来することもある。しかし，家族関係登録簿に記録された事項は，一旦適法に記録され，真実と一致するものと推定される。したがって，真正な身分関係と一致しない記録があったとしても，これを正すためには，厳格

な法的手続を経なければならない。

2 訂正対象と訂正事由
(1) 訂正対象

　家族関係登録簿の訂正は，家族関係登録簿の記録を訂正するものであるから，その前提として訂正対象となる家族関係登録簿の記録がなければならない。家族関係登録法は，個人の身分関係に関する事項として家族関係登録簿に記録されなければならない事項を定め（9条），記録方法によって家族関係登録簿に記録させた後，その記録に誤った部分がある場合にはこれを訂正させている。すなわち，記録手続と記録の訂正手続を区分して規定している。したがって，記録手続によって家族関係登録簿に記録しなければならない事項を，訂正手続によって家族関係登録簿に記録することは家族関係登録法の趣旨に合致しない。

　訂正の対象となる家族関係登録簿の記録は，現在の家族関係登録簿上の記録のみならず，閉鎖された家族関係登録簿の記録も含まれる[33]。また，家族関係登録簿事項欄，特定登録事項欄及び一般登録事項欄の記録のすべてが訂正対象になる。一度訂正された家族関係登録簿の記録も，訂正事由があれば，また訂正対象になる[34]。

　しかし，同一人物の，姓名や出生年月日の一部又は全部を異にした2個以上の家族関係登録簿があることが明白な場合のように，その全部が法律上許されない家族関係登録簿は，その記録の一部を訂正したとしても適法となりえず，職権により閉鎖しなければならない（規則59条）。その全部が一体として閉鎖対象となる家族関係登録簿の場合には，その中の一部記録だけを独立した訂正対象とすることができない。

33　但し，閉鎖された家族関係登録簿の記録を訂正する場合には，これを復活させることなく，その家族関係登録簿の記録を訂正することができる。しかし，その家族関係登録簿が違法なものであるため閉鎖された場合には，その記録を訂正することはできない（例規第220号）。
34　家族関係登録簿訂正をした家族関係登録簿の記録に錯誤がある場合には，再度これに対して家族関係登録簿訂正の許可申請をすることができる（例規第221号）。

(2) 訂正事由

訂正事由は，家族関係登録簿の記録が法律上許可されず，又はその記録に錯誤や遺漏がある場合をいう（18条・104条）。

訂正事由は，申告の誤りによる場合であれ，市・邑・面の長の誤りによるものであれ区別しない。但し，前者の場合には，申告人等に対する訂正催告手続を経てはじめて職権訂正をすることができ，後者の場合は，市・邑・面の長が直ちに職権訂正することができる（18条）。

訂正事由は，訂正対象である家族関係登録簿に記録された当初から存在するものでなければならない。記録当時に訂正事由がなければ，これは，記録当時の真正な身分関係と符合することを意味するのであり，訂正対象となりえない。例えば，離婚の取消は遡及効があるため，離婚取消の裁判が確定すれば，家族関係登録簿上の離婚記録は記録当時から訂正事由が存在することになる。これに対し，婚姻取消は遡及効がないので，家族関係登録簿上の婚姻記録は訂正事由になりえず，申告事由となるのである。

記録当時には適法かつ真実であったものが，その後の事情変更によって修正することになる場合は，これを更正と呼び，訂正とは区別する。行政区域や土地の名称が変更されれば，市・邑・面の長は，家族関係登録簿の記録事項を更正しなければならず，地番の変更があるときにも家族関係登録簿の記録を更正しなければならない（19条，規則67条）。

3 訂正の類型

家族関係登録簿の訂正と関連して，家族関係登録法は第18条で市・邑・面の長の職権による訂正手続を，第104条ないし第108条で利害関係人などの申請による訂正手続を規定している。

職権訂正手続は，その訂正事項の軽重により，規則第60条第2項が規定する事項に関して監督法院の許可なく市・邑・面の長が訂正する「簡易職権訂正手続」（18条2項但書）と，その他の事項に関して監督法院の許可を受けて訂正する通常の「職権訂正手続」（18条2項本文）に区分される。監督法院の許可は登録事務の監督権（3条3項）に基づく司法行政上の許可を意味する。

訂正申請手続は，利害関係人が事件本人の登録基準地を管轄する家庭法院の

許可を受けて訂正を申請する「家庭法院許可による訂正申請手続」(104条・105条)と,身分事項に関して確定判決を受けた提訴者が訂正を申請する「判決による訂正申請手続」(107条)に分けられる。家庭法院の許可による訂正申請手続は,その事由により「違法な家族関係登録記録の訂正」(104条)と「無効な行為の家族関係登録記録の訂正」(105条)に区分される。この場合の家庭法院の許可は,非訟事件手続による裁判として決定形式をとる(規則87条1項4号)。

4 訂正手続相互間の関係
(1) 訂正申請と職権訂正

家族関係登録法第18条に規定された職権訂正と第104条に規定された訂正申請による訂正は,その事由は同じながらも,前者は司法行政上の監督権に基づき,後者は裁判作用に基づくものである。また,訂正事由が市・邑・面の長の誤りによるものではない場合にも職権訂正が許容されるが,これは補充的な手続であり,申告人又は申告事件の本人に催告したが,当事者が訂正申請をしないときにのみ認められる。

家族関係登録法第18条による職権訂正は,第104条に規定される訂正申請と訂正事由が同一であるため,第107条により確定判決によってのみ訂正申請できる場合には職権訂正が許されない。また,婚姻など申告により効力が発生する行為は,家族関係登録簿に記録した後に実体上の欠缺があることを発見しても職権訂正することができない(例規第57号)。

(2) 家族関係登録法第104条と第105条の家庭法院の許可による訂正申請

家族関係登録法第105条は,「申告により効力が発生する行為に関して,登録簿に記録したが,その行為が無効なことが明白なとき」を訂正事項として規定しているが,先にみたとおり,これは「記録を法律上許可することができないこと,又はその記載に錯誤や遺漏があると認められるとき」(104条)の具体例にすぎない。したがって,創設的申告事項に無効であることが明白な訂正事由がある場合には第105条が適用され,申告人又は申告事件の本人が訂正申請人に限定され,その他の場合には第104条が適用され,利害

第1編　総　論

関係人も訂正申請ができる。

(3) 家庭法院の許可による訂正申請と判決による訂正申請

　家族関係登録法第104条と第107条は，訂正事項を特に規定しているのではない。その重要度に照らして，訂正手続の厳格性の程度に差異を設けているのである。すなわち，訂正事項が軽微な場合に限り家庭法院の許可による訂正が可能とし，その訂正が親族法又は相続法上重大な影響を及ぼす事項については確定判決によってのみ訂正できる（大法1973年11月14日決定73マ872，例規第224号）。したがって，確定判決によってのみすることができる家族関係登録簿の記録訂正を，家庭法院の家族関係登録簿の訂正許可だけで訂正することは違法であり，その訂正の効力は発生しない（例規第234号）。

　どのような訂正事項が親族法上又は相続法上重大な影響を及ぼす事項であるのかの判断基準については，判例と例規の立場は，訂正しようとする家族関係登録簿の記録事項と関連する身分関係の存否に関して，家事訴訟法第2条に規定されている家事訴訟事件で判決を受けることになっている事項は，すべて親族法上又は相続法上重大な影響を及ぼすものと解し，そのような事項に関しては第107条による確定判決によってのみ登録簿訂正の申請をすることができ，家事訴訟法第2条によって判決を受けることができない事項に関する家族関係登録簿記録の訂正は，法第104条によって法院の許可を受けて訂正を申請することができるとしている。そのため，人が死亡したのか否かや，人が死亡した日時を確定することに関しては，直接的な争訟手続が家事訴訟法はもちろん他の法律や大法院規則にも定めがないため，このような事項に関する家族関係登録簿記録の訂正は，法第104条によって処理されなければならないとされている（大法1993年5月22日全員合議体決定93ス14－16，例規第233号）。

　創設的申告が無効な場合に関して，家事訴訟法は婚姻の無効等をカ類家事訴訟事件として規定している。上記判例の立場や例規によれば，これらの事項は判決による訂正事由に該当する。したがって，創設的申告としてそれが無効であることが家族関係登録記録上明白なときには，法第105条によって家庭法院の許可を得て訂正申請ができるが，明白でないときには，家事訴訟

法第2条に規定されていない場合であっても，確定判決による訂正申請手続を経なければならない。

5 訂正方法

家族関係登録簿の登録基準地や本人の特定登録事項欄の記録を訂正する場合には，登録基準地欄や特定登録事項欄に新しい事項を記録し，訂正前の事項とその事由を家族関係登録簿事項欄や一般登録事項欄に記録する。そして，家族関係登録簿事項欄や一般登録事項欄の記録を訂正する場合には，訂正する部分に一本の線（削線）を引いて，各該当事項欄に訂正内容とその事由を記録する（規則66条）。

登録基準地の変更や訂正の場合にも，登録基準地欄に訂正された内容を記録し，その訂正事由を家族関係登録簿事項欄に記録する。また，家族関係登録簿の特定登録事項欄の訂正も，線を引かずにそのまま訂正された内容を記録し，その事由を一般登録事項欄に記録するが，一般登録事項欄の記録を訂正する場合には，訂正対象に線を引いて一般登録事項欄にその訂正内容及び事由を記録する。これは，証明書の偽造・変造防止と訂正内容の把握の容易性などを考慮したものである。

Ⅱ 職権による訂正

1 意 義

職権による訂正とは，市・邑・面の長が職権によって，自ら家族関係登録簿の記録を訂正することをいう。すなわち，家族関係登録簿の記録が法律上無効であることや，その記録に錯誤又は遺漏があることを知ったときには，市・邑・面の長は，遅滞なく申告人又は申告事件の本人にその事実を通知し，訂正手続をとることができるようにしたが，訂正申請をする者がいないときに，市・邑・面の長が職権で家族関係登録簿の記録を訂正することをいう。但し，その錯誤と遺漏が市・邑・面の長の誤りによる場合や，申告人又は申告事件の本人に通知ができないときには，通知手続をとる必要はなく直ちに職権により家族関係登録簿の記録を訂正することができる（18条1項・2項）。国家又は地

方自治団体の公務員がその職務上登録簿の記録に錯誤又は遺漏があることを知ったときには、遅滞なく申告事件の本人の登録基準地の市・邑・面の長に通知しなければならず、通知を受けた市・邑・面の長は、職権訂正手続によって処理する（18条3項）。

市（区）・邑・面の長が錯誤により監督法院の許可を受けずに行った家族関係登録簿訂正申請（例：家族関係登録簿に女とされている記録を男に訂正）を受理して処理したのを発見した場合、市（区）・邑・面の長は、申請人又は申請事件の本人に登録簿訂正の通知をしなければならず、通知をしたとしても登録簿訂正の申請をする者がいないときにも簡易職権訂正手続（18条2項）を経なければならない（例規第56号）。

職権で家族関係登録簿を訂正することができる手続は、市（区）・邑・面の長が監督法院に職権訂正申請をしてその許可を受けた後に登録簿を訂正する手続と、監督法院の許可なしに市（区）・邑・面の長が先に職権で訂正をして監督法院に報告する簡易職権訂正の手続がある。

2　職権による訂正事項

(1)　監督法院の許可を必要とする職権訂正事項

市・邑・面の長が職権によって家族関係登録簿の記録事項を訂正しようとするときは、家族関係登録法第18条第2項但書の大法院規則で定める軽微な事項（簡易職権訂正事項）を除いては、原則的に監督法院の許可を受けなければならない。この監督法院の許可は、家族関係登録事務に関する法院の司法行政上の手続であり、監督法院の長である法院長の許可（監督権行使）である。

(2)　簡易職権訂正事項

家族関係登録簿の記録事項の職権訂正事項の中で大法院規則に定める軽微な事項は、あらかじめ監督法院の許可を受けずに、市（区）・邑・面の長がまず職権で家族関係登録簿を訂正し、その後に監督法院に報告しなければならない（18条2項但書）。規則に規定された簡易職権訂正事項とは、①家族関係登録簿の記録の誤記や遺漏が家族関係登録法施行前の戸籍（除籍）やその

謄本によって明白であるとき，②規則第 54 条（配偶者の家族関係登録事項などの変動事由）又は第 55 条（子の登録事項など）による記録の遺漏が申告書類などによって明白であるとき，③一方の配偶者の家族関係登録簿に婚姻又は離婚の記録があるが，他方の配偶者の家族関係登録簿には婚姻又は離婚の記録が遺漏しているとき，④父又は母の本が訂正・変更になったことが登録事項別証明書によって明白であるのに，その子の本の欄が訂正・変更されていないとき，⑤申告書類によって成立した家族関係登録簿の記録に誤記や遺漏部分があることが当該申告書類に照らして明白であるときである[35]。

3　訂正手続

(1)　職権訂正申請

申告人，申告事件本人又は利害関係人が，家族関係登録公務員の誤りによる家族関係登録記録の錯誤又は遺漏があることを知ったときには，当該事件

---

[35] 例規によれば，①外国の国号と地名に関する家族関係登録簿の記録が外来語表記法に合致しない場合（例規第 292 号 11 条），帰化又は国籍回復する外国人の人名が当該外国方式によって家族関係登録簿に記録された場合（韓国方式の姓名配列ではない場合）（同 12 条），旧戸籍例規第 635 号（2003.11.15）及び第 662 号によって記録された国号，地名及び人名と例規第 292 号が定める方式による国号，地名及び人名が相互に異なる場合（同 13 条），②家族関係登録電算情報処理組織資料構築に関連し，旧戸籍電算情報処理組織上の戸籍記載事項によって家族関係登録簿を作成する過程で誤って移記した家族関係登録簿の記録事項について利害関係人の申請がある場合（例規第 41 号 2 条 4 号），家族関係登録簿登録事項別証明書のうち家族関係証明書と関連して戸籍簿電算化以前に分家した後，分家前戸籍が転籍などの理由に新たに編製された場合のように，電算戸籍簿上の家族ではなく家族関係証明書に家族として構成されない場合，家族関係登録簿の記録事項について利害関係人の申請がある場合（同 6 号），③住民登録地管轄市（区）・邑・面の長が住民登録番号の通報を怠り，若しくはその他の事由で家族関係登録簿に住民登録番号の記録に漏れがあり又は誤って記載された場合に，住民登録地の市（区）・邑・面の長の訂正通報がある場合や，本人または同居する親族が住民登録謄（抄）本を添付してその漏れがある記録または訂正の申請するとき（例規第 45 号），④他人の家族関係登録簿に錯誤により死亡記録をして閉鎖した場合に，その家族関係登録簿を復活した後，実際に死亡した者の家族関係登録簿に漏れがあった死亡事由を記録するとき（例規第 58 号），⑤後見開始申告を受けた未成年者が婚姻した場合，民法 826 条の 2 によって成年者とみなし，家族関係登録簿に後見終了事由を記録するとき（例規第 87 号），⑥父母が棄児を捜し出して家族関係登録法第 44 条第 2 項による出生申告をし，これを受理した市（区）・邑・面の長が同法第 53 条第 1 項による登録簿訂正申請を受けたとき（例規第 119 号）も，簡易職権訂正事項に属する。

第1編　総　論

を処理した市（区）・邑・面に口述又は書面で職権訂正申請をすることができる。但し，申告書類が法院に送付された後に申請人が規則第60条第2項第5号による職権訂正を申請しようとするときには，当該申告書類の写しを添付しなければならない（例規第54号2）。

(2)　市・邑・面の長の措置

　ア　受付と処理

　　職権訂正申請があるときには，市（区）・邑・面の長は，これを文書件名簿に受付し，正確に審査しなければならない（例規第54号3．カ①）。

　イ　結果の通知

　　市（区）・邑・面の長が職権訂正書によって登録簿の訂正をした場合や，監督法院から許可書の送付を受けて登録簿を訂正した場合及び不許可書の送付を受けた場合には，申請人にその結果を通知する（同ナ）。

(3)　監督法院の措置

　市（区）・邑・面の長から職権訂正許可申請書の送付を受けたときには，監督法院は，例規第55号[36]により迅速に処理する。監督法院が職権訂正事由を発見した場合には，直ちに市（区）・邑・面の長に職権訂正手続をとるよう措置する（例規第54号4．カ）。

36　市（区）・邑・面の長から送付を受けた職権記録又は訂正許可申請書を数日間保管してから決裁段階で受付してはならず，文書件名簿にすぐに受付しなければならず，受付した申請書は遅滞なく証明資料を調査整理した後に決裁を上げなければならない。可・否の決裁を受けたときには，家族関係登録事務担当課長（支院の場合は家族関係登録係長）は，原本受領日を記載し，遅滞なく家族関係登録官署の長に可・否の旨を表示し，申請書副本を送付するように措置しなければならず，市（区）・邑・面送付日欄を整理しなければならない（例規第55号）。

Ⅲ　家庭法院の許可による訂正

1　違法な家族関係登録記録の訂正

　家族関係登録簿の記録を法律上許可することができないとき，又はその記載に錯誤や遺漏があると認められるときには，利害関係人は，事件本人の登録基準地を管轄する家庭法院の許可を受けて，家族関係登録簿の訂正を申請することができる（104条）。

　家族関係登録簿の記録を法律上許可することができないときとは，権限のない者がした家族関係登録簿の記録，家族関係登録簿の登録事項ではない前科関係・学歴・兵歴・死産などに関する記録，偽造・変造の申告書によって成立した家族関係登録簿の記録，死亡した者又は申告義務者（申告適格者）ではない者の申告によって成立した家族関係登録簿の記録のみならず，家族関係登録簿の記録自体からみて当然無効である家族関係登録簿の記録もこれに該当する（例規第223号）。錯誤がある家族関係登録簿の記録とは，その記録事項が事実と符合しない場合をいい，出生年月日や出生場所の記録が錯誤であるとき，性別，本の記載が錯誤により記録されたとき，及び婚姻中の子が婚姻外の子として錯誤記録されたときが該当する。遺漏がある家族関係登録簿の記録とは，申告又は申請があったが，担当公務員の誤りでその記録が抜け落ちた場合，又は家族関係登録簿を作成しながらその記録事項を遺漏した場合などが該当する。

2　無効な家族関係登録記録の訂正

　申告により効力が発生する行為に関して，家族関係登録簿に記録したが，その行為が無効であることが明白なときには，申告人又は申告事件の本人は，事件本人の登録基準地を管轄する家庭法院の許可を得て，家族関係登録簿の訂正を申請できる（105条）。

　婚姻・認知・養子縁組など申告により効力が発生する行為，すなわち創設的申告事項について，家族関係登録簿に記録された後にその行為が無効であることが明白なときには，その記録の訂正を申請することができる。しかし，申告が無効であるときには，記録事項が親族法上又は相続法上重大な影響を及ぼす

第1編　総　論

から，家事訴訟法第2条に規定されていないとき，及び創設的申告としてそれが無効であることが明白な場合にだけ訂正許可申請をすることができる。例えば，死亡した者と婚姻をする場合や死亡者名義で養子縁組する場合などである。

3　訂正許可手続

(1)　管轄法院

　　事件本人の登録基準地を管轄する家庭法院に申請しなければならない。戸籍制度の下では，本籍地処理原則によって各種申告書類は戸籍がある場所（本籍地）に送付され，訂正事由の有無は大部分申告書類と戸籍記載の内容を検討して判断されることになるため，戸籍のある場所を管轄する家庭法院の管轄とされていた（戸120条・121条）。このような趣旨からすれば，管轄法院を申告書類のある場所を管轄する家庭法院としなければならないことになる。しかし，それでは，登録事務が受付地処理原則によって処理されるため，訂正事件が発生する度に管轄法院が変わる不便が付きまとってくることになる。なぜなら，申告書類は申告地官署の管轄法院に保管されるため，当事者は訂正しようとする事項ごとにその申告地を確認して，申告地管轄法院に訂正申請書を提出しなければならないからである。また，本人の身分事項であるにもかかわらず，事項ごとに訂正事件の管轄法院が変わる。そこで，国民の便宜を考慮し，事件本人の登録基準地を訂正事件の管轄基準として採択した。もちろん，登録基準地を訂正事件の管轄基準にしたとしても，申告地管轄法院に保管されている申告書類を訂正事件が受付された登録基準地の管轄法院に送付しなければならないという煩わしさは残る。

(2)　申請人及び申請手続

　　違法な家族関係登録記録の訂正許可は，利害関係人が申請できる（104条）。ここにいう利害関係人とは，申告事件の本人，申告人，その他当該家族関係登録簿の記録に身分上又は財産上利害関係をもつ者をいう。無効な行為の家族関係登録記録の訂正許可は，申告人又は申告事件の本人が申請できる（105条）。ここにいう申告人又は申告事件の本人とは，民法と家族関係登録法で定める者をいう。事実上申告をする申告人を意味しない。姓・本の創設

許可，改名許可及び家族関係登録簿創設許可については，未成年者も許可申請ができるが（規則87条2項），家族関係登録記録訂正許可事件については，非訟事件手続法を準用するので（同1項），許可申請人は訴訟能力を備えなければならない。

申請手続は，申請書に申請趣旨と申請原因を記載した後，その訂正事項に関する証明資料を添付して管轄法院に提出しなければならない。証明資料で隣友人保証書を添付する場合には，必ず保証人らの住民登録票謄・抄本又は印鑑証明書を添付させなければならない。その他に申請原因事実によって様々な証明資料を提出することができる。

(3) 訂正申請

家族関係登録簿訂正許可申請に対する法院の裁判形式は決定である。決定は告知することにより効力が発生する（非訟18条1項）。訂正決定に対して権利を侵害された者は抗告でき（同20条），法院は，決定が違法又は不当であると認められるときには，当事者の申請又は職権で決定を取消又は変更することができる（同19条1項）。しかし，家族関係登録公務員が家族関係登録簿の訂正許可決定による家族関係登録簿の訂正申請を受理して，家族関係登録簿に記録をした後には，その許可決定をした法院は，これを取消又は変更をすることはできない（例規第228号）。

訂正許可決定を受けた者は，裁判書の謄本を受けた日から1か月以内に，その謄本を添付して家族関係登録簿の訂正を申請しなければならない（106条）。訂正許可申請人が死亡したときには，その者の配偶者又は4親等以内の親族が申請できる（例規第85号）。

Ⅳ 確定判決による訂正

1 意 義

確定判決を受けて，家族関係登録簿の記録を訂正しなければならない場合とは，訂正事項のうち，親族法上又は相続法上重大な影響を及ぼす事項として，訂正しようとする家族関係登録簿の記録事項と関連した身分関係の存否に関す

る直接的争訟方法が家事訴訟法に規定された事項を訂正する場合である。既に説明したとおり，何が親族法上又は相続法上重大な影響を及ぼす事項なのかを区別する基準は，家族関係登録簿の記録事項と関連する身分関係の存否に関して直接的争訟手続が家事訴訟法第2条に規定されているか否かを基準にしており，家事訴訟事件として判決を受けることとされている事項は，すべて親族法上又は相続法上重大な影響を及ぼすものとみなされている。

家事訴訟法第2条は，訴訟事件を3つに区分して規定している。カ類事件（婚姻の無効，離婚の無効，認知の無効，親子関係存否確認，養子縁組の無効，離縁の無効）は，親子関係存否確認の訴えを除いては，申告により効力が発生する創設的身分行為の無効に関連する事件である。これらの事件は，すべて親族法上又は相続法上重大な影響を及ぼすものであるため，無効が明白な場合ではない限り，確定判決を受けて，家族関係登録簿の記録を訂正しなければならない。

ナ類事件（事実婚関係の存否確認，婚姻の取消，離婚の取消，裁判上の離婚，父の決定，嫡出否認，認知の取消，認知に対する異議，認知請求，養子縁組の取消，離縁の取消，裁判上の離縁，特別養子縁組の取消，特別養子縁組の離縁）の中で，身分関係を遡及的に変動させるのではなく，将来に向かって変動させるものは，申告による訂正をすることになる。遡及効がある離婚の取消，嫡出否認，認知の取消，認知に対する異議，離縁の取消，特別養子縁組の離縁の場合は，確定判決に基づく訂正をしなければならない。但し，認知判決のように身分関係を遡及的に変動させるが，訂正対象である家族関係登録簿の記録がない場合や，失踪宣告の取消のように遡及効が制限される場合の事件は，当該確定判決に該当しない。

タ類事件は，身分関係解消を原因とする損害賠償請求（第三者に対する請求を含む。）及び原状回復の請求事件と財産分与請求権保全のための詐害行為取消及び原状回復の請求事件であり，本来は民事訴訟事件や家庭法院が扱う事件である。したがって，これらの事件は確定判決によって家族関係登録簿の記録訂正を申請しなければならない場合には該当しない。

2 手 続

(1) 確定判決を得ること

ここでの確定判決とは，訂正事項の中で，親族法上又は相続法上重大な影

響を及ぼす事項であり，訂正しようとする記録事項について家事訴訟法第2条に規定にされている家事事件（身分関係の存否を直接的に争う訴訟）によるものでなければならず，訂正事項が判決主文に現れている場合をいう。家族関係登録簿を直接どのように訂正せよと判示する判決ではない（例規第224号）。

(2) 訂正申請をすること

確定判決によって家族関係登録簿を訂正しなければならないときには，訴えを提起した者は，判決確定日から1か月以内に判決の謄本及びその確定証明書を添付して家族関係登録簿の訂正を申請しなければならない（107条）。訂正申請は，家族関係登録事務を処理する市・邑・面の長に家族関係登録簿の記録を判決の内容により訂正せよ，という趣旨の申告に準ずる行為であり，法院に対して家族関係登録記録の訂正に関する非訟裁判を求める訂正許可申請とは異なる。訂正申請については申告に関する規定を準用している（108条）のもこのためである。したがって，確定判決による申告手続に準じて処理しなければならない。

申請義務者は提訴者である。訂正申請は，報告的申告としての性質をもつため，訴えの提起者が正当な理由なく訂正を申請しなければ，過怠料の制裁を受ける（121条）。訴えの提起者が法定期間内に訂正申請をせず，その相手方が訂正申請をした場合にも相手方は申請義務者ではなく，申請を怠った者は訴えの提起者であるので，それによる過怠料の制裁を賦課される（例規第84号）。訴えの提起者が死亡したときには，その者の配偶者又は4親等以内の親族が訂正申請できる（例規第85号）。訂正申請場所や訂正申請書の作成などに関しては，申告に関する規定が準用される（108条・20条1項・25条）。

一方，カ類及びナ類家事訴訟事件（事実婚関係存否確認事件を除外）の請求を認容する判決が確定したときには，法院事務官等は遅滞なく当事者又は事件本人の登録基準地の家族関係登録事務を処理する者にその旨を通知しなければならない（家訴規7条1項1号）。家族関係登録公務員が通知を受けて，法定期間内に訴えの提起者の訂正申請がないときには，遅滞なく家族関係登録法第38条と第18条により職権訂正しなければならない（例規第84号）。

第1編　総　論

3　具体的事例
(1)　虚偽の出生申告
　例外的に認知申告や養子縁組申告として転換が認定されない限り，虚偽の出生申告は無効である。無効な虚偽の出生申告によって，嫡出子と記録された家族関係登録簿の記録を抹消することは，家族関係登録法第105条に該当せず，その家族関係登録簿の記録を抹消するためには嫡出否認の訴えなど判決によらなければならない（例規第237号）。

　虚偽の出生申告に養子縁組の効力が認定された場合には，離縁によって養親子関係を解消する必要があるなどの特別な事情がない限り，その記録自体を抹消して法律上の親子関係の存在を否定することになる親子関係不存在確認の訴えは認められない（大法1988年2月23日言渡85ム86，1994年5月24日言渡93ム119）。したがって，この場合，協議離縁をしようとするときには，家族関係登録簿の養親の嫡出子としての記録を，養子縁組に訂正した後に離縁申告をしなければならない。その手続としては，養親子関係存在確認の訴えが挙げられる。養親子関係存否の確定に関しては，民法や家事訴訟法に規定されていない。判例は，実定法上，訴訟類型が規定されている場合に限って身分関係存否確認に関する訴訟を提起できるのではなく，養親子存否確認の場合のように訴訟類型が別に規定されていないとしても法律関係である身分関係の存否を即時に確定する利益がある場合には，一般民事訴訟法の法理によってその身分関係存否確認の訴訟を提起できるとしている（大法1993年7月16日言渡92ム372）。したがって，養親子関係存在確認の訴えを一般民事訴訟として提起して，確定判決を得て家族関係登録法第107条によって訂正申請をし，家族関係登録簿記録を訂正した後，協議離縁すればよい。

(2)　嫡出否認判決が確定した場合の家族関係登録簿訂正手続
　家族関係登録簿が作成されている者について，父との嫡出否認判決が確定した場合は，市（区）・邑・面の事務所に訴えを提起した者が，判決が確定した日から1か月以内に嫡出否認判決の謄本及び確定証明書を添付して，家族関係登録簿訂正申請をしなければならない。この申請により嫡出関係がない子の家族関係登録簿の一般登録事項欄にその事由を記録し，家族関係登録

簿を閉鎖する。閉鎖当時の父と母の家族関係登録簿の子に関する特定登録事項を抹消し，一般登録事項欄にその事由を記録して，配偶者と直系卑属がある場合は，配偶者の家族関係登録簿には他方配偶者，直系卑属の家族関係登録簿には父（又は母）の特定登録事項を抹消する。その事由を記録するには簡易職権訂正手続による。

　家族関係登録簿が閉鎖された子は，出生申告（出生申告義務者がいる場合）又は家族関係登録の創設（出生申告義務者がいない場合）によって家族関係登録簿が新たに作成されれば，閉鎖された家族関係登録簿の登録事項別証明書と新たに作成された家族関係登録簿の登録事項別証明書を添付して，新たに作成された家族関係登録簿登録基準地の管轄家庭法院に，閉鎖登録簿に記録されていた身分に関する事項を新たに作成された登録簿に移記する家族関係登録簿訂正許可決定を受けて訂正しなければならない。そして，他方配偶者及び直系卑属の登録基準地に家族関係登録簿存在申告をする。家族関係登録簿存在申告によって，配偶者及び直系卑属の家族関係登録簿には，家族関係登録簿存在申告事由と配偶者の姓名が変わった場合には一般登録事項欄の配偶者の姓名を訂正し，直系卑属の場合に姓と本が変わった場合には，その訂正事由を職権で訂正記録した後，各当事者らの家族関係連結のために各当事者らの家族関係登録簿の特定登録事項欄に，関連当事者らの特定登録事項をそれぞれ記録する（例規第239号）。

(3)　親子関係不存在確認判決が確定した場合の家族関係登録簿訂正手続[37]

　親子関係不存在確認の訴えは，嫡出推定を受けず，又は例外的に嫡出推定が排除される婚姻中の子との親子関係を争う場合にも提起されるが，多くの場合は，虚偽の出生申告によって家族関係登録簿上の父母と子の間に婚姻中の親子関係が存在しない場合に提起されている。例えば，婚姻外の子が妻との出生子と記録されている場合である。このような場合には，親子関係不存在確認訴訟によってその判決が確定すれば，家族関係登録簿訂正申請によっ

---

[37]　例規第236号「本妻の実子ではない出生子が本妻の出生子として記録されている場合の訂正方法」及び例規第240号「親子関係不存在確認判決が確定した場合の家族関係登録簿訂正手続」。

第1編 総論

てこれを訂正することになる。

① 婚姻中の子として出生記録されている子が父母と親子関係不存在確認判決が確定した場合，親子関係不存在確認判決謄本と確定証明書を添付して家族関係登録簿訂正申請をすれば，親子関係がない子の家族関係登録簿の一般登録事項欄にその事由が記録され，家族関係登録簿は閉鎖される。その他家族関係登録簿の記録訂正手続と訂正手続は，嫡出否認判決が確定した場合と同一である。

② 父の出生申告によって婚姻中の子として出生記録された子が，父との間にだけ親子関係がなく，親子関係不存在確認判決を受けた場合にも，子の家族関係登録簿の一般登録事項欄にその事由を記録して家族関係登録簿を閉鎖し，その他の手続については上記の場合と同一に処理する。

③ 父の出生申告によって婚姻中の子（又は婚姻外の子）として出生記録された子が，母との間にだけ親子関係がなく親子関係不存在確認判決を受けた場合には，親子関係がない子の家族関係登録簿の一般登録事項欄にその事由を記録し，家族関係登録簿は閉鎖せず，母の特定登録事項を抹消し，実母の特定登録事項を記録（判決文に実母の姓名が現れており，出生当時の母が夫のいる女性ではない場合）する。このとき，親子関係がない母の家族関係登録簿には子に関する特定登録事項を抹消し，実母の家族関係登録簿には子に関する特定登録事項を記録して，それぞれの一般登録事項欄には簡易職権訂正手続によってその事由を記録する。

家族関係登録の創設など出生申告以外の事由により家族関係登録簿が作成された者につき，父又は母との間に親子関係不存在確認判決が確定した場合にも同一の手続によって処理する。

④ 母の出生申告によって婚姻外の子として出生記録された子が，母との間に親子関係不存在確認判決が確定した場合，親子関係のない子の家族関係登録簿の一般登録事項欄にその事由を記録し，家族関係登録簿を閉鎖する。母の家族関係登録簿では子に関する特定登録事項を抹消し，一般登録事項欄にその事由を記録し，その子に配偶者と直系卑

属がいる場合，配偶者の家族関係登録簿では他方配偶者，直系卑属の家族関係登録簿では父（又は母）の特定登録事項を抹消し，その事由を記録するが，その手続は簡易職権訂正手続によらなければならない。

第1編　総　論

第6節　国際・在外国民の家族関係登録

I　総　説

1　国際家族関係登録事務の意義と類型

　国際交流の増加により，自国民が就業や留学などの理由により外国に滞在し，居住する場合が多くなり，婚姻・養子縁組・移民や在日韓国人の場合のような歴史的原因により外国に定住する在外国民の数は増大している。反対の場合も同様である。韓国でも滞在外国人の数は急増しており[38]，それによって韓国内で韓国人と外国人間又は外国人相互間に婚姻や離婚，養子縁組など身分関係の変動が発生する場合が多くなった。特に，農漁村地域では韓国人男性が外国人女性を配偶者として迎える，いわゆる多文化家族の数が漸増する現状を見せている[39]。このような身分関係には，その主体の全部又は一部が外国人であったり，身分行為が行われた場所が外国という外国的要素が含まれているから，自

38　統計庁の資料による韓国内外国人登録数の増加現況は表のとおりである。

	男	女	計
95	70,755	53,126	123,881
96	99,813	67,851	167,664
97	122,798	78,388	201,186
98	107,980	74,808	182,788
99	121,135	85,760	206,895
00	143,177	100,995	244,172
01	153,449	114,181	267,630
02	159,356	128,567	287,923
03	278,377	190,806	437,014
04	278,377	190,806	469,183
05	283,998	201,479	485,477
06	370,728	261,762	632,490
07	438,660	326,769	765,429

国法のみをもって規律することはできない。身分関係の公示もまたそうである。

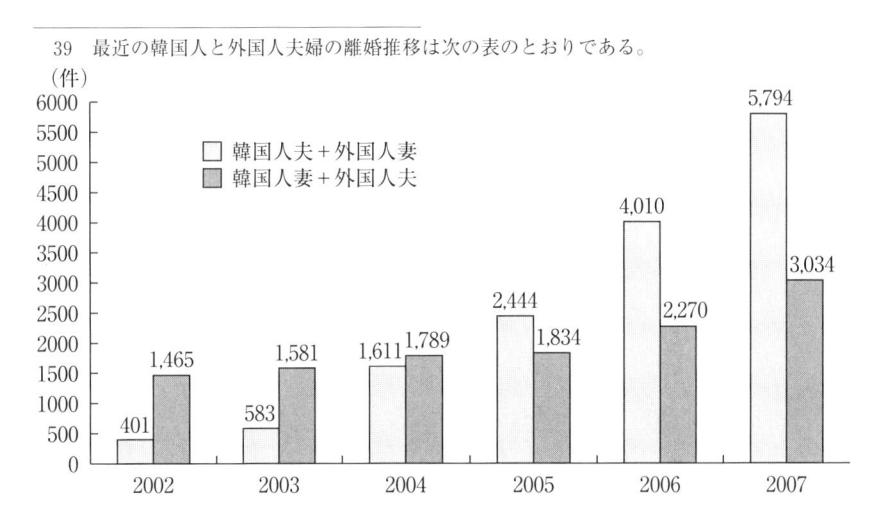

39　最近の韓国人と外国人夫婦の離婚推移は次の表のとおりである。

(件)
年	韓国人夫＋外国人妻	韓国人妻＋外国人夫
2002	401	1,465
2003	583	1,581
2004	1,611	1,789
2005	2,444	1,834
2006	4,010	2,270
2007	5,794	3,034

国籍別外国人との離婚件数及び構成比　　　　（単位：件，％）

外国人妻の国籍別離婚件数及び構成比

	2002	2003	2004	2005	構成比	2006	構成比	2007	構成比	増減率
計	401	583	1,611	2,444	100.0	4,010	100.0	5,794	100.0	44.5
中国	181	275	841	1,431	58.6	2,551	63.6	3,665	63.3	43.7
ベトナム	7	28	147	289	11.8	610	15.2	895	15.4	46.7
フィリピン	29	44	112	142	5.8	171	4.3	220	3.8	28.7
日本	97	121	145	168	6.9	202	5.0	219	3.8	8.4
モンゴル	10	6	83	116	4.7	132	3.3	173	3.0	31.1
ウズベキスタン	3	16	67	75	3.1	105	2.6	112	1.9	6.7
カンボジア	*	*	4	6	0.2	19	0.5	99	1.7	421.1
其他	74	93	212	217	8.9	220	5.5	411	7.1	86.8

外国人夫の国籍別離婚件数及び構成比

	2002	2003	2004	2005	構成比	2006	構成比	2007	構成比	増減率
計	1,465	1,581	1,789	1,834	100.0	2,270	100.0	3,034	100.0	33.7
日本	1,160	1,218	1,351	1,343	73.2	1,525	67.2	1,650	54.4	8.2
中国	51	36	45	124	6.8	319	14.1	649	21.4	103.4
米国	180	226	264	219	11.9	238	10.5	259	8.5	8.8
パキスタン	3	9	16	25	1.4	33	1.5	35	1.2	6.1
バングラデシュ	6	5	9	11	0.6	17	0.7	32	1.1	88.2
カナダ	7	20	11	21	1.1	30	1.3	24	0.8	−20.0
其他（北韓）	58	67	93	91	5.0	108	4.8	385 (279)	12.7 (9.2)	256.5

第 1 編　総　論

　このように外国的要素がある家族関係登録に関する各種申告，審査，受理と家族関係登録簿への記録及び公証に至る一連の事務ルールが国際家族関係登録事務といえる。
　国際家族関係登録事務の対象を，申告に関連付けて細分化すれば次のとおりである。

　　ア　韓国内での申告
　①　韓国内で行われた韓国人と外国人の間の身分行為に基づく身分変動に関する創設的申告（婚姻，離婚，認知，養子縁組，離縁など）
　②　韓国内での韓国人と外国人の間の裁判による報告的申告（離婚，認知，特別養子縁組，離縁など）
　③　韓国内で行われた外国人と外国人の間の身分行為に基づく身分変動に関する創設的申告（婚姻，離婚，認知，養子縁組，離縁など）
　④　韓国内で発生した外国人の身分変動事実に基づく報告的申告（出生，死亡など）

　　イ　外国での申告
　①　外国で行われた韓国人同士の間の身分行為に基づく身分変動に関する創設的申告（婚姻，離婚，認知，養子縁組，離縁など）
　②　外国で発生した韓国人の身分変動事実に基づく報告的申告（出生，死亡など）
　③　外国で行われた韓国人と外国人の間の身分行為に基づく身分変動に関する創設的申告（婚姻，離婚，認知，養子縁組，離縁など）
　④　外国で外国の方式によって行われた韓国人と外国人の間の身分行為に基づく身分変動に関する報告的申告（婚姻，離婚など）又は裁判による報告的申告（離婚，認知など）

2　国際家族関係登録事務に関する法令

　国際家族関係登録事務を処理するための法令としては，民法，家族関係登録法と同規則，国際私法，国籍法などの国内法と各国の身分関係法令がある。国

内法のうち家族関係登録法,国際私法及び国籍法に関してのみ,簡略にみていく。

(1) **家族関係登録法**

家族関係登録法は,原則的に韓国内に居住するすべての人のみならず(属地的効力),外国に居住する韓国人にも適用されるので(属人的効力),家族関係登録法は,国際家族関係登録においても基本となる法律である。しかし,家族関係登録簿は,個人の身分関係を公示・公証するだけでなく,国籍簿としての役割を担っている。したがって,韓国内に居住する者であっても,大韓民国国民ではない者(外国人と無国籍者)は家族関係登録簿をもつことができず,それと関連する家族関係登録法の規定は,韓国に居住する外国人には適用されない。そして,治外法権の特権を有する者にも,家族関係登録法は効力が及ばない。併せて,憲法上の領土条項(大韓民国憲法3条)を根拠に,大韓民国の法律が朝鮮民主主義人民共和国(以下,北朝鮮という。)地域にも効力を及ぼし,北朝鮮住民も大韓民国国籍を有すると解するとしても,事実上大韓民国の統治権が北朝鮮地域には及びえないので,北朝鮮地域と北朝鮮住民にも家族関係登録法の効力が及ばないのが現実である。そのため,保護対象者と決定された北朝鮮離脱住民が,韓国で家族関係登録されていない場合には,統一部長官の家族関係登録創設許可申請によって家族関係登録簿が創設される(北朝鮮離脱住民の保護及び定着支援に関する法律19条)。

(2) **国際私法**

国際私法は,外国的要素がある法律関係に関して,国際管轄権に関する原則と準拠法を定めた法である(国私1条)。家族関係登録事務を処理する場合には,まず,外国的要素がある当該身分関係が国際私法によって定められる準拠法によって有効な身分関係であるのかを検討しなければならない。すなわち,国際家族関係登録に関する申告が提出されれば,これを処理するためには申告に含まれる身分関係が国際私法が指定する準拠法上の要件を充足しているか否かを審査しなければならない。

国際私法第6章は,親族関係の準拠法について,本国法主義によりながら

も，婚姻の一般的効力（国私37条），夫婦財産制（同38条1項），離婚（同39条本文），婚姻外の親子関係（同41条1項但書・42条1項），親子間の法律関係（同45条）などで常居所地法を本国法と選択的・補充的準拠法と規定し，扶養に関しては扶養権利者の常居所地法によることにしている（同46条1項）。一方，婚姻の方式については，行為地法によることもできる（同36条2項本文）。

(3) 国籍法

国籍法は，大韓民国国民となる要件を定める（国籍1条）。大韓民国国民であるかどうかは，国際私法による準拠法の決定，家族関係登録簿の創設・閉鎖など家族関係登録法の適用の有無などで重要な要素として作用する。

国籍法は，国籍取得原因として出生・認知・帰化などを規定する。出生当時に父又は母が大韓民国の国民の場合には，その子は大韓民国国籍を取得する（同2条1項1号）。父母両系血統主義によったものである。大韓民国の国民ではない（外国人）未成年の子を大韓民国の国民である父又は母が認知する場合にも，その子に自動的に大韓民国国籍を付与するのではなく，法務部長官に国籍取得申告をすれば大韓民国国籍を取得するとされている（同3条）。大韓民国国籍を取得した事実のない外国人は，法務部長官の帰化許可を受けて大韓民国国籍を取得できる（同4条）。帰化には，一般帰化（同5条），簡易帰化（同6条），特別帰化（同7条）がある。

出生やその他の事由により満20歳になる前に大韓民国国籍と外国国籍を同時に持つことになった二重国籍者は満22歳になるまで，満20歳になった後に二重国籍者になった者はその時から2年内に，一つの国籍を選択しなければならない（同12条1項本文）。その期間内に大韓民国国籍を選択しない者は，国籍を喪失するとされている（同2項）。

II 国際家族関係登録事務の処理

1 事務の管掌

家族関係登録法は，韓国内で発生する外国人の身分に関する事項と外国で発

生する韓国人の身分に関する事項にも適用されると解釈されているので，国際家族関係登録事務も，大法院長の委任により，市・邑・面の長が登録事務の処理に関する権限を有している（3条1項）。したがって，国際家族関係登録事務も，家族関係の発生及び変動事項に関する申告などを受付し，又は受理した申告地の市・邑・面の長が処理する（4条）。

一方，大韓民国在外公館の長は，外国にある大韓民国国民の家族関係登録に関する事務を処理する権限を有する（34条）。在外公館の長は，管轄区域内の大韓民国国民の家族関係登録法による申告又は申請を受けた場合，これを受理した日から1か月以内に，外交通商部長官を経由して本人の登録基準地の市・邑・面の長に送付しなければならず（36条），登録基準地の市・邑・面の長は，これに基づき家族関係登録簿に記録することとされている[40]。

2　申告書の保管と公証

外国人には家族関係登録簿が作成されない。したがって，韓国内で韓国人と外国人との間に家族関係登録事件の申告がある場合には，韓国人の家族関係登録簿の特定登録事項欄に申告書に記載された外国人の関連事項を記録することになり，これを通じて公示・公証が可能となる。しかし，韓国内で行われた外国人相互間の婚姻，養子縁組などの国際家族関係登録事件の申告がある場合には，家族関係登録簿を通じて公示・公証する方法がないので，申告書によって公示・公証するしかない。そのため，外国人に関する申告書類の保管及び公証は，国際家族関係登録事務の処理において非常に重要である。

(1)　申告書の保管

市・邑・面の長が外国人に関する家族関係登録の申告を受理したとき，この申告は家族関係登録ができない申告であるため，受付順に従って特種申告書類編綴帳に編綴して保存する（規則69条1項）。この特種申告書類編綴帳は，家族関係登録簿ではないが，外国人と無国籍者には家族関係登録簿と同一の役割を果す。したがって，この帳簿は，市・邑・面に永久保存される

---

[40]　例規第31号「在外公館の長が受理して登録基準地の市（区）・邑・面に送付した家族関係登録申告書等に対する事務処理指針」

(規則82条1項1タ)。

(2) 身分関係の公証

韓国人相互間の身分関係の発生・変更・消滅などの公示・公証は，家族関係登録簿の登録事項別証明書の交付によって行われるが（14条），外国人には登録事項別証明書交付の基礎となる家族関係登録簿がないため，証明書の交付方法による公示・公証は不可能である。もちろん身分関係当事者の一方が韓国人の場合には，韓国人の家族関係登録簿に基づく登録事項別証明書を通じて間接的な公示・公証は可能である。しかし，韓国内で有効な身分行為をしたこと，又は身分変動事実が発生したことを証明することは，韓国人や外国人を問わず，その必要性において異ならない。このような要請に応ずるために，申告人は，申告の受理又は不受理証明書を請求でき，利害関係人は，申告書やその他に受理された書類の閲覧又はその書類に記載された事項に関する証明書を請求できるものと規定された（42条1項・2項）。

3 身分行為成立要件具備証明書による審査

国際家族関係登録事件を処理する場合には，まず当該身分関係が有効かどうかを審査しなければならない。すなわち，外国人を当事者とする創設的申告があれば，市・邑・面の長は，国際私法が定める準拠法によって当該身分行為の実質的要件を審査しなければならない。形式的要件は，家族関係登録法が定めた方式によって申告されたのかどうかを審査すれば足りる。

ところで，外国的要素が含まれた身分関係の準拠法について，国際私法は当事者の国籍を連結点にして定められる本国法と常居所地法又は最も密接な関連がある場所の法を規定し，婚姻の方式は，婚姻挙行地法によることができると規定する。したがって，準拠法を決定するためには，外国人当事者の国籍を証明する書面が必要である。そのような書面資料を根拠に外国人当事者の国籍が認められ，その本国法が決定される。しかし，選択的・補充的準拠法である常居所地法を定めるためには，常居所の概念，何を基準にして常居所を判断しなければならないか，また最も密接な関連のある場所はどこをいうのかに関する問題が解決されなければならない。これについては，例規第33号は次のよう

に解釈している。

　常居所とは，事実上生活の中心地で一定期間持続された場所をいい，常居所地法を国際身分行為の準拠法にしようとする場合には，次の基準によって常居所であるのかを判断することができる。

(1) **韓国での常居所認定**
　ア　事件本人が韓国人の場合
　事件本人の住所が国内にある場合には，外国に常居所があることが判明しない限り韓国内に常居所があると解し，また事件本人が国外に転出してその住民登録が抹消された場合にも，出国日から1年以内ならば韓国内に常居所があるとみなす。出国日から1年以上5年以内ならば，在留国が常居所と認定される場合を除き，韓国に常居所があるものと解することができる。

　イ　事件本人が外国人の場合
　事件本人が韓国内に在留する期間及び出入国管理法第10条の在留資格により，①韓国で出生した外国人で出国した事実がない者，②在留資格が「居住」である外国人で1年以上継続して在留している者，③出入国管理法第31条の外国人登録をした外国人（長期在留者），その配偶者及び未成年の子で5年以上継続して在留している者は，韓国に常居所があるものとして処理し，その在留期間及び在留資格は，外国人登録証及び旅券などを資料に判断する。但し，①駐韓外交使節，駐韓米軍，短期在留者など出入国管理法第31条但書の外国人登録が免除された者，②不法入国者及び不法在留者は，韓国に常居所がないものとして処理する。

(2) **外国での常居所認定**
　ア　事件本人が韓国人の場合
　事件本人が当該国家で適法に5年以上継続して在留している場合には，その国家に常居所があるものと解するが，事件本人が①二重国籍者の場合で韓国以外の国籍国，②永住資格を持つ国家，③配偶者又は未成年の養子

として在留している場合にはその外国人配偶者又は養親の国籍国で，1年以上継続して在留すれば，その在留国家に常居所があると解する。

####　イ　事件本人が外国人の場合

事件本人の国籍国での常居所認定に関しては，上記(1)アに準じて処理し，国籍国以外の国家での常居所認定に関しては，上記(1)イに準じて処理する。

最も密接な関連がある場所の法を国際身分行為の準拠法にしようとする場合，当該場所が身分行為当事者と最も密接な関連がある場所かどうかは，具体的状況において当事者の在留期間，在留目的，家族関係，勤務関係など関連要素を総合的に考慮して判断し，その判断が難しいときには監督法院に質疑し，その回答を受けて処理する。

(3)　要件具備証明書

家族関係登録事務を処理する市・邑・面の長には形式的審査権限のみが付与されているから，それが適法であるか否かの判断が曖昧だとして法規に規定されない他の資料を提出させることはできない。しかし，形式的審査権限の範囲内でも既に提出された書類を補完する付随的資料の提出を要求できる。市・邑・面の長や在外公館の長は，申告書類を審査するために必要なときには，登録簿の登録事項別証明書やその他の書類を提出させることができる（規則44条1項）。したがって，市・邑・面の長が国際家族関係登録事件を処理するに際し，外国人である申告人に対し，自身の本国法が定める当該身分行為の要件を具備しているか否かにつき，本国の権限ある当局が発給した証明書を提出するよう要求でき，反対に韓国人が外国でその国が定める方式によって身分関係を形成する場合には，そのような証明の提出を要求することができる。

外国で韓国人と外国人との間又は韓国人同士との間にその国の方式によって身分関係を形成する身分行為をする場合，事件本人である韓国人は，当該身分行為の成立要件具備証明書の発給を登録基準地の市（区）・邑・面の長に請求することができる。登録事項別証明書を添付して登録基準地を管轄する地方法院長（支院長）又は居住地管轄在外公館の長（大使，領事，公使）に

も請求することができる。

　請求を受けた市（区）・邑・面の長，地方法院長又は在外公館の長は，登録事項別証明書によって事件本人の当該身分行為に対する成立要件具備の有無を審査した後，法律的な障害がないと判断される場合には証明書を発給する（例規第33号）。

4　在外国民の家族関係登録事務の処理

　在外国民の各種家族関係登録申告など（「在外国民の家族関係登録創設，家族関係登録簿訂正及び家族関係登録簿整理に関する特例法」による申請は除外される。これに関しては98頁以下で別に説明する。）による家族関係登録事務は，次のように処理する（例規第32号）。

　登録基準地の市（区）・邑・面の長は，在外公館から送付を受けた申告書により家族関係登録事務を処理する（同2条）。行為地法である外国法に従って，婚姻，認知及び養子縁組などを行い，登録基準地に証書を添付して家族関係登録申告をする場合には，申告書に婚姻などの申告日である外国での申告（受理）日付を記載しなければならない（同3条）。

　申告書には，法定の添付書類以外の資料（例：財産証明，在日居留民団の保証書など）を添付することを要求してはならず，在日韓国人が申告する場合，その添付書類のうち日本国官公署発行の戸籍申告書謄本，戸籍謄・抄本，その他の証明書にも翻訳文を添付しなければならない（同7条）。

5　申　告

〔1〕　申告人

　申告人の能力に関する家族関係登録法第26条及び第27条の規定は，国際家族関係登録事件の申告にも適用される。しかし，事件本人が外国人の場合，無能力者であるか否か，誰が親権者又は後見人となるのかは，国際私法の規定（国私13条・14条・45条・48条）によって定められる準拠法によるものとされる。

第1編　総　論

(2)　**申告場所**

外国に居住している大韓民国国民は，その地域を管轄する大韓民国在外公館の長に申告することができる（34条）。外国に居住している韓国人も，その居住している地域に在外公館が設置されている場合にも，一般原則によって申告事件本人の登録基準地の市（区）・邑・面の長に直接，郵便の方法や帰国して登録基準地又は現在地の市（区）・邑・面に提出する方法で，家族関係登録申告（報告的，創設的申告を含む。）をすることができるが（例規第30号2．カ．⑴），その便宜を考慮して特別な申告方法を認めたものである。しかし，韓国内の事件本人の登録基準地以外の他の市（区）・邑・面の長や，他の地域を管轄する在外公館の長に申告をすることはできない（同⑵）。日本にいる韓国人の申告に関する具体的な事務処理については，別途みていくことにする。

(3)　**申告書の記載事項**

申告書の一般的記載事項に関しては，家族関係登録法第25条第1項に規定されている。所定の事項のうち「登録基準地」に関する部分は，外国人の申告には適用される余地がない。事件本人やその父又は母が外国人の場合には，申告書の登録基準地欄に国籍を記載することとなる（規則34条2項）。

(4)　**申告書の添付書類**

申告書の添付書類に関する家族関係登録法第32条の規定は，国際家族関係登録事件にも適用される。そして，前述したとおり，韓国で韓国人と外国人との間又は外国人同士の間に韓国法の方式によって身分関係を形成する身分行為をする場合に，外国人についてはその準拠法上身分行為の実質的成立要件を具備しているのかの有無を審査するのが難しいため，当該外国人をして身分行為の実質的成立要件を具備していることを証明する書面を添付させている（例規第33号2）。申告書の添付書類が外国語で作成されているときには，翻訳文を添付しなければならない（規則30条2項）。

(5) 日本に居住する韓国人の家族関係登録申告

　家族関係登録法は，その属人的効力により外国にいる韓国人にも適用されるため，日本に居住している韓国人も，韓国に居住している者と同様に報告的申告事項について家族関係登録法による家族関係登録の申告義務を負う。報告的申告の対象である身分変動事実について居住地国の法によってその国家の官公署などに家族関係登録申告をした場合にも，同一の申告事項に関する家族関係登録法上の申告義務が免除されるのではない。このように申告義務が課される報告的申告事項には，出生，死亡のような固有の報告的申告と裁判上の認知，裁判上の離婚，外国の方式による申告事件に対する証書を作成する場合等のような伝来の報告的申告がすべて含まれる（例規第30号1.カ・ナ・タ）。したがって，日本で発生した韓国人の出生，死亡などの報告的申告事件においても，申告期間経過による過怠料の処分の対象となる（122条）。日本にいる韓国人が日本国の方式によって申告事件に関する証書を作成した場合には，3か月以内にその地域を管轄する在外公館の長にその証書の謄本を提出しなければならないが（35条1項），その証書の謄本を提出しないときには，申告の懈怠による過怠料賦課の対象されると解される。

　登録基準地変更のような手続的創設的申告事項と婚姻，養子縁組と認知などのような実体的創設的申告事項のうち，国際私法上その方式の準拠法が韓国法の場合には，家族関係登録法の定める手続によってその申告をすることができる（例規第30号1.ラ）。

　日本にいる韓国人が日本国の方式によって申告事件に関する証書を作成し，その証書の謄本を提出する方法で本人の家族関係登録簿に記録することができるのは，日本に居住している韓国人が日本国の方式[41]に従って実体的な創設的身分行為（婚姻，養子縁組，認知，離婚，離縁など）を行い，身分行為が成立したときにのみ可能である。証書の謄本は，身分行為当事者1名がその地域を管轄する在外公館の長や事件本人である韓国人の登録基準地の市（区）・邑・面の長に対し，郵便の方法を利用し，又は直接提出することがで

41　外国に居住している韓国人の間又は韓国人と外国人との間にその居住地国の方式によって身分行為をすることができる場合とは，国際私法上その身分行為方式の準拠法として行為地法を適用することができる場合をいう。

きる（同2.ナ）。

　これに対し，居住地国の法が定める方式に従ってその国家の官公署などに行う身分変動事項に関する報告的申告は，家族関係登録法に基づく有効な家族関係登録申告と解することができないので，別途に家族関係登録申告をしなければならない。したがって，外国に居住している韓国人が身分変動事項に対して居住地国の方式によって報告的申告をした後に「受理証明書」などの交付を受けた場合にも，証書の謄本を提出する方式によって家族関係登録簿の記録をすることはできない。但し，日本に居住している韓国人が出生，死亡などのような固有の意味の報告的申告をする場合には，家族関係登録申告書に添付しなければならない出生証明書や死亡証明書などに代えてその居住地国の方式によって申告した事実を証明する書面（例：受理証明書など）を添付することができる。

Ⅲ　在外国民家族関係登録の特例

1　在外国民家族関係登録特例法の目的

　既に説明したとおり，日本にいる韓国人にも韓国内の身分登録・公示に関する法は適用される。但し，海外に長期間居住している在外国民の場合，韓国内とは異なり，身分関係の変動について法定期間内に申告などの手続を取ることが困難な場合もある。併せて，戸籍による個人の身分関係の公示が始まった後にも，長期間の海外在留により韓国内に戸籍をもつことができなくなった在外国民が発生したり，戸籍があっても実体関係と一致せず，又は身分変動事項をまともに整理できない場合が多かった。このような事情を勘案して，1967年1月16日「在外国民の就籍に関する臨時特例法」（法律第1865号）が制定され，1973年6月21日，これを全面改正した「在外国民就籍・戸籍訂正及び戸籍整理に関する特例法」（法律第2622号）が成立した。戸籍制度が廃止されて，戸籍法が家族関係登録法に代替されたことに伴い，同法の名称が「在外国民の家族関係登録創設，家族関係登録簿訂正及び家族関係登録簿整理に関する特例法」（以下「特例法」と略称する。）に変更され，条文の整理がなされた。

2 特例法の適用範囲

　外国の一定の地域に継続して90日以上居住し，又は在留する意思をもって在留する韓国国民は，その在留する地域の住所や居所を管轄する在外公館（大使館・総領事館・領事館・分館又は出張所）に登録しなければならない（在外国民登録法2条）。特例法は，在外国民登録法の規定によって登録された者に限り適用される（特例法2条1項）。したがって，海外に長期在留する者でも在外公館に登録をしない者は，特例法の適用対象ではない。また，特例法は，法院に対する家族関係登録創設及び家族関係登録簿訂正許可申請，家族関係登録公務員に対する家族関係登録簿訂正申請及び家族関係登録法による申告と申請に関する事項のうち，出生，認知，養子縁組，婚姻，死亡などにより登録簿が作成又は閉鎖される者の申請についてのみ適用される（特例法3条）[42]。

　申請においても，申請書様式と添付書類が簡単であり，その申請手続も簡便で，家族関係登録法に規定されていない在外公館の長の調査確認による家族関係登録簿の訂正を認めるなどの特例が規定されている[43]。しかし，在外国民は，この特例法によってのみ申告や申請をしなければならないのではない。本人の選択によって内国人と同様に，管轄家庭法院又は市・区・邑・面の長に直接提出することもできる（特例法3条2項但書）。特例法は，在外国民に手続上の便宜を付与するためのもので，その根幹は家族関係登録法である。したがって，この特例法に規定にされていない手続に関しては，家族関係登録法とその他の関連法規が適用される。

3 外国地名の記載と添付書類に関する通則

(1) 外国の漢字地名の記載[44]

　在外公館の長が外国の地名を漢字でのみ表記し，ハングル表記をしない申告書を受付するときには漢字で表記された地名の横にその漢字地名に対する

---

[42] 家族関係登録簿整理申請の対象は，出生，死亡など報告的申告事項と，行為地法である外国法による認知証書，養子縁組証書，婚姻証書，離婚証書などその証書謄本が添付された場合に限り，外国法院の確定判決によってはすることはできない。

[43] また，特例法により家族関係登録簿に関する各種手続に要する費用も，国家又は地方自治団体が負担し（特例法7条），申請人などが負担しない。

[44] 例規第273号3条

当該外国での発音をハングルで（　）の中に一緒に記録し，その申告書を受理して市（区）・邑・面の長に送付しなければならない。市（区）・邑・面の長は，外国地名である漢字を当該外国での発音どおり家族関係登録簿にハングルで外来語表記法に従って記録する。

(2) **添付書類に関する通則**[45]

特例法による申告は，申請書に，原則として各事件本人（当事者）の在外国民登録簿謄本，居留国の外国人登録簿謄本又は永住権写し等を添付しなければならない点で，一般の申告と異なる（特例法4条）。申請書には，法定添付書類以外の資料（例：財産証明，在日居留民団の保証書など）を添付することを要求することができない点では，一般の申告と同様である。申請人と事件本人が異なる場合には，事件本人についての書類を添付しなければならない。

添付書類が外国語の場合には，翻訳文が添付されなければならない。従前は，在日韓国人が申請する場合，その添付書類のうち裁判書（日本の裁判所の判決や決定）を除き日本国官公署発行の戸籍届出書謄本，戸籍謄・抄本その他の証明書は翻訳文が添付されなくてもよかったが，現在ではこれらの書類にも翻訳文が添付されなければならない。

申請書に在外国民登録簿謄本が添付されなければならない場合，在日韓国人の申請においては，在外公館で確認した在日居留民団長発行の在外国民登録証明をもって，これに代えることができる。また，特例法による訂正又は整理事項が死亡者に関することであるときには，他の添付書類によってその訂正又は整理事項が証明される場合には，在外国民登録簿謄本を添付しなくてもよい。

居留国の外国人登録簿謄本及び永住権写しはその中の一つのみ添付すればよいし，これらの書類に，国籍が「朝鮮」と記載されていてもよい。このようなケースは，在外公館に既に在外国民登録をして韓国国籍への変更がなされたにもかかわらず，日本国の行政官公署に対しては国籍変更申請をせず，外国人登録簿に依然として国籍の表示が「朝鮮」となっているときに発生す

45　例規第273号4条

る。

4　家族関係登録創設許可申請

　在外国民として家族関係登録簿が作成されておらず，又は家族関係登録されているか否かが明らかでない者が，新たに家族関係登録簿を創設するための申請である。本来，家族関係登録の創設は，登録されていない者のみが行うことができ（101条），登録されているか否かが明らかでない者は，登録の有無が判明するまで家族関係登録を創設することができないが，特例法はこのようなときにも家族関係登録の創設をすることができるようにしたのである。家族のうち一部のみが在外国民登録をして特例法による要件を備えた場合には，その者のみが家族関係登録の創設をすることができる（例規第273号6条）。

　申請人は事件本人である。但し，軍事境界線以北地域の在籍者の家族関係登録の創設において，申請は，従前の戸籍上の戸主又は家族が各々することができ，他の家族又は戸主についての家族関係登録創設許可申請もすることができる。朝鮮戸籍令施行前（1923年6月30日以前）の事実上の夫婦に関して，いまだに家族関係登録簿が作成されていない場合には，夫婦が同時に家族関係登録創設許可申請をしなければならない（同8条）。

5　家族関係登録簿訂正許可申請

　家族関係登録法第104条及び第105条に規定された訂正事項で在外国民の家族関係登録簿の記録に錯誤又は遺漏があった場合に，これを発見した利害関係人が訂正する場合である。家族関係登録簿の記録に錯誤又は遺漏があった場合でも，これを訂正することにより親族法上又は相続法上重大な影響を及ぼしうる事項は，判決によって訂正しなければならず，特例法により家族関係登録簿訂正をすることができない。

6　家族関係登録簿訂正申請

　家族関係登録簿の訂正は，法院の許可を得てするのが原則であるが，特例法上の家族関係登録簿訂正申請は，登録簿の記録に錯誤又は遺漏の事実が諸般の資料により確認されたときに，在外公館の長が調査確認書を作成し，訂正申請

書にこれを添付して市（区）・邑・面の長に直接送付して訂正する手続である（特例法5条1項但書）。家族関係登録簿訂正申請は，家族関係登録簿記録の錯誤又は遺漏が明白に判明しうる軽微な事項の場合（例：性別「男」が「女」，父母の姓名が祖父の姓名として錯誤記録された場合又は本や婚姻解消事由その他当然に記録されなければならない身分事由の記録が遺漏された場合など）に限る。家族関係登録簿訂正申請書を受付した在外公館の長がそれに添付する調査確認書を作成する場合には，事実調査をして確認した事項を具体的に明示しなければならない。例えば，「家族関係登録簿の記録や添付書類である証明資料には男子として記載されているが，家族関係登録簿の記録が明白に錯誤であることを確認する」と作成し，その調査確認内容を詳細に記載しなければならない。在外公館の長から家族関係登録簿訂正申請書の送付を受けた管轄市（区）・邑・面の長は，家族関係登録簿を訂正しなければならない（例規第273号10条）。申請書に不備があり，又はその申請が妥当でないと判断し，管轄市（区）・邑・面の長がこれを返送しようとするときには，その事由を明示して監督法院の承認を受けた後，申請書とその事由を付箋紙に具体的に記載して外交通商部長官及び在外公館の長を経由して申請人に返送しなければならない（同14条）。

7 家族関係登録簿整理申請

　家族関係登録簿整理申請は，家族関係登録法上の申告と申請事項のうち，出生，認知，養子縁組，婚姻，死亡などにより登録又は抹消されなければならない者が家族関係登録簿が作成，閉鎖又は整理されなかったときに，事件本人その他の家族関係登録簿上の利害関係人の申請によって家族関係登録簿を整理することができるようにした特例手続である。在外国民の特殊性を考慮して，既に発生した既存の事実関係を尊重し，その事実どおりに家族関係登録簿を整理するための制度である。

　行為地法である外国法によって婚姻，離婚，認知，養子縁組などをした場合，又は出生地・死亡地である外国で出生・死亡申告などをしたときには，その外国官公署が発行した婚姻などの受理証明その他これを証明する証書を添付しなければならない。また，婚姻の場合には妻の家族関係登録簿婚姻関係証明書，認知の場合には被認知者の家族関係登録簿基本証明書，養子縁組の場合には養

子の家族関係登録簿養子縁組関係証明書を，それぞれ添付しなければならない（例規第273号12条）。

　家族関係登録簿整理申請は，事件本人その他家族関係登録簿上の利害関係人もすることができる（同11条）。申請人は，申請人の住所地を管轄する在外公館の長に申請書を提出し，又は家族関係登録簿を整理する登録基準地の市（区）・邑・面の長に直接送付することもできる。申請書を受付した在外公館の長は遅滞なく登録基準地の市（区）・邑・面の長にこれを送付しなければならず，在外公館の長や申請人から申請書の送付を受けた市（区）・邑・面の長は，これを遅滞なく処理しなければならない。整理が不可能な事由があるときには，その事由を明示して監督法院の承認を受けた後，直接申請人に，又は外交通商部長官及び在外公館の長を経由して，申請人に申請書とその事由書を添付して返送しなければならない（同14条）。

　日本に生活の基盤を置く在日韓国人の多くは，永住権を有しており，日本の役所には出生，婚姻，離婚，死亡などの届出を行うものの，法により義務付けられた申告を韓国の領事館や公官署に行わずに放置している人が少なくない。特例法はこのような場合に備えたものであり，実際にも，相当な件数が法の要求する本来の申告ではなく，整理申請によっているのが現状である。このように特例法は在日韓国人の身分登録に重大な影響を与えているので，特例法及び特例法に関する例規第273号の訳文並びに現在，駐大阪総領事館でよく利用されている，出生，婚姻，協議離婚，死亡に関する「家族関係登録簿整理申請」の書式を巻末の「第3編資料」に掲載した。

第1編　総　論

第7節　不服申請手続

I　総　説

　市・邑・面の長が申告などに対する受理又は不受理処分など，家族関係登録事件を処理する際，違法又は不当な処分をした場合には，これに対する不服手続を通じて権利の救済を受けることができなければならない。違法又は不当な行政処分に対する一般的な不服手続が用意されているにもかかわらず，家族関係登録事件について特則を置いたのは，家族関係登録事務を家庭法院が監督している特殊性を考慮したためである。すなわち，家族関係登録事件に関しては，一般行政訴訟の手続による権利救済方法よりは，家族関係登録事務に関与しこれを監督する家庭法院の管轄として処理させるのがより適切で妥当だからである。

II　不服申請手続

1　不服申請の対象

　不服申請の対象は，家族関係登録事件に関する市・邑・面の長の違法又は不当な処分である。ここでいう市・邑・面の長には，区庁長及び職務代理者も含まれる。違法・不当な処分には，申告・申請などの受理，登録事項別証明書の交付のような積極的処分はもちろん，申告・申請などの不受理，登録事項別証明書の交付拒否などの消極的処分も含まれる。しかし，書類の保存・整理のような事務は該当しない。また，申告などの受理として不適法であり，又は真実に反する家族関係登録記録が行われた場合には，その訂正が問題となるのであり，不服の対象になるのではない。実際においても，申告・申請などの不受理に対する不服申請が大部分である。

2　不服申請人

　不服申請ができる者は，市・邑・面の長の違法又は不当な処分によって権利

第 2 章　家族関係登録制度の概要

や利益の侵害を受けたすべての利害関係人である（109 条 1 項）。したがって，申告・申請事件の申告人・申請人や事件本人，申告義務者や事件本人の家族又は親族として，市・邑・面の長の当該処分によって利害関係に影響を受ける者も申請人となることができる。

3　管轄法院
不服申請事件の管轄法院は，違法又は不当な処分をした市・邑・面の所在地を管轄する家庭法院である（109 条 1 項）。

4　申請書の作成と提出
不服申請事件は，性質上非訟事件で処理されなければならないので，非訟事件申請書の作成方式（非訟 9 条 1 項）に従わなければならない。したがって，申請原因の証明資料，すなわち申告の受理・不受理証明書（42 条），申告不受理通知書（43 条），申告書類謄本などを申請書に添付しなければならない（非訟 9 条 2 項）。不服申請書は，直接管轄法院に提出すればよく，処分をした市・邑・面の長を経由する必要はない。

Ⅲ　不服申請に対する法院の決定と抗告

1　受付及び処分庁に対する意見の求め
不服申請書の提出を受けた家庭法院は，これを非訟事件として受付した後，申請に関する書類を処分庁である市・邑・面の長に送付して，その意見を求めることができる（109 条 2 項）。処分庁をして再度熟考させる機会を付与するものである。家庭法院から不服申請に対する意見を求められた市・邑・面の長は，その申請に理由があると認めるときには，遅滞なく処分を変更し，その趣旨を法院と申請人に通知しなければならず，その申請に理由がないと認めるときには意見書を作成して，不服申請書類とともに法院に返送しなければならない（110 条）。

2　法院の裁判手続と抗告

　家庭法院は，不服申請事件について，非訟事件手続によって裁判をしなければならず，不服申請に理由がないと認めたときには却下決定をし，理由があると認めたときには市・邑・面の長に相当の処分を命じる決定をし，これを市・邑・面の長及び申請人に送達しなければならない（111条）。家庭法院の決定に対しては，法令に違反した裁判という理由がある場合のみ，非訟事件手続法により抗告することができる（112条）。

第 8 節　罰　則

Ⅰ　総　説

　家族関係登録法第 8 章で規定される罰則には，刑罰が課される場合と過怠料が課される場合の 2 種類がある。後者は，家族関係登録簿が個人の身分関係を正しく公示・公証するために要請される申告又は申請を強制するためのもので，戸籍制度の下でも認められていた罰則である。前者は，個人の身分情報を保護し，家族関係登録情報に対する保安と真正性を確保するために新たに規定された罰則である。

　戸籍の電算化が完了したことによって，個人の私生活保護の必要性が大きくなり，個人の身分情報を保護するために戸籍公開主義に制限を加えるなどの措置が取られた。家族関係登録法でも，個人の身分情報保護のために登録事項別証明書の交付や申告書類の閲覧に一定の制限を加えている。ところが，電算情報処理組織によって記録・管理される家族関係登録簿には，外部に知られてはならない特別養子縁組事実をはじめとする個人の身分関係事項が含まれている。たとえ，家族関係登録簿の記録それ自体が閲覧対象ではないとしても，家族関係登録事務を処理したり家族関係登録簿を管理する者が，これを不法に利用したり，秘密裏に他人にその内容を漏らす可能性もある。それだけでなく，迅速かつ効率的な行政事務を処理するために，家族関係登録に関する電算情報資料を利用又は活用しなければならない必要もあり，その過程で個人の身分情報が大量に流出する危険性もある。このような事態に対応するために刑罰の賦課という強力な制裁方案を採択したのである。

Ⅱ　刑罰の賦課

1　登録電算情報の利用

　家族関係登録簿を管理する者又は家族関係登録事務を処理する者は，家族関係登録法規に規定された事由ではない他の事由により，家族関係登録簿に記録

された登録事項に関する電算情報資料を利用し，又は他人に資料を提供してはならない（11条6項）。中央行政機関の長の審査を経て法院行政処長の承認を受けた者は，法院行政処電算情報中央管理所に保管管理されている登録電算情報を利用又は活用することができ，中央行政機関の長も法院行政処長と協議を経て登録電算情報を利用又は活用することができる（13条1項）。このように，登録電算情報を利用又は活用しようとする者は，本来の目的以外の用途で利用又は活用してはならない（13条2項）。このような義務に違反した者は，3年以下の懲役又は1千万ウォン以下の罰金に処される（117条1号・2号）。個人の身分情報が不当に利用されることを防ぎ，私生活侵害を防止するための制裁規定である。

2　証明書の交付及び申告書類の閲覧など

登録事項別証明書の交付を請求できる者は制限されている（14条1項・2項）。利害関係人は，市・邑・面の長に申告書やその他受理された書類の閲覧又はその書類に記載された事項に関する証明書を請求することができ，法院に保管されている申告書類についての閲覧を請求することができる。申告書類の閲覧及びその書類に記載された事項に関する証明書を請求できる利害関係人の資格と範囲に関しては，登録事項別証明書の交付請求における制限規定が準用されている（42条5項）。このような制限に反し，虚偽その他の不正な方法により他人の申告書類を閲覧し，若しくは申告書類に記載されている事項又は家族関係登録の記録事項に関する証明書の交付を受けた者は，3年以下の懲役又は1千万ウォン以下の罰金に処される（117条3号）。個人の身分情報を保護するための制裁規定である。

3　登録電算情報の保安

法に定める家族関係登録事務処理の権限に関する承認手続なく，電算情報処理組織に家族関係登録情報を入力・変更して情報処理をし，又は技術的手段を利用して家族関係登録情報を知りえた者は，3年以下の懲役又は1千万ウォン以下の罰金に処される（117条4号）。ハッキング（hacking）などによって家族関係登録電算情報が変更され，また外部に流出する可能性に備えた制裁規定で

ある。

4 虚偽の申告と保証

　家族関係登録簿に記録を要しない事項及び外国人に対する事項に関して虚偽の申告をした者又は登録の申告と関連する事項に関して虚偽の保証をした者は，1年以下の懲役又は300万ウォン以下の罰金に処される（118条）。家族関係登録記録の真正性を確保するための制裁規定である。

　以上の制裁は，行為者個人にだけ加えられるのではない。その違反行為がそれを使用し，代理又は代表させた本人や法人の業務と関連があるときには，その法人又は個人に対しても制裁が加えられる。すなわち，法人の代表者又は法人や個人の代理人・使用人その他の従業員が，その法人や個人の業務に関して，本来の目的以外の用途で登録電算資料を利用する場合など，家族関係登録法第117条と第118条の違反行為をしたときには，その行為者を罰する他に，その法人又は個人に対しても，当該条の罰金刑が課される（119条）

Ⅲ　過怠料処分

1　総　説

　過怠料処分とは，家族関係登録法が規定する罰則によって過怠料を賦課する手続をいう。家族関係登録簿が個人の身分関係を公示・公証する機能と使命を果たすためには，その記録内容が実体関係と符合・一致していなければならない。このために，家族関係登録法は，報告的申告・申請の場合には，申告・申請義務者と申告・申請期間を法定し，申告・申請義務者がその法定期間内に申告・申請をしないときには過怠料を賦課すると規定している（122条）。また，市・邑・面の長が報告的申告又は申請事件につきその義務者に申告又は申請を催告した場合に，正当な事由なくその期間内に申告又は申請をしないときにも過怠料を課し（121条），市・邑・面の長が監督法院の是正指示や報告命令に違反したときにも過怠料が課される（120条）。

　申告・申請義務者が申告・申請期間又は催告期間を守らず又は市・邑・面の長が職務を遂行しない場合に，過怠料の制裁を課することは，申告・申請の履

第1編　総　論

行の督励と家族関係登録事務処理の真正性と適正性を確保するためである。これを通じ，家族関係登録簿の身分公示・公証機能を図ろうとするのである。過怠料は，行政罰の一種である。

2　過怠料の類型

家族関係登録法は，過怠料を課さなければならない場合を3つに区分して規定している。

(1)　市・邑・面の長の職務懈怠

監督法院は，市・邑・面の長から申告書類などの送付を受けたときには，家族関係登録簿の記録事項と対照して調査しなければならないが（115条1項），調査の結果，その申告書類等に違法・不当な事実を発見した場合には，市・邑・面の長に対して，是正指示など必要な処分を命じることができる（同2項）。市・邑・面の長がこれによる命令に違反したときには，50万ウォン以下の過怠料に処される（120条1号）。同時に，監督法院は，市・邑・面の長に対して家族関係登録事務に関する各種報告を命ずるなど必要な措置を取ることができる（116条）。市・邑・面の長がこれによる監督法院の命令に違反したときにも50万ウォン以下の過怠料の制裁を受ける（120条2号）。法院の監督権を強化するために，命令に違反した者に対する過怠料賦課規定を新設したものである。旧戸籍法では，正当な理由なく申告又は申請を受理せず，又は受理した書類の閲覧を拒否した場合，又は証明書を交付しない場合を職務懈怠による過怠料賦課対象として規定されていたが（戸132条），これらの事項は不服手続によって是正することができるので，過怠料賦課対象から除外された。

これは，家族関係登録事務を受任した市・邑・面の長に対する制裁規定である。したがって，ここでいう市・邑・面の長には，区庁長は含まれるが職務代理者や登録事務担任者は含まれない。

(2)　催告懈怠

市・邑・面の長は，申告義務者又は申請義務者が報告的申告又は家族関係

登録簿訂正申請を怠っていることを知ったときには，相当の期間を定めてその期間内に申告又は訂正申請することを催告しなければならず，これに応じないときには，再び相当の期間を定めて催告することとなる（38条1項・2項・108条）。このような催告に対して，申告義務者又は申請義務者が正当な理由なく応じないときには，10万ウォン以下の過怠料の制裁を受けることになる（121条）。

これは，催告を受けてもこれに応じない申告又は申請義務者に対する制裁規定である。したがって，法定期間内に申告又は申請をせずに過怠料の制裁を受けた事実の有無に関係なく，催告による過怠料を賦課することができ，催告を繰り返したときには，それぞれの催告について制裁を加えることができる。すなわち，法定期間内に申告又は申請せず期間を定めて催告したが，催告期間後に申告又は申請をした時には2つの事件として処理することになる。

(3) **申告懈怠**

申告又は申請の義務のある者が，正当な事由なく期間内にしなければならない申告又は申請をしないときには，5万ウォン以下の過怠料が課される（122条）。ここでいう正当な事由の例としては，一時外国に滞留しており，現在地と申告場所が遠く離れていた場合などをあげることができる。

未成年者又は禁治産者も報告的申告ができる。しかし，申告しなければならない者が未成年者や禁治産者であるときには，申告義務者は親権者又は後見人であるから（26条1項），申告懈怠による過怠料の制裁は，申告義務者である親権者又は後見人が受ける（例規第264号）。

婚姻外の出生子の出生申告義務者は，母である（46条2項）。したがって，父が認知の効力がある婚姻外の出生子の出生申告をした場合（57条）に，申告期間が経過したときには，母が申告義務者としてその義務を怠ったことに対する責任を負い，父には責任はない（例規第265号）。

申告期間の起算点は，申告事件発生日である（37条）。しかし，申告書不備で返却されたものを訂正して再び提出したときには，最初の受付日付で受理するのではなく，再提出して申告書を受付した日付で受理されるため，こ

第1編　総　論

のときが申告期間を過ぎた場合であれば，その責任を免れることができない（例規第266号）。反面，申告書を法定期日前に郵送したが，法定申告期間が過ぎた後に市（区）・邑・面に受付された時には，郵便提出のゴム印を押し，期間経過という取扱いをしない。但し，処理は，受付日付で行わなければならず，郵便提出であることを明確にするために封筒を添付しなければならない（例規第268号）。

認定死亡の場合には，その事実を調査する官公署が，遅滞なく死亡地の市・邑・面の長に通報しなければならないが，その通報を怠った場合にも制裁の規定はない（例規第267号）。

3　過怠料処分手続

(1)　職務懈怠の場合

職務懈怠による過怠料裁判は，過怠料を賦課する市・邑・面の長の事務所所在地を管轄する家庭法院が「非訟事件手続法」によって行う（123条）。

監督法院の長は，市（区）・邑・面の長に関して家族関係登録法第120条第1項の事由が発生したときには，過怠料事由通知書及び監査報告書又は本人の陳述書など証拠資料を遅滞なく管轄法院に送付しなければならない。また，監督法院は，「過怠料事由通知及び結果簿」を備え置き，過怠料事由通知と過怠料担当法官の通知による裁判結果を記載しなければならない（例規第269号2条）。違反行為が2個以上発見された時には，1枚の過怠料事由通知書にこれらをすべて記載するが，各違反項目別に分類して表示しなければならない（同3条）。

上記通知を受けた管轄法院の法院事務官等は，遅滞なく事件記録を作り過怠料担当法官に回付しなければならない（同4条）。このとき違反行為が2個以上の場合，各違反行為ごとに事件番号を付与しなければならない（同5条）。

過怠料担当法官は，裁判が終結したときには，裁判書謄本を添付してその結果を監督法院の長に通知しなければならない（同6条）。裁判結果の通知を受けた監督法院の長は，該当市（区）・邑・面の長の直近上級機関の長に対し，裁判の謄本を添付して過怠料に処する事実を通知しなければならない（同7条）。同時に，市（区）・邑・面の長についての過怠料裁判が確定した場

合,監督法院の長は,該当裁判の資料となった書類の写しを添付して監督法院が取った措置などを遅滞なく大法院長に報告しなければならない(同8条)。

職務懈怠による過怠料裁判に対し,当事者と検事は即時抗告をすることができ,この抗告には執行停止の効力がある(非訟277条3項・4項)。

(2) 申告・催告懈怠の場合

申告・催告懈怠による過怠料は,申告又は申請を受理し又はこれを催告する市・邑・面の長(洞長が所属市長を代行して出生・死亡申告書を受理して洞が属する市の長に送付する場合には,出生死亡の申告を受ける洞の市長・区庁長)[46]が賦課・徴収する(124条1項,規則50条1項)。市・邑・面の長が過怠料を賦課するときには,違反行為を調査確認しなければならず,過怠料処分対象者に口述又は書面による意見陳述の機会を与えなければならない(規則50条2項)。

過怠料を賦課する場合には,違反事実と過怠料金額[47]を明示した過怠料納付通知書を過怠料処分対象者に送付しなければならない。しかし,申告書提出と同時に自ら進んで過怠料を納付した場合にはその限りではない(同3項)。

過怠料処分に不服がある者は,30日以内に当該市・邑・面の長に過怠料処分異議書を提出しなければならず,これを受付した市・邑・面の長は,異議に理由がないと認められる場合には,遅滞なく過怠料処分を受けた者の住所又は居所を管轄する家庭法院にその事実を通報しなければならない(124条2項・3項前段,規則50条7項)。過怠料処分に対する異議通報書を受けた家庭法院は,非訟事件として受付し,非訟事件手続法による過怠料裁判を行う(124条3項後段)。過怠料処分に対して期間内に異議を提起せずに過怠料を納付しないときには,地方税滞納処分の例によって徴収する(同4項)。

---

46 しかし,出生・死亡申告を洞長が受けた場合には,洞長が所属市長・区庁長を代行して過怠料を賦課・徴収する(規則50条4項)。
47 市・邑・面の長は,過怠料賦課基準に従い,過怠料の金額を定めなければならない(規則50条5項)。このとき,市・邑・面の長は,過怠料処分対象者の違反行為の動機と結果を斟酌し,賦課基準の過怠料の2分の1に該当する金額を軽減することができる。但し,この場合には,過怠料処分対象者が作成した違反行為に対する事由書を添付しなければならない(同6項)。

第 1 編　総　論

4　過怠料の帰属

　申告又は申請懈怠の場合は，申告又は申請を受理し又はこれを催告する市・邑・面の長が賦課し納付された過怠料は，家族関係登録事務を処理する当該地方自治団体に帰属する。したがって，邑・面は地方自治団体ではないので，過怠料収入は邑・面が属する地方自治団体に帰属する。反面，職務懈怠や市・邑・面の長の過怠料処分に対する異議の場合に，家庭法院が過怠料裁判を通して賦課するときの過怠料収入は国庫に帰属する（6条2号・3号）。

第2編

各　　論

第1章 出　生

I　出生申告

1　意義と性質

　人は，生存する間，権利と義務の主体となるため（民3条），出生は，人が権利の主体になりうる始期となり，すべての身分関係発生の基礎となる。したがって，出生申告は，権利の主体となる始期を登録するものであり，親子関係を登録・公証する意味を有する。また，出生申告によって家族関係登録簿を創設することになり，家族関係登録簿は韓国国籍を有する者だけがもつことができるため，国籍を証明するものでもある。

　出生申告は，出生という事実を申告し，公示・公証するための報告的申告である。父が婚姻外の子について出生申告をしたときには，その申告に認知の効力が認められるため（57条），この場合は創設的申告としての性質も有する。

2　親生子（実子）

(1)　婚姻中の出生子

　婚姻成立の日から 200 日後又は婚姻関係終了の日から 300 日内に出生した子は，夫の嫡出子と推定される（民844条）。判例は，韓国の旧慣習によれば，婚姻申告をしないまま内縁関係で同居生活中に妻が懐胎した子の出生日付がその父母の婚姻申告日の後にあり，その間の期間が 200 日にならないとしても，このような子は出生と同時に当然にその父母の嫡出子としての身分を取得すると解している（大法 1963 年 6 月 13 日言渡 63 タ 228）。現行法をこのように拡張解釈する場合には，婚姻申告前に同居又は事実婚関係にあった夫婦の婚姻成立の日から 200 日以内に出生した子についても，婚姻中の出生子として申告しなければならないだろう。反対に，嫡出推定が及ぶ期間内に出生した子であったとしても，その期間内に夫婦が別居し妻が夫の子を懐胎する可能性が全くない状況で子を出産した場合のように夫の嫡出子ではないという

事実が客観的に明白な場合には嫡出推定が及ばない（大法1983年7月12日言渡82ム59）。したがって，このような場合には，嫡出否認の訴えではなく親子関係不存在確認の訴えを提起できる。裁判が確定すれば，訴えを提起した者は，判決確定日から1か月以内に，判決の謄本とその確定証明書を添付して婚姻外の子として出生申告をし，又は認知申告をして家族関係登録簿を訂正できる（107条）。

嫡出推定を受ける婚姻中の子は，嫡出否認の訴えによってその推定の効力が排除されない限り，これを否認しようとする場合にも出生申告をしなければならない（47条）。これは，嫡出否認の訴えが提起された場合にも，父又は母に出生申告の義務があることを規定したものであるから，出生申告によって嫡出子であることを承認することになるのではない。したがって，婚姻中の女子が夫と異なる男子との間で出生した子は，親子関係に関する裁判を経ずに，夫以外の男子の子として出生申告をすることができない（例規第91号）。また，重婚は，取消原因であるが（民810条・816条1号），その取消の効力は過去に遡及しないので（民824条），重婚として取り消すことができる婚姻当事者の間で出生した子は，婚姻中の子として出生申告をしなければならない（例規第93号）。

2005年民法改正により，女子が再婚する場合，婚姻関係終了後一定の期間（再婚禁止期間）の経過を待たなくてもよくなった。したがって，女子が婚姻関係終了の日から100日内に再婚し，再婚成立の日から200日後，前婚関係終了の日から300日内に子が出生した場合には，父の推定が競合する。父の推定が競合する場合には，当事者の請求によって家庭法院が父を定める（民845条）。家庭法院の決定がある前にも，母は父未定の出生申告をしなければならない（48条1項）[1]。

婚姻外の出生子は，その父母が婚姻したときには，そのときから婚姻中の子の身分をもつことになる（民855条2項）。いわゆる準正による婚姻中の子

---

[1] 父未定の出生申告を受付けたときには，父が確定するまで家族関係登録簿に記録することができない申告とみなし，これを特種申告書類編綴帳に編綴しておいてから，父を定める判決の確定後，追完申告によって父又は母の姓と本に従って家族関係登録簿を作成することになる（例規第90号）。

である。したがって，父が婚姻前の出生子を，婚姻後に婚姻中の出生子として出生申告をしたときには，認知申告の効力（57条）と父母の婚姻による婚姻中の子の身分取得の効力が同時に存在するので，これを受理し（例規第88号），市（区）・邑・面の長は，子の家族関係登録簿の一般登録事項欄に，職権で婚姻中の子の身分取得事由を記録しなければならない（規則55条2項，例規第120号）。

　出生申告義務者の出生申告がある場合，出生申告書に記載された内容に従って出生子の家族関係登録簿を作成する（規則55条1項前段）。すなわち，出生子の家族関係登録簿の登録基準地は，出生申告書に記載された登録基準地を記録し，家族関係登録簿の出生子本人に関する特定登録事項欄の姓名欄，出生年月日欄，住民登録番号欄，性別欄，本欄には，出生子の該当事項を記録する。また，父母に関する特定登録事項欄には父母の特定登録事項をそれぞれ記録し，父母の家族関係登録簿の子に関する特定登録事項欄には子の特定登録事項を記録し（同後段），父母と子の家族関係登録簿家族関係証明書にそれぞれ相互に顕出されるようにしなければならない。父母の一方が外国人の場合などで，家族関係登録簿が作成されない場合には，申告書に記載されたとおり，子の家族関係登録簿にだけ父（又は母）に関する特定登録事項欄に父（又は母）の特定登録事項を記録する。父母が婚姻申告時，子の姓と本につき母の姓と本に従うと協議したときには，出生申告時，父母が婚姻申告当時の子の姓と本を母の姓と本に従うと協議した旨も記録する。

(2) **婚姻外の出生子**

　婚姻外の出生子は，その生父や生母が認知でき（民855条1項），認知によって親子関係が発生する。多数説と判例（大法1967年10月4日言渡67タ1791）によれば，母子関係は，棄児のような特殊な場合を除いては，妊娠と分娩という事実によって確定されるので認知を必要としない。したがって，生父が認知する前であっても，婚姻外の出生子は母が出生申告をしなければ

ならないのである（46条2項）[2]。婚姻外の子について母が出生申告をする場合には，子は母の姓と本に従い家族関係登録簿を作成する。但し，父の姓と本を知っている場合には，父の姓と本に従うことはできるが，父と認められる者の家族関係登録簿には何ら記録を行わない。母の家族関係登録簿の子に関する特定登録事項欄に子の特定登録事項を記録し，子の家族関係登録簿の母に関する特定登録事項欄に母の特定登録事項を記録する。

生父が認知申告に代えて婚姻外の出生子についての出生申告をするときには，母の婚姻関係証明書を提出させなければならない。但し，市（区）・邑・面・洞・在外公館の長が電算情報処理組織によってその内容を確認できる場合には，その限りではない（例規第89号）。この出生申告は，生父だけが行うことができ，出生申告をすれば父と母の各家族関係登録簿の子に関する特定登録事項欄に子の特定登録事項を記録し，子の家族関係登録簿の父母に関する特定登録事項欄に父母の特定登録事項をそれぞれ記録し，各々の家族関係証明書に相互に顕出されるようにしなければならない。

3　申告義務者

(1)　婚姻中の出生子

婚姻中の出生子の出生申告は，父又は母が行わなければならない（46条1項）。父又は母が出生申告をすることができない場合には，①同居する親族，②分娩に関与した医師，助産師又はその他の者がこの順位に従って出生申告をしなければならない（同3項）。同居する親族とは出生当時に出生子と同居する親族をいい，同居とは日常生活関係において家族的な状態にあることをいい，単に一時的に同一家屋内で居住するにすぎない者は，同居者とはいえない（例規第96号）。分娩に関与した医師，助産師とは，医師や助産師の資格をもつ者として，分娩に関与した者をいう。その他の者とは，医師や助産師ではない者で，分娩に関与した人をいい，家族であるか否かを問わない。後順位申告義務者が出生申告をする場合には，先順位者が申告できない事由

---

[2] 母が家族関係登録簿に登録されているか否かが明らかでなく，又は登録されていない場合には，母に配偶者がいないことを証明する公証書面又は2名以上の隣友人の保証書を提出させなければならない（例規第98号）。

を申告書に記載しなければならない（例規第95号）。

(2) 婚姻外の出生子

婚姻外の出生子の出生申告は，母がしなければならず，母が出生申告をすることができないときには，①同居する親族，②分娩に関与した医師，助産師又はその他の者がこの順位に従って出生申告をしなければならない（46条2項・3項）。

4　期間と場所

(1) 申告期間

出生申告は，出生した日から1か月以内にしなければならない（44条1項）。この期間内に申告をしなければ，過怠料の制裁を受ける。過怠料は，出生申告を受理する市・邑・面の長が賦課するが（規則50条1項），出生申告を受けた洞長も，所属市長・区庁長を代行して過怠料を賦課・徴収する（同4項）。

市（区）・邑・面の長が出生申告を怠った者を知ったときには，申告義務者（父，母）に催告をしなければならない。申告義務者が催告期間内に申告をせず又は催告できない場合には，市（区）・邑・面の長は，監督法院の許可を受けて職権で出生記録をしなければならない。

(2) 申告場所

一般的な出生申告は，事件本人の登録基準地又は申告人の住所地や現在地で行うことができ（20条1項），出生地でも行うことができる（45条1項）。

5　申告書の作成方法と添付書類

(1) 出生申告書の作成

ア　記載事項

出生申告書には，①子の姓名・本・性別及び登録基準地，②子の婚姻中又は婚姻外の出生子の区別，③出生の年月日時及び場所，④父母の姓名・本・登録基準地及び住民登録番号（父又は母が外国人であるときには，その姓

第2編　各論

【出生申告書記載例】

<table>
<tr><td colspan="8">出　生　申　告　書
（　　年　　月　　日）</td><td colspan="2">※裏面の作成方法を読んで記載し、選択項目は該当番号に"○"をして下さい。</td></tr>
<tr><td rowspan="4">①
出
生
子</td><td rowspan="2">姓名</td><td>ハングル</td><td colspan="2">김지영</td><td>本
（漢字）</td><td colspan="2">金海</td><td rowspan="2">性別</td><td>①男
②女</td><td>①婚姻中の出生子
②婚姻外の出生子</td></tr>
<tr><td>漢字</td><td colspan="2">金知永</td><td colspan="3">　</td><td colspan="2">　</td></tr>
<tr><td colspan="2">出生日時</td><td colspan="8">2010年　10月　27日　4時　　分（韓国時間：24時間制）</td></tr>
<tr><td colspan="2">出生場所</td><td colspan="8">①自宅 ②病院 ③その他　ソウル市（道）城北区（郡）安岩洞（邑、面）1番地の</td></tr>
<tr><td colspan="2" rowspan="3">　</td><td colspan="2">父母が定めた登録基準地</td><td colspan="6">ソウル市陽川区新亭洞1番地</td></tr>
<tr><td colspan="2">住所</td><td colspan="4">ソウル市陽川区新亭洞1番地</td><td colspan="2">世帯主及び関係</td><td>김갑돌の娘</td></tr>
<tr><td colspan="2">子が二重国籍者の場合、その事実及び取得した外国国籍</td><td colspan="6">　</td></tr>
<tr><td rowspan="4">②
父
母</td><td>父</td><td>姓名</td><td colspan="2">김갑돌（漢字：金甲乭）</td><td>本（漢字）</td><td colspan="2">金海</td><td>住民登録番号</td><td colspan="2">781027-1111111</td></tr>
<tr><td>母</td><td>姓名</td><td colspan="2">홍길순（漢字：洪吉順）</td><td>本（漢字）</td><td colspan="2">南陽</td><td>住民登録番号</td><td colspan="2">820216-2222222</td></tr>
<tr><td colspan="2">父の登録基準地</td><td colspan="8">ソウル市中区新堂洞1番地</td></tr>
<tr><td colspan="2">母の登録基準地</td><td colspan="8">ソウル市西大門区渼芹洞1番地</td></tr>
<tr><td colspan="9">婚姻申告時の子の姓・本を母の姓・本にする協議書を提出しましたか？　　はい□　いいえ☑</td><td>　</td></tr>
<tr><td colspan="10">③その他の事項</td></tr>
<tr><td rowspan="4">④
申
告
人</td><td colspan="2">姓名</td><td colspan="3">홍길순　　　　　㊞（署名又は拇印）</td><td colspan="2">住民登録番号</td><td colspan="2">820216-2222222</td></tr>
<tr><td colspan="2">資格</td><td colspan="7">①父　②母　③同居親族　④その他　（の資格：　　　　　　　）</td></tr>
<tr><td colspan="2">住所</td><td colspan="7">ソウル市陽川区新亭洞1番地</td></tr>
<tr><td colspan="2">電話</td><td colspan="3">02-2692-0000</td><td colspan="2">電子メール</td><td colspan="2">pink@naver.com</td></tr>
</table>

※　次は、国家の人口政策樹立に必要な資料で、「統計法」第32条及び第33条により誠実回答義務があり、個人情報が徹底的に保護されますので、事実のままにご記入ください。

<table>
<tr><td colspan="5">出生子に関する事項</td></tr>
<tr><td>⑤妊娠週数</td><td colspan="2">妊娠 28 週　　□日</td><td>⑥新生児体重</td><td>3 . 00 kg</td></tr>
<tr><td rowspan="2">⑦多胎児であるか否か及び出生順位</td><td colspan="4">①単胎児　②双胎児（双子）　→双子のうち　①一番目　②二番目</td></tr>
<tr><td colspan="4">③三胎児（三つ子）以上　→□つ子のうち　□番目</td></tr>
<tr><td>　</td><td colspan="2">出生子の父に関する事項</td><td colspan="2">出生子の母に関する事項</td></tr>
<tr><td>⑧実際の生年月日</td><td colspan="2">㊛／陰暦 1978年 10月 27日</td><td colspan="2">㊛／陰暦 1982年 2月 16日</td></tr>
<tr><td>⑨最終卒業学校</td><td colspan="2">①無学　②初等学校　③中学校
④高等学校　⑤大学（校）　⑥大学院以上</td><td colspan="2">①無学　②初等学校　③中学校
④高等学校　⑤大学（校）　⑥大学院以上</td></tr>
<tr><td>⑩職　業</td><td colspan="2">大学院生
＊主な仕事の種類と内容を記入します。</td><td colspan="2">大学院生
＊主な仕事の種類と内容を記入します。</td></tr>
<tr><td>⑪実際に結婚生活を始めた日</td><td colspan="4">2008年　12月　25日　から</td></tr>
<tr><td>⑫母の総出産児数</td><td colspan="4">この子供まで全 01 名 出産　 01 名 生存、　　名 死亡</td></tr>
</table>

※　下記事項は申告人が記載しないでください。

<table>
<tr><td rowspan="4">邑
面
洞
受
付</td><td>世帯別住民
登録票整理</td><td>月 日(印)</td><td rowspan="4">家族関
係登録
官署
受付</td><td>家族関係
登録官署
送付</td><td>月 日(印)</td><td>家族関係
登録簿
整　理
(電算入力必)</td><td>月 日(印)</td></tr>
<tr><td>個人別住民
登録票作成
(電算入力必)</td><td>月 日(印)</td><td rowspan="2">　</td><td rowspan="2">　</td><td>家族関係
登録簿の
住民登録
番号記録
(電算入力必)</td><td>月 日(印)</td></tr>
<tr><td>台　　帳
整　　理</td><td>月 日(印)</td><td>住民登録
地 通報</td><td>月 日(印)</td></tr>
<tr><td>住 民 登 録
番　　号</td><td>　</td><td>　</td><td>　</td><td>人口動態
申告書送付</td><td>月 日(印)</td></tr>
</table>

名・出生年月日及び国籍），⑤婚姻申告時，子の姓と本について母の姓と本に従うこととした協議がある場合にはその事実，⑥子が出生によって二重国籍をもつ場合には，その事実及び取得する外国国籍を記載しなければならない（44条2項）。出生申告書様式は，大法院例規で定められている（規則29条，例規第263号様式第1号）

イ　記載文字

出生申告書の記載は，ハングルとアラビア数字で行う。但し，出生子の姓名は，漢字で表記できない場合を除いては漢字を併記し，本は漢字で表記できない場合を除いては漢字で記載しなければならない（規則30条1項）。名前には，ハングル又は通常使用される漢字を使用しなければならない。通常使用される漢字の範囲は，大法院規則で定める（44条3項，規則37条）。人名用漢字の使用は，特定登録事項欄に記録される人名に適用され，一般登録事項欄の人名はハングルで記録するのが原則である。出生子の名前に人名用漢字の範囲に属しない漢字が含まれる場合には，家族関係登録簿に出生子の名前をハングルで記録する。

(2)　出生申告書の記載方法
ア　出生子の登録基準地

出生子の登録基準地は申告義務者が定める。すなわち，婚姻中の子を父又は母が出生申告し，又は婚姻外の子を父が出生申告する場合及び婚姻外の出生子を母が出生申告する場合，自由に出生子の登録基準地を定めて申告でき，その後もこれを変更できる（10条）。

イ　出生子の姓と本
① 婚姻中の出生子

婚姻中の出生子は父の姓と本に従う（民781条1項本文）。但し，婚姻申告時に母の姓と本に従うこととする協議書を提出した場合には，母の姓と本に従う（同但書）。婚姻申告時に協議しなかった夫婦が，離婚後同一の当事者同士が再び婚姻する場合にも，これに関する協議が

でき（例規第101号3条2項），外国の方式に従い婚姻が有効に成立した後，その外国で作成した婚姻証書の謄本を提出して韓国で婚姻申告をする場合にも協議をすることができる（同7条1項）。婚姻申告時に母の姓と本に従うこととする協議は，その協議以後，協議当事者の間で生まれるすべての子に対して効力がある（同3条2項）。

　婚姻申告時に母の姓と本に従うこととする協議があった場合には，協議書を作成し，市（区）・邑・面の長に提出しなければならない。協議書は，婚姻申告時に提出すべきであり，婚姻申告以後は協議書を提出できない。協議書を提出した場合，婚姻申告の受理以後は，婚姻当事者らの合意でその協議内容を撤回できない。婚姻の当事者が婚姻申告時に彼らの間の複数の子の姓と本に対して各子ごとに従う姓と本を異なる協議（例：第一子は母の姓と本，第二子は父の姓と本とする協議した場合など）を行って，その旨の協議書を提出する場合には，その協議書を返還しなければならず，当事者をして父又は母のどちらか一つの姓と本に従うように統一させて提出させ，その補完した協議書により受付・処理をしなければならない。提出された協議書は，婚姻申告書と別途に受付して家族関係登録文書件名簿に記録し，同時に特種申告書類等受付帳に記録するが，婚姻申告書に仮綴して保存する（同5条）。

　婚姻申告時に母の姓と本に従うこととする協議書が提出された場合，父又は母がその子の出生申告をするときには，出生申告書にその事実を記載しなければならず，出生申告書を受付した家族関係登録公務員は，電算情報処理組織上の特種申告書類等受付帳を検索して，協議当事者及び協議内容と受付した出生申告書に記載された内容を綿密に対照・確認しなければならない。子の姓と本に関する協議書を提出せずに婚姻申告をした当事者が，出生申告時に初めて母の姓と本に従うこととする協議書を作成して提出した場合，これは有効な協議と解することができないため，このような協議書及び協議書の趣旨に従った出生申告を受理してはならない（同5条）。

② 婚姻外の出生子

　婚姻外の出生子も，父の姓と本を知りうるときには，父の姓と本に従うことができるが（規則56条），父を知りえないときには，母の姓と本に従う。婚姻外の出生子が認知を受けた場合には，父の姓と本に従う。但し，認知申告時に父母の協議によって従前の姓と本を継続使用することとする協議書を提出した場合には，従前の姓と本をそのまま使用でき（民781条5項本文），この場合，子の家族関係登録簿には従前の姓と本を維持する旨を記録しなければならない。父母が協議できず，また協議が成り立たない場合には，子は，法院の許可を受けて従前の姓と本を継続使用できる（同但書）。この場合，市（区）・邑・面の長は，子の家族関係登録簿の子の姓と本を認知申告の効力によって一旦父の姓と本に変更・記録し，その後，従前の姓と本の継続使用許可審判書謄本及び確定証明書を添付して姓・本の継続使用申告がある場合に，父の姓と本として記録した子の姓と本を再び従前の姓と本に変更・記録する（例規第101号8条）。外国の方式による認知が許容され，その国で韓国人の父が婚姻外の子を認知して外国で認知が成立された後，その外国で作成した認知証書の謄本を提出して韓国で認知申告をする場合も同様に処理される（同9条）。

③ 父が外国人の場合

　婚姻中の出生子の父が外国人で母が大韓民国国民の場合，その子は母の姓と本に従うことができる（民781条2項）。これにより，出生申告当時に申告義務者が適法な手続によって出生子の姓と本を母の姓と本と決定し申告すれば，それ以後は，その子が特別養子として養子縁組し，又は姓と本の変更手続によらない限り，これを変更できない。外国人父が帰化などの原因で大韓民国国籍を取得しても，又はその後に姓・本を創設してもそれによって影響を受けない。但し，この場合に，子の姓を決定することは，父又は母が親権者の立場で親権を行使する行為であり，親権は民法によって行使しなければならないことであるため，もし父母のうち一方が他方の意思に反してその子の姓を決定して出生申告をしたとすれば，管轄家庭法院の許可を受けてこれを

第2編　各　論

訂正できる。母の姓・本に従う決定の効力は，母の姓・本に従い出生申告した当該子にだけ及ぶ（例規第101号11条2項ないし4項）。

婚姻外の出生子の父が外国人で母が大韓民国国民の場合，その子は，母の姓と本に従う（同1項）[3]。外国人である父が韓国人である婚姻外の子を認知した場合に，その子の姓と本に関しては，上記②婚姻外の出生子が認知を受けた場合と同様に取り扱われる（同12条）。

④　父母を知りえない場合

父を知りえない子は，母の姓と本に従う（民781条3項）。ここでいう父を知りえない子とは，母が父と認める者を知りえない者をいうため，婚姻外の子でも父の姓と本を知りうる場合には父の姓と本に従って家族関係登録をすることができるが，その子が認知を受ける前には子の家族関係登録簿の父欄に父の姓名を記録することができない（規則56条，例規第102号）。父母を知りえない子は，法院の許可を得て姓と本を創設する。姓と本を創設した後，父又は母を知ることになったときには，父又は母の姓と本に従うことができる（民781条4項）。

⑤　特別養子縁組の場合

特別養子縁組は夫婦共同縁組が原則であり，特別養子は夫婦の婚姻中の子としての地位を有することになるため，婚姻中の出生子の場合と同一の方法で特別養子の姓と本が定められる。すなわち，特別養子は，養父の姓と本に従うが，特別養子縁組をした夫婦が婚姻申告時に子の姓と本を母の姓と本に従うものと協議した後，特別養子縁組をする場合，特別養子は母の姓と本に従う。したがって，特別養子縁組を申告する者は，養父母の婚姻申告時にその子の姓と本を母の姓と本に従うと協議したか否かに関し，申告書に記載しなければならない（例規第101号6条）。

⑥　姓と本の変更

子の福利のために子の姓と本を変更する必要があるときには，父，

3　韓国人である母の婚姻外の子は韓国人であるから，その母が父と認める者が外国人の場合，その父が認知する前には外国人の姓に従わせて家族関係登録簿に記録させることはできず，母の姓と本に従って記録しなければならない（例規第106号）。

母又は子の請求により法院の許可を受けてこれを変更できる。但し，子が未成年者であり，法定代理人が請求できない場合には，民法第777条により親族又は検事が請求することができる（民781条6項）。子の姓と本を変更する場合には，子の姓と本を変更する内容の家庭法院の姓・本変更許可審判書を添付して姓・本変更申告をしなければならない。この場合，裁判を請求した当事者は，申告書に変更前の姓と本，変更する姓と本などを記載して，裁判確定日から1か月以内に姓・本変更申告をしなければならず，これを受理した家族関係登録公務員は，子の姓と本を審判書の趣旨どおりに変更・記録しなければならない（例規第101号15条）。

ウ 出生子の名前

　子の名前は，ハングル又は通常使用される漢字で記載しなければならない。規則第37条第1項と第2項が定める人名用漢字の範囲に属しない漢字が記載された出生申告書は，これを受理してはならないが，在外公館や洞事務所が人名用漢字の範囲を超える漢字（名前の字のうち1字だけがここに該当する場合も含まれる。）を名前に使用した出生申告書を錯誤で受理して登録基準地（洞事務所の場合には所属市・区）に送付した場合，家族関係登録官署は申告人に対し人名用漢字を使用するよう追完を催告（勧告）して，これに従わないときには家族関係登録簿に出生子の名前をハングルで記録しなければならない（規則37条3項）。家族関係登録公務員は人名用漢字の範囲を超える漢字を名前に使用した出生申告書が錯誤により受理され，そのまま家族関係登録簿に記録されたことを発見したときには，簡易職権訂正手続により職権でその名前をハングルに訂正する（規則60条2項5号，例規第54号，第111号）。職権で名前をハングルに訂正した場合には，その旨を遅滞なく申告人又は申告事件の本人に知らせなければならない（例規第109号3）。

　出生子について父と母の家族関係証明書に現れる者と同一の名前を記載した出生申告は，名前を特定するのが困難であるため，これを受理してはならない。この場合，在外公館又は洞事務所で受理されて登録基準地に送

付された場合にも，家族関係登録簿を作成してはならない（同2）。また，名前は，その人を特定する公的呼称として他人との関係でも相当な利害関係を有することになるので，難解であるとか使用するのに顕著に不便を引き起こすものは使用することができないため，名前の字が5字（姓は含まれない。）を超過する文字を記載した出生申告はこれを受理しない。但し，外国人父と韓国人母の間に出生した婚姻中の子について，父の姓に従い外国式の名前で父の国の身分登録簿に記載された外国式の名前を記載して出生申告をする場合及び既に家族関係登録簿に記録されている名前や外国人が帰化，国籍取得又は国籍回復で家族関係登録申告をするにおいて外国で従前に使用していた名前をそのまま使用しようとする場合には，その限りではない（同4）。

　出生申告において出生子の姓名のうち名前を「未定」で申告された場合も，これを受理して処理し，各記録に対する措置は追完申告義務者の追完申告によって処理しなければならない（例規第110号）。しかし，名前にハングルと漢字（人名用漢字の制限範囲内のもの）を混合して使用した出生申告は，これを受理してはならない（例規第109号5）。

エ　出生日時

　出生日時欄には，出生年月日時を事実と一致するよう記載しなければならない。出生申告書に年月日を「未詳」と記載した申告書は受理できない。出生年月日と時刻を申告書に記載し，家族関係登録簿に記録するときには，1日24時刻制を基準に，午前12時は12時，午後10時は22時，午後12時は翌日0時と記載及び記録しなければならない。外国で出生した者の出生時刻は，現地時刻を韓国時刻に換算して記載し，家族関係登録簿登録事項欄に現地時刻も記載しなければならない（例規第113号1）。

　多胎児の出生については，それぞれこれを申告しなければならず，これを家族関係登録簿特定登録事項欄に記録するときには，出生年月日以外に時分まで明確に記録しなければならない（例規第114号）。

オ 出生場所

　出生子が事実上出生した場所を住所地記載方式によって記載する。したがって，自宅で出生した時には自宅の住所を記載し，病院等その他の施設で出生したときにはその施設の住所を記載し，航海中である船舶内で出生したときには"○○港から○○港へ航海中○○号船舶内"で，汽車・自動車・航空機など交通機関内で出生したときには"○○発○○行汽車（自動車・航空機）中○○地点"と記載する。出生場所の住所は，最小行政区域の名称（市・区の洞，邑・面の里）まで記載すればよく，地番の記載がないという理由で出生申告を不受理とすることはできない（例規第113号2）。病院で出生した子の出生申告をするときには，その申告書のうち出生場所欄には実際に出生した場所の住所を記載すればよく，病院名まで記載する必要はないが，病院の名称を記載してもかまわない。

カ 父母欄

　父母欄には出生子の父と母の姓名・本を記載し，前婚解消後100日以内に再婚した女子が再婚成立後200日以後，直前の婚姻の終了後300日以内に出産して母が出生申告をする場合には，父の姓名欄に「父未定」と記載する。登録基準地欄には，父や母が外国人であるときには，その父や母の出生申告当時の国籍を記載し，父と母の姓名は父母の家族関係登録簿に記録されたとおりハングル又は漢字で記載し，本は漢字で記載する。母が婚姻外の出生子を出生申告する場合には父の姓名を記載しない。

キ その他事項欄

　その他事項欄には，所定の記載事項が設定されていない事項を記載し，主に次のような事項を記載する。

① 先順位申告義務者が出生申告をすることができないときには，その事由
② 外国で出生した子が大韓民国国民であるときには，その現地出生時刻（サマータイムの実施期間中に出生したときには，その出生時刻の横に"（サマータイム適用）"と表示）

第2編　各　論

　　③　外国人である父の姓に従い外国式の名前で外国人である父の家に登載されいるが，韓国式の名前で出生申告をするときには外国で申告された姓名
　　④　民法第781条第1項但書によって婚姻申告時の母の姓・本に従うものと協議した場合，その旨
　　⑤　その他の家族関係登録簿に記録しなければならない事項を明らかにするために特に必要な事項

　　ク　申告人欄
　　出生申告人の姓名と住所，住民登録番号及び電話番号，申告人資格を記載する。申告人資格欄には，父，母，同居親族，分娩に関与した医師など出生申告人としての資格を記載する。

(3)　**添付書類**
　　ア　出生証明書
　　出生申告書には医師・助産師やその他分娩に関与した者が作成した出生証明書を添付しなければならない。但し，やむをえない事由がある場合には，その限りではない（44条4項）。出生証明書には，①子の姓名（但し，名付けられていない時にはその旨）及び性別，②出生の年月日及び場所，③子が多胎児の場合には，その旨，出生の順位及び出生時刻，④母の姓名及び出生年月日，⑤作成年月日，⑥作成者の姓名，職業及び住所を記載しなければならない（規則38条）。
　　しかし，医師や助産師が作成した出生証明書は，「医療法施行規則」第14条が規定する書式以外に保健福祉家族部が定める様式によって作成しなければならず，この場合には，規則第38条に定める記載事項の一部が記載されいないときにも出生申告を受理しなければならない。医師や助産師ではない者として分娩に関与した者が作成した出生証明書又は申告事件本人が病院など医療機関で出生せず，又は出生当時分娩に関与した者もいないときには，その事実を知る者が作成した出生証明書を申告書に添付しなければならない。出生事実を知る者が作成した出生証明書には，証明人

の身分を証明する書面（例，印鑑証明書，住民登録証の写し，運転免許証の写し，旅券の写し，公務員証の写しのうち1部）を添付しなければならない。

出生証明書を医師や助産師が作成した場合には，その写しを出生申告書に添付してもよい。但し，写しが添付された出生申告書を受付した市（区）・邑・面の長（洞長を含む。）は，申告人をしてその出生証明書原本を提示させて，その内容が符合しているか否かを対照及び確認した後，誤りがない場合には，出生証明書の写しの適当な余白に認証文を記載し，その職名と姓名を記載した後，職印を押印しなければならない（例規第97号）。

イ　その他の書類

子の出生当時に大韓民国国民である父又は母が家族関係登録簿に登録されておらず，又は登録されているか否かが明らかでない者の場合，大韓民国官公署が発行する公文書（例：旅券，住民登録謄本，その他の証明書など）によって父又は母についての姓名，出生年月日などの人的事項を疎明し，父母が婚姻関係にあればその事実を証明する書類（婚姻証書）を添付して出生子についての出生申告をすれば，その子に対する家族関係登録簿を作成しなければならない（例規第94号）。

父が婚姻外の子についての出生申告をするときには，実母が婚姻外の子を出生する当時に婚姻した女子ではなかったことを証明する書面（母の婚姻関係証明書）を添付しなければならない（例規第89号）。その母が家族関係登録簿に登録されているか否かが明らかでなく，又は登録されていない場合には，母に配偶者がいないことを証明する公証書面又は二名以上の隣友人の保証書を提出させなければならない（例規第98号）。

Ⅱ　国際出生申告

1　国際出生申告

国際出生申告とは，韓国人と外国人との間に韓国又は外国で出生した子，韓国にいる外国人同士間に出生した子，そして外国で韓国人同士の間に出生した子に関する出生申告のように，外国的要素が含まれている出生申告をいう。国

際出生申告がある場合，その出生子が韓国の国籍をもつ者なら家族関係登録に関する一般申告と同様に処理すればよいが，韓国の国籍をもたない者ならば，外国人に関する申告として処理し，その申告書類は特種申告書類編綴帳に編綴する。したがって，国際出生申告に関する事件を処理するにおいては，出生による韓国国籍の取得の有無に関する問題が先決とならなければならない。現行国籍法は，出生による国籍取得に関して，出生当時に父又は母の一人でも韓国国民ならば，その子に韓国国籍を付与する父母両系血統主義の立場をとっている。

2 韓国人と外国人の間で出生した子に対する出生申告[4]

(1) 韓国人男子と外国人女子の間の出生子

ア 婚姻中の出生子の場合

父又はその他出生申告義務者（国内に居住する外国人である母を含む）の申告として，家族関係登録簿を作成する。子の家族関係登録簿の父母に関する特定登録事項欄に父母の特定登録事項をそれぞれ記録しなければならないため，外国人である母の姓名などを記録しなければならない。しかし，外国人である母には家族関係登録簿がないため，出生申告によって記録される父母の家族関係登録簿の特定登録事項欄と関連しては，父の家族関係登録簿の特定登録事項欄にのみ子の特定登録事項が記録される。

イ 婚姻外の出生子の場合

父の出生申告のみで家族関係登録簿を作成することはできない。別途，外国人に対する認知手続により父が認知申告をし，国籍法によって法務部長官に申告してその子が韓国国籍を取得し（未成年の場合），又は法務部長官から帰化許可を受けて（成年の場合），国籍取得通報又は帰化通報をしたときに，家族関係登録簿を作成するものとされている。したがって，外国の国籍を取得しない出生子に対する出生申告を受理して特種申告書類編綴帳に編綴した後，子が韓国国籍を取得してその家族関係登録簿を作成する

4　例規第108号

ときに，出生事由を記録する。但し，胎児として認知申告を受けた被認知者は，その父の出生申告により家族関係登録簿を作成することができる。

(2) 韓国人女子と外国人男子の間の出生子
　ア　婚姻中の出生子の場合
　　子は出生と同時に韓国国籍を取得することとされるため，母又はその他の出生申告義務者（国内に居住する外国人である父を含む）の申告により家族関係登録簿を作成する（例規第107号2）。外国人である父が外国で行った出生申告も申告適格者に準じてこれを受理し，外国人である父が既に出生申告をして父の姓について父の国の身分登録関係帳簿が作成されている場合にも，これをすることができる（同1）。

　　出生申告は，その子が出生した地域を管轄する在外公館の長に行い，若しくは直接子の登録基準地として定めた場所を管轄する市（区）・邑・面の長に郵送又は帰国して提出することができる。帰国して提出する場合には，申告人の住所地又は現在地の市（区）・邑・面にも提出することができる（同5）。出生申告書には，医師，助産師その他分娩に関与した者が作成した出生証明書を添付しなければならないが，これに代えて外国の権限ある機関で発行されたその国の方式による出生申告についての証書謄本（戸籍謄本又は受理証明書など）を添付して申告することができる。そして，子の出生当時に母が韓国人であることを証明する書面（登録事項別証明書など）を添付しなければならない（同6）。一方，改正された「国籍法」が施行（1998年6月14日付）された以後に，外国人である父と韓国人である母の間に出生した婚姻中の子は，満21歳が終わる日までに韓国国籍を選択しなければ韓国国籍を喪失するため（国籍12条），満22歳が過ぎた者についての出生申告はこれを受理できない（例規第107号7）。

　イ　婚姻外の出生子の場合
　　韓国人である母と外国人である父との間に出生した婚姻外の子は出生によって韓国国籍を取得するため，母又はその他の出生申告義務者の出生申告によって出生子の家族関係登録簿を作成する。この場合，子は母の姓と

本に従うことになり，父は表示されない。一方，婚姻外の子に対して外国人である父の認知申告があるときには，子の一般登録事項欄に記録する認知事由と子の家族関係登録簿の父に関する特定登録事項欄に記録する父に関連する事項は，認知申告書に記録された内容を記録する。認知により子が父の国籍を取得し，韓国国籍を喪失して国籍喪失申告をすれば，それによって子の家族関係登録簿は閉鎖される。

3 韓国人と外国人の間に出生した子の出生申告書に記載することができる事件本人の姓と本・名前

(1) 韓国人男子と外国人女子の間の出生子

① 婚姻中の子の場合

韓国人である父と外国人である母との間の婚姻中の子に対する姓と本については民法第781条第1項が適用されるため（例規第101号13条），子の姓と本は父の姓と本に従うものとされる。但し，父母が婚姻申告時に母の姓と本に従うものと協議された場合には，母の姓と本に従うものとされる（同3条1項）。協議は書面によらなければならず，作成された協議書は婚姻申告時に市（区）・邑・面の長に提出することになる。国際私法第36条によって外国の方式による婚姻が許容され，その外国の方式によって婚姻が有効に成立した後，その外国で作成された婚姻証書の謄本を提出して韓国で婚姻申告をする場合に婚姻申告時に子が母の姓と本に従うものと協議されたときにも，その子の姓と本は母の姓と本に従う（例規第101号7条）。

② 婚姻外の子の場合

婚姻外の子が韓国人父により認知された場合には，父の姓と本に従う。但し，認知申告時に従前の姓と本を継続使用するものとする協議書を提出した場合には，従前の姓と本をそのまま使用することができ（民781条5項本文），この場合，子の家族関係登録簿には従前の姓と本を維持する旨を記録しなければならない。父母が協議できず，又は協議が成り立たない場合には，子は法院の許可を受けて従前の姓と本を継続使用することができる（同但書）。国際私法第41条により外国の

方式による認知が許容され，その国で韓国人の父が韓国人の婚姻外の子を認知して外国で認知が成立した後，その外国で作成された認知証書の謄本を提出して韓国で認知申告をする場合にも，従前の姓と本を継続使用することとする内容の協議書を韓国での認知申告時に提出したときには，従前の姓と本をそのまま使用でき，この場合，子の登録簿には従前の姓と本を維持する旨を記録しなければならない（例規第101号9条）。

(2) **韓国人女子と外国人男子の間の出生子**
① 婚姻中の子の場合

母が韓国人で父が外国人である婚姻中の子（父母両系血統主義を採用した改正国籍法の施行日である1998年6月14日以後の出生子）は，父母両系血統主義によって出生と同時に韓国国籍を取得する。この場合，子は母の姓と本に従うことができる（民781条2項）。出生申告当時，申告義務者がこれを根拠に出生子の姓と本を母の姓と本に決定して申告すれば，それ以後は，その子が特別養子として養子縁組され，又は姓と本の変更手続によらない限りこれを変更できず，外国人である父が帰化等を原因として大韓民国国籍を取得し又はその後に姓・本を創設してもその影響を受けない。但し，父母のうちの一方が他方の意思に反してその子の姓を決定し出生申告をしたときは，これは違法な家族関係登録に該当するため，家庭法院の許可を受けて訂正することができる（例規第101号11条3項）。

このように韓国人女子と外国人男子との間に出生した婚姻中の子については，その子が外国人である父の姓について父の国の身分登録関係帳簿が作成されている場合やまだ出生申告をしておらず父の国の身分登録関係帳簿が作成されていない場合であるかを問わず，外国人である父の姓に従い，又は韓国人である母の姓と本に従って申告することができる（例規第107号3）。この場合において，外国人である父の国の身分登録関係帳簿に父の姓に従って外国式の姓で記載されている出生子がそれと異なる姓で出生申告をするときは，その外国での姓も

第 2 編 各 論

ともにに記録することになる。

　出生申告書に記載する事件本人の名前については，その子が外国人である父の姓に従って外国式の名前で父の国の身分登録関係帳簿に記録されている場合にも，父又は母のどちらの姓を使用してもよく，外国人である父の姓に従い父の国の身分登録関係帳簿に記録された外国式の名前[5]，又は新しい韓国式の名前を申告書に記載して申告することができる（例規第 107 号 4．カ）。

　家族関係登録公務員が外国人である父の姓に従い韓国式の名前を記載した申告書や韓国人である母の姓に従い外国式の名前を記載した申告書を受付したときには，まず外国人である父の姓に従う場合には外国式の名前で，韓国人である母の姓に従う場合には韓国式の名前で記載して申告するよう追完を催告（勧告）するが，これに応じないときには受理して記録する（同タ）。父の国の身分登録関係帳簿に外国人である父の姓に従い外国式の名前で記録されている場合，それと異なる姓又は名前で出生申告をするときには，出生申告書のその他欄に外国で申告された姓名を記載しなければならない。この場合，家族関係登録公務員は，事件本人の一般登録事項欄に出生に関する事項を記録するときに，出生場所の次の括弧内に外国での姓名を記録する（同ラ）。一旦，外国人である父の姓に従い外国式の名前で家族関係登録簿に記録された後には，韓国人である母の姓と韓国式の名前に変更するためには，創姓手続と改名手続を経なければならず，追完申告又は家族関係登録簿の訂正手続を通じては変更することができない（同バ）。

② 　婚姻外の子の場合

　婚姻外の出生子の父が外国人で母が韓国人の場合，その子は母の姓と本に従う（例規第 101 号 11 条 1 項）。韓国人である母の婚姻外の子は韓国人であるため，その母が父と認める人が外国人の場合，その父が

---

[5] 父の国の身分登録関係帳簿に外国人の父の姓に従って外国式の名前で記録されている場合には，それ以外の新しい外国式の名前を記載した申告書は，これを受理することはできない（例規第 107 号 4．ナ）。

認知する前に外国人の姓に従わせて家族関係登録簿に記録するようにすることはできず，母の姓と本に従い記録しなければならない（例規第106号）。外国人である父が韓国人である婚姻外の子を認知した場合に，その子の姓と本に関しては，韓国人間に出生した婚姻外の子の認知の場合と同様に処理する（例規第101号12条）。

(3) **外国式姓名表記の制限**

外国式の姓又は名前を使用しても，申告書と家族関係登録簿にはローマ字などではなく，それに対する当該外国での発音（原地音）のままに，ハングルで表記するが，文化体育観光部が告示する外来語表記法によることを原則とする（例規第107号4.マ，例規第292号2条）。すなわち，外国人の人名は，申告人が家族関係登録申告書にハングルで表記された当該外国の原地音どおりに家族関係登録簿に記録しなければならず，この場合，漢字をともに記録することができない（例規第292号3条3項）。

名前は，その人を特定する公的な呼称として，他人との関係でも相当の利害関係を有することになる。これを考慮して出生申告書に記載された韓国式の名前も難解であり，又は使用する上で顕著な不便を招いてはならないため，名前の字数が5字（姓は含まれない。）を超えることができないよう制限を加えている。しかし，外国人である父と韓国人である母との間に出生した婚姻中の子について，父の姓に従い外国式の名前で父の国の身分登録簿に記載された外国式名前を記載して出生申告をする場合と，既に家族関係登録簿に記録されている名前や外国で従前に使用した名前をそのまま使用しようとする場合には，この制限を受けない（例規第109号4）。

4　韓国人が外国で出生した場合の出生日時の記載[6]

出生申告によって出生子の家族関係登録簿が作成される。出生子の家族関係登録簿の特定登録事項欄の出生年月日欄に現地出生時刻を韓国時刻に換算してその日付を記録し，一般登録事項欄の出生事由に現地時刻を記録する。出生申

6　例規第115号

告書に現地出生時刻のみを記載した場合には，家族関係登録公務員は，その換算された韓国時刻をともに記載するよう補正させた後，受理しなければならないが，これを看過して受理したときは，世界各地域の時差対照表によって韓国時刻に換算して家族関係登録簿の特定登録事項欄の出生年月日欄に記録しなければならない。

第2章 認　知

I　認知申告

1　認知の意義と種類

　認知は，婚姻外の出生子をその生父又は生母が自己の子と認める行為をいう。認知は，被認知者が死亡し（民857条），又は未だ出生していない胎児の場合にもすることができる（民858条）。

　認知には，任意認知と強制認知がある。任意認知とは，生父又は生母が自らの意思により認知することをいい，任意認知は申告によって効力が発生する（民859条1項）。したがって，任意認知申告は創設的申告に属し，認知の効力はその子の出生時に遡及して発生する（民860条）。これに対し，強制認知は，生父又は生母が任意で認知しない場合に，父母の意思とは関係なく法院の裁判によって認知の効力を発生させる場合をいい，婚姻外の出生子と父又は母との間に法律上の親子関係を形成することを目的とする認知請求の訴えによる（民863条）。強制認知による認知申告は，報告的申告に該当する。

2　任意認知

(1)　認知権者

　認知権者は，婚姻外の出生子の生父又は生母である（民856条1項）。任意認知は，形成的身分行為に属するため，認知をするためには意思能力がなければならない。但し，父が禁治産者であるときには，後見人の同意を得て，認知しればならない（民856条）。

(2)　被認知者

　被認知者は，婚姻外の出生子である。したがって，法律上他人の嫡出子と推定される者は，その父に対して嫡出否認の訴えの判決が確定する前には誰も認知することができない（大法1968年2月27日言渡67ム34，例規第121号）。

第2編　各　論

　嫡出推定が排除される婚姻中の子については，親子関係不存在確認の訴え（民865条）により，実父ではないという判決が確定すれば認知することができる。他人が既に認知している場合には，認知異議の訴え（民862条）を提起し，判決が確定すれば認知することができる。父母の婚姻が無効であるときには，出生子は婚姻外の出生子となるが（民855条），その無効の婚姻中の出生子を父が出生申告してその家族関係登録簿を作成した場合には，その出生申告に認知の効力が認められるので（例規第122号），認知を必要としない。

　被認知者は，生存する婚姻外の出生子でなければならないが，婚姻外の出生子が死亡した後でもその直系卑属がいるときには認知することができる（民857条）。このとき，被認知者の家族関係登録簿は死亡によって閉鎖されているので，これを職権で復活して作成する。復活作成する家族関係登録簿の一般登録事項欄に認知事由と姓と本が訂正された場合，その事由，特定登録事項欄に認知者の特定登録事項を記録した後，閉鎖登録簿に記録された死亡事由を移記し，被認知者の家族関係登録簿を再び閉鎖する。

　父は胎内にある子についても，これを認知することができる（民858条）。しかし，父の胎児認知申告だけでは被認知者の家族関係登録簿を作成できず，胎児認知申告書を特種申告書類編綴帳に編綴した後，認知胎児の出生申告があった場合に，出生子の家族関係登録簿を作成することとなる。出生子の家族関係登録簿を作成する場合，まず特種申告書類編綴帳に編綴された胎児認知申告書によって認知事項を先に記録した後，認知胎児の出生申告事由を記録しなければならない。このとき出生申告は，胎児認知申告をする申告官署に申告しなければならない（22条）。

　胎内にある子に対する認知申告書には，その旨，母の姓名及び登録基準地を記載しなければならない（56条）。

　認知を受けた胎児が死体で分娩された場合に，出生申告義務者はその事実を知った日から1か月以内にその事実を申告しなければならない。但し，遺言執行者が認知申告をした場合には，遺言執行者がその申告をしなければならない（60条）。この場合，市（区）・邑・面の長は，死産申告を受理しても家族関係登録簿には何らの記載もしないが，特種申告書類編綴帳に編綴しなければならないため（例規第125号），申告が必要なのである。

(3) 遺言による認知

認知は，遺言でもこれをすることができる。この場合には，遺言執行者が認知申告をしなければならない（民859条2項）。遺言による認知の場合には，遺言執行者は，その就任日から1か月以内に，認知に関する遺言書謄本又は遺言録音を記載した書面を添付して申告をしなければならない（59条）。遺言による認知は，遺言の効力が生じたとき，即ち遺言者が死亡したときに，その効力が生ずる報告的申告である。胎児認知の遺言がある場合，遺言執行者が認知申告をする前に子が出生したときには，遺言執行者は，法定期間内に遺言書の謄本を添付して認知申告に代える出生申告をしなければならない（例規第124号）。

3　強制認知

婚姻外の出生子とその直系卑属又はその直系卑属の法定代理人は，父又は母を相手方として認知請求の訴えを提起することができる（民863条）。父又は母が死亡したときには，その死亡を知った日から2年内に，検事を相手方として認知請求の訴えを提起することができる（民864条）[1]。ここでいう死亡を知った日とは，自ら認知請求をすることができる意思能力がある状態で死亡事実を知ったことを意味するため，子に意思能力がなければ除斥期間は進行しない（大法1977年5月24日言渡77ム7）。認知請求の訴えは，ナ類家事訴訟事件であるため，調停前置主義が適用される（家訴50条）。

4　認知申告

(1) 申告人

ア　任意認知の申告人

任意認知は，創設的申告であるため，申告義務者はおらず，申告適格者がいるだけである。申告適格者は父又は母であり，代理人による申告はで

---

[1] 母の婚姻外の出生子で家族関係登録簿が作成された者が，家族関係登録されないまま死亡した父を相手方（検事を被告にする）に認知裁判を請求し，その判決が確定した場合には，被認知者の家族関係登録簿の一般登録事項欄に認知事由を記録し，父の欄に父の姓名を記録しなければならない（例規第123号）。

きない。遺言による認知は，遺言執行者が申告しなければならず（59条），認知を受けた胎児の死産申告は，出生申告義務者又は遺言執行者が申告義務者である（60条）。この場合の申告は報告的申告であるため，申告義務者が申告を怠ったときには過怠料処分を受けることになる。

イ　強制認知の申告人

申告義務者は，認知請求の訴えを提起した者又は調停を申請した者であり，その相手方も申告をすることができる（58条）。しかし，その相手方は申告適格者であるため，申告を怠っても過怠料処分の対象ではない。

(2)　期間と場所

任意認知申告は，創設的申告であるため申告期間がない。しかし，強制認知申告は，裁判の確定又は調停の成立日から1か月以内にしなければならず（58条1項），遺言による認知は，遺言執行者がその就任日から1か月以内に申告しなければならない（59条）。

認知申告の場所は，申告地（受付地）処理原則により制限がない。すなわち申告事件本人の登録基準地又は申告人の住所地や現在地ですることができる。

(3)　申告書の作成と添付書類

ア　認知申告書作成

認知申告書には，①子の姓名・性別・出生年月日・住民登録番号及び登録基準地（子が外国人であるときには，その姓名・性別・出生年月日及び国籍），②死亡した子を認知するときには，死亡年月日，その直系卑属の姓名・出生年月日・住民登録番号及び登録基準地，③父が認知するときには，母の姓名・登録基準地及び住民登録番号，④認知前の子の姓と本を維持する場合，その旨と内容[2]，⑤民法第909条第4項又は第5項によって親権者が定められたときには，その旨と内容を記載しなければならない。強制認知の場合，認知請求の訴えは家事訴訟事件であるため，その申告書に裁判確定日を記載しなければならない（58条2項）。

第 2 章　認　知

イ　添付書類

強制認知による認知申告の場合には，認知判決の謄本及び確定証明書，認知の調停が成立したときには，調停調書謄本及び送達証明書を添付しなければならない（58条）。遺言執行者が遺言による認知申告をする場合には，遺言証書の謄本や遺言録音を記載した書面を添付しなければならない（59条）。

婚姻外の子について父の認知がある場合，父の姓と本に従わず従前の姓と本を継続使用しようとする場合，その者に関する父母の協議書を添付しなければならない。父母が協議できず，又は協議が成り立たずに子の請求によって家庭法院の姓・本の継続使用許可審判が確定したときには，審判書謄本及び確定証明書を添付しなければならない。

未成年者である婚姻外の子が認知を受けた場合に認知者である父と被認知者である婚姻外の子の母との間に親権者指定に関する協議が成立した場合には，その協議書を添付し，協議が成立せず家庭法院の親権者指定に関する審判がある場合には，審判書謄本及び確定証明書を添付しなければならない（55条2項）。

2　婚姻外の子が母の姓と本に従って出生登録されている場合，別段の協議がない場合ならば，父の認知申告によって認知を受けた子の姓と本は，認知者の姓と本に変更される。したがって，被認知者の特定登録事項欄に姓と本の従前の記録に置き換え，まさにその場所に訂正記録し，一般登録事項欄の認知事由の下に姓と本が変更された旨を記録することになる。被認知者に直系卑属と配偶者がいる場合，被認知者の姓と本が変更されることにより，その旨も直系卑属と配偶者の一般登録事項欄に記録されなければならず（このとき，配偶者の場合，配偶者の訂正された後の姓名も記録される。），被認知者の直系卑属の特定登録事項欄の姓と本は，従前の記録に置き換えてその場所に訂正された事項を直ちに記録し，被認知者の配偶者の一般登録事項欄の婚姻事由に記載された配偶者の姓名に線を引く。一方，民法第781条第5項の規定により，婚姻外の子に対して父の認知がある場合，父の姓と本に従わずに従前の姓と本を継続使用しようとする場合，それに関する父母の協議書を認知申告時に添付しなければならず，その旨を被認知者の認知事由の下に記録する（このとき，被認知者に配偶者と直系卑属がいる場合，彼らの家族関係登録簿には何らの記録をしない。）。

第2編　各　論

【認知（親権者指定）申告書記載例】

認知（親権者指定）申告書 （　　年　　月　　日）						※裏面の作成方法を読んで記載し，選択項目は該当番号に"○"をして下さい。		
① 被認知者	姓名	ハングル	김갑동	本 (漢字)	金海	性　別	①男	②女
		漢字	金甲東			住民登録番号	081027-3111111	
						出生年月日	2008.10.27	
	登録基準地	ソウル市中区1番地						
	住　所	ソウル市陽川区新亭洞1番地				世帯主及び関係	김미자の同居人	
	母の姓名及び登録基準地	姓　名	김미자		住民登録番号	720101-2222222		
		登録基準地	ソウル市西大門区渼芹洞1番地					
② 認知者	姓名	ハングル	김을병		住民登録番号	650202-1111111		
		漢字	金乙丙					
	登録基準地	ソウル市城北区安岩洞1番地						
③認知判決確定日付 (　調停成立　　)		2010 年　1 月　2 日		法院名		ソウル家庭　法院		
④ 親権者	姓名	김을병		住民登録番号	650202-1111111	被認知者との関係	①父	②母
	指定日付	年　　月　　日		指定原因	①協議 ②（ソウル家庭）法院の決定			
⑤姓・本継続使用	指定日付	年　　月　　日			①協議 ②（　　　　　　）法院の決定			
⑥その他の事項								
⑦ 申告人	姓名	김을병　㊞	（署名又は拇印）		住民登録番号	650202-1111111		
	資格	①父　②母　③遺言執行者　④訴えの提起者　⑤訴えの相手方 ⑥その他（の資格：　　　　　　　　　）						
	住所	ソウル市城北区安岩洞1番地						
	電話	02-3290-0000			電子メール	jurstice@hanmail.net		

Ⅱ　国際認知

1　国際認知

　国際認知とは，当事者の一方が外国人である認知，韓国で外国人同士の間でなされる認知，外国で韓国人同士の間でなされる認知等のように，外国的要素がある認知をいう。親子関係の成立は，子の出生当時の母の本国法によるが，父子間の親子関係の成立に関しては子の出生当時父の本国法又は現在の子の常居所地法によることができる（国私41条1項）。その他に，認知当時の認知者の本国法によることもできる（同2項）。この場合，父が子の出生前に死亡したときには死亡当時の本国法をその者の本国法とみなし，認知者が認知前に死亡したときには死亡当時の本国法をその者の本国法とみなす（同3項）。このように国際私法では，認知の成立に関する準拠法決定に選択的連結方法をとり，認知の成立を容易にしている。しかし，認知を子が望まない場合，認知で創設された父子関係が母に予期できない影響を与える場合，又は子が成年に達して父母が扶養を受ける目的で子の意思に反して認知をする場合も発生しうるから，認知の成立を容易にすることが必ずしも子のためだとはいえない。これを考慮して，認知による親子関係の成立に関して，子の本国法が子又は第三者の承諾や同意などを要件にするときには，その要件も備えなければならないと規定したのである（国私44条）。

　認知の方式に関しては，国際私法に特別の規定がないため，法律行為の方式に関する一般規定を適用するしかない。したがって，認知の準拠法となりうる子の出生当時の母の本国法，父子間の認知の場合には，子の出生当時の父の本国法又は現在の子の常居所地法，認知当時の認知者の本国法のうち一つを当該認知行為の準拠法として選択し，その国の方式で認知をすることができ（国私17条1項・41条・44条），認知行為地法の方式によっても認知をすることができる（国私17条2項）。

第2編　各　論

2　韓国人の母と外国人の父との間で出生した婚姻外の子に対する認知

韓国人の母と外国人の父との間に出生した婚姻外の子は，韓国の国籍を取得した子であるため，婚姻外の子に対する出生申告義務者である生母の出生申告によって[3]，その子の家族関係登録簿が作成される。前述のとおり，外国人の父は，認知の準拠法となりうる子の出生当時の母の本国法である韓国法，子の出生当時の父の本国法，現在の子の常居所地法，認知当時の認知者である父の本国法のうち一つを認知行為の準拠法として選択し，その国の方式で認知することができ，認知行為地法の方式によっても認知をすることができる。

(1)　韓国法の方式による認知

外国人の父は，①認知行為の準拠法として選択した法と認知当事者との関連を証明する書面（子の家族関係証明書と基本証明書又は現在の子の常居所地を証明する住民登録謄本など），②その準拠法所属国の権限ある機関が発行した認知成立要件具備証明書，③父の国籍など身分を証明する書面を添付して，認知申告をしなければならない。このとき，認知申告書のその他事項欄に認知の準拠法所属国名，準拠法との関連事由を記載しなければならない（例：準拠法－韓国，子の出生当時の母の本国法）。但し，認知の準拠法として韓国法を選択する場合には，認知成立要件具備証明書を別に添付する必要はない（例規第128号2．カ）。

認知者である外国人の父には家族関係登録簿がないため，認知申告があるときは，被認知者の生母の出生申告により作成された家族関係登録簿の一般登録事項欄に認知に関する事項を記録し，特定登録事項欄に認知者の特定登録事項を記録する。認知後に被認知者が外国の国籍を取得し韓国国籍喪失申告をしたときには，被認知者の家族関係登録簿を閉鎖する（同3）。

3　外国人の父は，婚姻外の子を家族関係登録法第57条によって嫡出子として出生申告することができず，婚姻外の子の生母と外国人の父が後に婚姻をしても，それによって外国人の父と婚姻外の子の間に親子関係が発生するものではない（例規第128号4）。

(2) 外国法の方式による認知

　外国人の父が認知行為地法又は認知の準拠法である外国法が定める方式によって認知手続を終えたときには，その国の権限ある機関が発行した認知に関する証書と翻訳文を市（区）・邑・面に提出しなければならない。外国法方式によって認知が成立し，その証書の謄本を提出して韓国に認知申告をする場合，被認知者の姓と本は父の姓と本に従うが，被認知者が従前の姓と本を継続使用することとする父母の協議書が添付された場合には，従前の姓と本を継続使用することができる（例規第101号12条，8条ないし10条）[4]。認知申告時に従前の姓と本を継続使用することとする協議書が添付されず，外国人の父の姓と本に従わなければならない場合には，認知者の姓と本（外国人の場合，本がない場合には本を記録しない。）に訂正する。その事由を被認知者の家族関係登録簿の一般登録事項欄に記録し，協議書が添付された場合には，被認知者の姓と本は変更されず，その事由を被認知者の家族関係登録簿の一般登録事項欄に記録する。

(3) 韓国人が外国人を認知する場合

　大韓民国国民である父又は母が外国人を認知する場合，被認知者は認知申告によって韓国国籍を自動的に取得するものではない。被認知者が未成年の場合には，国籍取得申告，成年者の場合には，帰化申告によって韓国国籍を取得することになる（国籍3条・7条）。認知申告によって認知者の家族関係登録簿の一般登録事項欄に認知事由のみを記録していたところ，被認知者についての国籍取得（又は帰化）通報により，被認知者の家族関係登録簿を作成し（例規第126号1），被認知者は最初に認知申告した市（区）・邑・面の長に家族関係登録簿存在申告を行い，各当事者の家族関係登録簿の特定登録事項欄に各当事者の特定登録事項を記録するとともに認知者の家族関係登録簿の特定登録事項欄に記録された従前の被認知者の特定登録事項を削線処理す

---

[4] 外国の方式による認知が許容され，その国で韓国人の父が韓国人の婚姻外の子を認知して外国で認知が成立した後，その外国で作成された認知証書の謄本を提出して韓国で認知申告をする場合にも，従前の姓と本を継続使用するものとする内容の協議書を韓国での認知申告時に提出したときには，従前の姓と本をそのまま使用でき，この場合，子の登録簿には従前の姓と本を維持する旨を記録しなければならない（例規第101号9条1項）。

る。一方，被認知者は，認知申告によって父の姓と本に従うため，姓と本が変更された事由を記録し，従前の姓と本を維持するという旨の申告がある場合にはその事由を記録する。

第3章　養子縁組

I　養子縁組申告

1　養子縁組

養子縁組とは，血縁的親子関係がないにもかかわらず，法律的に親子関係を認め，婚姻中の出生子と同じ地位を取得させる身分行為をいう。養子縁組には，民法上の一般養子縁組と親養子（特別養子。以下「特別養子」という。）縁組，「養子縁組促進及び手続に関する特例法」による養子縁組がある。

2　民法上の一般養子縁組

民法上の一般養子縁組とは，養子縁組当事者の縁組意思の合致と養子縁組申告により成立し（民878条），養子縁組が成立したときから養子は養親の婚姻中の出生子としての地位を有することになる（民772条1項）。但し，養子縁組が成立しても，養子の縁組前の親族関係はそのまま維持される。また，養子縁組の効果によって養子の姓と本が養親の姓と本に変更されることはない。

(1)　養子縁組の成立要件

　ア　実質的成立要件

　① 当事者間に養子縁組の合意があること（民883条1号）

　　　縁組意思は，縁組申告の受理時まで存続しならなければならず，受理の前に一方が縁組意思を撤回すれば縁組申告を受理してはならない。

　② 養親は成年者であること（民866条）

　　　未成年者が養親となる縁組申告は受理してはならない（民881条）。しかし，一旦受理されれば，養子縁組は無効でなく，養子縁組取消事由となる（民884条1号）。

　③ 養子となる者が15歳未満の場合には，法定代理人の養子縁組の承諾があること（民869条）

第 2 編　各　論

　　親権者が養子縁組の承諾をするときには，養子縁組申告書にその承諾についての家庭法院の許可書謄本を添付する必要がないが，後見人が養子縁組の承諾をする場合には，養子縁組申告書にその承諾に対する家庭法院の許可書謄本を添付しなければならず，これを添付しない縁組申告は受理してはならない（例規第 129 号 2 条）。親権者である法定代理人が養子縁組の承諾をする場合には，父母が共同でしなければならないが，父母が離婚して父母のうち一方が親権者と定められた場合には，指定された親権者単独で養子縁組の承諾をすることができる。この規定に違反した縁組申告は，受理されても無効である（民 883 条 2 号）。

④　父母等の同意を得ること（民 870 条・871 条・873 条・874 条 2 項）

　　養子となる者が成年者であるか否かに関係なく，縁組申告書に父母の養子縁組同意書が添付されなければならない（但し，家族関係登録簿に法院から親権を喪失した人として記録された父又は母の養子縁組同意書は添付する必要がない。）。父母が死亡その他の事由で同意できない場合に，他の直系尊属がいれば，その直系尊属の養子縁組同意書を添付しなければならない（同 870 条）。養子となる者が成年に至らない場合に，父母と異なる直系尊属がいないときには，縁組申告書に後見人の同意書及びその同意に対する家庭法院の許可書謄本を添付しなければならない（同 871 条）。但し，養子縁組の同意に対する家庭法院の許可書謄本を添付しなければならない後見人は，養子となる人の直系尊属ではない者をいい，養子縁組の同意権者である直系尊属が後見人となった場合には養子縁組同意書を添付すればよく，その同意に対する家庭法院の許可書謄本を添付する必要はない。父母のうちどちらか一方が親権者として 15 歳未満である養子となる者に代わり養子縁組の承諾をした場合にも，親権者ではない他の父又は母の養子縁組同意書を縁組申告書に添付しなければならず，後見人が 15 歳未満である養子となる者に代わり養子縁組の承諾をした場合にも，他の直系尊属が別にいれば，その養子縁組同意書を縁組申告書に添付しなければならない（例規第 129 号 3 条）。禁治産者は，後見人の同意を得て養子縁組をするこ

とができ，養子となることができる（民873条）。配偶者のある者が養子となるときには，他の一方の同意を得なければならない（同874条2項）。
⑤ 後見人が被後見人を養子とする場合には，家庭法院の許可を得ること（民872条）
⑥ 配偶者のある者が養子をするときには，配偶者と共同でしなければならないこと（民874条1項）。但し，配偶者の前婚中に出生した婚姻中の子を養子とするときには，嫡出関係がない配偶者の一方が単独で養子とすることができる。養子縁組は，婚姻中の出生子と同じ地位を取得させる創設的身分行為であるため，自身の子でも婚姻外の子については養子とすることができるが，婚姻中の子についてはそのような身分関係を創設する必要がないため，離婚した母は前婚中に出生した婚姻中の子を養子とすることはできない。婚姻外の子は，生母及び生母と婚姻した外国人配偶者とともに養子とすることができる（例規第130号）。
⑦ 養子は養親の尊属又は年長者ではないこと（民877条）

イ　形式的成立要件

養子縁組は，当事者双方と成年者である証人二人が連署した書面で申告することにより，その効力が生じる（民878条）。判例は，当事者である養親と養子の間に養親子関係を創設しようとする明白な意思があり，父母の同意など養子縁組の実質的成立要件がすべて具備された場合で，養子縁組申告の代わりに嫡出子としての出生申告が行われたときには，これを無効と解するのではなく，養子縁組申告としての効力を認めている（大法1977年7月26日言渡77タ492など）。出生申告による養子縁組を認めているのである。縁組申告書に成年者である証人二人の連署した書面を添付しない場合には受理を拒否しなければならないが，一旦受理されれば養子縁組の無効や取消事由ではないため，有効に効力が発生する。
① 養子縁組申告人
原則的に養子縁組当事者である養親と養子が共同で申告しなければ

ならない。但し，養子が15歳未満であるときには，養子縁組承諾をする法定代理人が申告しなければならない（62条1項本文）。

② 申告期間と場所

養子縁組申告は，創設的申告であり，申告期間はない。申告場所も申告地（受付地）処理原則により，制限はない（20条）。

ウ 申告書の作成と添付書類

養子縁組の申告書には，①当事者の姓名・本・出生年月日・住民登録番号・登録基準地（当事者が外国人であるときには，その姓名・出生年月日・国籍）及び養子の性別，②養子の実父母の姓名・住民登録番号及び登録基準地を記載しなければならない。養子縁組に対する同意が必要な場合には，養子縁組申告書に養子縁組に同意の事実を証明する書面を添付しなければならない。しかし，同意する者が縁組申告書の同意者欄に姓名と住民登録番号を記載し記名捺印するときには，縁組申告書に同意書を添付しなくてもよい（32条1項）。養子となる者が未成年者であり，父母又は他の直系尊属がおらず，後見人の同意を得なければならない場合，後見人が被後見人を養子とする場合及び15歳未満者の養子縁組に対して後見人が養子縁組を承諾する場合には，家庭法院の許可書謄本を添付しなければならない（62条）。

(2) 養子縁組の効力

養子縁組により養子と養親の間に親子関係が発生する。したがって，養子縁組申告があれば，養父，養母及び養子の家族関係登録簿の一般登録事項欄に養子縁組事由を記録し，養父母の家族関係登録簿の特定登録事項欄に養子の特定登録事項を，養子の家族関係登録簿の特定登録事項欄に養父母の特定登録事項欄を記録する。養子と養子縁組前の親族関係は断絶しないので，養子が養子縁組した場合でも，実父母の家族関係登録簿の特定登録事項欄の子の特定登録事項を抹消（削線処理）してはならない。

第3章　養子縁組

【養子縁組申告書記載例】

養 子 縁 組 申 告 書 （　　年　　月　　日）	※裏面の作成方法を読んで記載し，選択項目は該当番号に"○"をして下さい。		

	区　分	養　父		養　母	
①養親	登録基準地	ソウル市陽川区新亭洞1番地		ソウル市陽川区新亭洞1番地	
	住所	ソウル市陽川区新亭洞1番地		ソウル市陽川区新亭洞1番地	
		世帯主及び関係　洪蘭坡　本人		世帯主及び関係　洪蘭坡 の 妻	
	姓名	ハングル 홍난파	本（漢字）南陽	ハングル 정지영	本（漢字）延日
		漢字 洪蘭坡	出生年月日 1944.10.8	漢字 鄭智永	出生年月日 1952.3.19
		住民登録番号	441008-1111111	住民登録番号	520319-2222222

②養子	登録基準地	ソウル市城北区安岩洞1番地				
	住　所	ソウル市城北区安岩洞1番地			世帯主及び関係	홍길동の息子
	姓名	ハングル 홍길서	本（漢字）南陽	住民登録番号	061027-3333333	
		漢字 洪吉西	性別 ①男 ②女	出生年月日	2006.10.27	

③養子の実父母	父	姓名	홍길동	登録基準地	ソウル市城北区安岩洞1番地
				住民登録番号	781027-1111111
	母	姓名	이미자	登録基準地	ソウル市城北区安岩洞1番地
				住民登録番号	820216-2222222

④その他の事項	

⑤証人	姓　名	홍길남	㊞（署名又は拇印）	住民登録番号	780406-2222222
	住　所	ソウル市西大門区渼芹洞1番地				
	姓　名	홍길북	㊞（署名又は拇印）	住民登録番号	810730-1111111
	住　所	河南市新長洞1番地				

⑥同意者	父	姓名		㊞（署名又は拇印）	
	母	姓名		㊞（署名又は拇印）	
	直系尊属	㊞（署名又は拇印）	住民登録番号	－	関係
	養子の配偶者	㊞（署名又は拇印）	住民登録番号	－	
	後見人	㊞（署名又は拇印） 住民登録番号 －	許可法院	許可日付	年　月　日

⑦申告人	養父		홍난파	㊞（署名又は拇印）	電話	02-3290-0000
					電子メール	justice1@hanmail.net
	養母		정지영	㊞（署名又は拇印）	電話	02-3290-0000
					電子メール	justice2@hanmail.net
	養子			㊞（署名又は拇印）	電話	
					電子メール	
	法定代理人	①父母	父	홍길동　㊞（署名又は拇印）	電話	02-2692-0000
					電子メール	justice3@hanmail.net
			母	이미자　㊞（署名又は拇印）	電話	02-2692-0000
					電子メール	justice4@hanmail.net
		②後見人		㊞（署名又は拇印）	電話	
					電子メール	
		15歳未満の養子縁組許諾	許可法院		許可日付	年　月　日

153

第2編　各論

(3)　養子縁組の無効と取消
　ア　養子縁組無効
　①当事者の間に養子縁組の合意がないとき，②代諾権者の承諾がないとき，③養子が養親の尊属又は年長者であるときには，養子縁組は無効である（民883条）。養子縁組無効は当然無効であるが，当事者や法定代理人又は4親等以内の親族は，養子縁組無効確認の訴を提起することができる（家訴31条・23条）。訴えの相手方は，養親子のうち一方が提起する場合には養親子のうち他の一方となり，他の一方が死亡したときには検事を相手方とする。第三者が訴えを提起する場合には養親子を相手方とし，相手方がすべて死亡した場合には検事を相手方とする（家訴31条・24条）。裁判が確定すれば，訴えを提起した者は判決確定日から1か月以内に判決の謄本及びその確定証明書を添付して家族関係登録簿の訂正を申請しなければならない（107条）。また，養子縁組無効判決が確定すれば，養子縁組による法定血族関係がなくなり，縁組前の親族関係が復活するので，養子の家族関係登録簿の特定登録事項欄の養父母の特定登録事項，養父母の家族関係登録簿の特定登録事項欄の養子の特定登録事項をそれぞれ抹消（削線処理）する。

　イ　養子縁組取消
　①未成年者が養子をしたとき，②同意を得なければならない場合に同意を得なかったとき，③後見人が家庭法院の許可を得ないとき，④配偶者のある者が単独で養子縁組をしたとき，⑤縁組当時，養親子の一方に悪疾その他重大な事由があることを知りえなかったとき，⑥詐欺又は強迫により縁組の意思表示をしたときには，家庭法院にその取消を請求することができる（民884条）。養子縁組取消の裁判が確定すれば，訴えを提起した人は判決確定日から1か月以内に判決の謄本及びその確定証明書を添付してその旨の申告をしなければならない。訴えの相手方も，その旨の申告をすることができる（65条2項・58条）。養子縁組取消申告書の作成には，離縁申告に関する規定が準用される（65条1項・63条）。養子縁組取消申告により，養子の家族関係登録簿の特定登録事項欄の養父母の特定登録事項，養父母

の家族関係登録簿の特定登録事項欄の養子の特定登録事項をそれぞれ抹消（削線処理）する[1]。

(4) 離　縁
ア　協議離縁

養親子は，協議によって離縁することができる。協議離縁は有効に成立した養親子関係を将来において解消することを目的にする形成的身分行為であり，申告により効力が生じる（民904条・878条）。したがって，養子縁組の場合と同様に養子が15歳未満であるときには，代諾権者（養子縁組承諾をする者が死亡その他の事由で協議ができないときには，実父母系の他の直系尊属）が離縁の協議をしなければならず，後見人又は実父母系の他の直系尊属が離縁協議をするときには，家庭法院の許可を受けなければならない（民899条）。養子が未成年者であるとき又は養親や養子が禁治産者であるときには同意権者の同意がなければならない（民900条・902条）。

協議離縁は，当事者双方と成年者である証人二人が連署する書面で申告することにより効力が発生する。離縁申告人はその協議をした者である（64条1項本文）。

協議離縁の場合にも，婚姻・協議離婚・養子縁組といった形成的身分行為における無効・取消の法理がそのまま適用される。したがって，当事者，法定代理人又は4親等以内の親族はいつでも離縁無効の訴えを提起でき（家訴31条・23条・24条・2条1項ナ類11号・50条），詐欺又は強迫により離縁の意思表示をした者は離縁取消の訴えを提起することができる（民904条・823条）。離縁取消の効果は遡及する。離縁無効又は離縁取消の裁判が確定すれば，訴えを提起した者は判決確定日から1か月以内に判決の謄本及びその確定証明書を添付して家族関係登録簿の訂正を申請しなければならない（107条）。協議離縁の無効・取消により離縁の効力は消滅し，養子縁組関係が復活するため，養子と養親の家族関係登録簿にその旨を記録し，

---

[1] 未成年者が養子縁組取消（又は無効）裁判確定により養子縁組関係が終了した場合，養子縁組により終了した従前の親権が復活するので，その旨を養子の家族関係登録簿の一般登録事項欄に記録しなければならない。

第2編　各論

養父母の家族関係登録簿の特定登録事項欄に養子の特定登録事項を記録し，養子の家族関係登録簿の特定登録事項欄に養父母の特定登録事項を記録する。

イ　裁判上の離縁

裁判上の離縁とは，民法第905条が定める離縁原因があるとき，養子縁組当事者の一方が家庭法院に請求して法院の判決により成立する離縁をいう。裁判上の離縁も，ナ類家事訴訟事件であり，調停手続が先行する。離縁裁判が確定した場合には，訴えを提起した者は裁判の確定日から1か月以内に裁判書の謄本及び確定証明書を添付してその旨を申告しなければならず，その訴えの相手方も申告することができる（66条・58条）。

ウ　離縁申告書の作成と添付書類

離縁申告書には，①当事者の姓名・本・出生年月日・住民登録番号及び登録基準地（当事者が外国人であるときにはその姓名・出生年月日・国籍），②養子の実父母の姓名・登録基準地及び住民登録番号を記載しなければならず（63条），裁判上の離縁の場合には裁判確定日を記載しなければならない（66条・58条2項）。

協議離縁申告を後見人又は実父母系の他の直系尊属がするときには，家庭法院の許可書を添付しなければならない（64条1項但書）。また，協議離縁に関して後見人が離縁の同意をしたときには，後見人の同意書及び家庭法院の許可書を添付しなければならない（同2項）。

3　親養子（特別養子）縁組
(1)　意　義

親養子（特別養子）という言葉は，養子が養親夫婦の婚姻中の出生子としての地位をもち養子となった家族の構成員として完全に編入されて同化するという意味で創出された用語である。したがって，親養子縁組は，完全養子ないし特別養子の韓国式表現である（以下，「親養子」を単に「特別養子」という。）。養子縁組の成立が家庭法院の許可によりなされ，養子縁組によって養

子と養子の従前の親族関係が終了する点で一般養子と本質的に異なる。

(2) 要 件
  ア 実質的成立要件
  ① 3年以上婚姻中である夫婦が共同で養子とすること。但し，1年以上婚姻中である夫婦の一方がその配偶者の嫡出子を特別養子とする場合には，その限りではない（民908条の2第1項1号）。この場合には単独で養子縁組することになる。
  ② 特別養子となる者が15歳未満であること（同2号）。したがって，民法第869条の規定による法定代理人の養子縁組承諾がなければならない（同4号）。すなわち，養子となる者が15歳未満の場合には，民法第869条による一般養子縁組と特別養子縁組の選択が可能である。
  ③ 特別養子となる子の実父母が特別養子縁組に同意すること。但し，父母が親権を喪失し，又は死亡その他の事由で同意できない場合にはその限りではない（同3号）。

  イ 形式的成立要件
  特別養子縁組をしようとする者は，特別養子となる者の住所地の家庭法院に特別養子縁組の請求をしなければならない（民908条の2第1項，家訴44条4号）。特別養子縁組の請求には，①特別養子となる者の実父母が特別養子縁組に同意している事実，又はその同意がない場合には民法第908条の2第1項第3号但書に該当することを示す事情，②特別養子となる者について親権を行使する者で父母以外の者の名前と住所及び特別養子となる者の父母の後見人の名前と住所，③民法869条規定による法定代理人の養子縁組承諾，④「社会福祉事業法」による社会福祉法人の縁組斡旋による請求である場合には，当該社会福祉法人の名称及び所在地及び特別養子となる者が保護されている保護施設の名称及び所在地を明白にしなければならない（家訴規62条の2）。
  家庭法院は，特別養子となる者の福利のために，その養育状況，特別養子縁組の動機，養親の養育能力その他の事情を考慮して，特別養子縁組が

第2編　各　論

【特別養子縁組申告書記載例】

特別養子縁組申告書 （　　年　　月　　日）	※下記の作成方法を読んで記載し，選択項目は該当番号に"○"をして下さい。						
区　分		養　　父			養　　母		
①養親	登録基準地	ソウル市中区新堂洞1番地			ソウル市中区新堂洞1番地		
	住所	ソウル市城北区安岩洞1番地			ソウル市城北区安岩洞1番地		
		世帯主及び関係	홍길동本人		世帯主及び関係	홍길동の妻	
	姓名	ハングル	홍길동	本（漢字）南陽	ハングル	정지영	本（漢字）延日
		漢字	洪吉東	出生年月日 1974.10.8	漢字	鄭智永	出生年月日 1978.3.19
		住民登録番号	441008-1111111		住民登録番号	520319-2222222	
②特別養子	登録基準地	ソウル市西大門区渼芹洞1番地					
	住所	ソウル市陽川区新亭洞1番地			世帯主及び関係	김을병の息子	
	従前の姓	ハングル 김	漢字 金		従前の本	ハングル 김해	漢字 金海
	変更した姓	ハングル 홍	漢字 洪		変更した本	ハングル 남양	漢字 南陽
	姓名	ハングル	홍지훈	本（漢字）南陽	住民登録番号	051027-3333333	
		漢字	洪智勲	性別 ①男 ②女	出生年月日	2005.10.27	
③特別養子の実父母	父	姓名	김을병	登録基準地	河南市新長洞1番地		
				住民登録番号	780406-1111111		
	母	姓名	이미자	登録基準地	河南市新長洞1番地		
				住民登録番号	780717-2222222		
④その他の事項								
⑤裁判確定日付	2008年 10月 27日			法院名	ソウル家庭法院		
⑥申告人	姓　名	홍길동		㊞（署名又は拇印）	住民登録番号	741008-1111111	
	資　格	①訴えの提起者　②訴えの相手方　③その他（の資格：　　　）						
	住　所	ソウル市城北区安岩洞1番地						
	電　話	02-3290-0000			電子メール	justice@hanmail.net		

作　成　方　法

①欄及び②欄：法第25条第2項により住民登録番号欄に住民登録番号を記載したときには，出生年月日の記載を省略することができます。
④欄：家族関係登録簿に記録した内容を明確にするために特に必要な事項を記載して婚姻申告時に子が母の姓・本に従うことの協議の有無も記載します。
⑥欄：特別養子縁組の裁判が確定した場合には，訴えの提起者又は訴えの相手方単独で申告することができます。この場合には，該当の項目番号に"○"をした後に記名捺印（又は署名）します。

添　付　書　類

1．特別養子縁組当事者の家族関係登録簿の基本証明書，家族関係証明書各1通（電算情報処理組織によりその内容を確認できる場合には添付を省略します）。
2．特別養子縁組裁判の謄本及び確定証明書
3．郵便受付の場合には申告人の身分証明書の写しを添付しなければなりません（申告人が出席した場合には出席した申告人の身分証明書により身分を確認しなければならず，別途身分証明書の写しを添付する必要がありませんが，提出人が出席した場合には提出人の身分証明書を提示しなければなりません。）。

適当でないと認められる場合には特別養子縁組請求を棄却することができる（民908条の2第2項）。家庭法院は，特別養子縁組に関する審判をする前に，養親となる者，特別養子となる者の実父母，特別養子となる者の後見人，特別養子となる者に対して親権を行使する者で父母以外の者，特別養子となる者の父母の後見人の意見を聞かなければならない。この場合に，特別養子となる者の実父母の死亡その他の事由で意見を聞くことができない場合には，最近親の直系尊属（同順位が数人であるときには年長者）の意見を聞かなければならない（家訴規62条の3）。

特別養子縁組を許可する審判は，特別養子となる者の実父母と特別養子となる者の法定代理人に告知しなければならない（家訴規62条の4）。特別養子縁組を許可する審判に対しては，養親を除き，特別養子縁組について意見陳述権をもつ者が即時抗告をすることができる（家訴規62条の5）。また，特別養子縁組に関する審判が確定したときは，法院事務官等は遅滞なく当該特別養子縁組を斡旋した社会福祉法人に対してその内容を通知しなければならない。当該特別養子縁組に対して家庭法院からの嘱託に応じて調査をした保護施設についても同様である（家訴規62条の6）。

特別養子縁組裁判が確定すれば，裁判確定日から1か月以内に裁判書の謄本及び確定証明書を添付して，養子縁組申告書記載事項と裁判確定日を記載した申告書を提出して，特別養子縁組申告をしなければならない（67条）。この申告は，報告的申告である[2]。

(3) 特別養子縁組の取消

特別養子となる者の実の父又は母は，自らに責任のない事由により民法第908条の2第1項第3号但書の規定による同意をすることができなかった場合には，特別養子縁組の事実を知った日から6か月内に，家庭法院に特別養子縁組の取消を請求することができる（民908条の4第1項）。しかし，親権者である実の父又は母が法定代理人として特別養子縁組承諾ができなかった場合には，無効を主張することはできない。一般養子縁組の無効・取消事由に関する民法第883条及び第884条の規定は，特別養子縁組では適用が排除されているからである（同2項）。

第2編　各　論

　特別養子縁組の取消事由があったとしても，家庭法院は特別養子となる子の福利のために，その養育状況，特別養子縁組の動機，養親の養育能力その他の事情を考慮して特別養子縁組の取消が適当でないと認められる場合には，特別養子縁組取消請求を棄却することができる（民908条の6・908条の2第2項）。特別養子縁組が取消されたときには，特別養子関係は消滅し，養子縁組前の親族関係は復活するが，その効力は遡及しない（民908条の7）。

　特別養子縁組取消の裁判が確定した場合，訴えを提起した者は，裁判の確定日から1か月以内に裁判書の謄本及確定証明書を添付して特別養子縁組取消申告をしなければならない。訴えの相手方も，裁判書の謄本及び確定証

2　特別養子縁組申告がある場合，市（区）・邑・面の長は，特別養子の家族関係登録簿を閉鎖し，特別養子について家族関係登録簿を再作成しなければならない。このとき，閉鎖される家族関係登録簿の特別養子本人の姓名欄に「親入養」の文言が表示されるようにしなければならない。特別養子の家族関係登録簿を再作成する場合において，特別養子の閉鎖された家族関係登録簿の家族関係登録簿事項欄及び一般登録事項欄に記録された事項のみを全部移記することを原則とする。但し，認知，親権，未成年後見，姓・本の変更，特別養子縁組した養父又は養母の配偶者ではない実父母に関する家族関係証明書の訂正事項の記録は移記しない。親権者指定又は後見人指定の記録がある場合，親権又は後見終了の記録後，移記しない。特別養子の家族関係登録簿の父母欄には，養父母の姓名など特定登録事項を記録しなければならず，実父母欄に実父母の姓名など特定登録事項を記録しなければならない。また，実父母欄は，特別養子縁組関係証明書にだけ顕出されるようにしなければならない（例規第291号3条）。実父母の家族関係登録簿の子欄で，特別養子となった子を抹消し，家族関係証明書に顕出されないようにしなければならない。抹消事由は，一般登録事項欄に記録するが，特別養子縁組関係証明書に顕出されるようにしなければならない（同5条）。特別養子縁組をした養父母の家族関係登録簿に特別養子縁組事由を記録し，特別養子の姓名などの特定登録事項を記録して，家族関係証明書には特別養子が子として，特別養子縁組関係証明書には特別養子として顕出されるようにしなければならない。特別養子縁組事由は特別養子縁組関係証明書に顕出されるようにしなければならない（同6条）。一方，一般養子となった養子をまた特別養子として縁組する場合には，特別養子の家族関係登録簿及び一般養子縁組をした養父母の家族関係登録簿に養子縁組終了事由を記録し，その事由は養子縁組関係証明書の一般登録事項欄に顕出されるようにしなければならない。特別養子縁組による養子縁組終了事由を記録するときには，一般養子縁組をした養父母の家族関係登録簿の子欄及び養子欄で，特別養子として養子縁組された子を抹消し，家族関係証明書に顕出されないようにしなければならない。また，養子の家族関係登録簿で実父母と一般養子縁組の養父母の特定登録事項を抹消し，特別養子縁組の養父母の姓名などの特定登録事項を記録する。実父母の家族関係登録簿及び特別養子縁組をした養父母の家族関係登録簿についての記録は，上記の場合と同一である。一般養子となった養子が特別養子となる場合，特別養子の家族関係登録簿も再作成しなければならず，再作成時，一般養子縁組に関する記録も移記しない（同7条）。

明書を添付して申告することができる。申告書には裁判確定日を記載しなければならない（70条・69条）。特別養子縁組取消による家族関係登録簿の記載例は，特別養子縁組の離縁の場合と同一である（例規第291号14条）。

(4) **特別養子縁組の効力**

特別養子は，夫婦の婚姻中の出生子とみなされる（民908条の3第1項）。したがって，特別養子の姓と本は，民法第781条により何ら定めがない場合には，養父の姓と本に，養父母が婚姻申告時に子の姓と本について母の姓と本に従うと協議した場合には養母の姓と本に変更される（例規第101号6条，例規第291号4条）。

特別養子の縁組前の親族関係は，特別養子縁組が確定したときに終了する。但し，夫婦の一方がその配偶者の嫡出子を単独で縁組する場合における配偶者及びその親族と嫡出子間の親族関係はその限りではない（民908条の3第2項）。

(5) **特別養子縁組の離縁**

養親，特別養子，実の父又は母や検事は，養親が特別養子を虐待又は遺棄しその他特別養子の福利を著しく害するとき及び特別養子の養親に対する悖倫行為により特別養子関係を維持させることができなくなったときには，家庭法院に特別養子の離縁を請求することができる（民908条の5第1項）。一般養子縁組の協議離縁と裁判上の離縁原因に関する規定は適用が排除されている（同2項）。

特別養子縁組をした者が離縁したときには，特別養子関係は消滅し，養子縁組前の親族関係は復活する。したがって，特別養子の姓と本も元来の姓と本に変更される（例規第291号10条）。

訴えを提起した者は，裁判の確定日から1か月以内に裁判書の謄本及び確定証明書を添付して離縁申告をしなければならない。その訴えの相手方も裁判書の謄本及び確定証明書を添付し，特別養子離縁の裁判が確定した旨を申

告することができる（69条）[3]。

II 国際養子縁組と離縁

1 国際養子縁組と離縁

　国際養子縁組と離縁とは，当事者の一方が外国人である養子縁組と離縁，韓国において外国人同士の間でなされる養子縁組と離縁，外国において韓国人同士の間でなされる養子縁組と離縁のように，外国的要素がある養子縁組をいう[4]。国際養子縁組と離縁の準拠法は，養子縁組当時の養親の本国法である（国私43条）。但し，養子縁組の成立に関して養親の本国法のみが適用され，養子側の本国法が全く考慮されない場合には，子の利益が侵害され，又は子の保護が疎かになりうるため，養子縁組による親子関係の成立に関して子の本国法が子又は第三者の承諾や同意などを要件とするときには，その要件も備えなけ

---

[3] 特別養子離縁申告がある場合，市（区）・邑・面の長は，特別養子の家族関係登録簿に離縁事由を記録し，特別養子縁組により養父母を抹消し，実父母の姓名などの特定登録事項を復活記録しなければならない。離縁事由は，特別養子縁組関係証明書に顕出されるようにしなければならない。離縁となった特別養子の閉鎖された家族関係登録簿に親権者指定の記録があり，離縁となった特別養子が離縁申告当時にも依然として未成年の場合には，親権者指定に関する記録も復活記録しなければならない（例規第291号9条）。実父母の家族関係登録簿には，特別養子離縁事由を記録し，特別養子離縁となった子の姓名など特定登録事項を復活記録しなければならず，離縁事由は，特別養子縁組関係証明書に顕出されるようにしなければならない（同11条）。特別養子縁組をする養父母の家族関係登録簿には特別養子離縁事由を記録し，離縁した特別養子を抹消して家族関係証明書に顕出されないようにしなければならず，離縁事由は特別養子縁組関係証明書に顕出されるようにしなければならない（同12条）。一般養子縁組の養子をまた特別養子とし，特別養子縁組が離縁となった場合，離縁する特別養子の家族関係登録簿の養父母欄に一般養子縁組の養父母の姓名などの特定登録事項を復活記録しなければならず，その事由を一般登録事項欄に記録するが，養子縁組関係証明書に顕出されるようにしなければならない。この場合，一般養子縁組の養父母の家族関係登録簿の養子欄にも離縁した特別養子の姓名など特定登録事項を記録し，その事由を一般登録事項欄に記録するが，養子縁組関係証明書に顕出されるようにしなければならない。但し，特別養子離縁の場合に，特別養子縁組前の養父母と特別養子縁組の養父母が同一人の場合には，実父母との親族関係のみを復活記録し，一般養子縁組関係は復活記録しない（同13条）。
[4] 「養子縁組促進及び手続に関する特例法」第16条及び第17条により，国外養子縁組も養親が外国人である国際養子縁組に該当するが，民法が規定している一般養子縁組における養子縁組当事者の資格等の養子縁組要件と養子縁組手続及び効果などについての特例が認められている。

ればならないことを要求している（国私 44 条）。このときには，子の本国法が重畳的に適用される。国際養子縁組と離縁の方式に関しては，国際私法に特別な規定がないため，法律行為の方式に関する一般規定が適用される。したがって，養子縁組行為の準拠法である養子縁組当時の養親の本国法に定める方式のみならず（国私 17 条 1 項・43 条），養子縁組の行為地法の方式によっても養子縁組をすることができる（国私 17 条 2 項）。

2　国際養子縁組申告

(1)　韓国における韓国人と外国人との間の養子縁組

韓国で韓国人養親と外国人養子の間でなされる養子縁組の場合には，養親の本国法や行為地法がすべて韓国法であるため，家族関係登録法の規定によって養子縁組申告をしなければならない。韓国で外国人養親と韓国人養子との間でなされる養子縁組の場合にも，行為地法である韓国の家族関係登録法によって養子縁組申告をすることができる。受理された外国人に関する養子縁組申告は，特種申告書類編綴帳に編綴して保存する（例規第 134 号 2．ナ）。申告人は，家族関係登録官署に対し，養子縁組申告受理証明書を請求することができる（42 条 1 項）。この養子縁組申告受理証明書又は韓国人養子の家族関係登録簿による養子縁組関係証明書[5]によって，国際養子縁組証明書が発給される（例規第 134 号 2．タ）。

国際養子縁組申告に対しても，国際婚姻申告の場合に適用される例規第 161 号が準用される（同 1）。したがって，養親である外国人が韓国で養子縁組申告をするときには，養親の国籍を証明する書面（家族関係登録謄本，出生証明書，旅券の写し，身分登録簿謄本など）と，その者がその者の本国法によって養子縁組成立要件を具備していることを証明する書面（本国の官公署，在外公館など権限ある機関発行）を添付しなければならず，子が外国人の場合には，その子の本国法が養子縁組の成立に子又は第三者の承諾や同意などを要件に

---

[5]　韓国人が外国人の養子になったとしても，その国籍を取得するまでは韓国国籍を喪失するものではないため，家族関係登録簿を閉鎖してはならず（外国人の養子となった養子が外国国籍を取得して韓国国籍を喪失したときに閉鎖する。），養子縁組事由のみを記録することとなる（例規第 133 号）。

する場合には，その要件を備えたことを証明する書面を添付しなければならない。

　韓国で韓国人と外国人との間の養子縁組申告があれば，韓国人の家族関係登録簿の一般登録事項欄に養子縁組事由を記録し，特定登録事項欄に養子縁組申告書に記録された内容に従って外国人養親又は養子の特定登録事項を記録する。外国人養子が帰化により韓国国籍を取得すれば，養子の家族関係登録簿を作成し，養子の家族関係登録簿が作成されれば，家族関係登録簿存在申告を養父母との養子縁組申告があった市（区）・邑・面の長にしなければならず，家族関係登録簿存在申告によって養子の家族関係登録簿の一般登録事項欄に養子縁組事由を記録し，養父母の家族関係登録簿の特定登録事項欄に養子の特定登録事項を，養子の家族関係登録簿の特定登録事項欄に記録された従前の養子に関する事項を抹消（削線処理）する。一方，外国人の養子となった韓国人養子が外国国籍を取得すれば，国籍喪失により養子の家族関係登録簿を閉鎖する。

　韓国人が外国人の養子となっても，特別養子縁組ではない限り養子の姓と本が変更されることはないため，養子の家族関係登録簿上の姓と本は変更されない。韓国民法第781条第6項による姓と本の変更許可を受けて，韓国人養子の姓を外国人養親の姓に変更することができると解する。韓国人養子の名前も，法院の改名許可を受けて外国式の名前に変更することができる（例規第131号）[6]。

(2) 韓国における外国人の間の養子縁組

　韓国に居住する外国人の間でなされる養子縁組も，行為地法である韓国法が定める方式によって養子縁組申告をすることができる。この養子縁組申告は，家族関係登録をすることができない申告であるため，申告書類を特種申告書類編綴帳に編綴して保存することになる（規則69条1項）。韓国で養子縁組申告を終えた外国人は，その養子縁組申告を受理した家族関係登録官署

---

[6] 「養子縁組促進及び手続に関する特例法」第8条第1項は，養親が求めるときには，養子の姓と本は養親の姓と本に従うものと規定するが，この場合も，養親が大韓民国国民の場合に限るものと解釈する（例規第270号1．ラ）。

に養子縁組申告受理証明書を請求することができる（42条1項）。

(3) 外国における韓国人の間の養子縁組

養子縁組は，養子縁組行為の準拠法である養子縁組当時の養親の本国法が定める方式や，養子縁組行為地法の方式に従って行うことができるため，外国にいる韓国人の間の養子縁組は，養親の本国法である韓国法が定める方式又は行為地法である外国法の方式によることができる。行為地たる外国の方式により養子縁組し養子縁組証明書を作成した場合には，3か月以内に，地域を管轄する在外公館の長に，その証書の謄本を提出しなければならない（35条1項）。

また，在外公館の長に養子縁組申告をすることができ（民882条・814条，法34条），養子縁組申告書又は養子縁組証書の謄本を受理した在外公館の長は，受理した時から1か月以内に，外交通商部長官を経由して本人の登録基準地の市・邑・面の長に送付しなければならない（36条）。

もちろん養子縁組当事者である韓国人の登録基準地の家族関係登録官署の長に，郵便の方法を利用し又は帰国して直接提出することもできる。

(4) 外国における韓国人と外国人との間の養子縁組

外国における韓国人と外国人との間の養子縁組の場合，養親が韓国人であるときには，養親の本国法である韓国の家族関係登録法の規定によって養子縁組申告をすることができ，行為地法である外国法が定める方式によって養子縁組手続をすることもできる。養親が外国人であるときには，養親の本国法や行為地法である外国法が定める方式によって，養子縁組手続を取らなければならない。

3　外国人の養子となった者が離縁する場合の処理手続

韓国人が外国人の養子になってから離縁した場合，養子が外国の国籍を取得する前なら，離縁申告は，外国当局の発行したその外国の国籍を取得する前である旨の証明書と外国法によって離縁が許容される旨の証明書を添付して申告しなければならない。例えば，韓国人が日本人の養子となり日本国籍を取得し

た後ならば，養子は韓国国籍を喪失（国籍15条2項2号）したため，離縁しても韓国の家族関係登録簿に離縁の記録をするのではなく，国籍回復手続を取らなければならず，日本国籍を取得する前ならば，離縁申告は日本当局により発行された日本国籍取得前である旨の証明書と日本法によって離縁が許容される旨の証明書（国私43条）を添付して申告しなければならない（例規第136号）。

4　特別養子縁組の場合

　特別養子縁組に外国的要素が含まれている場合も，一般養子縁組の場合と異ならない。これに対する準拠法も，養子縁組当時の養親の本国法とされ（国私43条），養子の利益を保護するための規定（国私44条）も適用される。また養子縁組の方式も，養子縁組行為の準拠法である養子縁組当時の養親の本国法に定める方式で養子縁組をすることができ（国私17条1項・43条），養子縁組行為地法の方式によって養子縁組をすることもできる（国私17条2項）。但し，特別養子縁組により養子と特別養子縁組前の親族関係は終了するため（民908条の3第2項本文），それによる取扱上の差異がある。

(1)　韓国人夫婦が韓国において外国人の子を特別養子とする場合

　養子が外国人で養親が韓国人であるため，特別養子縁組の準拠法は韓国法である（国私43条）。養子縁組行為地も韓国であるため，養親は，特別養子となる者が韓国内に住所を置いたときには，特別養子となる者の住所地を管轄する家庭法院に特別養子縁組許可審判を請求しなければならない（民908条の2第1項，家訴44条4号）。韓国内に住所がないときには，大法院所在地の家庭法院であるソウル家庭法院に請求しなければならない（同35条）。家庭法院の特別養子縁組審判が確定すれば，確定日から1か月以内に裁判書の謄本及び確定証明書を添付して特別養子縁組申告をしなければならない（67条1項）。

　特別養子縁組によって特別養子は養親の婚姻中の子となるため（民908条の3第1項），特別養子の姓と本は，民法第781条により，何らの定めがない場合には養父の姓と本に，養父母が婚姻申告時に子の姓と本について母の姓と本に従うものと協議された場合には養母の姓と本に変更されると解される。

特別養子縁組申告があれば養親の家族関係登録簿の一般登録事項欄に特別養子縁組事由を記録し，特定登録事項欄には特別養子縁組申告書に記載された特別養子の特定登録事項を記録する。特別養子縁組によっても外国人の特別養子が自動的に韓国国籍を取得することはない。特別養子が韓国国籍を取得すれば，特別養子の家族関係登録簿を作成することになる。

(2) 外国人夫婦が韓国において韓国人の子を特別養子とする場合

この場合の準拠法は養親の本国法であるため，養子縁組行為地法である韓国法の方式により特別養子縁組許可審判によって養子縁組ができたとしても，養子縁組の実質的要件は養親の本国法によることになる。養親の本国法に韓国の特別養子制度と類似の養子制度が認められるとき，すなわち養子縁組の成立によって養子と実父母の親子関係が消滅する養子制度が認められるときには，実質的要件を具備したかを検討して，韓国法院は特別養子縁組を許可する審判をすることができるであろう。併せて，養子縁組の成立要件として韓国人養子の実父母の同意（民908条の2第1項3号），法定代理人の承諾（同4号）も要求される（国私44条）。

特別養子縁組審判が確定すれば，一般養子縁組の場合に準じて処理することができることになる。しかし，特別養子縁組をする外国人養親には家族関係登録簿がないから，特別養子縁組申告書が受理されても特別養子の家族関係登録簿の一般登録事項欄に特別養子縁組事由を記録し，特定登録事項欄に特別養子縁組申告書に記載された養父母の特定登録事項を記録するにとどまる。特別養子の家族関係登録簿に基づく家族関係証明書には，実父母の代わりに特別養子縁組をした養親が実父母で顕出されなければならないため，特定登録事項欄に記録された実父母を抹消（削線処理）し，代わりに特別養子縁組をした養親を記録する。但し，特別養子の家族関係登録簿に基づく特別養子縁組関係証明書には，養親と実父母がすべて現れるように記録する。また，実父母の家族関係登録簿の一般登録事項欄には子が他人の特別養子となった旨を記録し，特定登録事項欄で他人の特別養子となった子の記録を抹消（削線処理）する。

この場合，韓国人子の姓と本は，その常居所地法によることとされるため

(国私45条)、その法により変更の有無及び変更方法が定められる。後に子が外国国籍を取得した場合には、子の家族関係登録簿は閉鎖される。

(3) 外国人と韓国人の夫婦が韓国において韓国人の子を特別養子とする場合

この場合、特別養子縁組の実質的成立要件に関する準拠法は、外国人養親についてはその本国法、韓国人養親については韓国法である(国私43条)。養子縁組の方式については、養子縁組行為地法が準拠法となりうるため、養子縁組行為地法である韓国法による特別養子縁組も可能である。特別養子縁組審判が確定し特別養子縁組申告がなされれば、韓国人特別養子の家族関係登録簿の一般登録事項欄には特別養子縁組事由、特定登録事項欄には韓国人養親についての特定登録事項と外国人養親については特別養子縁組申告書に記録された特定登録事項を記録し、韓国人養親の家族関係登録簿の一般登録事項欄には特別養子縁組事由を、特定登録事項欄には特別養子の特定登録事項を記録する。一方、特別養子縁組により、実父母の家族関係登録簿の一般登録事項欄には子が他人の特別養子となった趣旨を記録し、特定登録事項欄では他人の特別養子となった子の記録を抹消(削線処理)することになる。

第4章 婚　姻

I　婚姻申告

1　婚姻の意義

　一般的に，婚姻とは，永続的な生活共同体のために法的に認められた男女間の結合を意味するものと理解される。婚姻は，当事者の自由な意思の合致によって成立し，申告することでその効力が発生する（民812条）。

2　婚姻の成立要件

(1)　実質的成立要件

　　ア　婚姻意思の合致（民815条1号）

　　婚姻意思とは，社会通念上の定型的身分関係としての夫婦関係を創設しようとする意思をいい，何かの方便のために婚姻申告をする仮装婚姻は無効である（大法1980年1月29日言渡79ム62・63）。婚姻意思は，申告書を作成するときにはもちろん，提出，受付，受理するまで継続しなければならず，したがって，有効な申告書を作成したとしても，その提出前に一方が他方又は他人にその提出を依頼したが，その者に婚姻意思を撤回した場合や，戸籍公務員に婚姻意思を撤回したため，その受理をしないように申出した場合には，婚姻意思の合致がないというべきであるから，その申告書が提出されてもその婚姻は無効である（大法1983年12月27日言渡83ム28）。

　　イ　婚姻適齢に達したこと（民807条）

　　男女ともに満18歳に達すれば婚姻することができる。家族関係登録簿上，婚姻できる年齢に到達していない者は，事実上婚姻できる年齢に到達しても婚姻申告をすることができない（例規第141号）。婚姻適齢に達した未成年者が婚姻する場合には，父母などの同意がなければならないが（民

808条1項），婚姻申告は未成年者自身がなしうる（例規第140号）。

ウ　婚姻の同意を要する場合には同意権者の同意を得ること（民808条）

未成年者の婚姻に対する同意権者は，父母，後見人，親族会の順で，禁治産者の婚姻に対する同意権者は，父母又は後見人，親族会の順である。未成年者又は禁治産者が婚姻する場合，母がいない場合には父の同意だけで婚姻でき（例規第142号），養子が同意を要する婚姻をする場合に養父母と実父母がいるときには，養父母の同意を受けなければならない（例規第143号）。

エ　禁婚親族間の婚姻ではないこと（民809条）

①8親等以内の血族（特別養子の縁組前の血族含む。）の間，②6親等以内の血族の配偶者の間，③配偶者の6親等以内の血族の間，④配偶者の4親等以内の血族の配偶者である姻戚や姻戚であった者の間，⑤6親等以内の養父母係の血族であった者と4親等以内の養父母系の姻戚だった者の間では婚姻することができない。したがって，死亡した妻の姉妹とは婚姻できず（例規第150号），死亡した前夫の兄弟とも婚姻できない。同じく韓国人女子が日本人男子と離婚した後，離婚した前夫の弟と再婚する場合にも，日本人夫の本国法では婚姻禁止規定の適用を受けず，有効な婚姻であるとしても，国際私法第36条第1項により，婚姻の成立要件は各当事者に関してその本国法によってこれを定めるので，韓国人女子については民法第816条第1号が適用され，取消婚となる（例規第151号）。

オ　重婚ではないこと（民810条）

既に婚姻申告をした者が二重に婚姻申告をする場合，その婚姻申告を受理してはならない（民813条）。しかし，家族関係登録公務員の過ちにより二重の婚姻申告が受理された場合には，前の婚姻申告を受けたときと同様に，後婚当事者の家族関係登録簿の一般登録事項欄に後婚の事由を記録する。後婚の婚姻申告が先に記録された後に前婚に対して婚姻証書が提出された場合や前婚が先に記録された後に後婚に対して婚姻証書が提出された

第 4 章　婚　姻

場合も同様である。重婚は，婚姻の無効事由ではなく取消事由だからである。したがって，協議離婚後，他人と再婚をしたが，その協議離婚が無効又は取り消されたときには，前の婚姻関係ははじめから解消されないことになって重婚関係が成立するので，協議離婚の無効又は取消判決による家族関係登録簿訂正申請により夫及び妻の家族関係登録簿の一般登録事項欄に記録された離婚事由をそれぞれ抹消し，両者の家族関係登録簿の特定登録事項欄に抹消された配偶者の姓名，出生年月日などをそれぞれ復活記録する。配偶者の一方が失踪宣告を受けて婚姻関係が解消された後，残存配偶者が再婚をしたが，その後にその失踪宣告が失踪者の生存を原因にして取り消された場合，一応再婚当事者が双方とも善意であるものと推定し，失踪宣告が取り消されても前婚関係は復活しないものと解して処理する。但し，再婚当事者の双方又は一方が悪意であることが証明されれば，重婚関係が成立し，家族関係登録簿訂正手続が取られる（例規第 155 号 1）。

(2)　形式的成立要件

　ア　婚姻申告の方式

　婚姻当事者双方が任意に行う婚姻申告は創設的申告であり，婚姻をしようとする当事者双方と成年者である証人二人が連署した書面によりしなければならない（民 812 条）。婚姻申告書に成年証人二名の連署と捺印がなければ受理を拒否しなければならないが，受理された場合には婚姻は有効に成立する（例規第 144 号）。しかし，受理時に発見した場合には，民法第 813 条によって受理を拒否しなければならない。

　定められた申告期間はなく，申告場所も申告地（受付地）処理原則によって制限がない。しかし，出生・死亡申告とは異なり，申告事件本人の住民登録地の洞を経て申告することはできない（例規第 138 号）。在外国民の間の婚姻は，その外国に駐在する大使，公使又は領事に申告することができ，申告を受理した在外公館の長は，1 か月以内に外交通商部を経由して本人の登録基準地の市・邑・面の長に送付しなければならない（民 814 条・36 条）。

　申告は，口頭ですることができるが（23 条・31 条 1 項・2 項），代理人を

して申告させることができない (31条3項但書)。婚姻当事者双方が婚姻申告書を作成して，郵送又は使者を通じて提出することもできる。婚姻当事者の生前に郵送した婚姻申告書は，当事者の一方が死亡した後に到着した場合にも受理しなければならず，申告人が死亡時に申告（受理）したものとみなされる（41条）。

婚姻申告書には，①当事者の姓名・本・出生年月日・住民登録番号及び登録基準地（当事者が外国人であるときには，その姓名・出生年月日及び国籍），②当事者の父母と養父母の姓名・登録基準地及び住民登録番号，③子の姓と本につき母の姓と本に従うこととする協議がある場合にはその事実，④8親等以内の血族（特別養子の縁組前血族を含む。）に該当しないという事実を記載しなければならない（71条）。家族関係登録の電算化が完了したといっても，民法上近親婚の範囲に属するかどうかを自動検索することは，技術的に不可能だからである。

同意を必要とする婚姻の場合には，婚姻申告書の「その他の事項」欄に同意者の同意の趣旨と住所及び姓名を記載し，署名又は捺印する場合を除いては，婚姻同意書が添付されなければならず，親族会が同意をする場合には，親族会の決議録を添付しなければならない（32条1項）。子の姓と本につき母の姓と本に従うこととする協議をした場合には，婚姻当事者の協議書を添付しなければならない。また，婚姻当事者の婚姻成立の実質的要件の具備の有無を審査する書面として婚姻当事者の家族関係登録簿の登録事項別証明書（基本証明書，婚姻関係証明書，家族関係証明書）を婚姻申告書に添付しなければならないが，電算情報処理組織により家族関係登録簿記録事項を確認できる場合には，登録事項別証明書を添付しなくても差し支えない。

イ　婚姻申告の受理

婚姻申告は，家族関係登録公務員や在外公館の長が受理することにより完了する。婚姻申告が民法第807条ないし第810条の婚姻の実質的成立要件を備え，その他の法令に違反することがないときには，これを受理しなければならない（民813条）[1]。当事者の一方又は同意権者の署名捺印が遺

漏し,又は権限なく作成された婚姻申告書が受理されたときに,当事者に婚姻申告の意思及び同意があったことが認められる場合には,その婚姻は有効に成立するが(例規第149号),婚姻当事者の一方が婚姻申告した場合には受理されても無効である。但し,その後,他の当事者がその婚姻に満足し,そのまま夫婦生活を継続した場合には有効になる(大法1965年12月28日言渡65ム61)。また,事実婚関係にある当事者の一方が婚姻申告をした場合にも相手方が婚姻意思を明白に撤回し,又は当事者の間で事実婚関係を解消することに合意した等の特別な事情がない限りその婚姻申告は有効である(大法2000年4月11日言渡99ム1329)。

　市・邑・面の長及び在外公館の長は,婚姻申告のような創設的申告の場合,出頭しない者の身分を確認するために,不出頭の本人の身分証明書の提示を受け,若しくは申告書に添付された印鑑証明書又は申告書の署名についての公証書等を通じて身分を確認しなければならないことになっているものの(例規第23号),婚姻意思が欠如した婚姻申告書が婚姻当事者の一方によって作成され,その申告が受理される可能性は常に存する。このような婚姻申告が受理され,婚姻事実が家族関係登録簿に記録されれば,これを訂正するためには婚姻無効の判決を得なければならない等の不便を被らなければならない。そのため,2003年1月1日から婚姻申告受理不可申告制度を実施している(戸例第656号,例規第139号)。

　受理不可申告書を提出した後にその撤回をしようとするときには,婚姻申告受理不可申告書の撤回書を申告人が受理不可申告書を提出した市(区)・邑・面に出頭して提出しなければならない。受理不可申告書の撤回書を受付した市(区)・邑・面の長は,撤回の対象である受理不可申告書受付欄の備考欄に「年月日撤回」と記載した後,直ちに電算情報処理組織に解除(終局)処理をしなければならない。

1　婚姻申告が受理されれば,夫と妻の家族関係登録簿の一般登録事項欄に婚姻事由を記録し,各当事者の家族関係登録簿の配偶者に関する特定登録事項欄に各配偶者の特定登録事項をそれぞれ記録する。一方,配偶者が外国人(又は登録されておらず,又は登録不明者)の場合には,他方配偶者の家族関係登録簿の配偶者に関する特定登録事項欄には,婚姻申告書に記載された配偶者の関連事項を記録する。

第2編　各　論

【婚姻申告書記載例】

婚　姻　申　告　書　（　　） （　　年　　月　　日）	※裏面の作成方法を読んで記載し，選択項目は該当番号に"○"をして下さい。		
区分		夫	妻
①婚姻当事者（申告人）	登録基準地	ソウル市中区新堂洞1番地	ソウル市西大門区渼芹洞1番地
	住所	ソウル市陽川区新亭洞1番地	河南市新長洞1番地
	世帯主及び関係	김을병 の 息子	홍길동 の 娘
	姓名　ハングル	김갑돌　㊞（署名又は拇印）	홍길순　㊞（署名又は拇印）
	漢字	金甲乭	洪吉順
	本（漢字）	金海　電話 02-2692-0000	南陽　電話 02-3290-0000
	出生年月日	1978. 10. 27	1982. 2. 16
	住民登録番号	781027-1111111	820216-2222222
②父母（養父母）	父　登録基準地	ソウル市中区新堂洞1番地	ソウル市西大門区渼芹洞1番地
	姓名	김을병	홍길동
	住民登録番号	441008-1111111	480101-1111111
	母　登録基準地	ソウル市城北区安岩洞1番地	ソウル市城北区鐘岩洞1番地
	姓名	김추자	이미자
	住民登録番号	520319-2222222	540202-2222222
③直前婚姻解消日付		年　　月　　日	年　　月　　日
④外国方式による婚姻成立日付		年　　月　　日	
⑤姓・本の協議		子の姓・本を母の姓・本にする協議をしますか？　はい□ いいえ☑	
⑥近親婚であるか否か		婚姻当事者らが8親等以内の血族間に該当しますか？　はい□ いいえ☑	
⑦その他の事項			
⑧証人	姓名	홍길서　㊞（署名又は拇印）	住民登録番号　760303-1111111
	住所	ソウル市城北区安岩洞1番地	
	姓名	홍길남　㊞（署名又は拇印）	住民登録番号　780404-1111111
	住所	ソウル市城北区安岩洞1番地	
⑨同意者	夫　父　姓名	김을병	㊞（署名又は拇印）
	母　姓名	김추자	㊞（署名又は拇印）
	妻　父　姓名	홍길동	㊞（署名又は拇印）
	母　姓名	이미자	㊞（署名又は拇印）
	後見人　姓名	㊞（署名又は拇印）　住民登録番号	－

※次は，国家の人口政策樹立に必要な資料で，「統計法」第32条及び第33条により誠実回答義務があり，個人情報が徹底的に保護されますので，事実のままご記入ください。

⑩実際の結婚生活開始日		2008 年　12 月　25 日から 同居	
⑪婚姻の種類	夫	①初婚　②死別後再婚 ③離婚後再婚	妻	①初婚　②死別後再婚 ③離婚後再婚
⑫最　終卒業学校	夫	①無学　②小学校　③中学校 ④高等学校　⑤大学（校） ⑥大学院以上	妻	①無学　②小学校　③中学校 ④高等学校　⑤大学（校） ⑥大学院以上
⑬職　業	夫	大学院生 ＊主な仕事の種類と内容を記入します。	妻	大学院生 ＊主な仕事の種類と内容を記入します。

3　婚姻無効・取消

　婚姻無効事由（民 815 条）がある場合には，婚姻申告が受理されても，はじめから婚姻の効力は発生しない。したがって，当事者及びその法定代理人，4 親等以内の親族は，いつでも婚姻無効の訴えを提起することができ（家訴 23 条），婚姻無効の判決が確定した時には，判決確定日から 1 か月以内にその判決の謄本及び確定証明書を添付して家族関係登録簿訂正申請をしなければならない（107 条）[2]。

　婚姻取消事由（民 816 条）がある場合には，家庭法院に婚姻取消の訴えを提起することができる。婚姻取消事件は，ナ類家事訴訟事件として調停が先行する。しかし，婚姻取消は，当事者が任意に処分できない事項に属するので，調停が成立して調停調書が作成されても，これに基づく申告はできず，判決によってのみ申告することができる（例規第 170 号）。婚姻取消の判決が確定すれば，婚姻は将来に向かって効力を失う（民 824 条）。婚姻取消の裁判が確定した場合には，訴えを提起した者は，裁判の確定日から 1 か月以内に裁判の謄本及び確定証明書を添付し，その旨を申告しなければならない（73 条・58 条）。その相手方も申告をすることができる。婚姻取消申告書に関しては，離婚申告の記載事項に関する規定が準用される（77 条・74 条）[3]。

4　裁判・調停による婚姻申告

　事実婚関係にありながらも当事者の一方が婚姻申告に協力しない場合には事実上の婚姻関係存在確認の判決により一方的に婚姻申告ができる。事実上の婚姻関係存在確認の裁判が確定した場合には，訴えを提起した者は裁判の確定日から 1 か月以内に裁判書の謄本及び確定証明書を添付して婚姻申告をしなければならない（72 条）。事実上の婚姻関係存否確認の訴はナ類家事訴訟事件であり（家訴 2 条カ），調停が先行し（家訴 50 条 1 項），調停調書が作成されれば調停を申請した者がその調停調書謄本と送達証明書を添付して申告しなければなら

---

[2] 婚姻無効判決による家族関係登録簿訂正申請により，各当事者の一般登録事項欄に記録された婚姻事由は抹消（削線処理）される。一方，子は婚姻無効判決によって婚姻外の子になるので，その旨を子の家族関係登録簿に記録する。
[3] 婚姻取消申告があれば，各当事者の家族関係登録簿の一般登録事項欄にその旨を記録し，特定登録事項欄の配偶者の特定登録事項をそれぞれ抹消（削線処理）する。

ない。

　婚姻申告は，原則的に両当事者が生存する場合にのみすることができ，事実婚関係にあった者が死亡した後は，事実上の婚姻関係存在確認の判決が確定しても，その判決に基づく婚姻申告はできない（大法1991年8月13日決定91ス6）。学説は，この申告を報告的申告と解しているが，判例は創設的申告と解している（大法1973年1月16日言渡72ム25判決）。したがって，原告が確定判決に基づいて婚姻申告をする前に，被告が第三者と婚姻申告をすれば，原告の判決に基づく婚姻申告は重婚に該当し，受理されない。

II　国際婚姻

1　国際婚姻

　国際婚姻とは，韓国において韓国人と外国人の間でなされる婚姻，韓国において外国人の間でなされる婚姻，外国において韓国人と外国人の間でなされる婚姻，外国において韓国人同士の間でなされる婚姻などのように，外国的要素がある婚姻をいう。これに関する家族関係登録事件すなわち国際婚姻申告事件を処理するためには，まず，当該国際婚姻が国際私法上有効であるか否かが検討されなければならない。

　婚姻の成立と関連して，韓国国際私法は，「婚姻の成立要件は各当事者に関してその本国法による」（国私36条1項）と規定し，本国法主義をとっている。ここでいう「婚姻の成立要件」とは，婚姻の実質的成立要件を意味する。婚姻の形式的成立要件である婚姻の方式に関しては別途規定している（同2項）。そして「本国法」とは，婚姻当時の本国法を意味し，「各当事者に関してその本国法による」ということは，両当事者の本国法が重複的に適用されて両当事者が両本国法が要求する実質的成立要件をすべて具備しなければならないという意味ではなく，両当事者が各自の本国法が要求する実質的成立要件をそれぞれ具備すればよいという意味である。家族関係登録公務員が国際婚姻申告を受理するためには，婚姻当事者双方が各自の本国法上婚姻の実質的成立要件を具備しているのか否かを審査しなければならない。婚姻当事者の一方が韓国人の場合には大きな困難はないであろうが，外国人である婚姻当事者についての婚姻

の実質的成立要件の具備の有無を判断するのは容易ではない。そこで，韓国において韓国人と外国人の間又は外国人の間で韓国法の方式によって婚姻する場合には，事件本人である外国人が準拠法所属国の権限ある機関が発給した婚姻の実質的成立要件を具備しているという証明書などを添付すれば，家族関係登録公務員はその要件を具備したものとみなし，その婚姻申告書を受理することができるものとされている（例規第33号2．カ）。

国際私法上，国際婚姻の方式に関しては，概ね婚姻挙行地法主義に従っている。韓国国際私法も，領事婚（民814条）の場合を除いては婚姻挙行地の法によるものとしていたことがある（旧渉外私法15条1項但書）。しかし，国際婚姻の方式に関する準拠法を婚姻挙行地法のみに制限するようになれば，当事者に多くの不便をもたらす可能性があり，婚姻の自由を害しうるという指摘を受けてきた。このような批判を受け入れて，国際私法は「婚姻の方式は婚姻挙行地法又は当事者一方の本国法による」と規定した（国私36条2項本文）。但し，韓国で婚姻を行う場合に婚姻当事者のうちの一方が韓国人であるときには，韓国の婚姻方式によるものとした（同但書）。このような場合にも韓国法ではない他方当事者の本国法による方式で婚姻が成立しうるとすれば，その婚姻関係が韓国の家族関係登録簿には全く公示されないまま有効に成立し，身分関係に混乱をきたす可能性があり，その婚姻関係で出生した子の国籍や地位が不安定になりうることを考慮したのである。

2　日本における韓国人の間の婚姻

日本にいる韓国人間の婚姻は，挙行地法たる日本法の方式によるか，又は韓国法が定める方式によることができる（国私36条2項）。日本にいる韓国人の間の婚姻申告は，日本に駐在する大使，公使又は領事に対して行うことができ，申告を受理した大使，公使又は領事は，遅滞なくその申告書類を韓国の登録基準地を管轄する家族関係登録官署に送付しなければならない（民814条）。

日本において韓国人同士が挙行地である日本の方式によって婚姻をして婚姻証書を作成する場合には，3か月以内に地域を管轄する在外公館の長にその証書の謄本を提出しなければならない（35条1項）。在外公館の長がこれを受理したときには，1か月以内に外交通商部長官を経由して本人の登録基準地の

市・邑・面の長に送付しなければならない（36条）。大韓民国の国民のいる地域が在外公館の管轄に属しない場合には，3か月以内に登録基準地の市・邑・面の長に証書の謄本を発送しなければならない（35条2項）。あるいは，婚姻当事者である韓国人の登録基準地の市（区）・邑・面の長に直接，郵便の方法により，又は帰国して登録基準地又は現在地市（区）・邑・面に提出することもできる（例規第30号2．カ．(1)）。

外国方式による婚姻の成立時期は，外国で婚姻が成立した日付である。したがって，在日韓国人が日本の方式によって婚姻をした場合の成立時期は，日本の機関に申告した日である（例規第165号）。婚姻当事者の家族関係登録簿の一般登録事項欄の婚姻日欄にも，挙行地（日本）方式による婚姻成立年月日を記録する。

外国法方式による婚姻証書謄本の提出は，外国でその国の方式によって既に成立した婚姻に関して韓国人婚姻当事者の家族関係登録簿に婚姻事実を記録するためにする報告的申告の性質をもつ。したがって，在外国民が挙行地方式による婚姻をし適法な婚姻証書の謄本の発給を受けて在外公館に提出すれば，その婚姻は既に成立したものであるため，在外公館の長は，その婚姻証書を受理して登録基準地の市（区）・邑・面の長に送付しなければならない[4]。登録基準地の市（区）・邑・面の長が重婚であることを発見した場合にも，在外公館の長が受理して発送したその証書謄本の内容に従って重婚当事者の家族関係登録簿の一般登録事項欄に後婚の事由を記録しなければならない。重婚は，婚姻の無効事由ではなく取消事由にすぎないため（民816条・810条），取り消されない限り有効な婚姻となるからである[5]。

---

[4] 在日韓国人である男子（甲）が同じ在日韓国人女子（乙）と日本国で挙行地方式による婚姻をしてその日本国で婚姻後に出生子の出生申告をしたが，父が死亡した後，婚姻証書謄本及び子の出生申告受理証明書を父の登録基準地の市（区）・邑・面に送付してきた場合，父の登録基準地の市（区）・邑・面では甲男と乙女の家族関係登録簿に婚姻事由をそれぞれ記録する同時に，婚姻解消事由を記録しなければならず，子については出生申告により家族関係登録簿を作成しなければならない（例規第166号）。

[5] 在外国人である婚姻した男子が，再び日本で日本の方式によって日本女子と婚姻申告をして適法な婚姻証書の発給を受けて在外公館に提出すれば，その婚姻は既に成立したものであるため，その婚姻が重婚に該当する場合にも，在外公館の長はこれを受理しなければならない（例規第164号）。

3　日本における韓国人と外国人との間の婚姻

　日本において韓国人と外国人との間で婚姻する場合には，挙行地法である日本法の方式により，又は婚姻当事者の一方の本国法が定める方式によることができる（国私36条2項）。

　日本において韓国人と外国人との間に挙行地である日本法の方式によって婚姻をして婚姻証書を作成する場合には，3か月以内に地域を管轄する在外公館の長にその証書の謄本を提出しなければならない（35条1項）。在外公館の長がこれを受理したときには，1か月以内に外交通商部長官を経由して婚姻当事者である韓国人の登録基準地の市・邑・面の長に送付しなければならない（36条）。婚姻当事者である韓国人の登録基準地の市（区）・邑・面の長に直接，郵便の方法により，又は帰国して登録基準地又は現在地市（区）・邑・面に提出することもできる（例規第30号2．カ．(1)）。

　日本の方式による婚姻の成立時期は日本で婚姻が成立した日付であるため，婚姻当事者である韓国人の家族関係登録簿の一般事項欄の婚姻日欄には，挙行地（日本）方式による婚姻成立年月日を記録する。前述したように，外国方式による婚姻証書謄本の提出は，外国でその国の方式によって既に成立した婚姻に関して韓国人婚姻当事者の家族関係登録に婚姻事実を記載するためにする報告的申告の性質をもつ。婚姻をした外国方式によって婚姻が成立されたことを証明する書面すなわち婚姻挙行地国の権限ある機関が発行した婚姻証書謄本及びそれに対する翻訳文を添付しなければならない（例規第161号2．カ．(1)）。

第5章 離　婚

I　離婚申告

1　協議離婚
(1)　意　義
　協議離婚とは，当事者間の自由な意思の合致により婚姻関係を将来に向かって解消させる身分行為であり，家庭法院の確認を受けて成年者二名が連署した書面で申告することによりその効力が発生する（民836条）。但し，協議離婚申告書に家庭法院の離婚意思確認書謄本を添付した場合には，証人二名の連署があるとみなされている（76条）。

(2)　実質的成立要件
ア　当事者間に離婚意思の合致があること
　離婚意思とは何かについては実質的意思説と形式的意思説の対立があるが，現在の判例の立場は，形式的意思説により仮装離婚も有効と解している。よって，協議離婚における離婚意思とは，法律上の夫婦関係を解消しようとする意思であり，一時的にでも法律上の夫婦関係を解消しようとする当事者間の合意の下に協議離婚申告がされた以上，協議離婚に他の目的があったとしても両者の間に離婚意思がないとはいえず，このような協議離婚も無効とはならない（大法1975年8月19日言渡75ト1712，大法1981年7月28日言渡80ム77，大法1993年6月11日言渡93ム171等）。離婚意思は，離婚申告書を作成する時にはもちろん，受理時にもなければならない。重婚の場合でも，婚姻取消の方法ではなく協議離婚を通じて重婚関係を解消することができる。

第2編　各論

　　イ　禁治産者は，父母又は後見人の同意を得ること（民835条・808条2項・3項）

(3)　形式的成立要件
　ア　協議離婚意思確認
　①　協議離婚意思確認申請書の作成
　　　協議離婚をしようとする者は登録基準地又は住所地を管轄する家庭法院の確認を受けて申告しなければならないので（75条1項），協議離婚をしようとする夫婦は各自の登録基準地又は住所地を管轄する家庭法院にともに出頭して協議離婚意思確認申請書を提出しなければならない。夫婦の住所が違い又は登録基準地と住所が異なる場合には，そのうち便利な場所に夫婦がともに出頭して協議離婚意思確認申請書を提出すればよい。弁護士又は代理人による申請はすることができない。
　　　協議離婚意思確認申請書には当事者の姓名・登録基準地・住所及び住民登録番号，申請の趣旨及び年月日を記載し，離婚しようとする夫婦が共同で署名又は記名捺印しなければならない。未成年の子（懐胎中の子を含む，離婚に関する案内を受けた日から民法836条の2第2項又は3項で定める期間以内に成年に到達する子は除く。）がいる場合，その子の養育と親権者決定に関する協議書1通又は家庭法院の審判書正本及び確定証明書3通を提出しなければならない（規則73条4項）。
　②　添付書類
　　　協議離婚意思確認申請書には，夫婦双方の家族関係証明書と婚姻関係証明書各1通と離婚申告書3通を添付しなければならない（規則73条4項）。住所地を管轄する家庭法院に申請書を提出する場合には，その管轄を証明しうる住民登録表謄本1通も添付しなければならない（例規第276号「協議離婚の意思確認事務及び家族関係登録事務処理指針」2条2項）。
　③　案内と相談勧告
　　　協議離婚をしようとする夫婦は，二人がともに登録基準地又は住所

地を管轄する家庭法院に出頭して，協議離婚意思確認申請書を提出し，離婚に関する案内を受けなければならない。

協議離婚をしようとする者は，家庭法院が提供する離婚に関する案内を受けなければならず，家庭法院は必要な場合，当事者に相談に関して専門的知識と経験を備えた相談委員の相談を受けるよう勧告することができる（民836条の2第1項，家訴規12条の2）。家庭法院は，未成年の子の養育と親権者決定に関して相談委員の相談を受けた後，協議書を作成するよう勧告する。すなわち，法院事務官等又は家事調査官は，離婚手続，離婚の効果（財産分与，親権，養育権，養育費，面接交渉権等），離婚が子に及ぼす影響等を離婚しようとする夫婦に案内しなければならず，相談委員の相談を受けるよう勧告することができる。未成年の子がいる場合には，養育と親権者決定に関して相談委員の相談を受けるよう勧告しなければならない。養育及び親権者決定に関する協議が円滑でなく協議書を確認期日の1か月前までに提出できないことが予想される場合には，遅滞なく家庭法院に審判を請求する旨を案内しなければならない（例規第276号4条）。

④ 養育・親権者決定協議書又は審判正本の提出

未成年の子（妊娠中の子を含み，法院が定める離婚熟慮期間以内に成年に到達する子は除く。）がいる夫婦は，離婚に関する案内を受けた後，その子の養育と親権者決定に関する協議書1通と写し2通又は家庭法院の審判正本及び確定証明書3通を提出しなければならない（民836条の2第4項，規則73条4項）。夫婦がともに出頭して申請し，離婚に関する案内を受けた場合には，協議書は確認期日1か月前まで提出することができ，審判正本及び確定証明書は確認期日まで提出することができる（例規第276号2条3項）。未提出又は提出遅延時には協議離婚確認が遅延し又は確認を受けられない。

子の養育と親権者決定に関する協議書には，養育者の決定，養育費用の負担，面接交渉権の行使の可否及びその方法が含まれなければならないし（民837条2項），協議内容が子の福利に反する場合には家庭法院は補正を命じ又は職権でその子の意思・年齢と父母の財産状況そ

第 2 編　各　論

の他の事情を参酌し，養育に必要な事項を定める（同 3 項）。養育又は親権者決定に関する協議が成立せず又は協議することができない場合には，家庭法院は職権又は当事者の請求によりこれに関して決定する（同 4 項・民 909 条 4 項）。上記の家庭法院の審判正本とはこれを指す。

⑤　確認期日の指定と離婚熟慮期間の経過

協議離婚意思確認申請事件の担当者である法院事務官等は，毎月 20 日頃，担当判事からその翌月に実施する協議離婚意思確認の期日を協議離婚意思確認期日指定簿にあらかじめ指定を受けなければならず（例規第 276 号 1 条 1 項），確認期日は，一定の離婚熟慮期間が経過した以後に指定しなければならない。すなわち，家庭法院に離婚意思の確認を申請する当事者に家庭法院から案内を受けた日から，

　　あ．未成年の子（妊娠中である子を含む。）がいる場合には 3 か月，
　　い．成年到達前 1 か月後 3 か月以内の間の未成年の子がある場合には成年となった日，
　　う．成年到達前 1 か月以内の未成年の子がある場合には 1 か月，
　　え．子がなく又は成年の子だけがいる場合には 1 か月，

が経過した以後に確認期日が指定され，離婚意思の確認を受けられることになる（民 836 条の 2 第 2 項，例規第 276 号 1 条 2 項）。しかし，家庭内暴力によって当事者の一方に耐え難い苦痛が予想される等，迅速に離婚をしなければならない急迫な事情がある場合には，上記期間の短縮又は免除をすることができる（民 836 条の 2 第 3 項）。熟慮期間経過の短縮又は免除をする必要がある場合には，その事由を疎明する事由書を提出できる。

事由書を提出するときには，法院事務官等又は家事調査官は，相談委員の相談を通じて事由書を提出するよう勧告し，担当判事は，相談委員の意見を参考にして離婚意思確認期日を指定することができる。

相談を受けた日の翌日から 7 日（相談を受けた場合）又は案内を受けた日の翌日から 7 日（相談を受けない場合）以内に新しい確認期日の指定通知がなければ，最初に指定された確認期日が維持される。これに対しては異議を行うことができない。

⑥ 離婚意思の確認と調書の作成

　離婚意思確認申請があるときには，家庭法院は夫婦双方が離婚に関する案内を受けた日から民法第836条の2第2項又は第3項で定める期間が経過した後に夫婦双方を出席させ，その陳述を聞き離婚意思の有無を確認しなければならない（規則74条1項）。家庭法院が離婚意思を確認するときに，夫婦間に未成年者の子の有無と未成年の子がいる場合，その子に対する養育と親権者決定に関する協議書又は家庭法院の審判正本及び確定証明書を確認しなければならない（同2項）。当事者双方が出席して陳述をした場合には，必ず陳述調書を作成しなければならず，その調書には離婚当事者の確認，協議離婚意思の存否の確認，当事者の間における未成年者の子の有無とその子に対する養育と親権者決定に関する協議書又は家庭法院の審判正本及び確定証明書の提出の有無，判事の補正命令要旨と補正の有無，期日指定等をそれぞれ記載する。当事者の一方又は双方が不出席の場合にも，その不出席の事実を記載した期日調書を作成しなければならない（例規第276号9条）。

⑦ 確認書の交付

　家庭法院は，夫婦双方の離婚意思及び未成年の子がいる場合，その子の養育と親権者決定に関する協議又は家庭法院の審判を確認すれば，確認書を作成しなければならない。但し，その協議が子の福利に反する場合には，家庭法院はその子の意思・年齢と父母の財産状況，その他の事情を参酌して補正を命ずることができ，補正に応じない場合は，確認書を作成しない（規則78条1項）。確認書には，当事者の姓名・住所及び住民登録番号，離婚意思を確認した旨，確認年月日，法院を記載し，確認をした判事が記名捺印しなければならない（同2項）。

　家庭法院の書記官・事務官・主事又は主事補は，確認書を作成すれば，遅滞なく離婚申告書に確認書謄本を添付して夫婦双方に交付又は送達しなければならない。

⑧ 在外公館に協議離婚意思確認申請書が提出された場合

　夫婦双方が在外国民の場合には，その居住地を管轄する在外公館の

長（その地域を管轄する在外公館がないときには，隣接地域管轄在外公館の長）に協議離婚意思確認を申請することができる（規則75条1項）。夫婦のうちの一方が在外国民の場合又は夫婦双方が在外国民の場合や互いに異なる国家に居住している場合に，在外国民である当事者は，その居住地を管轄する在外公館の長（その地域を管轄する在外公館がないときには，隣接地域を管轄する在外公館の長）に協議離婚意思確認申請することができる（同2項・3項）。

　在外公館長が当事者双方や一方から協議離婚意思確認申請を受けたときには，当事者双方又は一方を出席させて離婚に関する案内書面を交付した後，離婚意思の有無と未成年の子の有無，及び未成年の子がいる場合にはその子に対する養育と親権者決定に関する協議書1通とその写し2通又は家庭法院の審判正本及び確定証明書3通の提出を受けて確認し，その要旨を記載した陳述要旨書を作成する。在外公館の長は，陳述要旨書と離婚申告書，その子に対する養育と親権者決定に関する協議書又は審判正本及び確定証明書の内容が一致するか否かを確認した後，陳述要旨書を協議離婚意思確認申請書に添付して職印で割印した後，協議離婚意思確認申請書及び添付書類をソウル家庭法院に送付する（規則75条4項，例規276号17条1項・2項）。

　在外公館の長から協議離婚意思確認申請書，当事者双方についての陳述要旨書及び添付書類の送付を受けたソウル家庭法院は，その陳述要旨書及び添付書類により，申請当事者の離婚意思の有無と未成年の子の有無，及び未成年の子がいる場合その子の養育と親権者決定に関する協議又は家庭法院の審判を確認する（規則76条1項，例規276号18条1項）。

　ソウル家庭法院は，離婚意思を確認するには，当事者双方が案内を受けた日から民法第836条の2第2項又は第3項で定めた期間が経過した後に確認しなければならない（規則76条4項，例規第276号18条5項）。離婚意思及び未成年の子がいる場合，その子の養育と親権者決定に関する協議又は家庭法院の審判を確認したときには，ソウル家庭法院は確認書を作成し，確認書謄本を，離婚申告書，未成年の子があ

る場合には協議書謄本又は審判正本及び確定証明書とともに，直ちに当事者の居住地の在外公館の長に送付し，国内に居住する当事者にも送付する。離婚意思を確認できない場合には不確認と処理し，不確認通知書を送付する（例規第276号18条6項）。
⑨　協議離婚意思確認申請の取下
　離婚意思確認申請人は，管轄家庭法院から確認を受ける前まで申請を取下することができる。夫婦双方又は一方が管轄家庭法院の出席通知を受けながらも2回出席しないときには確認申請を取下したとみなす（規則77条）。

イ　協議離婚申告手続

　離婚意思確認申請は，当事者の登録基準地又は住所地の家庭法院の管轄に属し，協議離婚申告は住所地又は現在地でもすることができる[1]。また，家庭法院の確認書が添付された協議離婚申告書は，夫婦のうちの一方が提出できる（規則79条）。協議離婚申告は，協議上の離婚をしようとする者が家庭法院から確認書謄本の交付又は送達を受けた日から3か月以内に謄本を添付して行わなければならず，3か月が経過したときにはその家庭法院の確認は効力を喪失する（75条2項・3項）。

　離婚する夫婦に未成年の子（懐胎中である子は除く。）がいる場合には，市（区）・邑・面の長は親権者指定申告をともに受理しなければならない。この場合，市（区）・邑・面の長は，離婚申告書と家庭法院の確認書謄本と親権者決定に関する協議書謄本又は家庭法院の審判正本及び確定証明書の一致の有無を確認しなければならない（例規第276条3項）。懐胎中である子に対する親権者指定申告は，離婚申告時に受理せず，懐胎中である子の出生申告時に受理する。この場合，親権者決定に関する協議書謄本又は家庭法院の審判正本及び確定証明書を確認しなければならない。懐胎中である子の親権者指定申告期間は，出生時から起算する（同4項）。

1　離婚申告があれば，夫と妻の家族関係登録簿の一般登録事項欄に離婚事由を記録し，離婚当事者各自の家族関係登録簿の配偶者に関する特定登録事項欄で配偶者の特定登録事項を抹消（削線処理）する。

第 2 編　各　論

　　当事者双方の離婚意思は離婚申告時にも存在しなければならないため，協議離婚意思撤回書が受け付けられた後に協議離婚申告が提出された場合には，その離婚申告書を受理してはならない。家族関係登録公務員の不受理処分に対して不服のある者は，管轄家庭法院に不服申請ができる（109条，例規第 276 号 26 条 1 項・2 項）。

(4)　離婚意思の撤回

　　家庭法院の協議離婚意思確認は，協議離婚申告をするための手続的要件である。家庭法院の確認によって離婚の効力が発生するのではない。したがって，家庭法院から協議離婚意思確認を受けた当事者は，協議離婚申告を行うまで撤回できる。離婚意思の確認を受けた当事者が離婚意思を撤回しようとする場合には，離婚申告が受付される前に，自己の登録基準地，住所地又は現在地の市・邑・面の長に離婚意思確認書謄本を添付した離婚意思撤回書を提出しなければならない。撤回書には，協議離婚意思の確認法院及び確認年月日が記載されなければならない（例規第 276 号 25 条 1 項）。在外国民の場合には，登録基準地に提出しなければならない。但し，家庭法院の確認書が添付された離婚申告書は，夫婦のうちの一方が申告できるため，離婚意思の確認を受けた他方当事者が離婚申告を先に受付た場合には，その離婚申告を受理しなければならない（規則 80 条 2 項）。離婚意思を撤回した場合には，離婚意思確認の効力が消滅するので，その撤回意思を撤回しても離婚申告を受理できず，再度離婚意思確認を受けてはじめて離婚することができる（例規第 276 号 26 条 3 項）。

(5)　協議離婚の無効・取消

　　民法には協議離婚無効に関する規定はないが，その性質上，協議離婚申告が受理されたが離婚意思の合致がないときには無効である。判例の立場は仮装離婚を有効と解釈するので，協議離婚が無効になるのは協議離婚申告前に協議離婚意思が撤回された後に受理された協議離婚申告の場合である。理論上は意思無能力者の協議離婚申告も無効となるが，協議離婚意思確認手続に鑑みたとき，発生する可能性はない。家事訴訟法は，協議離婚無効の訴えを

カ類家事訴訟事件と分類している。したがって，当事者，法定代理人又は4親等以内の親族は，協議離婚無効の訴えを提起できる（家訴23条）。協議離婚無効の判決が確定したときには，訴えを提起した者は判決確定日から1か月以内に判決の謄本及びその確定証明書を添付して家族関係登録簿の訂正を申請しなければならない（107条）。

配偶者や第三者の詐欺や強迫によって離婚の意思表示をした者は，家庭法院に取消を請求できる（民838条・839条・823条）。しかし，協議離婚意思確認手続上，発生する可能性はほとんどないであろう。協議離婚取消の訴えは，ナ類家事訴訟事件であるため調停が先行する。離婚取消の効果は遡及するので，離婚取消の裁判が確定すれば，訴えを提起した者は判決確定日から1か月以内に判決の謄本及びその確定証明書を添付して家族関係登録簿の訂正を申請しなければならない（107条）[2]。

2　裁判上の離婚

裁判上の離婚とは，①配偶者に不貞な行為があったとき，②配偶者が悪意で他の一方を遺棄したとき，③配偶者又はその直系尊属から著しく不当な待遇を受けたとき，④自己の直系尊属が配偶者から著しく不当な待遇を受けたとき，⑤配偶者の生死が3年以上明らかでないとき，⑥その他婚姻を継続し難い重大な事由があるとき（民840条）に，当事者の意思とは関係なく裁判によって婚姻関係を解消させることをいう。したがって，裁判上の離婚申告は，報告的申告に属する。

裁判上の離婚は，ナ類家事訴訟事件として調停前置主義による。調停により

---

[2] このように養子縁組無効，離縁無効，離縁取消，婚姻無効，離婚無効，離婚取消等のように身分行為の効力がはじめから生じない場合は，1990年12月31日大法院規則第1137号戸籍法施行規則の改正により，1991年1月1日より申告対象から訂正対象に変わった。よって，上記のような身分行為の無効又は取消の審判が1990年12月31日以前に確定した場合にも，訂正手続により家族関係登録簿を整理しなければならず，この場合の家族関係登録簿訂正申請義務期間は1991年1月1日から起算する（「身分行為の効力がはじめから生じない事項の訂正方法」）。訂正の場合には，両当事者の家族関係登録簿のうち離婚に関する事項の記録をすべて抹消し，その離婚当事者の間で出生した未成年の子に対して親権者が指定・申告されているときには，その者に関する家族関係登録簿の記録は別途に訂正許可を受ける必要がなく，離婚無効又は離婚取消の判決によって抹消することができる（「離婚が無効・取消の場合の家族関係登録簿訂正方法」）。

第2編　各　論

　離婚が成立すれば，調停を申請した者は調停が成立し，又は調停に代わる決定が確定した日から1か月以内に，調停調書謄本と送達証明書を添付して離婚申告をしなければならず，その相手方も行うことができる（78条・58条，例規第84号及び例規第171号）。

　当事者間に調停が成立しない場合に，その調停申請時に訴えが提起されたものとみなし（民事調停法36条1項），職権で調停に回付された裁判上の離婚事件は，また訴訟手続に復帰する。裁判によって離婚判決が確定すれば，訴えを提起した者は裁判の確定日から1か月以内に裁判の謄本及び確定証明書を添付して離婚申告をしなければならない。その相手方も申告をすることができる（73条・58条）。ナ類家事訴訟事件の請求を認容した判決が確定すれば，法院事務官などは遅滞なく当事者又は事件本人の登録基準地の家族関係登録事務を処理する者に，その旨を通知しなければならないので（家訴規7条1項），確定した離婚判決（調停成立の場合を含む。）について家庭法院から通知があったにもかかわらず，当事者が申告期間内に離婚申告をしない場合には，家族関係登録公務員は当事者が離婚申告をするよう催告し，催告をしても申告しない場合には監督法院の許可を受けて離婚記録をしなければならない（例規第84号）。

　確定した離婚判決によって家族関係登録簿上離婚に関する記録が終わった後に，その離婚判決が追完控訴や再審によって取消された場合には，別途の訂正許可を受けることなく，提訴者が家族関係登録法第107条によって離婚に関する事項の記録に対し抹消を求める訂正申請をすることができる（例規第255号）。これによって，各当事者の家族関係登録簿の一般登録事項欄に離婚取消事由を記録し，各当事者の家族関係登録簿の配偶者に関する特定登録事項欄に配偶者の特定登録事項を記録する。

3　離婚申告書の作成と添付書類

　離婚申告書には，当事者の姓名・本・出生年月日・住民登録番号及び登録基準地（当事者が外国人である時にはその姓名及び国籍），当事者の父母と養父母の姓名・登録基準地及び住民登録番号，民法第909条第4項又は第5項によって親権者が定められたときには，その内容を記載しなければならない（74条）。したがって，未成年である子がいる場合，離婚申告時に親権者決定協議書謄本又

第5章 離婚

【離婚（親権者指定）申告書記載例】

<table>
<tr><td colspan="4">離婚（親権者指定）申告書
（　　　年　　　月　　　日）</td><td colspan="3">※裏面の作成方法を読んで記載し，選択項目は該当番号に"○"をして下さい。</td></tr>
<tr><td colspan="2">区分</td><td colspan="2">夫</td><td colspan="3">妻</td></tr>
<tr><td rowspan="7">①離婚当事者</td><td colspan="2">登録基準地</td><td colspan="2">ソウル市中区新堂洞1番地</td><td colspan="2">ソウル市陽川区新亭洞1番地</td></tr>
<tr><td colspan="2">住所</td><td colspan="2">ソウル市陽川区新亭洞1番地</td><td>住所</td><td>河南市新長洞1番地</td></tr>
<tr><td rowspan="2">姓名</td><td>ハングル</td><td colspan="2">김갑돌 ㊞（署名又は拇印）</td><td>ハングル</td><td>홍길순 ㊞（署名又は拇印）</td></tr>
<tr><td>漢字</td><td colspan="2">金甲乭</td><td>漢字</td><td>洪吉順</td></tr>
<tr><td colspan="2">本（漢字）</td><td>金海</td><td>電話</td><td>02-2692-8728</td><td>本（漢字）</td><td>南陽　電話　02-3290-1893</td></tr>
<tr><td colspan="2">住民登録番号</td><td colspan="2">781027-1111111</td><td colspan="2">住民登録番号　820216-2222222</td></tr>
<tr><td colspan="2">出生年月日</td><td colspan="2">1978.10.27</td><td colspan="2">出生年月日　1982.2.16</td></tr>
<tr><td rowspan="6">②父母（養父母）</td><td rowspan="3">父</td><td colspan="2">登録基準地</td><td>ソウル市中区新堂洞1番地</td><td>登録基準地</td><td>ソウル市西大門区渼芹洞1番地</td></tr>
<tr><td colspan="2">姓名</td><td>김을병</td><td>姓名</td><td>홍길동</td></tr>
<tr><td colspan="2">住民登録番号</td><td>441008-1111111</td><td>住民登録番号</td><td>480101-1111111</td></tr>
<tr><td rowspan="3">母</td><td colspan="2">登録基準地</td><td>ソウル市城北区安岩洞1番地</td><td>登録基準地</td><td>ソウル市城北区鐘岩洞1番地</td></tr>
<tr><td colspan="2">姓名</td><td>김추자</td><td>姓名</td><td>이미자</td></tr>
<tr><td colspan="2">住民登録番号</td><td>520319-2222222</td><td>住民登録番号</td><td>540202-2222222</td></tr>
<tr><td colspan="7">③その他の事項</td></tr>
<tr><td colspan="7">④裁判確定日付（　　　　　）　　　　　　　　　年　月　日　法院名　　　　　　　　　　　　　　　　法院</td></tr>
<tr><td colspan="7">下記親権者欄（太線）は，協議離婚時には法院の協議離婚意思確認後に記載します。</td></tr>
<tr><td rowspan="3">⑤親権者指定</td><td colspan="2">未成年者の姓名</td><td colspan="2">김지영</td><td colspan="2">김지훈</td></tr>
<tr><td colspan="2">住民登録番号</td><td colspan="2">101027-4111111</td><td colspan="2">120216-3222222</td></tr>
<tr><td colspan="2">親権者</td><td>①父
②母
③父母</td><td>指定効力発生日　2020年1月1日
原因　①協議　②裁判</td><td>①父
②母
③父母</td><td>指定効力発生日　2020年1月1日
原因　①協議　②裁判</td></tr>
<tr><td rowspan="3">⑥登録官署提出者</td><td colspan="2">姓名</td><td colspan="2">김갑돌</td><td>電話</td><td>02-2692-8728</td></tr>
<tr><td colspan="2"></td><td colspan="2"></td><td>電子メール</td><td>jurist@hanmail.net</td></tr>
<tr><td colspan="2">住所</td><td colspan="2">ソウル市陽川区新亭洞1番地</td><td>離婚当事者との関係</td><td>김갑돌 本人</td></tr>
</table>

※ 次は，国家の人口政策樹立に必要な資料で，「統計法」第32条及び第33条により誠実回答義務があり，個人情報が徹底的に保護されますので，事実のままにご記入下さい。

<table>
<tr><td>⑦実際に結婚（同居）生活を開始した日</td><td>2008年12月25日から</td><td>⑧実際の離婚年月日</td><td colspan="2">2020 年　月　日から</td></tr>
<tr><td>⑨20歳未満の子の数</td><td>2名</td><td>⑩離婚の種類</td><td colspan="2">①協議離婚
②裁判による離婚</td></tr>
<tr><td colspan="2">⑪離　婚
　事　由（択一）</td><td colspan="3">①配偶者の不貞行為　②精神的・肉体的虐待　③家族間不和
④経済問題　⑤性格の不一致　⑥健康問題　⑦その他</td></tr>
<tr><td rowspan="2">⑫最　終
　卒業学校</td><td>夫</td><td colspan="3">①無学　②小学校　③中学校
④高等学校　⑤大学（校）　⑥大学院以上</td></tr>
<tr><td>妻</td><td colspan="3">①無学　②小学校　③中学校
④高等学校　⑤大学（校）　⑥大学院以上</td></tr>
<tr><td rowspan="2">⑬職　業</td><td>夫</td><td colspan="3">教授
＊主な仕事の種類と内容を記入します。</td></tr>
<tr><td>妻</td><td colspan="3">教授
＊主な仕事の種類と内容を記入します。</td></tr>
</table>

は審判正本及びその確定証明書を添付して親権者指定申告をしなければならず，妊娠中である子は，離婚申告時ではなくその子の出生申告時に，親権者決定協議書謄本又は審判正本及びその確定証明書を添付して親権者指定申告をしなければならない。

離婚申告書には，協議離婚の場合，協議離婚意思確認書謄本1部を添付しなければならず，裁判上の離婚の場合，判決謄本（若しくは調停調書や和解調書）及び確定証明書を各1部添付しなければならない。

II 国際離婚

1 国際離婚

韓国において韓国人と外国人の間でなされる離婚，韓国において外国人同士の間でなされる離婚，外国において韓国人と外国人の間でなされる離婚，外国において韓国人同士の間でなされる離婚等のように，外国的要素が含まれる離婚を国際離婚という。国際離婚申告事件を処理するためには，まず，当該国際離婚が国際私法上有効であるか否かが検討されなければならない。

韓国国際私法は，離婚の準拠法に関して婚姻の一般的効力の準拠法を準用している（国私39条本文・37条）。準拠法を複数にして段階的連結方法を取っているのである。まず，第1段階として，身分問題において基本原則である本国法主義により夫婦の同一の本国法によるが，夫婦の国籍が異なり同一の本国法がない場合には，第2段階として夫婦の同一の常居所地法が準拠法となり，夫婦の同一の常居所地法もない場合には，最終第3段階で，夫婦と最も密接な関連がある所の法が準拠法となる。但し，夫婦のうちの一方が大韓民国に常居所がある大韓民国国民の場合には，大韓民国法が準拠法となる（国私39条但書）。離婚する夫婦のうちの一方が韓国に常居所を置く韓国人の場合，その者が協議離婚申告書を韓国で家族関係登録公務員に提出すれば，家族関係登録公務員は，離婚の成否を検討するために準拠法を定めなければならないが，夫婦の同一の本国が韓国や同一の常居所地が韓国である場合には，韓国法の要件を検討して受理すれば足りる。しかし，そういう共通点がなければ，夫婦と最も密接な関連がある場所の法を適用しなければならないが，これは非常に困難である。さ

らに，離婚の場合には同一の常居所地もないときが多く，このような問題の発生する可能性が非常に大きいため，実務上の難点を勘案して置かれた内国人条項である。なお，公序を理由に，当事者の本国法以外に法廷地である韓国法によっても離婚原因がなければならないという留保条項（旧国私 18 条但書）は削除されている。

2　協議上の国際離婚

　離婚に対する各国の立場は，大きく異なる。離婚を許容するとしても，裁判上の離婚のみを認める国家もあり，裁判離婚と協議離婚をすべて認める国家もある。したがって，離婚の準拠法所属国が協議離婚制度を認める場合には，協議離婚をすることができる。また，夫婦のうちの一方が大韓民国に常居所がある大韓民国国民の場合には，大韓民国法が離婚の準拠法となるため，この場合には，韓国法によって協議離婚申告をすることができる。そして，離婚の準拠法所属国が裁判上の離婚のみを認め，協議離婚を認定しない場合にも，反致（国私 9 条 1 項）によって韓国法が適用される場合には，韓国法による協議離婚が可能である。

　離婚の準拠法所属国が協議離婚を認める場合には，国際婚姻申告の場合と同じく協議離婚成立要件具備証明書の発給を受けて離婚申告をすることができる[3]。したがって，日本に居住する韓国人男子と日本人女子との離婚において，その行為地である日本法によって離婚し，その証書（離婚受理証明又は離婚が記載された戸籍謄本）を在外公館長を通さずに夫の登録基準地の市（区）・邑・面へ直接送付したときにもこれを受理しなければならない（例規第 172 号）。しかし，外国に協議離婚制度がある場合でも，当事者双方が大韓民国国民の場合，その国の方式による協議離婚は認められないため，このような離婚申告書は受理してはならない。但し，2004 年 9 月 19 日までに日本国の方式によって協議離婚が成立した場合で，その証書の謄本を提出したときは，これを受理して家族関係登録簿に記録をしなければならない（例規第 276 号 24 条）。

　在外国民が協議離婚をする場合にも，家庭法院の協議離婚意思確認を受けて

---

[3] 配偶者の一方が外国人で外国の方式によって離婚をした場合，その証書の謄本と翻訳文を各添付して離婚申告をしなければならない。

離婚申告をしなければならない。夫婦のうちの一方が在外国民であるため出席し難い場合には、他の一方が出席して提出することができる（規則73条2項）。在外国民登録法第3条の規定によって登録された大韓民国国民は、その居住地を管轄する在外公館の長に離婚意思確認申請をすることができる（規則75条1項・2項、例規第276号第17条）。夫婦双方が在外国民で、相互に異なる国家に居住している場合も同様である（規則75条3項）。

離婚意思確認制度は、本来、離婚を強要しようとする夫を牽制する趣旨で設けられたものであるが、日本では見られない法制度であるだけでなく、長年、在日韓国人夫婦には適用が除外されてきたので（例規第168号第2・1・マ）、未だに馴染の薄い制度と言わざるを得ない。その後、熟慮期間制度が設けられ、制度趣旨は、韓国内で激増する離婚の抑制に比重が移っており、実際にも熟慮期間の効果が認められているようである。

理解に資するため、駐大阪総領事館で実施されている離婚手続を次頁にまとめてみたので、参照されたい。なお、巻末にソウル家庭法院が在外国民向けに作成した「協議離婚制度案内」（説明文と書式を含んでいる。）を掲載しているので、併せて、参照されたい。

3　裁判上の国際離婚

(1)　韓国法院の離婚判決による離婚申告

当事者又は紛争となった事案が法廷地である大韓民国と実質的関連がある国際民事事件の場合には、大韓民国法院が国際裁判管轄権をもつ。この場合、実質的関連の有無を判断するにおいては、国際裁判管轄配分の理念に付合する合理的な原則に従わなければならない（国私2条1項）。ここでいう「実質的関連」とは、韓国法院が裁判管轄権を行使することを正当化することができる程度に、当事者又は紛争事案が韓国と関連性をもつことを意味する。その具体的な認定は、法院が個別事件ごとに総合的な事情を考慮して判断することになる。そして、具体的な管轄の有無を判断するにおいては、韓国民事訴訟法又は家事訴訟法上の土地管轄に関する規定など韓国国内法上の管轄に関する規定を参酌し、国際裁判管轄の特殊性を考慮しなければならない（同2項）。このような国際裁判管轄に関する国際私法の規定によって韓国法院に

第 5 章　離　婚

【駐大阪総領事館における協議離婚手続の流れ】

1. 協議離婚意思確認の申請
　　夫婦がともに領事館を訪れ，協議離婚意思確認申請書を提出する。

2. 協議離婚制度の案内及び面談
　　提出当日，離婚する夫婦が家族関係登録担当領事に面談する。
　　案内及び面談では，領事から日本語に翻訳された案内書をもとに協議離婚制度に関する説明を受け，未成年の子がいる場合に「子の養育と親権者決定に関する協議書」を作成する。
　　→子の養育と親権者決定に関し協議が成立しないときは，領事は，日を改めて再度当事者を出頭させ，協議書を作成する。
　　→協議書の作成に至らない場合は，当事者らが家庭裁判所に調停・審判を申し立てる。

3. 子の養育と親権者の決定
　　協議書が作成された場合には，協議離婚意思確認申請書とともに，子の養育と親権者決定に関する協議書等をソウル家庭法院に送付する。書類の送付を受けたソウル家庭法院は，子の養育と親権者決定に関する協議書を確認する。

4. 熟慮期間の経過
　　下記の期間（離婚熟慮期間）経過後に，ソウル家庭法院が離婚意思の確認を行う。
　　(1) 子がいない場合又は子が全て成年に達している場合，案内・面談日から1か月
　　(2) 未成年の子（妊娠中の子を含む。）がいる場合，案内・面談日から3か月
　　(3) 案内・面談日から1か月後3か月以内に成年に達する未成年の子がいる場合，子が成年に到達する日
　　(4) 案内・面談日から1か月以内に成年に達する未成年の子がいる場合，面談日から1か月

5. 協議離婚意思の確認
　　ソウル家庭法院から領事館に協議離婚意思確認書，子の養育と親権者決定に関する協議書の各謄本が送付され，離婚する夫婦は領事館から各謄本の交付を受ける。

6. 離婚の申告
　　領事館に確認書謄本を添付した離婚申告書を提出する。
　　（協議離婚意思確認書謄本の交付を受けてから3か月以内）

国際裁判管轄権が認められ，韓国法院による離婚裁判が確定した場合には，訴えを提起した者は，裁判の確定日から1か月以内に裁判書の謄本と確定証明書を添付して離婚申告をしなければならない（78条・58条）。

(2) 外国法院の離婚判決による離婚申告

外国法院の離婚判決も，①大韓民国の法令又は条約による国際裁判管轄の原則上その外国法院の国際裁判管轄権が認められること[4]，②敗訴した被告が訴状又はこれに準ずる書面及び期日通知書や命令を適法な方式によって防御に必要な時間的余裕を置いて送達を受け（公示送達やこれに類似する送達による場合を除外する。）又は送達を受けずに訴訟に応じたこと，③その判決の効力を認めることが大韓民国の善良な風俗やその他の社会秩序に反しないこと，④相互保証があること，という要件をすべて具備すれば，韓国でもその効力が認められる（民訴217条）。韓国でも効力が認められる外国判決による離婚申告も，韓国法院の離婚判決による場合と同様に，その判決の正本又は謄本と判決確定証明書，上記の要件②を充足したことを証明する書面（判決の正本又は謄本により，これに関する事項が明白でない場合に限る。）及び上記各書類の翻訳文を添付しなければならない。外国判決による離婚申告が提出されれば家族関係登録公務員は，離婚申告に添付された判決の正本又は謄本によって当該外国判決が韓国で効力があるために具備しなければならない条件を充足しているか否かの有無を審査してその受理の可否を決定しなければならない。その条件の具備の有無が明白でない場合には，必ず関係書類全部を添付して監督法院に質疑し，その回答を受けて処理しなければならない（例規第173号）[5]。

韓国民事執行法は，「外国裁判所の判決に基づく強制執行は，大韓民国裁判所において執行判決により，その適法であることを宣告することにより行わなければならない」（民事執行法26条1項）と規定し，これを受けて，韓国

---

4 国際離婚事件において離婚判決をした外国法院に裁判管轄権があるものと認められるためには，その離婚訴訟の被告が行方不明その他これに準じる事情があり，又は被告が積極的に応訴してその利益が不当に侵害されるおそれがないと解される例外的な場合を除いては，被告の住所がその国にあることを要件とする（大法1988年4月12日言渡85ム71判決，例規第175号）。

民事訴訟法第217条が外国判決の承認の要件として，4条件を規定していることは，前述のとおりである。従って，本来，離婚手続においても，韓国内での外国判決の承認手続を経て，家族関係登録法上の離婚申告を行うべきであるが，上記例規は，離婚手続についてのみ例外を認め，登録官署の担当官に当該外国判決が4つの承認要件を充足しているか否かの審査を行わしめることにより，執行判決を不要としているのである。このような例外は，離婚手続だけであり，認知請求，親子関係不存在確認などの外国判決に基づく申告については，原則どおり，執行判決が必要である。

5　①外国判決の確定の有無が明らかでない場合，②送達が適法であるか否か明らかでない場合，③外国法院の判決手続が進められた当時，被告が当該外国に居住しない場合，④その他外国判決の効力が疑わしい場合には，必ず関係書類のすべてを添付して，監督法院に質疑し，その回答を受けて処理しなければならない。但し，①外国判決上の被告である大韓民国国民が当該外国判決による離婚申告に同意し，又は自ら離婚申告をした場合，②外国法院の離婚判決に対して韓国民事執行法第26条及び第27条による執行判決を受けた場合には，監督法院に対する質疑を要しない（例規第174号）。

第6章　親　権

Ⅰ　親権に関する申告

1　意　義

　親権とは，父母という身分に基づき，未成年である子を保護・教養する権利義務の総体をいう。親権の内容としては，子の身分に関するものとしては，保護・教養の権利義務（民913条），居所指定権（民914条），懲戒権（民915条）などがあり，財産に関するものとしては，財産管理権（民916条），法律行為の代理権（民920条），同意権及び取消権（民7条）などがある。親権を行使するにおいては，子の福利を優先的に考慮しなければならない（民912条）。親権に関する家族関係登録簿記録事項としては，親権者の指定・変更，親権・法律行為代理権・財産管理権の喪失又は回復，停止及びその代行者選任などがあり，これらは申告又は嘱託によって未成年者の家族関係登録簿にのみ記録する。

2　親権者

　未成年者である子の法律上の父母が婚姻中であるときには，親権を父母が共同で行使する。しかし，父母の意見が一致しない場合には，当事者の請求によって家庭法院がこれを定める（民909条2項）。養子の場合には，養父母が親権者になる（同1項後段）。父母の一方が親権を行使することができないときには，他の一方がこれを行使する[1]。したがって，未成年者の父が死亡したときには[2]，その者の生母が離婚，再婚したか否かを問わず，親権を行使する。

1　したがって，親権者に指定された者が死亡，失踪宣告，代理権と管理権の喪失（辞退）により親権を行使できない場合にも，他の父又は母がいるときには後見が開始しないので，後見開始申告をすることができない（例規第177号10条）。
2　市（区）・邑・面の長が未成年者の家族関係登録簿上の親権者と記録された者が死亡した事実を知ることとなったときには，職権で未成年者の家族関係登録簿にその旨を記録しなければならない（例規第177号9条1項）。

3 親権者の指定及び変更

婚姻外の子を認知した場合及び父母が離婚した場合には，父母が協議により親権者を指定しなければならないが，親権者指定につき協議することができず又は協議が成り立たないときには，家庭法院は，職権又は当事者の請求により親権者を指定しなければならない。父母の協議が子の福利に反する場合には，家庭法院は補正を命じ，又は職権で親権者を定める（民909条4項）。父母の婚姻が無効である場合に，その間の出生子について父が出生申告をしたときには認知の効力が発生するので，この場合も親権者を指定しなければならない。また，家庭法院は，婚姻の取消，裁判上の離婚又は認知請求の訴えの場合には，職権で親権者を定める（民909条5項）[3]。しかし，未成年者が成年になり又は婚姻したとき，父母の一方が死亡し又は失踪宣告（不在宣告）を受けたとき，若しくは父母の一方が親権を喪失したときには，親権者を指定することができない（例規第177号1条2項）。

親権者が指定されているときでも，家庭法院は，子の福利のために必要であると認められる場合には，子の4親等以内の親族の請求により親権者を他の一方に変更することができる（民909条6項）。

協議離婚申告書又は認知申告書にその趣旨と内容を記載して付加的に親権者指定申告をすることができ（74条3号・55条1項5号），独立的申告によってもすることができる。すなわち，父母が協議で親権者を定めたときには，1か月以内にその事実を共同で申告しなければならず，父母のうちの一方が申告する場合には，その事実を証明する書面を添付しなければならない（79条1項）。父母が協議できず，又は協議が成り立たずに当事者の請求によって家庭法院が

---

[3] 家庭法院が，未成年者の子がいる夫婦の婚姻の取消や裁判離婚の請求を審理するとき（家庭法院が婚姻無効の請求を審理してその請求が認容される場合に，夫と父子関係が存続する未成年である子がある場合を含む。）には，その請求が認容される場合を備えて，父母に未成年の子の親権者に指定される者に関して予め協議するよう勧告しなければならないと規定している（家訴25条）。そして，家庭法院の協議勧告により父母の間に未成年者の子の親権者に指定される者についての協議が成立し，又は家庭法院が職権でこれを定めるときには，家庭法院はこれを判決主文に記載しなければならない。但し，上記協議が子の福利に反する場合には，家庭法院は補正を命じ，又は職権で該当事項を定めて判決主文に記載しなければならない（家訴規18条）。認知請求の訴えの場合にも同一である（家訴規18条）。

親権者を定め，若しくは家庭法院が職権で定める裁判が確定したときには，その裁判を請求した者又はその裁判で親権者に定められた者が，裁判確定日から1か月以内に，裁判書謄本及び確定証明書を添付して，市（区）・邑・面の長に申告しなければならない[4]。訴えの相手方も，裁判書謄本及び確定証明書を添付して申告することができる。親権者を変更する裁判が確定したときにも同じである（同2項）[5]。

　前述のとおり，協議離婚の場合には，親権者決定に関する協議書が作成されなければならない。しかし，未成年者の父母が離婚の協議を成立させ親権者指定に関する協議が成立したとしても離婚申告が受理される前には，親権者指定申告を受理することができない。この場合に，親権者指定申告の申告期間1か月は，協議離婚申告が受理された時から起算する（例規第177号3条）。認知申告又は認知の効力のある出生申告が受理される前にも，親権者指定申告を受理することができない（同5条）。これに対し，裁判上の離婚を認容すると同時に親権者を指定する判決が確定したときには，離婚申告が受理される前にも親権者指定申告をすることができる。この場合には，その判決上の原告と親権者に指定された者が親権者指定申告の義務を負担し，申告義務期間は判決確定日から起算する（同4条）。

　家庭法院が親権者の指定と変更の判決又は審判をした場合には，家族関係登録簿の記録を嘱託しなければならない（家訴9条，家訴規5条・6条）。嘱託があれば，その嘱託書によって家族関係登録簿に記録をしなければならない（例規第177号6条1項）。嘱託書には，確定した判決謄本，効力を発生する審判書の謄本その他家族関係登録簿記録の原因を証明する書面を添付しなければならない（家訴規5条3項）。

　親権者に指定された者が死亡，失踪宣告，代理権と管理権の喪失（辞退）により親権を行使することができない場合，又は未成年者が婚姻し又は成年に達

---

[4] 親権に関する事項は，未成年者の家族関係登録簿の一般登録事項欄に記録するので（規則53条），親権者指定に関する事項は，当該未成年者の家族関係登録簿にのみ記録する。この場合に，親権者の登録基準地と姓名及び出生年月日も記録する（例規第177号8条）。

[5] 指定された親権者を変更しようとする場合には，家庭法院の親権者変更審判書の謄本と確定証明書を添付して申告しなければならず，協議による親権者変更申告を受理してはならない（例規第177号12条）。

した場合には，親権者指定の効力は喪失する。親権者指定の効力が喪失した事実を知ることとなった市（区）・邑・面の長は，職権記録書を作成し，職権で親権者指定事由を抹消（削線処理）する（例規第177号9条）。

4　親権の喪失・代理権又は管理権の喪失と辞退及びその回復

　親権者が親権を濫用し，又は顕著な非行その他親権を行使させることができない重大な事由があるときには，家庭法院は，子の親族又は検事の請求によって，その親権の喪失を宣告することができる（民924条）。また，親権者が不適当な管理により子の財産を危うくしたときには，家庭法院は，子の親族の請求によって，その法律行為の代理権と財産管理権の喪失を宣告することができる（民925条）。原因が消滅したときには，本人又は子の親族の請求によって，その回復を請求することができる（民926条）。親権や管理権の喪失・回復に関する裁判が確定したときには，その裁判を請求した者は，裁判確定日から1か月以内に裁判書謄本及び確定証明書を添付して市（区）・邑・面の長に申告しなければならず，訴えの相手方も裁判書謄本及び確定証明書を添付して申告することができる（79条2項・58条）。親権・法律行為代理権・財産管理権の喪失宣告の審判又はその失権回復宣告の審判は，家族関係登録簿の記録を嘱託しなければならない判決に属するため（家訴9条，家訴規5条1項1号），その嘱託書によって家族関係登録簿に記録をする。一方，親権・法律行為代理権・財産管理権の停止及びその代行者の選任又は失効は，法院の嘱託によってのみ記録を行う（家訴規5条2項）。

　法定代理人である親権者は，正当な事由があるときには，家庭法院の許可を得て，その法律行為の代理権と管理権を辞退することができ，事由が消滅したときには，辞退する権利を回復することができる（民927条）。親権者の法律行為代理権・財産管理権の辞退又は回復許可の審判は，法院の嘱託事項ではなく通知事項であるため，申告によって記録しなければならず（家訴規7条），家庭法院から通知書が到達した後に当事者が所定期間内に申告しなければ，家族関係登録公務員は遅滞なく当事者に申告の催告をし，催告期間内に申告しなければ監督法院の許可によって職権で記録する（例規第84号）。

Ⅱ　国際親権

　親子間の法律関係は，父母と子の本国法がすべて同一の場合にはその法により，その他の場合には子の常居所地法による（国私45条）。外国的要素がある親権関係も，親権者である父母と子の本国法が同一であればその法により，そうではない場合には子の常居所地法が適用される。したがって，外国人と韓国人夫婦の間の子は出生により韓国国籍を取得するが，常居所地が韓国である場合に初めて韓国法が準拠法となる。これにより，子に対する親権者の指定又は変更，親権・法律行為代理権・財産管理権の喪失又は回復，停止及びその代行者選任などがあれば，申告や嘱託により，子の家族関係登録簿の一般登録事項欄にのみ記録する（規則53条）。

第7章 後　見

I　後　見

1　後見の意義

　後見制度は，無能力者を保護・監督して，その財産を管理し代理することを目的とする。したがって，未成年者について親権者がおらず，又は親権者が法律行為の代理権及び財産管理権を行使することができないときには，後見人を置かなければならず（民928条），禁治産又は限定治産の宣告があるときには，その宣告を受けた者の後見人を置かなければならない（民929条）。後見に関する家族関係登録簿記録事項は，後見の開始，後見人更迭，後見の終了などであり，無能力者の家族関係登録簿にのみ記録し，後見人の家族関係登録簿には記録しない（規則53条）。

2　後見開始申告

(1)　後見の開始

　未成年者の場合には，親権者がおらず，又は親権者が法律行為の代理権及び財産管理権を行使することができないとき，後見が開始される（民928条）。禁治産又は限定治産の宣告があれば，禁治産者・限定治産者のための後見が開始される（民929条）。

(2)　後見人

　後見が開始すれば，1人の後見人を置かなければならない（民930条）。未成年者の後見人としては，親権者である父母の遺言による指定後見人（民931条），法定後見人（民932条），選任後見人（民936条）がある。禁治産者と限定治産者の場合には，指定後見人がなく，第1順位は法定後見人（民933条）で，第2順位は選任後見人（民936条）である。法定後見人は，被後見人の直系血族・3親等以内の傍系血族の順位で後見人となる。但し，既婚

者が禁治産又は限定治産の宣告を受けたときには，配偶者が第1順位の後見人となり，配偶者も禁治産又は限定治産の宣告を受けたときには直系血族，3親等以内の傍系血族の順で後見人となる（民934条）。直系血族又は傍系血族が数人であるときには，近親者・年長者優先の原則によって後見人が定められる。そして，養子の実父母と養父母がともに生存しているときには，養父母を先順位とし，その他実父母系血族と養父母系血族の親等数が同順位であるときには，養父母系血族を先順位とする（民935条）。法定後見人がいないとき又は後見人が死亡，欠格その他の事由により欠けたときに法定後見人となる者がいない場合には，民法第777条の規定による親族その他の利害関係人の請求によって後見人を選任しなければならない（民936条）。

未成年者，禁治産者，限定治産者，破産宣告を受けた者，資格停止以上の刑の宣告を受けてその刑期中にある者，法院で解任された法定代理人又は親族会員，行方が不明の者，被後見人に対して訴訟をし，又はしている者，若しくはその配偶者と直系血族は，いずれも後見人になることができない（民937条）。また，外国人は，後見の職務性質上，後見人になることができない（例規第184号）。

(3) 後見開始の申告人及び添付書類

後見人となった者は，指定，法定，選任を問わず，すべて後見開始申告をしなければならない（例規第180号）。後見開始の申告は，後見人がその就任日から1か月以内にしなければならない（80条1項）。後見は，開始原因の発生により当然に開始するので，この申告は報告的申告である。したがって，後見人が就任した後，その後見開始申告前に後見人の資格で家族関係登録申告をしたり，同意をした場合に，家族関係登録簿に記録したときには，その申告又は同意は有効である（例規第73号）。未成年者の親権者がすべて長期間行方不明の場合には，親権者がないときに該当し後見が開始されるので，民法に定められた後見順位によって後見人になる者が，親権者の行方不明を証明する書面を添付して後見開始申告をしなければならず，先順位の法定後見人が後見開始前に行方不明となった場合には，それにより後見人になることができない事由があることを証明する書面を添付して，次順位の法定後見

第 7 章　後　見

【後見開始申告書記載例】

<table>
<tr><td colspan="2">後 見 開 始 申 告 書
(　　年　　月　　日)</td><td colspan="4">※下記の作成方法を読んで記載し，選択項目は該当番号に"○"をして下さい。</td></tr>
<tr><td rowspan="9">①
被
後
見
人</td><td>登録基準地</td><td colspan="2">ソウル市中区新堂洞1番地</td><td>出生年月日</td><td>1922.10.08</td></tr>
<tr><td>住　所</td><td colspan="3">ソウル市陽川区新亭洞1番地</td><td></td></tr>
<tr><td>姓　名</td><td>ハングル　김을병</td><td>漢字　金乙丙</td><td>住民登録番号</td><td>221008-1111111</td></tr>
<tr><td>登録基準地</td><td colspan="2"></td><td>出生年月日</td><td></td></tr>
<tr><td>住　所</td><td colspan="3"></td><td></td></tr>
<tr><td>姓　名</td><td>ハングル</td><td>漢字</td><td>住民登録番号</td><td>-</td></tr>
<tr><td>登録基準地</td><td colspan="2"></td><td>出生年月日</td><td></td></tr>
<tr><td>住　所</td><td colspan="3"></td><td></td></tr>
<tr><td>姓　名</td><td>ハングル</td><td>漢字</td><td>住民登録番号</td><td>-</td></tr>
<tr><td rowspan="4">②
(申告人)
後見人</td><td>登録基準地</td><td colspan="2">ソウル市西大門区渼芹洞1番地</td><td>出生年月日</td><td>1952.3.19</td></tr>
<tr><td rowspan="2">住　所</td><td colspan="2" rowspan="2">河南市新長洞1番地</td><td>電　話</td><td>031-391-0000</td></tr>
<tr><td>電子メール</td><td>justice@hanmail.net</td></tr>
<tr><td>姓　名</td><td>ハングル　洪吉東 ㊞（署名又は拇印）
漢字　　洪吉東</td><td></td><td>住民登録番号</td><td>520319-1111111</td></tr>
<tr><td colspan="2">③後見開始日付及び原因</td><td colspan="4">2008年　10月　27日　　　親権者の死亡</td></tr>
<tr><td colspan="2">④就任日付及び原因</td><td colspan="4">2008年　10月　27日　　①指定　②法定　③選定</td></tr>
<tr><td colspan="2">⑤審判日付</td><td colspan="4">　　年　　月　　日　　法院名</td></tr>
<tr><td colspan="2">⑥その他の事項</td><td colspan="4"></td></tr>
</table>

作　成　方　法

①欄：2人以上の被後見人について後見開始がある場合には，順に記載すれば結構です。
　　　・法第25条第2項により住民登録番号欄に住民登録番号を記載したときには出生年月日の記載を省略することができます。
③欄：後見開始日付及び原因は2008.2.1.親権者の死亡（喪失），2009.2.1.限定治産宣告確定，2010.2.1.親権者行方不明などと記載します。
④欄：・指定・法定後見人の就任年月日は，後見開始原因が発生した日（親権者の死亡，喪失など）を記載します。
　　　・選定後見人の就任年月日は，後見人選任審判日を記載します。
⑤欄：審判日付欄は，選定後見人の場合にのみ記載します。
⑥欄：その他の事項は，家族関係登録簿に記録した内容を明確にするために特に必要な事項を記載します。

添　付　書　類

1．遺言書，その謄本又は遺言録音を記載した書面1部
　（遺言により後見人を指定した場合）
2．裁判書謄本1部
　（家庭裁判所が裁判により後見人を選定した場合）
3．当事者の家族関係登録簿の基本証明書，家族関係証明書各1通（電算情報処理組織によりその内容を確認することができる場合には添付を省略します。）
4．郵送受付の場合には，申告人の身分証明書の写しを添付しなければなりません（申告人が出席した場合には，出席した申告人の身分証明書により身分を確認しなければならず，別途身分証明書の写しを添付する必要はありませんが，提出人が出席した場合には提出人の身分証明書を提示しなければなりません）。

人が後見開始申告をしなければならない（例規第179号）。先順位者があるにもかかわらず，次順位者が後見開始申告をして家族関係登録簿に後見人として記録された場合には，利害関係人は，法第104条により家庭法院の許可を受けて僭称後見人の申告による家族関係登録簿記録の抹消を申請することができる（例規第185号）。

後見開始申告書には，後見人と被後見人の姓名・出生年月日・住民登録番号及び登録基準地，後見開始の原因及び年月日，後見人が就任した年月日を記載しなければならない（80条2項）。遺言により後見人を指定する場合には，家庭法院の検認を終えた後見人指定に関する遺言書，その謄本又は遺言録音を記載した書面を添付しなければならない。後見人選任の裁判がある場合には，裁判書の謄本を申告書に添付しなければならない（82条）。

3　後見人更迭申告

後見人欠格事由の発生，後見人の死亡，後見人の辞退（民939条），後見人変更（民940条），後見人である配偶者と被後見人間の婚姻関係終了は，後見人更迭事由である。後見人が更迭された場合には，後任者は就任日から1か月以内にその旨を申告しなければならない（81条1項）。申告書には，後見開始申告書に記載しなければならない事項を記載し（同2項），法院で後見人を選任したときには裁判書謄本，後見人辞退についての家庭法院の許可がある場合にはその裁判書謄本，後見人変更の裁判がある場合にはその裁判書謄本と確定証明書を添付しなければならない。後見人を変更する裁判が確定した時には，その裁判を請求した者又はその裁判で後見人に定められた者が，その内容を申告しなければならず，その相手方も申告することができる（同3項）。

4　後見終了申告

後見の終了事由としては，①未成年者である被後見人が成人となった場合，②被後見人に対する禁治産・限定治産宣告の取消，③被後見人である未成年者に親権者が生じたとき等である。このような事由が発生すれば，後見終了事由発生当時の後見人が1か月以内に申告しなければならないが，未成年者が成年になり，又は婚姻する場合には，家族関係登録事務を処理する者が職権で後見

終了事由を記録しなければならない（83条1項）。後見終了申告書には，被後見人の姓名・登録基準地及び住民登録番号，後見終了の原因及び年月日を記載しなければならない（同2項）。後見終了の事由が裁判によって発生した場合には，その裁判書の謄本と確定証明書を添付しなければならない（同3項）。

Ⅱ 国際後見

　成年後見・未成年後見を問わず，外国的要素が含まれる後見関係については被後見人の本国法による（国私48条1項）。但し，韓国に常居所又は居所がある外国人で，①その本国法によれば，後見開始の原因があってもその後見事務を行う者がおらず，又は後見事務を行う者がいたとしても後見事務を行えない場合，②韓国で限定治産又は禁治産を宣告した場合，③その他に被後見人を保護しなければならない緊急の必要がある場合に該当する後見に限り，韓国法による（同2項）。

　後見に関する記録は，無能力者の家族関係登録簿の一般登録事項欄にのみ記録し，後見人の家族関係登録簿には記録しない（規則53条）。そして，韓国法上，外国人は後見人になることはできない（例規第184号）。

第8章　死亡・失踪

I　死亡と失踪宣告に関する申告

1　死亡申告
(1)　意　義

　死亡申告は，人が死亡した場合にする報告的申告である。人は生存する間，権利と義務の主体になるので，出生申告によって家族関係登録簿が作成され，死亡申告によって閉鎖される[1]。死亡申告は，確かな死亡事実が存在する場合に限り行うことができる。したがって，家族関係登録簿上に100歳以上の高齢者があっても死亡申告をせず，また市（区）・邑・面の長が死亡の事実を確認することができない限り，職権で家族関係登録簿を閉鎖することができない（例規第199号）。但し，水害，火災やその他の災難により死亡した人がいる場合には，これを調査した官公署は遅滞なく死亡地の市・邑・面の長に通報し，認定死亡として処理される（87条）[2]。

(2)　申告人
ア　申告義務者

　死亡申告義務者は，死亡者と同居する親族である（85条1項）。申告義務者は申告期間内に申告をしなければ過怠料の制裁を受けるので，死亡申告の申告人が死亡者の親族であるときには，申告義務者である親族であるのか，又は申告適格者である親族であるのかを明らかにするために，死

---

[1] 死亡申告があれば，死亡者の家族関係登録簿の一般登録事項欄に死亡に関する事項を記録し，特定登録事項欄の姓名欄に「死亡」表示をして死亡者の家族関係登録簿を閉鎖し（規則65条），配偶者の家族関係登録簿の一般登録事項欄にも死亡事由を記録しなければならない（規則54条）。死亡した者については，本人，父母（養父母も含む。），配偶者，子（養子も含む。）の家族関係登録簿特定登録事項欄で，その死亡した者の姓名欄に死亡が表示されるようにする（規則21条6項）。
[2] 認定死亡として処理された後にも，利害関係人は，死亡とみなされる効果を受けるために失踪宣告の請求をすることができる（例規第200号5条）。

申告書の記載や家族関係登録簿の記録でもこれを区分させ，死亡申告を受付処理する家族関係登録公務員の要求があるときには，申告人が同居の事実を疎明しなければならない（例規第186号）。

死亡事件の申告人が申告義務者又は申告適格者に該当しない場合には，死亡申告を受理することができないが（例規第188号），死亡申告書に死亡診断書その他の死亡の事実を証明する書面が添付されているときには，文書件名簿に受付し，その添付書面を資料として，市（区）・邑・面の長が監督法院の記録許可を受けて職権で記録する（例規第52号）。

イ　申告適格者

親族・同居者又は死亡場所を管理する者，死亡場所の洞長又は統・里長も，死亡の申告をすることができる（85条2項）。核家族・少家族化，高齢社会化などの多くの原因によって独居老人の数が急増している現実では，死亡事実があったとしても，死亡申告がまともにされにくく，家族関係登録簿と現実との乖離が発生し，死亡申告をすることができる者に対する補完的措置の必要性が現れてきた。このため，死亡申告適格者の範囲を死亡場所の洞長又は統・里長に拡大したのである。ここにいう同居者とは，死亡者の家族関係登録簿上の家族のみならず，事実上同居する者をいうのであり，家族でないとしても，世帯を一緒にする者も死亡申告をすることができる（例規第187号）。

(3)　申告書の作成方法と添付書類

ア　記載事項

死亡申告書には，死亡者の姓名・性別・登録基準地及び住民登録番号，死亡の年月日時と場所を記載しなければならない（84条2項）。

① 死亡した日時

死亡によって権利能力が消滅し相続が開始するので，死亡申告書に記載する死亡年月日及び死亡時刻は正確に記載しならなければならない。死亡時刻は24時刻制を基準にして死亡時刻が午後10時であるときには22時と，午後12時であるときには翌日0時と記載する。死亡

第8章　死亡・失踪

【死亡申告書記載例】

<table>
<tr><td colspan="6">死　亡　申　告　書
（　　年　　月　　日）</td><td colspan="2">※裏面の作成方法を読んで記載し、選択項目は該当番号に"○"をして下さい。</td></tr>
<tr><td rowspan="7">①
死
亡
者</td><td colspan="2">登録基準地</td><td colspan="3">ソウル市城北区安岩洞1番地</td><td></td><td></td></tr>
<tr><td colspan="2">住　　所</td><td colspan="3">ソウル市城北区安岩洞1番地</td><td>世帯主及び関係</td><td>홍길동本人</td></tr>
<tr><td rowspan="2">姓　名</td><td>ハングル</td><td colspan="3">홍길동</td><td rowspan="2">性　別</td><td rowspan="2">住民登録
番　号</td><td rowspan="2">200202-1111111</td></tr>
<tr><td>漢字</td><td colspan="3">洪吉東</td></tr>
<tr><td colspan="2">死亡日付</td><td colspan="5">2008年 12月 25日 3時　　分（死亡時刻：24時刻制で記載）</td></tr>
<tr><td rowspan="2">死亡場所</td><td>場所</td><td colspan="6">ソウル市（道）城北区（郡）安岩洞（邑，面）　里　1番地</td></tr>
<tr><td>区分</td><td colspan="6">①住宅内　②医療機関　③施設機関（養老院，孤児院等）　④産業場
⑤D.O.A（病院移送中死亡）　⑥公路（道路・車道）　⑦その他（　　）</td></tr>
<tr><td colspan="8">②その他の事項</td></tr>
<tr><td rowspan="3">③
申
告
人</td><td colspan="2">姓名</td><td colspan="3">홍길서　　㊞（署名又は拇印）</td><td>住民登録番号</td><td>500505-1111111</td></tr>
<tr><td colspan="2">資格</td><td colspan="6">①同居親族　②非同居親族　③同居者　④その他（の資格：　　　　　）</td></tr>
<tr><td colspan="2">住所</td><td colspan="3">ソウル市麻浦区新井洞1番地</td><td>電話</td><td>02-3290-0000　電子メール　justice@hanmail.net</td></tr>
<tr><td colspan="8">※ 次は、国家の人口政策樹立に必要な資料で、「統計法」第32条及び第33条により誠実回答義務があり、個人情報が徹底的に保護されますので、事実のままにご記入下さい。</td></tr>
<tr><td rowspan="3">④
死
亡
種
類</td><td colspan="2" rowspan="3">①病死
②事故死⇒
③その他</td><td colspan="2">種類</td><td colspan="4">①交通事故　②自殺　③墜落事故　④溺死事故　⑤他殺　⑥その他（　）</td></tr>
<tr><td rowspan="2">⑤
事
故</td><td>発生
地域</td><td colspan="4">①現住所地の同じ市郡区　②他の市郡区（　　市道，　市郡区）
③その他（　　）</td></tr>
<tr><td>発生
地域</td><td colspan="4">①住宅　②公共場所（学校，病院等）③道路　④商業・サービス施設（商店，ホテルなど）⑤産業・建設現場・農場（田畑，畜舎，養殖場など）
⑥その他（　　）</td></tr>
<tr><td rowspan="5">⑥
死
亡
原
因</td><td colspan="2">カ</td><td colspan="2">直接原因</td><td colspan="2">⇒</td><td rowspan="4">発病から
死亡まで
の期間</td></tr>
<tr><td colspan="2">ナ</td><td colspan="2">カの原因</td><td colspan="2">⇒</td></tr>
<tr><td colspan="2">タ</td><td colspan="2">ナの原因</td><td colspan="2">⇒</td></tr>
<tr><td colspan="2">ラ</td><td colspan="2">タの原因</td><td colspan="2">⇒</td></tr>
<tr><td colspan="4">その他の身体状況</td><td colspan="2">診断者</td><td>①医師②韓医師③その他</td></tr>
<tr><td rowspan="2">⑦
死
亡
者</td><td colspan="3">最終卒業学校</td><td colspan="4">①無学　②小学校　③中学校　④高等学校　⑤大学（校）　⑥大学院以上</td></tr>
<tr><td colspan="3">発生（事故）当時の職業</td><td>婚姻状態</td><td colspan="3">①未婚　②配偶者あり　③離婚　④死別</td></tr>
</table>

※ 下記事項は申告人が記載しないで下さい。

<table>
<tr><td rowspan="4">邑
面
洞
受
付</td><td>世帯別住民
登録票整理</td><td>　月　　日
（印）</td><td rowspan="4">家族
関係
登録
官署
受付</td><td>家族関係登録簿
整　　　　理
（電算入力）</td><td>　月　　日
（印）</td></tr>
<tr><td>個人別住民
登録票整理</td><td>　月　　日
（印）</td><td>住民登録地
通　　報</td><td>　月　　日
（印）</td></tr>
<tr><td>住民登録証
回　　収</td><td>　月　　日
（印）</td><td>人口動態
申告書送付</td><td>　月　　日
（印）</td></tr>
<tr><td>家族関係登
録官署送付</td><td>　月　　日
（印）</td><td></td><td></td></tr>
</table>

申告書に年月日を「未詳」で記載した申告書は受理してはならない（例規第113号1）。

② 死亡場所

最小行政区域の名称（市・区の洞，邑・面の里）まで記載があればその申告を受理しなければならず，地番の記載がないことを理由に申告を不受理とすることができない。航空機や車輛，船舶などで死亡したときのようにその場所を特定することが困難なときには，〇〇発〇〇行〇〇号汽車（自動車・航空機）中××地点と記載することができる。

イ　添付書類

死亡申告書には，死亡事実を証明するために，死亡者の診断書や検案書を添付しなければならない（84条1項）。診断書は，死亡時に死亡者を診察した医師が作成したものであり，検案書は，死亡後に死体を検案する医師が作成した死亡事実を証明する内容の文書である。死亡申告書に添付した診断書の死亡者姓名が同音異字の場合や，その登録基準地，生年月日などに多少差異があったとしても，事件本人であることを認識しうるとき，又は官公署の死亡証明書又は埋葬認許証などを添付したときには，死亡申告を受理しなければならない。在外公館から死亡者に対する死亡申告及び診断書を送付する場合に，その死亡申告及び診断書に幼名を記載したため家族関係登録簿と一致しないときにも，事件本人であることを認識しうるときには，これを受理して家族関係登録簿に記録をしなければならない（例規第189号）。

2　失踪及び不在宣告の申告

(1)　意　義

不在者の生死不明状態が一定期間継続した場合に，家庭法院の審判によって死亡したものと擬制すること（民27条・28条）を失踪宣告制度という。不在宣告は，「不在宣告等に関する特別措置法」によって家族関係登録簿に軍事分界線以北地域の居住と表示された残留者に対して，家族や検事の請求により法院が宣告するもので（不在宣告等に関する措置法3条），不在宣告を受け

た者は家族関係登録簿から抹消され，相続の開始（民997条）及び婚姻に関しては失踪宣告を受けたものとみなされている（不在宣告等に関する措置法4条）。失踪宣告がすべての民事関係で死亡したものと擬制されるのと異なり，相続と婚姻に関してのみ死亡擬制の効果が発生する点で異なるが，残留者について家庭法院の不在宣告を受けてこれを申告すれば，その不在宣告による家族関係登録簿の記録は，失踪宣告の場合に準じて処理される。取消の場合（同5条）も同様である（同10条）。

(2) 失踪宣告の申告

失踪宣告の申告は，その宣告を請求する者が裁判確定日から1か月以内に裁判書の謄本及び確定証明書を添付して行わなければならない（92条1項）[3]。失踪宣告の申告書には，失踪者の姓名・性別・登録基準地及び住民登録番号，失踪期間の満了日を記載しなければならない（同2項）。裁判の確定による申告であるため，この申告は報告的申告である。

(3) 失踪宣告取消の申告

失踪（不在）宣告により失踪者は死亡したものと擬制されるので，生存の事実又は死亡で擬制された時期が異なるときでも，死亡の事実の証明だけをもって，これを覆すことができない。本人，利害関係人又は検事の請求によって，家庭法院が失踪宣告を取り消さなければならない（民29条1項本文）。失踪宣告の取消があれば，失踪宣告の申告により閉鎖された失踪者の家族関係登録簿を復活させる。

失踪宣告取消の裁判が確定した場合，訴えを提起した者は裁判確定日から1か月以内に裁判書の謄本及び確定証明書を添付して，その旨を申告しなければならない（92条3項・58条）[4]。この申告も報告的申告である。

一方，失踪宣告とその取消審判は，家族関係登録事務を処理する者に通知しなければならない事項である（家訴規7条）。したがって，家庭法院から失

---

3 失踪宣告の申告によって，失踪者の家族関係登録簿事項欄と一般登録事項欄にその旨を記録し，閉鎖処理して，失踪者の配偶者家族関係登録簿の一般登録事項欄にも，その旨を記録しなければならない（規則54条）。

踪宣告審判（又は取消審判）が確定し，その通知書の送付を受けた家族関係登録官署では，申告人から申告がなければ遅滞なく申告人が申告できるよう催告し，催告しても申告しない場合には，監督法院の許可を得て職権で記録する（例規第84号）。

Ⅱ　国際死亡及び失踪宣告

1　死　亡

死亡により自然人の権利能力は消滅するため，その準拠法は，権利能力に関する準拠法である本人の本国法である。外国的要素が含まれた死亡申告は，次のとおり処理される。

(1)　韓国に居住する外国人が韓国で死亡した場合

家族関係登録法は，韓国内にある外国人にも適用されるため，死亡申告義務者と死亡申告の場所に関する規定は，外国人死亡の場合にも適用される。したがって，死亡した外国人に韓国人配偶者がいれば，韓国人配偶者は，死亡申告義務を負い，その死亡申告によって韓国人配偶者の家族関係登録簿には一般的な死亡記載例による婚姻解消事由を記録し，申告書類は特種申告書類編綴帳に編綴する（例規第196号1）。

(2)　在外国民が外国で死亡した場合

外国に居住する韓国人が死亡した場合には，その居住地を管轄する在外公館に死亡申告がすることができ（34条），死亡申告を受理した在外公館の長は，受理した時から1か月以内に外交通商部長官を経由して本人の登録基準地の市・邑・面の長に送付しなければならない（36条）。もちろん，死亡者の登録基準地の市・邑・面の長に死亡申告書を郵送して申告することができ，

4　失踪（不在）宣告取消審判が確定し，その申告があれば失踪者の閉鎖登録簿を復活するが，閉鎖登録簿には何らの記録をせず，家族関係登録簿が閉鎖された原因事由の発生当時を基準として新しい家族関係登録簿を作成しなければならず，配偶者の家族関係登録簿の一般登録事項欄にその取消事由を職権記録する。

申告義務者が韓国内にいるときには，その住所地又は現在地でもすることができる。また，在外国民の死亡申告が居住地法によって登録された場合には，死亡を証明する証書を添付して登録基準地の市・邑・面の長に申告することができる。すなわち，日本に居住する韓国人の死亡申告を居住地法である日本法によって日本当局に申告して死亡受理証明などがある場合には，死亡申告書に証書のみを添付して登録基準地の市（区）・邑・面に申告することができる（例規第195号）。

(3) 韓国人の外国人配偶者が外国で死亡した場合

韓国人の外国人配偶者が外国で死亡した場合，韓国人配偶者その他の利害関係人が死亡申告をし，又はその他の方法により外国人配偶者の死亡事実を証明するだけの書面を提出したときには，これを職権記録の申請とみなして処理する。書類を受付した市・邑・面の長は，監督法院の許可を受けて職権で韓国人配偶者の家族関係登録簿に婚姻解消事由を記録する（例規第196号2）。

(4) 外国で死亡した者の死亡年月日時

外国で死亡した在外国民の死亡申告書にも死亡年月時が記載され，死亡者の家族関係登録簿には現地死亡時刻ではなく韓国時刻に換算して記録されなければならないであろう。また，韓国人の外国人配偶者が外国で死亡した場合にも，死亡による婚姻解消日を韓国時刻で換算して韓国人配偶者の家族関係登録簿に記録しなければならないであろう。韓国人が外国で出生した場合，家族関係登録簿に出生日時を記録する方法に関する例規第115号に準じて処理しなければならないものと解する。

2　失踪宣告

失踪宣告は，権利能力の消滅に関する問題であるため，原則的に当事者の本国法が準拠法となる。しかし，当事者の本国で失踪宣告がなされず，又は失踪宣告制度を置いていない場合には，不合理な場合が発生しうる。例えば，韓国に住所や居所を置いていた外国人がその生死が明らかでない状態で韓国にその

第2編　各　論

【(①失踪②不在) 宣告申告書記載例】

(①失踪　②不在) 宣告申告書 (　　年　　月　　日)								
※下記の作成方法を読んで記載し，選択項目は該当番号に"○"をして下さい。								

①失踪者 (残留者)	登録基準地	ソウル市中区新堂洞1番地						
	最終住所	ソウル市陽川区新亭洞1番地				性別		①男 ②女
	姓　名	ハングル	김갑돌	漢字	金甲乭	住民登録番号		781027-1111111
②失踪期間満了日		2008年　10月　27日						
③事件番号		2009××44						
④裁判確定日付		2009年　10月　27日		法院名	ソウル家庭法院			
⑤その他の事項								
⑥申告人	姓名	홍길순 ㊞ (署名又は拇印)		住民登録番号	820216-2222222	資格		失踪者の妻
	住所	河南市新長洞1番地		電話	031-391-0000	電子メール		

作成方法

＊この申告は，失踪(不在)宣告の裁判(審判)の確定日から1か月以内にしなければなりません。
＊この申告は，失踪(不在)宣告の裁判を請求した者が申告しなければなりません。

①欄：最後の住所と住民登録番号，②欄の失踪期間満了日，③欄の事件番号は，失踪宣告の場合にのみそれぞれ記載します。
⑤欄：その他の事項は，家族関係登録簿に記録した内容を明確にするために特に必要な事項を記載します。
⑥欄：資格欄には，法定代理人など該当する資格を記載します。

添付書類

1．失踪(不在)宣告の裁判謄本及び確定証明書各1部
2．失踪者の家族関係登録簿の基本証明書，家族関係証明書各1通(電算情報処理組織によりその内容を確認することができる場合には添付を省略します。)
3．郵送受付の場合には，申告人の身分証明書の写しを添付しなければなりません(申告人が出席した場合には，出席した申告人の身分証明書により身分を確認しなければならず，別途身分証明書の写しを添付する必要はありませんが，提出人が出席した場合には提出人の身分証明書を提示しなければなりません)。

財産があり，又は韓国法によって処理しなければならない法律関係があるときにも，失踪宣告による法律関係の確定ができないからである。これを考慮して，外国人の生死が明らかでない場合に大韓民国にその者の財産があり，又は大韓民国法によらなければならない法律関係があるとき，その他正当な事由があるときには，韓国法院が韓国法によって失踪宣告をすることができるとして例外的管轄を認めている（国私12条）。家族関係登録法は，韓国にいる外国人にも適用されるため（属地的効力），失踪宣告を請求した者は，裁判確定日から1か月以内に裁判書の謄本及び確定証明書を添付して失踪宣告の申告をしなければならない（92条1項）。但し，外国人には家族関係登録簿がないから，その申告書類は特種申告書類編綴帳に編綴して保管することとなる。

　韓国法院に例外的管轄権が認められ失踪宣告をするときには，韓国法が準拠法として適用され，その適用範囲は失踪宣告の直接的効果（死亡の擬制）のみならず間接的効果（相続の開始，婚姻関係の消滅など）まで含まれると解釈するのが韓国の一般的見解である。同様に，在日韓国人に対する日本国の失踪宣告は，その効力が日本にある不在者の財産と日本の法律によらなければならない不在者に関する法律関係に及ぶが，家族関係登録法によって申告する事項ではない（例規第197号）。

第 9 章　国籍の取得と喪失

1　国籍の取得

　出生による国籍取得の場合（国籍2条），出生申告によって国籍取得が公示・公証される。よって，国籍取得事実が家族関係登録簿に記録されなければならない国籍取得とは，後天的取得の場合である。国籍法上の国籍の後天的取得は，法務部長官に対する国籍取得申告による取得，帰化と帰化による随伴取得，国籍回復，国籍回復による随伴取得がある。従来は，この場合，戸籍官署に国籍取得申告をすることで戸籍が編製されたが（戸109条・109条の2・110条），2008年9月1日からは，法務部長官の通報によって家族関係登録簿を作成することになる。法務部長官の国籍関連通報による家族関係登録簿作成業務の電子的処理のために，国籍関連通報に必要な範囲で法務部と電算情報処理組織を連繋して運営している（12条1項2段，規則5条1項5号）。

(1)　法務部長官に対する国籍取得申告による国籍取得
ア　認知の場合（国籍法第3条第1項）

　　大韓民国の国民ではない者で，大韓民国国民である父又は母によって認知を受けた者が，①大韓民国民法により未成年者であり，②出生した当時にその父又は母が大韓民国の国民であった場合には，法務部長官に申告することにより大韓民国の国籍を取得できる（国籍3条1項）。国籍取得時期は申告した時である（同2項）。法務部長官は，国籍取得申告を受理したときには，その事実を遅滞なく本人に通知し，官報に告示しなければならず（国籍法施行令2条2項），遅滞なく国籍を取得した者が定めた登録基準地の市・邑・面の長に大法院規則で定める事項を通報しなければならない（93

条1項)[1]。通報を受けた市・邑・面の長は，これに基づき被認知者の家族関係登録簿を作成する（同2項）。

イ 国籍再取得の場合

大韓民国国籍を取得した外国人で外国国籍を持っている者は，大韓民国国籍を取得した日から6か月内にその外国国籍を放棄しなければ，その期間が過ぎたときに大韓民国国籍を喪失する（国籍10条）。その後1年内にその外国国籍を放棄すれば，法務部長官に申告することで大韓民国国籍を再取得できる（国籍11条1項）。国籍再取得時期は，申告した時である（同2項）。法務部長官の通報と家族関係登録簿の作成手続は，認知による国籍取得の場合と同一である（国籍法施行令15条，法93条）。

(2) 帰化による国籍取得

大韓民国の国籍を取得した事実のない外国人は，法務部長官の帰化許可を受けて大韓民国国籍を取得できる（国籍4条1項）。法務部長官は，帰化申請者が一般帰化（同5条）・簡易帰化（同6条）・特別帰化（同7条）の要件を備えているかを審査した後，その要件を備えた者に限り帰化を許可する（同4条2項）。国籍を取得する時期は，法務部長官がその許可をしたときである（同3項）。法務部長官は，帰化適格審査の結果，帰化適格者として判定され

---

[1] 法務部長官が認知（93条），帰化（94条），国籍回復（95条）により大韓民国の国籍を取得した者が定めた登録基準地の市・邑・面の長に通報する事項は，①国籍取得者の姓名，生年月日，性別，住所，国籍取得者が定める登録基準地，国籍取得前に保有していた国籍，国籍取得の年月日及び原因，婚姻関係・養子縁組等その他身分変動に関する事項，国籍回復者の場合には韓国国籍喪失の年月日及び原因，②父，母，配偶者の姓名，国籍，生年月日，③国籍取得者の家族関係登録簿又は旧戸籍がある場合，国籍取得者の登録基準地（本籍），住民登録番号，本（漢字），④子の家族関係登録簿又は旧戸籍がある場合子の姓名，登録基準地（本籍），住民登録番号，⑤父，母，配偶者の家族関係登録簿又は旧戸籍がある場合，父，母，配偶者の登録基準地（本籍），住民登録番号である（規則80条の2第1項）。通報に添付する書類は，①国籍取得の事実を証明する法務部長官名義の通知書又は官報等1部，②国籍取得者の父母，配偶者，子，婚姻又は未婚，養子縁組等の身分事項を記載する場合には，それに関する疎明資料各1部，③国籍取得者が朝鮮族の場合，姓名を現地の発音ではない韓国式の発音で記載するとき，朝鮮族であることを疎明する中華人民共和国発行の公文書や家族関係登録簿又は電算除籍簿で通報事項を疎明することができる場合には，家族関係登録事項別証明書又は除籍謄本の添付を省略できる（同2項）。

た者に限り帰化を許可し，帰化を許可したときにはその事実を遅滞なく本人に通知し，官報に告示しなければならない（国籍法施行令5条）。併せて，法務部長官は，大法院規則が定める事項について疎明資料を受けて，帰化者の家族関係登録簿を作成するのに充分な事項を，市・邑・面の長に通報しなければならず，この通報を受けた市・邑・面の長は，これに基づき帰化者の家族関係登録簿を作成する（94条）。このように，帰化による国籍取得の場合にも，申告制から通報制へ転換されたことにより，法務部の国籍取得許可に関する内容と家族関係登録官署に申告された内容との間の不一致が解消されるものと予想される。

外国人の子で大韓民国民法上未成年である子は，父又は母が帰化許可を申請するとき，ともに国籍取得を申請することができ，法務部長官が父又は母に帰化を許可した時にともに大韓民国国籍を取得する（国籍8条）。随伴取得をしようとする者は，その父又は母が法務部長官に提出する帰化許可申請書に随伴取得しようとする旨を表示しなければならない。

(3) 国籍回復による国籍取得

韓国国籍者であった外国人は，法務部長官の国籍回復許可を受けて韓国国籍を取得できる（国籍9条1項）。国籍回復許可を受けた者は，法務部長官が許可をした時に韓国国籍を取得する（同3項）。法務部長官は，国籍回復許可申請者に対して国籍回復を許可したときには，その事実を遅滞なく本人に通知し，官報に告示しなければならない（国籍法施行令10条1項）。また，法務部長官は，国籍回復を許可する場合，遅滞なく国籍回復をする者が定めた登録基準地の市・邑・面の長に，大法院規則で定する事項を通報しなければならず（95条1項），通報を受けた市・邑・面の長は，国籍回復をする者の家族関係登録簿を作成する（同2項本文）。国籍回復は，国籍の原始取得に該当する。従前に喪失した国籍とは同一性がない。しかし，国籍回復をする者の家族関係登録簿がある場合には，家族関係登録簿に記録された登録基準地の市・邑・面の長に，その事項を通報しなければならない（同但書）。国籍回復者に未成年の子がある場合には，帰化の場合と同様に随伴取得が認められ，手続も同一である（国籍9条5項，国籍法施行令10条2項）。

第2編 各 論

(4) 国籍取得者の姓・本創設申告

外国人が大韓民国国籍を取得する場合には，原則的に外国で使用した姓名をその原地音に従ってハングルで表記し，家族関係登録簿に記録しなければならない（例規第292号4条・10条）。しかし，外国の姓を使う国籍取得者が新たに韓国式姓・本を定めようとする場合には，その登録基準地・住所地又は登録基準地にしようとする場所を管轄する家庭法院の許可を受け[2]，その謄本を受けた日から1か月以内にその姓と本を申告しなければならない（96条1項）。姓・本の創設申告書には，従前の姓，創設する姓・本，許可の年月日を記載しなければならず（同4項），家庭法院許可の謄本を添付しなければならない（同5項）。

2　国籍の選択

出生やその他の事由により，満20歳になる前に二重国籍者となった者は満22歳になる前まで，満20歳になった後に二重国籍者となった者はその時から2年内に，韓国国籍と外国国籍のうちいずれか一つを選択しなければならない（国籍12条1項）。国籍を選択しない者は，国籍選択期間が過ぎた時に韓国国籍を喪失する（同2項）。二重国籍者として韓国国籍を選択しようとする者は，国籍選択期間内に外国国籍を放棄した後，法務部長官に韓国国籍を選択するという旨を申告しなければならない（国籍13条）。法務部長官が国籍選択申告を受理したときには，その事実を遅滞なく本人に通知し，その者の登録基準地（登録基準地がない場合にはその人が定めた登録基準地）の市・邑・面の長に対し，当事者から大法院規則が定める事項の疎明を受けて，これを通報しなければならず（国籍法施行令17条3項・法98条1項1号）[3]，通報を受けた市・邑・面の長は，これに基づき家族関係登録簿を整理しなければならない。

これに対し，外国国籍を選択しようとする者は，法務部長官に韓国国籍を離脱する旨を申告することができる（国籍14条1項本文）。国籍離脱の申告をする

---

[2] この事件の処理手続に関しては，非訟事件手続法を準用する（規則87条1項1号）。
[3] 法務部長官が，二重国籍者から大韓民国の国籍を選択する旨の申告を受理した場合，その者の登録基準地の市・邑・面の長に通報する事項は，①国籍選択者の姓名，住民登録番号，登録基準地，②国籍選択申告受理の年月日，③放棄した外国の国籍であり，国籍選択申告受理通知書を添付する（規則80条の3第1項）。

者は，その申告をした時に韓国国籍を喪失する（同2項）。法務部長官は，国籍離脱申告を受理したときには，その事実を遅滞なく本人に通知し，官報に告示しなければならず，その登録基準地の市・邑・面の長に通報しなければならない（国籍法施行令18条2項・法98条1項2号）[4]。

法務部長官は，韓国国籍の取得や保有の有無が明らかでない者に対して，これを審査した後に判定することができる（国籍20条1項）。法務部長官は，国籍判定申請者について，現在も韓国国籍を保有している者と判定したときには，その事実を遅滞なく本人に通知し，官報に告示しなければならない（国籍法施行令24条4項）。また，その登録基準地の市・邑・面の長に通報しなければならない（98条1項3号）。判定を受けた者は，別途の国籍取得手続を経なくとも家族関係登録創設をすることができる（国籍法施行令24条5項）[5]。判定を受けた者が家族関係登録されていないときには，その通報を受けた市・邑・面の長が管轄家庭法院の許可を受けて家族関係登録創設申告をすることにより，家族関係登録簿を作成する（98条2項）[6]。既存の家族関係登録簿が残っている場合には，別途の処理は必要ない（例規第210号）。

3 国籍の喪失
(1) 国籍喪失の原因

二重国籍者として国籍選択義務を履行せず（国籍12条2項），又は外国国籍を選択して韓国国籍離脱申告をした者（同14条2項）は，韓国国籍を喪失する。また，韓国国籍を取得した外国人が韓国国籍を取得した日から6か月内にその外国国籍を放棄しないときにも，韓国国籍を喪失する（同10条2項）。

---

[4] 法務部長官が国籍離脱申告を受理した場合，その者の登録基準地の市・邑・面の長に通報する事項は，①国籍喪失者の姓名，住民登録番号，登録基準地，②国籍離脱申告受理の原因及び年月日，③取得した外国の国籍であり，国籍離脱申告受理通知書又は官報を添付する（規則80条の3第2項）。

[5] 法務部長官が大韓民国国民と判定した場合，その者の登録基準地の市・邑・面の長に通報する事項は，①国籍判定者の姓名，住民登録番号，登録基準地，②国籍判定の年月日であり，国籍判定通知書又は官報を添付する（規則80条の3第3項）。

[6] この場合，法務部長官が通報する事項については，国籍取得の通報事項に関する規定を準用する（規則80条の3第4項）。

自ら進んで外国国籍を取得する者は，その外国国籍を取得した時に韓国国籍を喪失する（同15条1項）。自ら進んで外国国籍を取得し韓国国籍を喪失した者（国籍離脱申告をする者は除外する。）は，法務部長官に国籍喪失申告をしなければならない（同16条1項）。また，①外国人との婚姻により，その配偶者の国籍を取得することになった者，②外国人の養子となって，その養父又は養母の国籍を取得することになった者，③外国人である父又は母から認知を受けて，その父又は母の国籍を取得することになった者，④外国国籍を取得して韓国国籍を喪失することになった者の配偶者や未成年の子で，その外国の法律によってともにその外国国籍を取得することになった者が，その外国国籍を取得したときから6か月内に法務部長官に韓国国籍を保有する意思がある旨を申告しなければ，その外国国籍を取得した時に遡及して韓国国籍を喪失したものとみなされている（同15条2項）。

(2) **国籍喪失申告と通報**

国籍喪失の申告は，配偶者又は4親等以内の親族がその事実を知った日から1か月以内にしなければならず（97条1項），国籍喪失者本人もすることができる（同4項）。申告書には，国籍喪失者の姓名・住民登録番号及び登録基準地，国籍喪失の原因及び年月日，新たに外国国籍を取得したときにはその国籍を記載しなければならず（同2項），国籍喪失を証明する書面（国籍離脱申告受理通知書，外国の帰化許可書謄本及び外国国籍取得証明書など）を添付しなければならない（同3項，例規第206号）。市（区）・邑・面の長は，本人，配偶者又は4親等以内の親族から国籍喪失申告を受理（受理する前に国籍保有意思申告の有無を徹底的に調査する。）したときには，遅滞なく基本証明書を添付して法務部長官に通報しなければならない（例規第205号）。

法務部長官は，①職務上，韓国国籍を喪失しても家族関係登録簿が閉鎖されない者を発見し，又は②国籍喪失者から国籍喪失の申告を受理したとき，③公務員がその職務上韓国国籍を喪失した者を発見して法務部長官に行った国籍喪失通報を受理したときには，国籍喪失者の登録基準地の市・邑・面の長にその事実を証明する書面を添付して国籍喪失の通報をしなければならない（国籍16条3項）。また，法務部長官は，国籍喪失に関する事項を官報に

告示しなければならない（同17条）。

　国籍喪失者が直接，家族関係登録官署に国籍喪失申告をすれば，その者の家族関係登録簿を閉鎖する。喪失者の家族関係登録簿の一般登録事項欄にその旨を記録し，配偶者のある者が国籍を喪失する場合には，他の配偶者（韓国人配偶者）の家族関係登録簿の一般登録事項欄にその旨を記録する（規則54条2号）。また，法務部長官の国籍喪失通報を受けた家族関係登録官署は，国籍喪失者の家族関係登録簿を閉鎖する。

第10章　改名・姓及び本の変更

1　改名申告
(1)　改名の意義
　改名とは，家族関係登録簿に記録された名前を，法院の許可を受けて新しい名前に変更することをいう。名前は，その人の同一性を現す表象であり，固有性と単一性を属性とするために，同一の者が複数の名前を使用することはできない。また，任意に自分の名前を変更して使用できれば，個々人の同一性識別が不可能となるだけでなく，既存の名前に基づき形成された社会生活の秩序が崩れる可能性もある。このような混乱を防止するために，法は改名について家庭法院の許可を受けるようにしているのである。

　改名は適法に家族関係登録簿に記録された名前を事後に変更するもので，名前についての家族関係登録簿訂正とは異なる。したがって，出生申告書に記載した名前と家族関係登録簿に記録された名前が相互に異なる場合には，簡易職権訂正手続で訂正し（規則60条2項5号），出生申告書に記載を誤ったという理由で名前を変更しようとする場合には，法第99条により法院の改名許可がなければならない（例規第211号4条）。

(2)　改名許可手続
ア　管轄法院
　改名しようとする者は，住所地（在外国民の場合は登録基準地）を管轄する家庭法院の許可を受けなければならない（99条1項前段）。国内に住所地を有しない者は，登録基準地を管轄する家庭法院に申請することができる（規則87条4項）。従来は，改名許可の管轄法院を本籍地又は住所地管轄家庭法院と規定し（戸113条），本籍地と住所地に同時に別の名前で改名申請をすることも可能であった。重複的な改名申請を防止するために，管轄を申請人の住所地管轄で規定したものである。もちろん，住所地及び登録基準地の変更が自由に許容されるため，管轄法院を1か所としても重複申請

問題を完全に解消することはできず（改名申請後，住所変更して他の法院にまた改名申請など），既判力がないため反復的な申請を完全に遮断することはできない。

イ　申請人

改名許可申請人は，改名しようとする者である。改名しようとする者が無能力者の場合には，法定代理人が申請しなければならないが，意思能力のある未成年者は単独で改名許可申請をすることができ（規則87条2項），改名許可を受けたときには自らが改名申告することができる（例規第211号6条）。

ウ　申請書記載事項と添付書類

改名許可申請書には，①申請人の登録基準地，住所，姓名及び生年月日，②代理人が申請するときにはその姓名と住所，③申請の趣旨とその原因事実，④法院の表示を記載し，申請人又は代理人が記名捺印しなければならない。

改名許可申請書には，①登録事項別証明書のうち基本証明書と家族関係証明書，②住民登録票謄・抄本，③族譜（写し）（親族間に同名者がいることを事由に，又は行列字に従い改名しようとするとき），④親族証明書（宗中や門中又は親族会で親族関係が間違いないことを証明する書面で，家族関係登録簿や族譜により親族関係が疎明されず，又は不充分なときに補充的に添付），⑤その他証明書（具体的な事案によって経歴証明書，在職証明書，在学証明書，卒業証明書，服務確認書，生活記録簿，手紙，預金通帳など）を添付しなければならない。

(3)　改名許可基準

改名を許可するに相当な理由が認められ，犯罪を企図又は隠蔽した又は法令による各種制限を回避しようとする不純な意図や目的が介在しているなど改名許可申請権の濫用と解される場合ではないならば，原則的に改名を許可することが相当とされている（大法2005年11月16日決定2005ス26）。法院は，

第10章 改名・姓及び本の変更

改名許可申請事件を処理するにおいて，改名申請権の濫用と解される不純な意図や目的を判断するために必要な場合，警察官署に前科照会，出入国管理事務所に出入国事実照会，全国銀行連合会に信用情報照会などを行い，その資料を申請事件などの判断資料として活用しなければならない。申請事件の提出資料の真実性が疑わしいと認められたり，上記判断資料によって改名許可申請の不純な意図や目的の有無が明からでない場合には，本人又は参考人の審問を積極活用しなければならない（例規第211号3条）。人名用漢字の範囲を超える漢字への改名は許されない（同5条）。

改名許可申請については，判事は非訟事件手続によって審理し決定する（規則87条1項2号）。

(4) 改名申告

改名許可を受けた者（事件本人）は，家庭法院の許可を受けた後，その決定謄本を受けた日から1か月以内に申告しなければならない（99条1項）。改名許可を受けた者に意思能力がないときには，法定代理人又は後見人が申告義務者となり，意思能力ある未成年者又は禁治産者は自ら申告できる。申告書には，変更前の名前，変更した名前，許可年月日を記載しなければならず（同2項），許可書謄本を添付しなければならない（同3項）。家族関係登録簿の一般登録事項欄に記載される改名前・後の名前の括弧の中に漢字を併記する。改名した者に配偶者がいる場合，配偶者の家族関係登録簿の一般登録事項欄に記録された婚姻事由の配偶者の姓名に削線を引き，改名事由を記録した後，改名後変更になった配偶者の姓名を記録する。

外国人との身分行為（例：外国人の養子になった場合など）などにより，その外国人と一定の身分関係が形成され，その外国の法によって改名をした場合であっても，韓国法院で改名許可決定を受けた場合ではない限り，その外国で改名した名前を韓国家族関係登録簿に記録することはできない。この場合，外国人と身分行為をした者が韓国国籍を喪失する前なら，必要に応じて韓国法院から改名許可決定を受けて改名することができる（例規第211号11条）。

第2編 各 論

2　姓・本の変更申告
(1)　姓・本の変更
　韓国民法は，姓不変の原則により姓・本の変更を許容してこなかった。現行民法は，子の福利のために，子の姓と本を変更する必要があるときには，父，母又は子（子が未成年者で法定代理人が請求できない場合には，民法第777条による親族又は検事）の請求によって，家庭法院の許可を受けてこれを変更できるようにしている（民781条6項）。婚姻申告前に出生申告され認知などにより父の姓と本に従っている子を，父母が婚姻申告時に母の姓と本に従うこととした協議により母の姓と本を使用する子と同一の姓と本にするためにも，姓・本の変更手続によらなければならない（例規第101号14条）。

(2)　管轄法院
　子の姓と本の変更許可事件は，ラ類家事非訟事件に属する。したがって，子の姓と本の変更許可に関する事件は，事件本人の住所地の家庭法院が管轄することになる（家訴44条1号）。但し，韓国内に住所地のない在日韓国人については，ソウル家庭法院が管轄法院になる（家訴13条2項）。

(3)　審理手続
　家庭法院は，子の姓と本の変更許可請求がある場合，父，母，及び子が15歳以上であるときにはその子の意見を聞くことができる。子の父母のうち，子と姓と本が同一である者の死亡その他の事由でその者に意見を聞くことができない場合には，子と姓と本が同一である最近親の直系尊属の意見を聞くことができる（家訴規59条の2第2項）。これは，血縁関係を重要視する韓国の実情を考慮して，子の父母のうち，子と姓と本が同一である者の死亡その他の事由によってその者の意見を聞くことができない場合には，子と姓と本が同一である最も近い直系尊属（同順位者が数人であるときには年長者）の意見を聴取するようにしたものである。韓国民法上，姓・本は，血族系統の標識だからである。（大法1984年3月31日決定84ス8・9）。意見の聴取は，書面によることもでき，審問によることもできるが，書面で意見を聴取する場合には，法院が意見を聞く必要があると認める者に対して意見聴取書を発送

第 10 章　改名・姓及び本の変更

し，その回信を受ける方法ですればよい。

(4)　許可基準

　韓国民法は，姓・本の変更許可基準として，子の福利のみを規定している。姓・本の変更の必要性は，主に再婚家庭で継父と同居している継子の姓と本が異なり継子が苦痛を受ける場合に発生する。まだ確立された許可基準はないが，下級審事例では，概ね再婚家庭で継父が姓・本の変更を申請する場合と，再婚と関係なくなされる申請の場合に分けて判断している。

　再婚家庭で継父が姓・本の変更を申請する場合には，子の福利を最優先的に考慮し，事件本人の年齢（年齢が幼いほど許可率が高い）・意思，実父との関係（実父との面接交渉の頻度，養育費の支給状況，実父によって養育されている他の子らとの関係など），再婚家庭の結束力（同居期間，継父と実母との関係，継父の前妻が産んだ子との関係）などを重点的に審理し，許可するか否かを決定する。継父による姓・本変更請求については，概ね前向きに検討している。

　再婚に関係しない姓・本変更請求については，多少否定的な立場を取る。離婚又は死別後，再婚せずに母の姓・本への変更を申請する場合は，子の福利よりは母の感情が介入する場合が多いからである。成年に達した子が直接請求する場合には，不便又は父に対する不満から始まる可能性が大きいので，改名許可の場合と同様に，犯罪人経歴照会や信用照会手続を踏むこともある。

　異姓養子に対する姓・本の変更請求については肯定的に検討する。しかし，父や母の姓ではない他の姓への変更申請については否定的である。

(5)　姓・本変更申告

　子の姓・本を変更しようとする者は，子の姓と本を変更する内容の家庭法院の姓・本変更許可審判書を添付し，姓・本の変更申告をしなければならない。添付書類に確定証明書を要しないのは，子の福利のために姓・本を変更する場合，家事非訟審判手続で不服申立手段が用意されていないからである。裁判を請求した当事者は，申告書に変更前の姓と本，変更した姓と本，裁判確定日などを記載して，裁判確定日から 1 か月以内に姓・本の変更申告をしなければならず（100 条），これを受理した家族関係登録公務員は，子の姓と

本を審判書の趣旨どおりに変更・記録しなければならない（例規第101号15条）。姓・本の変更審判によって姓と本が変更された者に配偶者がいる場合には，配偶者の家族関係登録簿の一般登録事項欄にその旨を記録し，直系卑属がいる場合，父（又は母）の姓と本が変更されることにより直系卑属の姓と本が変更される場合には，直系卑属（子）の家族関係登録簿の一般登録事項欄にその事由を記録し，基本証明書に表れるようにしなければならず，特別養子となった子の場合は，特別養子縁組関係証明書に表れるようにしなければならない。

第11章　家族関係登録の創設

1　家族関係登録創設の意義

　家族関係登録創設とは，大韓民国国民として家族関係登録簿がない者について，初めて家族関係登録簿を持たせる手続をいう。広義では，出生申告や棄児発見調書に基づく家族関係登録簿創設，国籍取得者に対する家族関係登録簿創設などが含まれるが，狭義では，家庭法院の許可を得て家族関係登録簿を創設する場合を指す。大韓民国国民であるが出生申告義務者の死亡により申告が不可能であったり，父母不明の孤児として出生申告義務者が不明な場合や軍事分界線以北地域に従前の戸籍を持っていた者や北朝鮮離脱住民で保護決定を受けた者などの場合は，家庭法院の許可により新たに家族関係登録簿を創設し（101条1項），親子関係不存在確認判決など家族関係登録簿創設の基礎となる実質的な身分関係に関する確定判決がある場合には，申告により，再度家族関係登録簿を創設することになる（103条1項）。在外国民で家族関係登録簿を創設しなければならない場合については，「在外国民の家族関係登録創設，家族関係登録簿訂正及び家族関係登録簿整理に関する特例法」第3条に特例が認められている（99頁参照）。

2　申請要件

　家族関係登録簿は，大韓民国国民の身分に関する事項を登録・公証するため，家族関係登録簿に記録される者は大韓民国国民ではなければならず，外国人又は無国籍者は家族関係登録を創設することができない。また，家族関係登録簿の創設は，現在生存している者を対象にするから，死亡した者は，原則的に家族関係登録を創設することができない。したがって，既に死亡した者に対して家庭法院の家族関係登録簿訂正許可があっても，それに基づく申告を受理することはできない。

　家族関係登録創設許可を申請しなければならない者は，大韓民国国民でまだ家族関係登録簿に記録されていない者をいう。登録されているか否かが明らか

第2編　各　論

でない者は，登録の有無が判明するまで家族関係登録創設ができないが，在外国民に対しては，このようなときにも家族関係登録創設をすることができる特例が認められる。出生子について，父又は母その他出生申告義務者の出生申告があれば家族関係登録簿を作成するが，出生申告義務者がいなければ家族関係登録創設をしなければならない。このように家族関係登録創設は，例外的，補充的に認められる制度である。

3　申請人及び管轄法院

家族関係登録創設許可を申請しなければならない者本人が申請しなければならない。申請人が無能力者であるときにも，意思能力があれば直接申請できる。無能力者に意思能力がないときには，法定代理人が申請しなければならない。すなわち，未成年者も意思能力がある場合には，家族関係登録創設許可を申請することができる（規則87条2項）。管轄法院は，家族関係登録創設の登録をしようとする地を管轄する家庭法院である（101条1項）。家族関係登録創設許可事件の処理手続に関しては，非訟事件手続法が適用される（規則87条1項）。

4　家族関係登録の創設許可申請

(1)　申請書記載事項と添付書類（疎明資料）

申請書には，事件本人の姓名・出生年月日・登録基準地及び住所を記載しなければならない（規則87条3項）。また，申請人の姓名と住所，代理人が申請するときには，その姓名と住所[1]，申請の趣旨[2]と申請原因事実，申請の年月日，法院の表示を記載し，申請人又は代理人が署名捺印しなければならない（非訟9条1項）。

家族関係登録創設許可を申請する者は，申請書に，①家族関係登録創設を

1　家族関係登録創設許可申請を登録されていない者がするときには，申請人と事件本人が同一人であるため，申請人兼事件本人と記載し，後見人が未成年者の申請を代理するときにも，申請人兼事件本人は未成年者であり，後見人は代理人と記載する。
2　申請趣旨は，事件本人が法院の許可を受けて家族関係登録簿に記録する内容を記載するもので，登録をしようとする場所を表示しなければならず，記録内容は，家族関係登録創設基準時点に登録簿に記録することができる身分に関する事項を記録原則に従って作成する。

しようとする地の市（区）・邑・面の長が発給する家族関係登録簿不存在証明書[3]，②邑・面・洞の長が住民登録法による住民登録申告を履行したことを証明する住民登録申告確認書，③成長環境陳述書作成方法による出生地，成長地，成長環境などを具体的に記載した成長環境陳述書，④成長過程を裏付ける，㈎就学した事実がある場合にその学籍簿，㈏幼稚園，病院や宗教団体が運営又は後援する施設，その他の保護及び委託施設などに入所した場合にその確認書，㈐勤労者の場合に代表者や監督者の確認書，㈑成長過程上の特定事実を疎明するために必要な場合，住民登録地又は居所地隣近に居住する知人の保証書などの疎明資料（この疎明資料には作成者の住所，電話番号を記載しなければならない。），⑤姓・本創設許可審判書謄本，⑥その他に法院が審理に必要であると認める書類を添付しなければならない（例規第212号3条）。

(2) **許可裁判**

家族関係登録創設許可で調査されなければならない事項は，事件本人の韓国国籍保有の有無，出生事項と身分関係，登録されなかった原因などである。このために，法院は，家族関係登録創設許可申請人に関する家族関係登録簿の有無，住居事実などを確認するために，家族関係登録創設地の管轄警察署長又は保護施設の長に，指紋照会などによる事実探知嘱託をしなければならない（例規第212号5条）。

法院は，審理をするにおいて，家族関係登録創設許可申請書と添付書類などを綿密に調査，確認して，虚偽の家族関係登録簿が作成されないように注意をしなければならず，事件本人を審問しなければならない。但し，事件本人が幼児や出席し難い特別な事情がある場合には，保護者を審問できる。また，申請書と添付書類，事実探知回報書，事件本人審問によっても事実関係

---

3 家族関係登録簿不存在証明書の発給を受けようとする者は，家族関係登録簿がない者本人が家族関係登録を創設しようとする場所の市（区）・邑・面の長に申請書を提出しなければならない。申請書を受付した市（区）・邑・面の長は，添付書類などにより家族関係登録簿のない人が家族関係登録を創設しようとする場所を含む全国家族関係登録官署の家族関係登録簿に登録されている否かを綿密に調査しなければならず，その結果，申請書に記載された対象者の家族関係登録簿がないと認められたときには，家族関係登録簿不存在証明書を発給しなければならない（例規第212号4条）。

に疑問があるときには，参考人審問をすることができる（同6条）。

家族関係登録創設許可の裁判は，決定で行わなければならない（非訟17条1項）。決定には，申請を認容する許可決定，申請手続上の要件欠缺を理由とする却下決定及び申請に理由がない場合の棄却決定がある。

5　家族関係登録創設申告

家族関係登録創設許可を受けた者は，許可決定謄本を添付して申告しなければならない（101条）。これは，報告的申告であり，法院の許可を受けた後，その決定謄本を受けた日から1か月以内に申告しなければならず，申告場所は，申告地（受付地）処理原則によって，事件本人の登録基準地，住所地や現在地ですることができる（20条1項）。許可を受けた人に意思能力がないときには，法定代理人が申告義務者となり（例規第69号），家族関係登録創設許可決定を受けた者が申告をしないときには，配偶者又は直系血族が申告できる（102条）。

親子関係不存在確認判決とともに家族関係登録創設の基礎となる実質的な身分関係に関する確定判決がある場合にも，家族関係登録創設の申告をする必要がある。判決の確定によって事件本人の登録簿を閉鎖し，新たに確定された身分関係を反映する家族関係登録簿を再度作成しなければならないからである。家族関係登録創設と訂正手続が同時に進められる。確定判決によって家族関係登録創設の申告をしなければならない場合には，判決確定日から1か月以内に判決の謄本及び確定証明書を添付して申告しなければならない（103条）。

第 11 章　家族関係登録の創設

【家族関係登録創設申告書記載例】

<table>
<tr><td colspan="2">家族関係登録創設申告書
（　　年　　月　　日）</td><td colspan="6">※下記の作成方法を読んで記載し、選択項目は該当番号に"○"をして下さい。</td></tr>
<tr><td rowspan="8">①
家族関係登録創設者</td><td colspan="3">登録基準地</td><td colspan="3">河南市新長洞1番地</td><td></td></tr>
<tr><td colspan="3">住　所</td><td colspan="2">ソウル市城北区安岩洞1番地</td><td>世帯主及び関係</td><td>홍길동の息子</td></tr>
<tr><td rowspan="4">父
母</td><td rowspan="2">父</td><td>姓名</td><td>홍길동</td><td>登録基準地</td><td colspan="2">河南市新長洞1番地</td></tr>
<tr><td></td><td></td><td>住民登録番号</td><td colspan="2">441008-1111111</td></tr>
<tr><td rowspan="2">母</td><td>姓名</td><td>이미자</td><td>登録基準地</td><td colspan="2">河南市新長洞1番地</td></tr>
<tr><td></td><td></td><td>住民登録番号</td><td colspan="2">520319-2222222</td></tr>
<tr><td rowspan="2">本人の姓名</td><td>ハングル</td><td>홍길서</td><td rowspan="2">本
（漢字）</td><td rowspan="2">南陽</td><td>性　別</td><td>①男　②女</td></tr>
<tr><td>漢字</td><td>洪吉西</td><td>住民登録番号
出生年月日</td><td>781027-1111111
1978.10.27</td></tr>
<tr><td colspan="2">②身分に
関する事項</td><td colspan="6"></td></tr>
<tr><td colspan="2">③許可又は
裁判確定日付</td><td colspan="3">2008年　10月　27日</td><td>法院名</td><td colspan="2">ソウル家庭法院</td></tr>
<tr><td colspan="2">④その他の事項</td><td colspan="6"></td></tr>
<tr><td rowspan="3">⑤
申
告
人</td><td colspan="2">姓　名</td><td colspan="2">홍길서　　㊞（署名又は拇印）</td><td>住民登録番号</td><td colspan="2">781027-1111111</td></tr>
<tr><td colspan="2">資　格</td><td colspan="5">①本人　②配偶者　③直系血族　④その他（の資格：　　　　）</td></tr>
<tr><td colspan="2">住　所</td><td colspan="2">ソウル市城北区安岩洞1番地</td><td>電話</td><td>02-3290-0000</td><td>電子メール
justice@hanmail.net</td></tr>
</table>

作　成　方　法

＊家族関係登録創設許可謄本を受けた日から1か月以内に申告しなければなりません。
①欄：家族関係登録創設申告は、原則的に事件本人各自が家族関係登録創設許可とともに家族関係登録創設申告をしなければなりません。ただし、軍事分界線以北地域在籍者の家族関係登録創設等において家族関係登録創設者が数人の場合に、申請者である従前の戸籍上の戸主又は家族がこの欄に記載し、残りの家族関係登録創設者はその他の事項欄に"家族関係登録創設者は別紙と同じ"と記載した後、別紙で家族関係登録創設者に関する事項を作成して申告書に添付することができます。
・法第25条第2項により住民登録番号欄に住民登録番号を記載した時には、出生年月日の記載を省略することができます。
②欄：この申告書で定めた事項以外の身分に関するすべての事項を記載しなければならず、別紙で添付した家族関係登録創設申告許可決定書（身分票）に代えることができます。
④欄：その他の事項は、家族関係登録簿に記録した内容を明確にするために特に必要な事項を記載します。

添　付　書　類

1．家族関係登録創設許可決定の謄本（確定判決により家族関係登録創設申告をする場合には、判決謄本及び確定証明書）1部
2．郵送受付の場合には、申告人の身分証明書の写しを添付しなければなりません（申告人が出席した場合には、出席した申告人の身分証明書により身分を確認しなければならず、別途身分証明書の写しを添付する必要はありませんが、提出人が出席した場合には提出人の身分証明書を提示しなければなりません。）。

第12章　法定相続人の調査

　家族関係登録簿により親族関係や本人確認の証明が必要になるのは，概ね，①保険・年金・補償など受給者確認のための証明，②各種申告・申請，試験受験時の身元確認，③除斥・忌避，免責事由としての親族関係の証明，④重婚・近親婚など婚姻の成立要件や養子縁組の成立要件，扶養義務者の確認，法定相続人の確定をするためである。

　韓国民法は，被相続人が相続人を指定する制度及び法定相続人を廃除する制度を置いていない。相続人に相続欠格事由がある場合又は相続人自ら相続を放棄する場合以外には，法定相続人が相続することになる。配偶者の相続順位を考慮した法定相続人の順位は次のとおりである（民1000条・1003条1項）。

　第1順位；被相続人の直系卑属と被相続人の配偶者
　第2順位；被相続人の直系尊属と被相続人の配偶者
　第3順位；被相続人の配偶者
　第4順位；被相続人の兄弟姉妹
　第5順位；被相続人の4親等以内の傍系血族

　被相続人の死亡により相続が開始したとき，相続人が相続財産を取得するためには，上記順位のうち最先順位の法定相続人としての身分関係の存在が証明されなければならない。特に不動産登記原因が相続であるときには，申請書に相続を証明する市・区・邑・面の長の書面又はこれを証明するに足りる書面を添付しなければならず（不動産登記法46条），申請人が登記権利者又は登記義務者の相続人であるときには申請書にその身分を証明する市・区・邑・面の長の書面又はこれを証明するに足りる書面を添付しなければならない（同法47条）。ここにいう「相続を証明する書面」とは被相続人の死亡の事実と相続人全員を知りうる証明書をいい，「身分を証明する書面」とは相続人であることを証明する書面をいう。判例と例規は，相続を証明する市・区・邑・面の長の書面として，申請書に戸籍謄本と除籍謄本及び住民登録謄本を添付しなければならないと解釈してきた（1988年7月26日登記例規第405号，1992年4月13日登記例規

第852号，大法1994年9月8日決定94マ1374参照)。すなわち，被相続人と相続人の戸籍謄本と除籍謄本を根拠に，法定相続人であるのか否かを証明することが要求された。家族関係登録制度の下でも過去の電算戸籍簿とイメージ電算戸籍簿の証明書発給が可能であるため，従前の戸籍をもっていた相続人の場合には，現在も戸籍謄本と除籍謄本を通じて相続人であることを証明することができる。

　被相続人の家族関係登録簿は死亡申告によって閉鎖され，閉鎖登録簿により保管・管理される（11条2項・3項）。したがって，被相続人の閉鎖済みの「基本証明書」により，被相続人の死亡事実は証明される。

　また，死亡を原因とする被相続人本人の閉鎖済みの「家族関係証明書」には，死亡時点での被相続人の第1ないし第3順位の法定相続人である「配偶者」，「直系卑属」たる子，「直系尊属」たる父母が記載されている。直系卑属の死亡等により代襲相続が開始している場合には，被代襲相続人を本人とする「家族関係証明書」を取り寄せれば，その配偶者，子どもが記載されている。第4順位の兄弟姉妹は，被相続人の父母の子に該当するので，父母を本人とする「家族関係証明書」を取り寄せ，子として記載されている者を特定する必要がある。第5順位の4親等以内の傍系血族とは，被相続人のおじ・おば（3親等），いとこ（4親等）である。「おじ・おば」については，被相続人の祖父母を本人とする家族関係証明書に子と記載された者，「いとこ」については，被相続人のおじ・おばを本人とする家族関係証明書に子として記載されている者がそれぞれ該当する。

　なお，証明書の交付請求権者については，法第14条，規則第22条ないし第24条，例規第278号が詳細に規定していることについては，既に述べたとおりである。

第3編

資料

資料1　申告書様式・関係書式

1　申告書様式

様式番号	名称	関連法令
1	出生申告書	法 44 条 1 項
2	認知（親権者指定）申告書	法 55 条 1 項
3	姓・本継続使用申告書	法 55 条 1 項
4	養子縁組申告書	法 61 条
5	特別養子縁組申告書	法 67 条 1 項
6	離縁申告書	法 63 条
7	特別養子離縁申告書	法 69 条 1 項
8	養子縁組取消申告書	法 65 条 1 項
9	特別養子縁組取消申告書	法 70 条
10	婚姻申告書	法 71 条
11	離婚（親権者指定）申告書	法 74 条
12	婚姻取消申告書	法 73 条
13	親権者（①指定②変更）申告書	法 79 条
14	①親権喪失②法律行為代理権・財産管理権（カ喪失キ辞退）申告書	法 79 条 2 項
15	①親権喪失回復②法律行為代理権・財産管理権（カ喪失キ辞退）回復申告書	法 79 条 2 項
16	後見開始申告書	法 80 条
17	後見人更迭申告書	法 81 条
18	後見終了申告書	法 83 条
19	死亡申告書	法 84 条 1 項
⋮		
21	（①失踪②不在）宣告申告書	法 92 条 1 項
22	（①失踪②不在）宣告取消申告書	法 92 条 3 項
⋮		
27	改名申告書	法 99 条 1 項
28	登録基準地変更申告書	法 10 条 2 項
29	家族関係登録創設申告書	法 101 条 1 項
⋮		
34	姓・本変更申告書	法 100 条 1 項

第3編　資　料

2　関係書式
・登録簿等の記録事項等に関する証明申請書
・委任状
・家族関係登録簿整理申請（出生）
・家族関係登録簿整理申請（婚姻）
・家族関係登録簿整理申請（協議離婚）
・家族関係登録簿整理申請（死亡）
・協議離婚制度案内（在外国民用）

※編注　ここに掲載した書式はハングルで書かれたものを日本語訳したものです。

資料1　申告書様式・関係書式

1　申告書様式

出　生　申　告　書
（　　　年　　月　　日）

※裏面の作成方法を読んで記載し、選択項目は該当番号に"○"をして下さい。

① 出生子

姓名	ハングル		本（漢字）		性別	①男 ②女	①婚姻中の出生子 ②婚姻外の出生子
	漢字						

- 出生日時　　　年　　月　　日　　時　　分（韓国時間：24時間制）
- 出生場所　①自宅 ②病院 ③その他　　市（道）　区（郡）　洞（邑、面）　番地の
- 父母が定めた登録基準地
- 住所　　　　　　　　　　　　　世帯主及び関係　　　　　の
- 子が二重国籍者の場合、その事実及び取得した外国国籍

② 父母

	姓名	（漢字：　　）	本（漢字）	住民登録番号	－
父					
母	姓名	（漢字：　　）	本（漢字）	住民登録番号	－

- 父の登録基準地
- 母の登録基準地

婚姻申告時の子の姓・本を母の姓・本にする協議書を提出しましたか？　はい□　いいえ□

③ その他の事項

④ 申告人

- 姓名　　　　　　　　　㊞（署名又は拇印）　住民登録番号　　　　　－
- 資格　①父　②母　③同居親族　④その他（の資格：　　　　　）
- 住所
- 電話　　　　　　　　　電子メール

※　次は、国家の人口政策樹立に必要な資料で、「統計法」第32条及び第33条により誠実回答義務があり、個人情報が徹底的に保護されますので、事実のままにご記入ください。

出生子に関する事項

⑤妊娠週数	妊娠□□週 □日	⑥新生児体重	□・□□kg
⑦多胎児であるか否か及び出生順位	①単胎児 ②双胎児（双子）→双子のうち ①一番目 ②二番目 ③三胎児（三つ子）以上　→□つ子のうち　□番目		

	出生子の父に関する事項	出生子の母に関する事項
⑧実際の生年月日	陽暦／陰暦　　年　　月　　日	陽暦／陰暦　　年　　月　　日
⑨最終卒業学校	①無学 ②初等学校 ③中学校 ④高等学校 ⑤大学（校） ⑥大学院以上	①無学 ②初等学校 ③中学校 ④高等学校 ⑤大学（校） ⑥大学院以上
⑩職業	*主な仕事の種類と内容を記入します。	*主な仕事の種類と内容を記入します。
⑪実際に結婚生活を始めた日	年　　月　　日　から	
⑫母の総出産児数	この子供まで全□□名 出産（□□名 生存、□□名 死亡）	

※　下記事項は申告人が記載しないでください。

邑面洞受付	世帯別住民登録票整理	月　日㊞	家族関係登録官署送付	月　日㊞	家族関係登録簿整理（電算入力必）	月　日㊞
	個人別住民登録票作成（電算入力必）	月　日㊞	家族関係登録官署受付		家族関係登録簿の住民登録番号記録（電算入力必）	月　日㊞
	台帳整理	月　日㊞			住民登録地通報	月　日㊞
	住民登録番号				人口動態申告書送付	月　日㊞

第3編　資　料

　　作　成　方　法

①欄：出生子の名前に使用する漢字は，大法院規則が定める範囲内のもの（人名用漢字）で，名前は5文字（姓を含まない。）を超えてはいけません。使用可能な人名用漢字は，大法院電子民願センター（www.scourt.gr.kr/minwon）で確認することができます。
・出生日時は，24時刻制で記載します。（例：午後2時30分→14時30分）
・我が国の国民が外国で出生した場合には現地の出生時刻を韓国時刻に換算して定められる出生日時を記載し，その現地時刻がサマータイムが適用された時刻の場合にはそれに関する事実を記載します。
・子が二重国籍者の場合，その事実及び取得した外国国籍を記載します。
②欄：父に関する事項：婚姻外の出生子を母が申告する場合には記載せず，前婚解消後100日以内に再婚した女子が再婚成立後200日以後，直前婚姻の終了後300日以内に出産して母が出生申告をする場合には，父の姓名欄に"父未定"と記載します。
　　登録基準地：父母双方が外国人の場合その父母の国籍（出生申告当時）をそれぞれ記載し，父母のうち一方が外国人の場合外国人である父又は母の国籍を記載します。
③欄：下記事項及び家族関係登録簿に記録した内容を明確にするために特に必要な事項を記載します。
・後順位申告義務者が出生申告をする場合：先順位者（父母）が申告できない理由
・外国で出生した場合：その現地出生時刻を記載するが，サマータイム実施期間中に出生した場合その出生時刻の横に"（サマータイム適用）"と表示する。
・外国人である父の姓に従い外国式の名前で父の家に登載されているが，韓国式の名前で出生申告する場合：外国で申告された姓名
・「民法」第781条第1項ただし書により婚姻申告時の母の姓・本に従うものと協議した場合その旨
⑤～⑦出生子欄：出生子に関する事項です。
⑦欄：多胎児（双子以上）であるか否かは，実際に出生した子供の数にかかわりなく妊娠していた当時の胎児数に"○"をし，多胎児のうち出生申告対象の子ごとに出生順位が何番目であるかを表示します。
⑧～⑫父母欄：出生当時の出生子の父母に関する事項です。
⑨欄：最終卒業学校：教育人的資源部長官が認定するすべての正規教育機関を基準に記載しますが，各級学校の在学又は中退者は最終卒業学校の該当番号に"○"をします。
〈例示〉大学校3年生中退：高等学校に"○"表示
⑩欄：職業：子が出生した当時の父母の主な職業をいい，主な仕事の種類と内容を事業場名とともに記載します。
〈例示〉○○会社営業部販促社員，○○商店街で衣類販売，自分の田で農業
⑫欄：・母の総出産児数：申告書上の当該子まで全部で何人の子供を出産し，そのうち生存児と死亡児数を記載して，母が再婚の場合には以前の婚姻で生んだ子まで含みます。

　　添　付　書　類

1．出生証明書1通（次のうち一つ）
　－医師や助産師が作成したもの
　－出生子が病院など医療機関で出生しなかった場合には，出生事実を知っている者の作成したもの（ただし出生申告書様式は受付窓口に別途備付け）
　－外国の官公署が作成した出生申告受理証明書（又は出生証明書）と翻訳文
2．出生子の母の家族関係登録簿の婚姻関係証明書1通
　－父が婚姻外の者を出生申告する場合にだけ添付します。
　－出生子の母の家族関係登録簿がなく，又は登録の有無が明らかでない者の場合には，その母が配偶者を有する者ではないことを公証する書面又は2人以上の隣友人の保証書
3．子の出生当時に母が韓国人であることを証明する書面（例：登録事項別証明書）1通
　98.6.14以後に外国人の父と韓国人の母間に出生した子の出生申告をする場合
　※上記2又は3の場合に電算情報処理組職によりその内容を確認することができる場合には登録事項別証明書の添付は省略します。
4．子の出生当時に大韓民国国民の父又は母の家族関係登録簿がなく，又は明らかでない者の場合，父又は母に対する姓名，出生年月日等の人的事項を明らかにした我が国の官公署が発行した公文書（例：パスポート，住民登録謄本，その他の証明書）写し1部
5．申告人が出席した場合には，出席した申告人の身分証明書により身分を確認して別途申告人の身分証明書の写しを添付する必要はありませんが，提出人が出席した場合には申告人の身分証明書の写しを必ず添付し，これとともに提出人の身分証明書によりそれぞれの身分を確認しなければならず，郵便受付の場合には申告人の身分証明書の写しを必ず添付しなければばりません。
6．子が二重国籍者である場合，取得した外国国籍を疎明する資料1通

資料1　申告書様式・関係書式

認知（親権者指定）申告書
（　　年　　月　　日）

※裏面の作成方法を読んで記載し，選択項目は該当番号に"○"をして下さい。

①被認知者	姓名	ハングル		本(漢字)		性別	①男　②女
		漢字				住民登録番号	―
						出生年月日	
	登録基準地						
	住所					世帯主及び関係	の
	母の姓名及び登録基準地	姓名			住民登録番号	―	
		登録基準地					

②認知者	姓名	ハングル			住民登録番号	―
		漢字				
	登録基準地					

③認知判決確定日付（　　　　）	年　　月　　日	法院名	法院

④親権者	姓名		住民登録番号	―	被認知者との関係	①父②母
	指定日付	年　　月　　日	指定原因	①協議　②（　　　）法院の決定		

⑤姓・本継続使用	指定日付	年　　月　　日	①協議　②（　　　）法院の決定

⑥その他の事項	

⑦申告人	姓名	㊞（署名又は拇印）	住民登録番号	―
	資格	①父　②母　③遺言執行者　④訴えの提起者　⑤訴えの相手方　⑥その他（の資格：　　　　　）		
	住所			
	電話		電子メール	

第3編　資　料

作 成 方 法

○被認知者又は認知者が外国人の場合には登録基準地欄にその国籍を記載します。
① 欄：・母の姓名及び登録基準地：父が認知した場合にのみ記載します。
・胎児を認知する場合：姓名（ハングル）欄に「妊娠○か月中の胎児」と記載しますが，姓名がある場合には姓名まで記載します。
・法第25条第2項により住民登録番号欄に住民登録番号を記載したときには，出生年月日の記載を省略することができます。
③ 欄：・認知裁判の確定による認知申告の場合にのみ記載します。
・調停成立，調停に代わる決定や和解成立による認知申告の場合には，「認知判決確定日付」の下の（　）中に「調停成立」，「調停に代わる決定確定」又は「和解成立」と記載して，「年月日」欄にその成立（確定）日を記載します。
④ 欄：被認知者に対する親権者が定められた場合にのみ記載します。
・指定日付：協議による場合→協議日付，法院の決定による場合→審判日付
・指定原因：法院の決定による場合には（　）中にその決定法院名を記載します。
⑥ 欄：下記事項及び家族関係登録簿に記録した内容を明瞭にするために特に必要な事項を記載します。
・被認知者が姓か本を創設した後に父又は母を知ることになったときには，父又は母の姓と本に従う理由
・死亡した子を認知する場合には，被認知者の死亡年月日，その直系卑属の姓名，出生年月日及び登録基準地
・禁治産者が認知をする場合には，同意者（後見人）の姓名，署名（又は捺印，拇印）及び住民登録番号
・被認知者に配偶者や直系卑属がいる場合には，その者の姓名（ハングル・漢字併記），生年月日，父母の姓名，被認知者との関係
・遺言認知の場合，その趣旨及び遺言執行者の就任年月日

添 付 書 類

1. 判決謄本及び確定証明書1通
   - 認知判決の確定による認知申告の場合にのみ添付します。
   - 和解成立や調停成立の場合には，その和解調書（調停調書）謄本と送達証明書を添付します。（調停に代わる決定の場合には決定謄本及び確定証明書）
2. 被認知者の出生当時の母の家族関係登録簿の基本証明書及び婚姻関係証明書，家族関係証明書各1通（電算情報処理組職によりその内容を確認することができる場合には，添付を省略します。
   - 被認知者の母の家族関係登録簿がなく，又は登録の有無が明らかでない者の場合には，その母が被認知者の出生当時，配偶者を有する者ではなかったことを公証する書面又は2名以上の隣友人保証書
3. 親権者指定内容を証明する書面1通（次のうちその指定原因に従って該当書面添付）
   - 協議書：協議による指定
   - 親権者指定審判謄本及び確定証明書：法院の決定による指定
4. 遺言書謄本（又は遺言録音を記載した書面）1通
5. 認知者が外国人の場合，その国籍を証明する書面
6. 法院が姓・本の継続使用を許可した場合－裁判書謄本及び確定証明書各1部
7. 姓・本の継続使用を父母が協議した場合
   - 父母のうち一方が申告する場合：協議事実を証明する書類1部
8. 裁判上の認知申告を郵便でする場合には申告人の身分証明書の写し（申告人が出席した場合には出席した申告人の身分証明書により身分を確認しなければならず別途身分証明書の写しを添付する必要がないが，申告人が出席した場合には提出人の身分証明書を提示しなければなりません。
9. 任意認知の場合
   - 申告人が出席した場合：出席した申告人の身分証明書により身分を確認し，別途身分証明書の写しを添付する必要はありません。
   - 申告人が欠席し提出人が出席して申告人の身分証明書を提示した場合：提出人の身分証明書及び欠席した申告人の身分証明書により各々の身分を確認しなければなりません（このときには，受付担当者が申告人の身分証明書写しを申告書類に添付）。
   - 申告人が欠席し提出人が出席して申告人の印鑑証明書を添付した場合：提出人の身分証明書及び欠席した申告人の印鑑証明書により各々の身分を確認しなければなりません（このときには，申告書に捺印された印影と印鑑証明書の印影が必ず同一でなければなりません。）。
   - 郵便で申告書に捺印して提出する場合：申告書に捺印して印鑑証明書を添付しなければなりません（このときには，申告書に捺印された印影と印鑑証明書の印影が必ず同一でなければなりません。）。
   - 郵便で申告書に署名して提出する場合：申告書に署名をして署名に対する公証書を必ず添付しなければなりません。

＊韓国人の母と外国人の父の婚姻外出生子につき韓国法の方式による認知申告をする場合には，次の書面をすべて添付しなければなりません。
   - 当該認知行為の準拠法として選択した法と認知当事者との関連を証明する書面1通
     例：子の家族関係登録簿の基本証明書及び家族関係証明書又は現在の子の常居所地を証明する住民登録謄本など
   - 準拠法所属国の権限ある機関が発行した認知成立要件具備証明書1通
     ただし，認知の準拠法として韓国法を選択した場合には添付する必要はありません。
   - 父の国籍等，身分を証明する書面1通

資料1　申告書様式・関係書式

姓・本継続使用申告書 (　　年　　月　　日)	※下記の作成方法を読んで記載し，選択項目は該当番号に"○"をして下さい。						
① 姓本継続使用者	姓名	ハングル		本 (漢字)		性別	①男　②女
^	^	漢字		^		住民登録番号	－
^	^					出生年月日	
^	登録基準地						
^	住所					世帯主及び関係	の
②姓・本継続使用	指定日付		年　月　日		指定原因	①協議 ②(　　　) 法院の決定	
③その他の事項						
④ 申告人	父	㊞ (署名又は拇印)		住民登録番号	－		
^	^	^		電話		電子メール	
^	母	㊞ (署名又は拇印)		住民登録番号	－		
^	^	^		電話		電子メール	
^	姓名	㊞ (署名又は拇印)		住民登録番号	－		
^	^	^		電話		電子メール	
^	資格	①訴えの提起者　②訴えの相手方　③その他 (の資格:　　　　　)				

作成方法

①欄：法第25条第2項により住民登録番号欄に住民登録番号を記載したときには出生年月日の記載を省略することができます。
③欄：下記の事項及び家族関係登録簿に記載した内容を明確にするために特に必要な事項を記載します。
④欄：姓・本継続使用許可の裁判が確定した場合には訴えの提起者又は訴えの相手方が単独で申告することができます。この場合にも該当の項目番号に"○"をした後，記名捺印 (又は署名) します。

添付書類

1. 姓・本継続使用者の家族関係登録簿の家族関係証明書1通 (電算情報処理組織によりその内容を確認できる場合には添付を省略します)。
2. 姓・本継続使用を許可した法院の裁判書謄本及び確定証明書各1部
3. 姓・本継続使用を父母が協議した場合
   - 父母のうちの一方が申告する場合：協議事実を証明する書類1部
4. 法院の許可による姓・本継続使用申告を郵便で行う場合には申告人の身分証明書の写しを添付しなければなりません (申告人が出席した場合には，出席した申告人の身分証明書により身分を確認しなければならず，別途身分証明書の写しを添付する必要がありませんが，提出人が出席した場合には提出人の身分証明書を提示しなければなりません。)。
5. 父母の協議により姓・本継続使用申告をする場合
   - 申告人が出席した場合：出席した申告人の身分証明書により身分を確認しますが，別途身分証明書の写しを添付する必要はありません。
   - 申告人が欠席し提出人が出席して申告人の身分証明書を提示した場合：提出人の身分証明書及び欠席した申告人の身分証明書により各々の身分を確認しなければなりません (このときには受付担当者が申告人の身分証明書の写しを申告書類に添付)。
   - 申告人が欠席し提出人が出席して申告人の印鑑証明書を添付した場合：提出人の身分証明書及び欠席した申告人の身分証明書により各々の身分を確認しなければなりません (このときには申告書に捺印した印影と印鑑証明書の印影とが必ず同一でなければなりません。)。
   - 郵便で申告書に捺印して提出する場合：申告書に捺印をして印鑑証明書を添付しなければなりません (このときには，申告書に捺印した印影と印鑑証明書の印影とが必ず同一でなければなりません。)。
   - 郵便で申告書に署名して提出する場合：申告書に署名をして署名に対する公証書を必ず添付しなければなりません。

第3編 資　料

養子縁組申告書
（　　年　　月　　日）

※裏面の作成方法を読んで記載し，選択項目は該当番号に"○"をして下さい。

区分			養父		養母	
①養親	登録基準地					
	住所					
		世帯主及び関係		の	世帯主及び関係	の
	姓名	ハングル	本（漢字）		ハングル	本（漢字）
		漢字	出生年月日		漢字	出生年月日
		住民登録番号	－		住民登録番号	－
②養子	登録基準地					
	住　所					
				世帯主及び関係		の
				住民登録番号		－
	姓名	ハングル	本（漢字）			
		漢字	性別	①男　②女	出生年月日	
③養子の実父母	父	姓名	登録基準地			
			住民登録番号			－
	母	姓名	登録基準地			
			住民登録番号			－
④その他の事項						
⑤証人	姓　名		㊞（署名又は拇印）	住民登録番号		－
	住　所					
	姓　名		㊞（署名又は拇印）	住民登録番号		－
	住　所					
⑥同意者	父	姓名				㊞（署名又は拇印）
	母	姓名				㊞（署名又は拇印）
	直系尊属		㊞（署名又は拇印）	住民登録番号　－	関係	養子
	養子の配偶者		㊞（署名又は拇印）	住民登録番号　－		
	後見人		㊞（署名又は拇印）	住民登録番号　－	許可法院	許可日付　年　月　日
⑦申告人	養父				㊞（署名又は拇印）	電話／電子メール
	養母				㊞（署名又は拇印）	電話／電子メール
	養子				㊞（署名又は拇印）	電話／電子メール
	法定代理人	①父母	父		㊞（署名又は拇印）	電話／電子メール
			母		㊞（署名又は拇印）	電話／電子メール
		②後見人			㊞（署名又は拇印）	電話／電子メール
	15歳未満の養子縁組許諾			許可法院	許可日付	年　月　日

資料1 申告書様式・関係書式

作 成 方 法

＊両親又は養子が外国人の場合には，その登録基準地欄に国籍を記載します。

①欄及び②欄：法第25条第2項により住民登録番号欄に住民登録番号を記載したときには，出生年月日の記載を省略することができます。

④欄：下記の事項及び家族関係登録簿に記載した内容を明確にするために特に必要な事項を記載します。
- 養子となる者（満15歳未満）の法定代理人又は家庭法院の許可を受けた後見人が本人に代わり養子縁組を承諾しこれを申告するときにはその事由
- 「養子縁組促進及び手続に関する特例法」第8条第1項により養子の姓又は本を養親の願いにより養親の姓又は本に従う場合にはそれに関する事項

⑥欄：同意者欄の記載の要領は次のとおりです。
- 養子となる者は，父・母の同意を受けなければならず（ただし，家族関係登録簿に判決により親権を喪失した者と記載された父又は母は，同意することができません。父・母が死亡その他の事由により同意することができない場合に他の直系尊属がいれば直系尊属のうち最も近い尊属・年長者の順で同意を受けなければなりません。
- 養子となる者が未成年者であり，その未成年者につき上記の父・母・直系尊属がいない場合には家庭法院の許可を受けた後見人の同意がなければなりません。
- 養子縁組代諾者は，養子縁組同意者欄に記載しなくても構いません。
- 配偶者のいる者が養子になるときには，他の一方の同意を受けなければなりません。
- 禁治産者が養子を縁組させ，又は養子になろうとするときには，後見人の同意を受けなければなりません。

⑦欄：養子の欄には養子となる者が記名捺印（又は署名，拇印）し，ただし養子となる者が15歳未満のときには養子の欄には記載せず，法定代理人（家庭法院の許可を受けた後見人は許可法院と許可日付を記載）が法定代理人欄の該当の項目番号に"○"をした後，記名捺印（又は署名，拇印）します。
- 養子縁組促進及び手続に関する特例法による養子縁組申告の場合には，養親になる者と養子となる者の後見人がともに申告人欄に記載します。

添 付 書 類

1. 養子縁組当事者の家族関係登録簿の基本証明書，家族関係証明書及び養子縁組関係証明書（電算情報処理組織によりその内容を確認することができる場合には，添付を省略することができます。）各1通
2. 養子縁組同意書（養子縁組に対する同意が必要な場合，ただし，同意した者が養子縁組申告書の"同意者"欄に姓名と住民登録番号を記載して記名捺印したときを除く）1部
3. 養子縁組の同意又は養子縁組の承諾に対する家庭法院の許可書謄本（養子となる者が未成年者で親又は他の直系尊属がおらず後見人の同意を受けなければならない場合，後見人が被後見人を養子にする場合及び後見人が養子縁組の承諾をする場合）1部
4. 養親が外国人の場合，その国籍を証明する書面（例：戸籍謄本，出生証明書，パスポート写し，身分登録簿謄本など）
   ＊養子が外国人の場合，その子の本国法が当該身分行為の成立に子又は第三者の承諾や同意等を要件にする場合には，その要件を備えたことを証明する書面も添付を要する。
5. - 申告人らが全員出席した場合：出席した申告人の身分証明書により身分を確認し，別途身分証明書の写しを添付する必要はありません。
   - 申告人らのうち一方が出席し，欠席した申告人の身分証明書を提示した場合：
     出席及び欠席した申告人の身分証明書により両方の身分を確認します（このときには受付担当者が欠席した申告人の身分証明書写しを申告書類に添付しなければなりません。）。
   - 申告人らのうち一方が出席し，欠席した申告人の印鑑証明書を提示した場合：
     出席した申告人の身分証明書及び欠席した申告人の印鑑証明書により各々の身分を確認しなければなりません（このときには，欠席した申告人が申告書に捺印した印影と印鑑証明書の印影とが必ず同一でなければなりません。）。
   - 申告人らが欠席し提出人が出席して申告人らの身分証明書を提示した場合：
     提出人の身分証明書及び欠席した申告人たちの身分証明書により各々の身分を確認しなければなりません（このときには，受付担当者が申告人らの身分証明書写しを申告書類に添付）。
   - 申告人らが欠席し提出人が出席して申告人らの印鑑証明書を添付した場合：提出人の身分証明書及び欠席した申告人らの印鑑証明書により各々の身分を確認しなければなりません（このときには，申告書に捺印された印影と印鑑証明書の印影とが必ず同一でなければなりません。）。
   - 郵便で申告書に捺印して提出する場合：申告書に捺印をして印鑑証明書を添付しなければなりません（このときには，申告書に捺印された印影と印鑑証明書の印影とが必ず同一でなければなりません。）。
   - 郵便で申告書に署名して提出する場合：申告書に署名をして署名に対する公証書を必ず添付しなければなりません。

＊養子が15歳未満の養子縁組において，法定代理人の出席又は身分証明書の提示があり又は印鑑証明書の添付があれば，申告人の身分証明書提示又は印鑑証明書の添付があるものとみなすことがあります。

第3編　資　料

特別養子縁組申告書
（　　年　　月　　日）

※下記の作成方法を読んで記載し，選択項目は該当番号に"○"をして下さい。

区分		養父		養母	
①養親	登録基準地				
	住所				
		世帯主及び関係	の	世帯主及び関係	の
	姓名	ハングル	本（漢字）	ハングル	本（漢字）
		漢字	出生年月日	漢字	出生年月日
		住民登録番号　－		住民登録番号　－	

②特別養子	登録基準地					
	住　所				世帯主及び関係　の	
	従前の姓	ハングル	漢字	従前の本	ハングル	漢字
	変更した姓	ハングル	漢字	変更した本	ハングル	漢字
	姓名	ハングル	本（漢字）		住民登録番号　－	
		漢字	性別　①男　②女		出生年月日	

③特別養子の実父母	父	姓名		登録基準地	
				住民登録番号　－	
	母	姓名		登録基準地	
				住民登録番号　－	

④その他の事項	

⑤裁判確定日付	年　月　日	法院名	

⑥申告人	姓名	㊞（署名又は拇印）	住民登録番号　－
	資格	①訴えの提起者　②訴えの相手方　③その他（の資格：　　）	
	住所		
	電話	電子メール	

作　成　方　法

①欄及び②欄：法第25条第2項により住民登録番号欄に住民登録番号を記載したときには，出生年月日の記載を省略することができます。

④欄：家族関係登録簿に記録した内容を明確にするために特に必要な事項を記載して婚姻申告時に子が母の姓・本に従うことの協議の有無も記載します。

⑥欄：特別養子縁組の裁判が確定した場合には，訴えの提起者又は訴えの相手方単独で申告することができます。この場合には，該当の項目番号に"○"をした後に記名捺印（又は署名）します。

添　付　書　類

1. 特別養子縁組当事者の家族関係登録簿の基本証明書，家族関係証明書各1通（電算情報処理組織によりその内容を確認できる場合には添付を省略します。）
2. 特別養子縁組裁判の謄本及び確定証明書
3. 郵便受付の場合には申告人の身分証明書の写しを添付しなければなりません（申告人が出席した場合には出席した申告人の身分証明書により身分を確認しなければならず，別途身分証明書の写しを添付する必要がありませんが，提出人が出席した場合には提出人の身分証明書を提示しなければなりません。）。

資料1 申告書様式・関係書式

離縁申告書 （　年　月　日）

※裏面の作成方法を読んで記載し，選択項目は該当番号に"○"をして下さい。

区　分			養　父		養　母	
①養親	登録基準地					
	住所		世帯主及び関係　　の		世帯主及び関係　　の	
	姓名	ハングル	本（漢字）	ハングル	本（漢字）	
		漢字	出生年月日	漢字	出生年月日	
		住民登録番号	－	住民登録番号	－	
②養子	登録基準地					
	住　所				世帯主及び関係　　の	
	姓名	ハングル	本（漢字）		住民登録番号　　－	
		漢字	出生年月日			
③養子の実父母	父	姓名		登録基準地		
				住民登録番号　　－		
	母	姓名		登録基準地		
				住民登録番号　　－		
④その他の事項						
⑤裁判確定日付			年　月　日	法院名		
⑥証人	姓　名		㊞（署名又は拇印）	住民登録番号	－	
	住　所					
	姓　名		㊞（署名又は拇印）	住民登録番号	－	
	住　所					
⑦同意者	父	姓名			㊞（署名又は拇印）	
	母	姓名			㊞（署名又は拇印）	
	直系尊属	㊞（署名又は拇印）	住民登録番号	－	関係	
	後見人	㊞（署名又は拇印）	住民登録番号　　－	許可法院	許可日付　年　月　日	
⑧申告人	養父			㊞（署名又は拇印）	電話	
					電子メール	
	養母			㊞（署名又は拇印）	電話	
					電子メール	
	養子			㊞（署名又は拇印）	電話	
					電子メール	
	①法定代理人	□父		㊞（署名又は拇印）	電話	
					電子メール	
		□母		㊞（署名又は拇印）	電話	
					電子メール	
		□後見人			電話	
					電子メール	
	②生家の他の直系尊属	15歳未満の者の離縁協議	許可法院		許可日付　年　月　日	
	③訴えの提起者　④訴えの相手方			㊞（署名又は拇印）	電話	
					電子メール	

第3編 資 料

作 成 方 法

＊養親又は養子が外国人の場合にはその登録基準地欄に国籍を記載します。

①欄及び②欄：法第25条第2項により住民登録番号欄に住民登録番号を記載したときには，出生年月日の記載を省略することができます。

④欄：下記の事項及び家族関係登録簿に記録した内容を明確にするために特に必要な事項を記載します。
・協議離縁をする養子が満15歳未満の場合には，養子の養子縁組当時，養子縁組を承諾した者が離縁の協議をしなければならず，その者が死亡その他の事由で協議できないときには，生家の他の直系尊属又は後見人が家庭法院の許可を受けて協議をしなければならないにもかかわらず協議しない場合にはその事由

⑦欄：・協議離縁をする養子が未成年者（満15歳以上満20歳未満）の場合には父・母の同意を受けなければならず，父・母が死亡その他の事由により同意できない場合には他の直系尊属がいれば直系尊属のうち最も近い尊属・年長者の順で同意を受けなければなりません。
・前項の場合，未成年者に同意する父・母や直系尊属がいなければ家庭法院の許可を受けた後見人の同意がなければなりません。
・養親や養子が禁治産者であるときには，後見人の同意を受けなければなりません。

⑧欄：養子欄は離縁をする養子が記名捺印（又は署名）し，ただし協議離縁をする養子が15歳未満であるときにはその養子の縁組時に養子縁組を承諾した者，その者が死亡その他の事由で申告することができないときには家庭法院の許可を受けた生家の他の直系尊属又は後見人がそれぞれその該当する項目番号に"○"をした後記名捺印（又は署名）しなければならず，離縁の裁判が確定した場合には訴えの提起者又は訴えの相手方単独で申告することができます。この場合にも該当項目番号に"○"をした後記名捺印（又は署名）します。

添 付 書 類

1. 離縁当事者の家族関係登録簿の養子縁組関係証明書各1通（電算情報処理組織によりその内容を確認することができる場合には添付を省略します。）
2. 裁判上の離縁の場合，判決謄本及び確定証明書各1部
3. 離縁の調停成立の場合，調停調書謄本及びその送達証明書各1部
4. 特例法第4条各号に該当する者であることを証明する書面（「養子縁組促進及び手続に関する特例法」により養子となった者が離縁による離縁申告をするとともに養子の本来の姓又は本を回復しようとする場合，離縁申告書に添付します。）1部
5. 離縁に同意した者が作成した同意事実を証明する書面と後見人が離縁に同意した場合や後見人又は生家の他の直系尊属が離縁協議をした場合には，法院の許可書各1部
6. 裁判上の離縁申告を郵便でする場合には，申告人の身分証明書の写し（申告人が出席した場合には，出席した申告人の身分証明書により身分を確認しなければならず，別途身分証明書の写しを添付する必要はありませんが，提出人が出席した場合には，提出人の身分証明書を提示しなければなりません。）
7. 協議離縁の場合
   - 申告人らが全員出席した場合：出席した申告人の身分証明書により身分を確認し，別途身分証明書の写しを添付する必要はありません。
   - 申告人らのうち一方が出席して欠席した申告人の身分証明書を提示した場合：
   出席及び欠席した申告人の身分証明書により両方の身分を確認しなければなりません（このときには受付担当者が欠席した申告人の身分証明書写しを申告書類に添付しなければなりません。）。
   - 申告人らのうち一方が出席して欠席した申告人の印鑑証明書を提示した場合：
   出席した申告人の身分証明書及び欠席した申告人の印鑑証明書により各々の身分を確認しなければなりません（このときには，欠席した申告人が申告書に捺印した印と印鑑証明書の印影とが必ず同一でなければなりません。）。
   - 申告人らが欠席し提出人が出席して申告人たちの身分証明書を提示した場合：
   提出人の身分証明書及び欠席した申告人たちの身分証明書により各々の身分を確認しなければなりません（このときには，受付担当者が申告人らの身分証明書写しを申告書類に添付）。
   - 申告人らが欠席し提出人が出席して申告人らの印鑑証明書を添付した場合：提出人の身分証明書及び欠席した申告人らの印鑑証明書により各々の身分を確認しなければなりません（このときには，申告書に捺印された印と印鑑証明書の印影とが必ず同一でなければなりません。）。
   - 郵便で申告書に捺印して提出する場合：申告書に捺印をして印鑑証明書を添付しなければなりません（このときには，申告書に捺印された印影と印鑑証明書の印影とが必ず同一でなければなりません。）。
   - 郵便で申告書に署名して提出する場合：申告書に署名をして署名に対する公証書を必ず添付しなければなりません。

＊協議離縁において，法第64条第1項の協議をした者の出席又は身分証明書の提示があり又は印鑑証明書の添付があれば，申告人の身分証明書提示又は印鑑証明書を添付したものとみなすことができます。

資料1　申告書様式・関係書式

特別養子離縁申告書
（　　年　　月　　日）

※下記の作成方法を読んで記載し，選択項目は該当番号に"○"をして下さい。

区分		養父		養母	
①養親	登録基準地				
	住所	世帯主及び関係　　　の		世帯主及び関係　　　の	
	姓名	ハングル	本（漢字）	ハングル	本（漢字）
		漢字	出生年月日	漢字	出生年月日
		住民登録番号　　－		住民登録番号　　－	
②特別養子	登録基準地				
	住所			世帯主及び関係　　　の	
	従前の姓	ハングル	漢字	従前の本　ハングル	漢字
	復活した姓	ハングル	漢字	復活した本　ハングル	漢字
	姓名	ハングル	本（漢字）	住民登録番号	
		漢字	出生年月日	－	
③復活した父母	父	姓名		登録基準地	
				住民登録番号　　－	
	母	姓名		登録基準地	
				住民登録番号　　－	
④その他の事項					
⑤裁判確定日付		年　月　日		法院名	
⑥申告人	姓名		㊞（署名又は拇印）	住民登録番号　　－	
	資格	①訴えの提起者　②訴えの相手方　③その他（の資格：　　）			
	住所				
	電話		電子メール		

作成方法

①欄及び②欄：法第25条第2項により住民登録番号欄に住民登録番号を記載したときには，出生年月日の記載を省略することができます。

③欄：・直接特別養子縁組をした場合と従前に一般養子縁組をした養父母が特別養子縁組をして養父母が同じ場合，離縁時には実父母との関係が復活
・従前に一般養子縁組をした養父母と特別養子縁組をした養父母が異なる場合，離縁時には従前に一般養子縁組をした養父母との関係が復活

④欄：家族関係登録簿に記録した内容を明確にするために特に必要な事項を記載します。

⑥欄：特別養子離縁の裁判が確定した場合には，訴えの提起者又は訴えの相手方が単独で申告することができます。この場合には，該当する項目番号に"○"をした後記名捺印（又は署名）します。

添付書類

1. 特別養子離縁当事者の家族関係登録簿の基本証明書，特別養子縁組関係証明書各1通（電算情報処理組織によりその内容を確認することができる場合には添付を省略します。）
2. 「民法」第908条の5により特別養子離縁の裁判が確定した場合には，裁判の謄本及び確定証明書各1通
3. 郵便受付の場合には，申告人の身分証明書の写しを添付しなければなりません（申告人が出席した場合には出席した申告人の身分証明書により身分を確認しなければならず，別途身分証明書の写しを添付する必要がありませんが，提出人が出席した場合には提出人の身分証明書を提示しなければなりません。）。

第3編 資 料

養子縁組取消申告書
（　　年　　月　　日）

※下記の作成方法を読んで記載し，選択項目は該当番号に"○"をして下さい。

区分			養　父		養　母	
①養親	登録基準地					
	住所					
		世帯主及び関係		の	世帯主及び関係	の
	姓名	ハングル	本（漢字）		ハングル	本（漢字）
		漢字	出生年月日		漢字	出生年月日
		住民登録番号	－		住民登録番号	－
②養子	登録基準地					
	住所					
	姓名	ハングル	本（漢字）		住民登録番号	－
		漢字	出生年月日			
③養子の実父母	父	姓名		登録基準地		
				住民登録番号		－
	母	姓名		登録基準地		
				住民登録番号		－
④その他の事項						
⑤裁判確定日付			年　　　月　　　日	法院名		
⑥申告人	姓名		㊞（署名又は拇印）	住民登録番号		－
	資格	①訴えの提起者　②訴えの相手方　③その他（の資格：　　　）				
	住所					
	電話		電子メール			

作 成 方 法

①欄及び②欄：法第25条第2項により住民登録番号欄に住民登録番号を記載したときには，出生年月日の記載を省略することができます。
④欄：家族関係登録簿に記録した内容を明確にするために特に必要な事項を記載します。
・申告事件で身分の変更がある者がいる場合には，その者の姓名，生年月日，登録基準地及び身分変更の事由

添 付 書 類

1. 養子縁組取消当事者の家族関係登録簿の養子縁組関係証明書各1通（電算情報処理組織によりその内容を確認することができる場合には添付を省略します。）
2. 判決の場合，養子縁組取消判決謄本及び確定証明書各1部
3. 調停の場合，調停調書謄本と送達証明書各1部
4. 郵便受付の場合には，申告人の身分証明書の写しを添付しなければなりません（申告人が出席した場合には出席した申告人の身分証明書により身分を確認しなければならず，別途身分証明書の写しを添付する必要がありませんが，提出人が出席した場合には提出人の身分証明書を提示しなければなりません。）。

資料1　申告書様式・関係書式

特別養子縁組取消申告書
（　　年　　月　　日）

※下記の作成方法を読んで記載し，選択項目は該当番号に"○"をして下さい。

<table>
<tr><td colspan="2">区　分</td><td colspan="2">養　　父</td><td colspan="2">養　　母</td></tr>
<tr><td rowspan="5">①養親</td><td>登録基準地</td><td colspan="2"></td><td colspan="2"></td></tr>
<tr><td>住所</td><td colspan="2"></td><td colspan="2"></td></tr>
<tr><td></td><td>世帯主及び関係</td><td>の</td><td>世帯主及び関係</td><td>の</td></tr>
<tr><td rowspan="2">姓名</td><td>ハングル</td><td>本（漢字）</td><td>ハングル</td><td>本（漢字）</td></tr>
<tr><td>漢字</td><td>出生年月日</td><td>漢字</td><td>出生年月日</td></tr>
<tr><td></td><td>住民登録番号</td><td colspan="2">　　　－</td><td>住民登録番号</td><td>　　　－</td></tr>
<tr><td rowspan="6">②特別養子</td><td>登録基準地</td><td colspan="4"></td></tr>
<tr><td>住所</td><td colspan="2"></td><td>世帯主及び関係</td><td>の</td></tr>
<tr><td>従前の姓</td><td>ハングル</td><td>漢字</td><td>従前の本</td><td>ハングル</td><td>漢字</td></tr>
<tr><td>復活した姓</td><td>ハングル</td><td>漢字</td><td>復活した本</td><td>ハングル</td><td>漢字</td></tr>
<tr><td rowspan="2">姓名</td><td>ハングル</td><td>本（漢字）</td><td colspan="2">住民登録番号</td></tr>
<tr><td>漢字</td><td>出生年月日</td><td colspan="2">　　　－</td></tr>
<tr><td rowspan="4">③復活する父母</td><td rowspan="2">父</td><td rowspan="2">姓名</td><td colspan="3">登録基準地</td></tr>
<tr><td colspan="2">住民登録番号</td><td>　　　－</td></tr>
<tr><td rowspan="2">母</td><td rowspan="2">姓名</td><td colspan="3">登録基準地</td></tr>
<tr><td colspan="2">住民登録番号</td><td>　　　－</td></tr>
<tr><td colspan="2">④その他の事項</td><td colspan="4"></td></tr>
<tr><td colspan="2">⑤裁判確定日付</td><td colspan="2">　　年　　月　　日</td><td>法院名</td><td></td></tr>
<tr><td rowspan="4">⑥申告人</td><td>姓　名</td><td colspan="2">㊞（署名又は拇印）</td><td>住民登録番号</td><td>　　　－</td></tr>
<tr><td>資　格</td><td colspan="4">１訴えの提起者　　２訴えの相手方　　３その他（の資格：　　　　　）</td></tr>
<tr><td>住　所</td><td colspan="4"></td></tr>
<tr><td>電　話</td><td colspan="2"></td><td>電子メール</td><td></td></tr>
</table>

作　成　方　法

①欄及び②欄：法第25条第2項により住民登録番号欄に住民登録番号を記載したときには，出生年月日の記載を省略することができます。

③欄：・直接特別養子縁組した場合，離縁時には実父母との関係が復活
・従前に一般養子縁組した養父母と特別養子縁組をした養父母が同一の場合であれ，他の場合であれ，従前に一般養子縁組をした養父母との関係が復活

④欄：下記の事項及び家族関係登録簿に記録した内容を明確にするために特に必要な事項を記載します。
・申告事件により身分の変更がある者がいる場合には，その者の姓名，生年月日，登録基準地及び身分変更の事由

添　付　書　類

1. 特別養子縁組取消当事者の家族関係登録簿の基本証明書，特別養子縁組関係証明書各1通（電算情報処理組織によりその内容を確認することができる場合には添付を省略します）
2. 「民法」第908条の4により特別養子縁組取消の裁判が確定した場合には，裁判の謄本及び確定証明書各1通
3. 郵便受付の場合には，申告人の身分証明書の写しを添付しなければなりません（申告人が出席した場合には出席した申告人の身分証明書により身分を確認しなければならず，別途身分証明書の写しを添付する必要がありませんが，提出人が出席した場合には提出人の身分証明書を提示しなければなりません。）。

第3編　資料

婚　姻　申　告　書（　） (　年　　月　　日)	※裏面の作成方法を読んで記載し，選択項目は該当番号に"○"をして下さい。	
区　分	夫	妻

	区分	夫	妻
①婚姻当事者（申告人）	登録基準地		
	住所	世帯主及び関係　　　の	世帯主及び関係　　　の
	姓名　ハングル	㊞（署名又は拇印）	㊞（署名又は拇印）
	漢字		
	本（漢字）	電話	電話
	出生年月日		
	住民登録番号	－	－
②父母（養父母）	父　登録基準地		
	姓名		
	住民登録番号		
	母　登録基準地		
	姓名		
	住民登録番号		
③直前婚姻解消日付		年　月　日	年　月　日
④外国方式による婚姻成立日付		年　月　日	
⑤姓・本の協議	子の姓・本を母の姓・本にする協議をしますか？　はい☐いいえ☐		
⑥近親婚であるか否か	婚姻当事者らが8親等以内の血族間に該当しますか？　はい☐いいえ☐		
⑦その他の事項			
⑧証人	姓名	㊞（署名又は拇印）　住民登録番号　　　　－	
	住所		
	姓名	㊞（署名又は拇印）　住民登録番号　　　　－	
	住所		
⑨同意者	夫　父　姓名		㊞（署名又は拇印）
	母　姓名		㊞（署名又は拇印）
	妻　父　姓名		㊞（署名又は拇印）
	母　姓名		㊞（署名又は拇印）
	後見人　姓名	㊞（署名又は拇印）　住民登録番号　　　　－	

※次は，国家の人口政策樹立に必要な資料で，「統計法」第32条及び第33条により誠実回答義務があり，個人情報が徹底的に保護されますので，事実のままご記入ください。

⑩実際の結婚生活開始日	年　月　日から同居	
⑪婚姻の種類	夫　①初婚　②死別後再婚　③離婚後再婚	妻　①初婚　②死別後再婚　③離婚後再婚
⑫最終卒業学校	夫　①無学　②小学校　③中学校　④高等学校　⑤大学（校）　⑥大学院以上	妻　①無学　②小学校　③中学校　④高等学校　⑤大学（校）　⑥大学院以上
⑬職業	夫　＊主な仕事の種類と内容を記入します。	妻　＊主な仕事の種類と内容を記入します。

資料1　申告書様式・関係書式

作成方法

＊①，②欄及び⑥，⑦，⑧，⑨，⑩，⑪欄は申告人全員が記載して，残りの欄（③，④，⑤）は該当する人だけが記載します。
＊住民登録転入申告は，本家族関係登録申告とは別途しなければなりません。

①欄：婚姻当事者が外国人の場合には，その登録基準地欄に国籍を記載します。
・法第25条第2項により住民登録番号欄に住民登録番号を記載したときには，出生年月日の記載を省略することができます。
②欄：婚姻当事者が養子の場合には，この欄には養父・養母の登録基準地・姓名・住民登録番号を記載し，姓名横の（　）に養父・養母であることを表示します。
③欄：離婚又は婚姻取消した者の場合，その日付を記載します。
④欄：外国方式による婚姻証書謄本提出の場合，婚姻成立日を記載します。
⑤欄：「民法」第781条第1項ただし書により子の姓・本を母の姓・本にする協議がある場合には，その事実を表示します。
⑥欄：婚姻当事者らが「民法」第809条第1項による近親婚に該当しないという事実［8親等以内の血族（特別養子の縁組前の血族を含む）］を表示します。
⑦欄：下記の事項及び家族関係登録簿に記録した内容を明確にするために特に必要な事項を記載します（記載欄が不足する場合には，別紙を付けて追加記載することができます）。
・事実上の婚姻関係確認判決による婚姻申告の場合には，判決法院及び確定日付
⑧欄：証人は成年者でなければなりません。
⑨欄：未成年者又は禁治産者が婚姻する場合に，同意内容を記載します。
⑩欄：結婚日付にかかわらず実際に夫婦が結婚（同居）生活を始めた日を記入します。
⑫欄：教育人的資源部長官が認めるすべての正規教育機関を基準に記載し，各学校の在学又は中退者は最終卒業した学校の該当番号に"○"で表示します。
〈例示〉大学校3年生中退→高等学校に○表示
⑬欄：結婚する当時の職業に対する仕事の種類と内容を事業体の名とともに具体的に記載します。
〈誤った例示〉会社員，公務員，事業，運輸業
〈正しい例示〉○○会社営業部販促社員，建築木工，○○区役所建築許可業務担当，○○商店街で衣類販売，自らの田で稲作

添付書類

1. 婚姻当事者の家族関係登録簿の基本証明書，婚姻関係証明書，家族関係証明書各1通（電算情報処理組織によりその内容を確認することができる場合には添付を省略します）。
2. 婚姻同意書［未成年者又は禁治産者の婚姻の場合，申告書の同意欄に記載して署名（又は捺印，拇印）した場合は例外］1部
3. 事実婚関係存在確認の裁判による婚姻申告の場合，その裁判書（調停調書）の謄本と確定証明書（送達証明書）各1部
4. 婚姻申告特例法による婚姻の場合，審判書の謄本及び確定証明書1部
5. 韓国で外国人と韓国人が婚姻する場合，外国人である男子又は女子の婚姻成立要件具備証明書（中国人の場合未婚証明，親族関係証明書の場合も可能）及び国籍証明書面（例：戸籍謄本，出生証明書，パスポート写し，身分登録簿謄本等）1部
6. 「民法」第781条第1項ただし書により子の姓・本を母の姓・本とする協議をした場合には，協議事実を証明する婚姻当事者の協議書1部
7. −申告人らが全て出席した場合：出席した申告人の身分証明書により身分を確認し，別途身分証明書の写しを添付する必要はありません。
　−申告人らのうち一方が出席して欠席した申告人の身分証明書を提示した場合：
　出席した申告人の身分証明書及び欠席した申告人の身分証明書により両方の身分を確認します（このときには受付担当者が欠席した申告人の身分証明書の写しを申告書類に添付しなければなりません）。
　※　ただし，事実婚関係存在確認の確定判決による婚姻申告の場合には，出席した申告人（事件本人のうち一方）の身分確認で欠席した申告人（事件本人のうち一方）の身分確認に代えることができます。
　−申告人のうち一方が出席して欠席した申告人の印鑑証明書を提示した場合：
　出席した申告人の身分証明書及び欠席した申告人の印鑑証明書により各々の身分を確認しなければならず（このときには欠席した申告人が申告書に捺印した印影と印鑑証明書の印影とが同一でなければなりません）。
　−申告人らが欠席し提出人が出席して申告人らの身分証明書を提示した場合：
　提出人の身分証明書及び欠席した申告人の身分証明書により各々の身分を確認しなければなりません（このときには受付担当者が申告人たちの身分証明書の写しを申告書類に添付）。
　−申告人らが欠席し提出人が出席して申告人らの印鑑証明書が添付された場合：
　提出人の身分証明書及び欠席した申告人の印鑑証明書により各々の身分を確認しなければなりません（このときには申告書に捺印された印影と印鑑証明書の印影とが必ず同一でなければなりません）。
　−郵便で申告書に捺印して提出する場合：申告書に捺印をして印鑑証明書を添付しなければなりません（このときには申告書に捺印された印影と印鑑証明書の印影とが必ず同一でなければなりません）。
　−郵便で申告書に署名して提出する場合：申告書に署名をし署名に対する公証書を必ず添付しなければなりません。

第 3 編　資　料

離婚（親権者指定）申告書
（　　　年　　月　　日）

※裏面の作成方法を読んで記載し，選択項目は該当番号に"○"をして下さい。

<table>
<tr><td colspan="2">区分</td><td>夫</td><td>妻</td></tr>
<tr><td rowspan="7">①離婚当事者</td><td>登録基準地</td><td></td><td></td></tr>
<tr><td>住　所</td><td></td><td>住　所</td></tr>
<tr><td rowspan="2">姓名</td><td>ハングル　　　㊞（署名又は拇印）</td><td>ハングル　　　㊞（署名又は拇印）</td></tr>
<tr><td>漢字</td><td>漢字</td></tr>
<tr><td>本（漢字）</td><td>　　　　　　電話</td><td>本（漢字）　　　　　　電話</td></tr>
<tr><td>住民登録番号</td><td>　　　－</td><td>住民登録番号　　　－</td></tr>
<tr><td>出生年月日</td><td></td><td>出生年月日</td></tr>
<tr><td rowspan="6">②父母（養父母）</td><td rowspan="3">父</td><td>登録基準地</td><td>登録基準地</td></tr>
<tr><td>姓名</td><td>姓名</td></tr>
<tr><td>住民登録番号　　　－</td><td>住民登録番号　　　－</td></tr>
<tr><td rowspan="3">母</td><td>登録基準地</td><td>登録基準地</td></tr>
<tr><td>姓名</td><td>姓名</td></tr>
<tr><td>住民登録番号　　　－</td><td>住民登録番号　　　－</td></tr>
<tr><td colspan="3">③その他の事項</td><td></td></tr>
<tr><td colspan="3">④裁判確定日付（　　　　　）</td><td>年　月　日　法院名　　　　　　　　　法院</td></tr>
</table>

下記親権者欄（太線）は，協議離婚時には法院の協議離婚意思確認後に記載します。

<table>
<tr><td rowspan="4">⑤親権者指定</td><td colspan="2">未成年者の姓名</td><td colspan="4"></td></tr>
<tr><td colspan="2">住民登録番号</td><td colspan="4"></td></tr>
<tr><td rowspan="2">親権者</td><td rowspan="2">1父　2母　3父母</td><td>指定効力発生日</td><td>年　月　日</td><td>1父　2母</td><td>指定効力発生日　年　月　日</td></tr>
<tr><td>原因</td><td>1協議　2裁判</td><td>1父　2母</td><td>原因　1協議　2裁判</td></tr>
<tr><td rowspan="2">⑥登録官署提出者</td><td colspan="2">姓名</td><td colspan="4">電話
電子メール</td></tr>
<tr><td colspan="2">住所</td><td colspan="4">離婚当事者との関係　　　　　の</td></tr>
</table>

※　次は，国家の人口政策樹立に必要な資料で，「統計法」第 32 条及び第 33 条により誠実回答義務があり，個人情報が徹底的に保護されますので，事実のままにご記入下さい。

<table>
<tr><td>⑦実際に結婚（同居）生活を開始した日</td><td>年　月　日から</td><td>⑧実際の離婚年月日</td><td>年　月　日から</td></tr>
<tr><td>⑨20 歳未満の子の数</td><td>名</td><td>⑩離婚の種類</td><td>1協議離婚
2裁判による離婚</td></tr>
<tr><td>⑪離　婚
事　由　（択一）</td><td colspan="3">1配偶者の不貞行為　2精神的・肉体的虐待　3家族間不和
4経済問題　　　　5性格の不一致　　　　6健康問題　　7その他</td></tr>
<tr><td>⑫最　終
　卒業学校</td><td>夫</td><td>1無学　2小学校　3中学校
4高等学校　5大学（校）　6大学院以上</td><td>妻　1無学　2小学校　3中学校
4高等学校　5大学（校）　6大学院以上</td></tr>
<tr><td>⑬職　業</td><td>夫</td><td>＊主な仕事の種類と内容を記入します。</td><td>妻　＊主な仕事の種類と内容を記入します。</td></tr>
</table>

資料1　申告書様式・関係書式

作 成 方 法

※申告書は，1部（法院に協議離婚申請時には3部，在外公館に申告時には2部）を作成，提出しなければなりません。

①欄：協議離婚申告の場合には，記名捺印（署名又は拇印）を必ずしなければなりません。裁判上離婚申告の場合には，捺印（署名又は拇印）を省略することができます。
　　　離婚当事者が外国人の場合には，その登録基準地欄に国籍を記載します。離婚当事者の父母が外国人の場合にも登録基準地欄に国籍を記載します。
　　　・法第25条第2項により住民登録番号欄に住民登録番号を記載したときには，出生年月日の記載を省略することができます。
②欄：離婚当事者が養子の場合には，この欄には養父・養母の登録基準地・姓名・住民登録番号を記載し，姓名横の（　）に養父・養母であることを表示します。
③欄：下記事項及び家族関係登録簿に記録した内容を明確にするために特に必要な事項を記載します。
　　　・申告事件により身分の変更がある者がいる場合に，その人の姓名，生年月日，登録基準地及び身分変更の事由
　　　・禁治産者が協議上の離婚をする場合には，同意者の姓名，署名（又は捺印）及び生年月日
④欄：・離婚判決（和解，調停）の場合にだけ記載し，協議離婚の場合には記載しません。
　　　・調停成立，調停に代わる決定や和解成立による認知申告の場合には，"認知判決確定日付"下の（　）中に"調停成立"，"調停に代わる決定確定"又は"和解成立"と記載し，"年月日"欄にその成立（確定）日を記載します。
⑤欄：協議離婚確認申請時には記載せず，法院の離婚意思確認後に定められた親権者を記載します。指定効力発生日は，協議離婚の場合，裁判確定日を記載します。原因は，協議により定めたときには"①協議"に，法院が決定したときには"②裁判"に"○"をし，その内容を証明する書面を添付しなければなりません。子が3名以上の場合，別紙に記載した上，割印して添付します。
⑦欄，⑧欄：家族関係登録簿上の申告日や裁判確定日とは関係なく，実際に結婚（同居）生活を開始した日と事実上の離婚（別居）生活を開始した日を記載します。
⑫欄：教育人的資源部長官が認めるすべての正規教育機関を基準に記載し，各学校の在学又は中退者は卒業した最終学校の該当番号に○をします。
　　〈例示〉大学3年生中退→高等学校に○表示
⑬欄：結婚当時の職業に対する種類と内容を事業体の名称とともに具体的に記載します。
　　〈誤った例示〉会社員，公務員，事業，運輸業
　　〈正しい例示〉○○会社営業部販促社員，建築木工，○○区役所建築許可業務担当，○○商店街で衣類販売，自分の田で稲作

添 付 書 類

1．協議離婚：・協議離婚意思確認書謄本1部
2．裁判離婚：・判決（調停調書，和解調書）謄本及び確定証明書各1部
3．外国法院の離婚判決による裁判上離婚
　　・離婚判決の正本又は謄本と判決確定証明書各1部
　　・敗訴した被告が我が国の国民の場合に，その被告が公示送達によらずに訴訟の開始に必要な召喚又は命令の送達を受け又はこれを受けなかったとしても応訴した事実を証明する書面（判決により，この点が明白ではない場合に限る）1部
　　・上記各書類の翻訳文1部
4．離婚当事者の家族関係登録簿の基本証明書，婚姻関係証明書各1通（電算情報処理組織によりその内容を確認することができる場合には添付を省略します）。
5．裁判上の離婚申告を郵便で提出する場合には，提出人である離婚当事者一方の身分証明書の写し（提出人が出席した場合には，出席した提出人の身分証明書により身分を確認しなければならず，別途身分証明書の写しを添付する必要がありませんが，離婚当事者ではない者が申告書を提出する場合には，提出人の身分証明書を提示しなければなりません）。
6．協議離婚申告の場合
　　－離婚当事者らが全て出席した場合：出席した離婚当事者らの身分証明書により身分を確認し，別途身分証明書の写しを添付する必要はありません。
　　－離婚当事者のうち一方が出席して申告書を提出する場合：出席した離婚当事者のうち一方の身分証明書による身分確認で他の一方の身分確認に代えることができます。
　　－離婚当事者らが欠席して離婚当事者ではない人が出席して申告書を提出する場合：提出人の身分証明書により身分を確認しなければなりません。
　　－郵便で申告書に捺印して提出する場合：申告書に捺印をして提出人である離婚当事者一方の印鑑証明書を添付しなければなりません（このときには，申告書に捺印された印と印鑑証明書の印影とが必ず同一でなければなりません）。
　　－郵便で申告書に署名して提出する場合：申告書に署名をして提出人である離婚当事者一方の署名についての公証書を必ず添付しなければなりません。
7．親権者指定に関連する疎明資料
　　－協議による場合，親権者指定協議書謄本1部
　　－法院の職権又は当事者の親権者指定申請により法院が決定した場合，審判書正本及び確定証明書1部

第3編　資　料

婚姻取消申告書
（　　年　　月　　日）

※下記の作成方法を読んで記載し，選択項目は該当番号に"○"をして下さい。

区分		夫	妻
①当事者	登録基準地		
	住所		
	姓名　ハングル／漢字	本(漢字)	本(漢字)
	住民登録番号	－	－
	出生年月日		
②父母（養父母）	父　登録基準地		
	姓名		
	住民登録番号	－	－
	母　登録基準地		
	姓名		
	住民登録番号	－	－
③その他の事項			
④確定裁判日付（　　）		年　月　日　法院名　　　法院	
⑤親権者指定	未成年者の姓名		
	住民登録番号	－	－
	親権者	①父 ②母 ③父母　指定日付　年月日　原因（　）法院の決定	①父 ②母 ③父母　指定日付　年月日　原因（　）法院の決定
⑥申告人	姓名	㊞（署名又は拇印）	住民登録番号　－
	資格	①訴えの提起者　②訴えの相手方　③その他（の資格：　　）	
	住所	電話　　　　電子メール	

作　成　方　法

①欄：法第25条第2項により住民登録番号欄に住民登録番号を記載したときには，出生年月日の記載を省略することができます。

②欄：婚姻取消当事者が養子の場合には，この欄には養父・養母の登録基準地・姓名・住民登録番号を記載し，姓名横の（　）に養父・養母であることを表示します。

③欄：下記の事項及び家族関係登録簿に記録した内容を明確にするために特に必要な事項を記載します。
・申告事件により身分の変更がある者がいる場合には，その者の姓名，生年月日，登録基準地及び身分変更の事由

④欄：調停成立，調停に代わる決定や和解成立による婚姻取消申告の場合には"判決確定日付"下の（　）中に"調停成立"，"調停に代わる決定確定"又は"和解成立"と記載し，"年月日"欄にその成立（確定）日を記載します。

⑤欄：婚姻取消裁判で指定された親権者を記載します。

添　付　書　類

1．婚姻取消裁判の謄本及び確定証明書各1部
　（調停の場合は，調停調書謄本及び送達証明書各1部）
2．婚姻取消当事者の家族関係登録簿の基本証明書，婚姻関係証明書各1通（電算情報処理組織によりその内容を確認することができる場合には添付を省略します。）
3．郵便受付の場合には，申告人の身分証明書の写し（申告人が出席した場合には，出席した申告人の身分証明書により身分を確認しなければならず，別途身分証明書の写本を添付する必要がありませんが，提出人が出席した場合には提出人の身分証明書を提示しなければなりません。）

資料1　申告書様式・関係書式

親権者（①指定②変更）申告書										
（　　年　　月　　日）			※裏面の作成方法を読んで記載し，選択項目は該当番号に"○"をして下さい。							

①未成年の子	登録基準地					出生年月日				
	住　所									
	姓　名	ハングル		漢字		住民登録番号		－		
	登録基準地					出生年月日				
	住　所									
	姓　名	ハングル		漢字		住民登録番号		－		
	登録基準地					出生年月日				
	住　所									
	姓　名	ハングル		漢字		住民登録番号		－		
②父	登録基準地									
	住　所									
	姓　名	ハングル		漢字		住民登録番号		－		
③母	登録基準地									
	住　所									
	姓　名	ハングル		漢字		住民登録番号		－		
④親権者	姓名				未成年者との関係		①父 ②母 ③父母			
	未成年者の姓名									
	①指定日付		年　月　日	①指定原因	①協議 ②（　　）			）法院の決定		
	②変更日付		年　月　日	②変更原因	（　　　　　　　　）法院の決定					
	姓名				未成年者との関係		①父 ②母 ③父母			
	未成年者の姓名									
	①指定日付		年　月　日	①指定原因	①協議 ②（　　）			）法院の決定		
	②変更日付		年　月　日	②変更原因	（　　　　　　　　）法院の決定					
⑤その他の事項										
⑥申告人	姓　名		㊞（署名又は拇印）	住民登録番号	－		資　格		①父 ②母	
	住　所				電話・電子メール					
	姓　名		㊞（署名又は拇印）	住民登録番号	－		資　格		①父 ②母	
	住　所				電話		電子メール			

第3編　資　料

| 作　成　方　法 | 離婚申告時，親権者指定申告は離婚申告者の様式を利用します。 |

①欄：2名以上の未成年者について親権者が同一に指定（変更）された場合には順に記載します。
　　　・法第25条第2項により住民登録番号欄に住民登録番号を記載したときには出生年月日の記載を省略することができます。
④欄：新たに親権者として指定・変更された者を意味し，指定日付は協議の場合には協議成立日，裁判の場合には決定が確定した日付を記載します。親権者変更に関する事項は裁判による場合にのみ記載します。
⑤欄：親権者変更申告の場合に，従前の親権者を記載します。

| 添　付　書　類 |

1．法院が親権者を指定・変更した場合
　　・裁判書謄本及び確定証明書各1部
　　・調停：調停調書謄本及び送達証明書各1部
2．父母の協議により親権者を指定した場合
　　・父母のうち一方が申告する場合：協議事実を証明する書類1部
　　・父母がともに申告する場合：協議事実を証明する書類を添付する必要はありません。
3．当事者の家族関係登録簿の基本証明書，家族関係証明書各1通（電算情報処理組織によりその内容を確認することができる場合には添付を省略します。
4．裁判による親権者指定(変更を含む)申告を郵便でする場合には，申告人の身分証明書の写し（申告人が出席した場合には，出席した申告人の身分証明書により身分を確認しなければならず，別途の身分証明書の写しを添付する必要がありませんが，提出人が出席した場合には提出人の身分証明書を提示しなければなりません。）
5．協議による親権者指定申告の場合
　－申告人らが全て出席した場合：出席した申告人の身分証明書により身分を確認し，別途身分証明書写しを添付する必要はありません。
　－申告人のうち一方が出席して欠席した申告人の身分証明書を提示した場合：
　　出席及び欠席した申告人の身分証明書により両方の身分を確認します（このときには受付担当者が欠席した申告人の身分証明書の写しを申告書類に添付しなければなりません）。
　－申告人のうち一方が出席して欠席した申告人の印鑑証明書を提示した場合：
　　出席した申告人の身分証明書及び欠席した申告人の印鑑証明書により各々の身分を確認しなければなりません（このときには，欠席した申告人が申告書に捺印した印影と印鑑証明書の印影とが必ず同一でなければなりません）。
　－申告人らが欠席し提出人が出席して申告人らの身分証明書を提示した場合：
　　提出人の身分証明書及び欠席した申告人らの身分証明書により各々の身分を確認しなければなりません（このときには，受付担当者が申告人らの身分証明書写しを申告書類に添付）。
　－申告人らが欠席して提出人が出席して申告人らの印鑑証明書が添付される場合：提出人の身分証明書及び欠席した申告人らの印鑑証明書により各々の身分を確認しなければなりません（このときには，申告書に捺印された印影と印鑑証明書の印影とが必ず同一でなければなりません）。
　－郵便で申告書に捺印して提出する場合：申告書に捺印をして印鑑証明書を添付しなければなりません（このときには，申告書に捺印された印影と印鑑証明書の印影とが必ず同一でなければなりません）。
　－郵便で申告書に署名して提出する場合：申告書に署名をして署名についての公証書を必ず添付しなければなりません。

資料1　申告書様式・関係書式

①親権喪失　②法律行為代理権・財産管理権（カ喪失　ナ辞退）申告書					
※下記の作成方法を読んで記載し，選択項目は該当番号に"○"をして下さい。					
①未成年者	登録基準地			出生年月日	
	住　所				
	姓　名	ハングル	漢字	住民登録番号	－
	登録基準地			出生年月日	
	住　所				
	姓　名	ハングル	漢字	住民登録番号	－
	登録基準地			出生年月日	
	住　所				
	姓　名	ハングル	漢字	住民登録番号	－
	登録基準地			出生年月日	
	住　所				
	姓　名	ハングル	漢字	住民登録番号	－
②権利喪失(辞退)者	登録基準地				
	住　所				
	姓　名	ハングル	漢字	住民登録番号	－
③裁判確定日付	年　　月　　日			法院名	
④その他の事項					
⑤申告人	姓　名	㊞（署名又は捺印）		住民登録番号	－
	資　格	①訴えの提起者　②法定代理人　③その他（の資格：　　）			
	住　所		電話	電子メール	

作成方法

①欄：2名以上の未成年者の子について申告する場合には，順に記載すれば結構です。
　　　・法第25条第2項により住民登録番号欄に住民登録番号を記載したときには，出生年月日の記載を省略することができます。
④欄：その他の事項は，家族関係登録簿に記録した内容を明確にするために特に必要な事項を記載します。

添付書類

1．喪失を原因とする場合には，裁判書謄本及び確定証明書各1部
2．辞退を原因とする場合には，許可審判書謄本1部
3．当事者の家族関係登録簿の基本証明書，家族関係証明書各1通（電算情報処理組織によりその内容を確認することができる場合には添付を省略します。）
4．郵便受付の場合には，申告人の身分証明書写しを添付しなければなりません（申告人が出席した場合には，出席した申告人の身分証明書により身分を確認しなければならず，別途の身分証明書写しを添付する必要がありませんが，提出人が出席した場合には提出人の身分証明書を提示しなければなりません）。

第3編　資　料

①親権喪失回復　②法律行為代理権・財産管理権（カ喪失　ナ辞退）回復申告書

※下記の作成方法を読んで記載し，選択項目は該当番号に"○"をして下さい。

①未成年者	登録基準地			出生年月日	
	住　所				
	姓　名	ハングル	漢字	住民登録番号	－
	登録基準地			出生年月日	
	住　所				
	姓　名	ハングル	漢字	住民登録番号	－
	登録基準地			出生年月日	
	住　所				
	姓　名	ハングル	漢字	住民登録番号	－
	登録基準地			出生年月日	
	住　所				
	姓　名	ハングル	漢字	住民登録番号	－
②権利回復者	登録基準地				
	住　所				
	姓　名	ハングル	漢字	住民登録番号	－

③裁判確定日付	年　　　月　　　日	法院名	
④その他の事項			

⑤申告人	姓　名	㊞（署名又は拇印）	住民登録番号	－
	資　格	①訴えの提起者　②親権者　③その他（の資格：　　　）		
	住　所		電話	電子メール

作　成　方　法

①欄：2名以上の未成年者の子について申告する場合には，順に記載すれば結構です。
・法第25条第2項により住民登録番号欄に住民登録番号を記載したときには出生年月日の記載を省略することができます。
④欄：その他の事項は，家族関係登録簿に記録した内容を明確にするために特に必要な事項を記載します。

添　付　書　類

1．喪失回復を原因とする場合には，裁判書謄本及び確定証明書各1部
2．辞退回復を原因とする場合には，許可審判謄本1部
3．当事者の家族関係登録簿の基本証明書，家族関係証明書各1通（電算情報処理組織によりその内容を確認することができる場合には添付を省略します。）
4．郵送受付の場合には，申告人の身分証明書の写しを添付しなければなりません（申告人が出席した場合には，出席した申告人の身分証明書により身分を確認しなければならず，別途身分証明書の写しを添付する必要はありませんが，提出人が出席した場合には提出人の身分証明書を提示しなければなりません）。

資料1　申告書様式・関係書式

後 見 開 始 申 告 書 （　　年　　月　　日）	※下記の作成方法を読んで記載し，選択項目は該当番号に"○"をして下さい。				
① 被後見人	登録基準地			出生年月日	
	住　所				
	姓　名	ハングル	漢字	住民登録番号	－
	登録基準地			出生年月日	
	住　所				
	姓　名	ハングル	漢字	住民登録番号	－
	登録基準地			出生年月日	
	住　所				
	姓　名	ハングル	漢字	住民登録番号	－
②申告人（後見人）	登録基準地			出生年月日	
	住　所			電　話	
				電子メール	
	姓　名	ハングル ㊞（署名又は拇印）		住民登録番号	－
		漢字			
③後見開始日付及び原因		年　月　日			
④就任日付及び原因		年　月　日　①指定　②法定　③選定			
⑤審判日付		年　月　日　法院名			
⑥その他の事項					

作　成　方　法

①欄：2人以上の被後見人について後見開始がある場合には，順に記載すれば結構です。
　　　・法第25条第2項により住民登録番号欄に住民登録番号を記載したときには出生年月日の記載を省略することができます。
③欄：後見開始日付及び原因は2008．2．1．親権者の死亡（喪失），2009．2．1．限定治産宣告確定，2010．2．1．親権者行方不明などと記載します。
④欄：・指定・法定後見人の就任年月日は，後見開始原因が発生した日（親権者の死亡，喪失など）を記載します。
　　　・選定後見人の就任年月日は，後見人選定審判日を記載します。
⑤欄：審判日付欄は，選定後見人の場合にのみ記載します。
⑥欄：その他の事項は，家族関係登録簿に記録した内容を明確にするために特に必要な事項を記載します。

添　付　書　類

1．遺言書，その謄本又は遺言録音を記載した書面1部
　（遺言により後見人を指定した場合）
2．裁判書謄本1部
　（家庭裁判所が裁判により後見人を選定した場合）
3．当事者の家族関係登録簿の基本証明書，家族関係証明書各1通（電算情報処理組織によりその内容を確認することができる場合には添付を省略します。）
4．郵送受付の場合には，申告人の身分証明書の写しを添付しなければなりません（申告人が出席した場合には，出席した申告人の身分証明書により身分を確認しなければならず，別途身分証明書の写しを添付する必要はありませんが，提出人が出席した場合には提出人の身分証明書を提示しなければなりません）。

第3編 資　料

<table>
<tr><td colspan="7">後 見 人 更 迭 申 告 書
（　　年　　月　　日）</td><td colspan="2">※下記の作成方法を読んで記載し，選択項目は該当番号に"○"をして下さい。</td></tr>
<tr><td rowspan="9">① 被後見人</td><td colspan="2">登録基準地</td><td colspan="3"></td><td>出生年月日</td><td colspan="2"></td></tr>
<tr><td colspan="2">住　所</td><td colspan="6"></td></tr>
<tr><td rowspan="1">姓　名</td><td>ハングル</td><td colspan="2"></td><td>漢字</td><td>住民登録番号</td><td colspan="2">－</td></tr>
<tr><td colspan="2">登録基準地</td><td colspan="3"></td><td>出生年月日</td><td colspan="2"></td></tr>
<tr><td colspan="2">住　所</td><td colspan="6"></td></tr>
<tr><td>姓　名</td><td>ハングル</td><td colspan="2"></td><td>漢字</td><td>住民登録番号</td><td colspan="2">－</td></tr>
<tr><td colspan="2">登録基準地</td><td colspan="3"></td><td>出生年月日</td><td colspan="2"></td></tr>
<tr><td colspan="2">住　所</td><td colspan="6"></td></tr>
<tr><td>姓　名</td><td>ハングル</td><td colspan="2"></td><td>漢字</td><td>住民登録番号</td><td colspan="2">－</td></tr>
<tr><td colspan="2">②前任の後見人</td><td colspan="7"></td></tr>
<tr><td rowspan="5">③ 後任の後見人（申告人）</td><td colspan="2">登録基準地</td><td colspan="3"></td><td>出生年月日</td><td colspan="2"></td></tr>
<tr><td rowspan="2">住　所</td><td colspan="5"></td><td>電話</td><td colspan="2"></td></tr>
<tr><td colspan="5"></td><td>電子メール</td><td colspan="2"></td></tr>
<tr><td rowspan="2">姓　名</td><td>ハングル</td><td colspan="3">㊞（署名又は拇印）</td><td rowspan="2">住民登録番号</td><td colspan="2" rowspan="2"></td></tr>
<tr><td>漢字</td><td colspan="3"></td></tr>
<tr><td colspan="2">④更迭日付及び原因</td><td colspan="3">年　　月　　日</td><td colspan="4"></td></tr>
<tr><td colspan="2">⑤就任日付及び原因</td><td colspan="3">年　　月　　日</td><td colspan="4">①法定　②選定　③後見人変更裁判</td></tr>
<tr><td colspan="2">⑥裁判確定日付</td><td colspan="3">年　　月　　日</td><td>法院名</td><td colspan="3"></td></tr>
<tr><td colspan="2">⑦その他の事項</td><td colspan="7"></td></tr>
</table>

　　作　成　方　法
①欄：2名以上の被後見人について後見開始がある場合には，順に記載すれば結構です。
①欄及び②欄：法第25条第2項により住民登録番号欄に住民登録番号を記載したときには出生年月日の記載を省略することができます。
④欄：更迭日付及び原因欄には，2008.1.17.後見人死亡，2008.1.17.後見人辞退，2009.4.1.後見人変更裁判確定などと記載します。
⑤欄：・就任日付及び原因欄には，後任後見人の就任日付及び原因を記載します。
　　　・後任の後見人が法定後見人の場合には後見人更迭理由が発生した日が就任日であり，選定後見人の場合にはその後見人選任審判日が就任日です。ただし，後見人変更裁判による後見人の場合には，その後見人変更の裁判確定日が就任日です。
⑦欄：その他の事項は，家族関係登録簿に記録した内容を明確にするために特に必要な事項を記載します。

　　添　付　書　類
1．裁判書謄本1部
　（家庭法院が裁判により後見人を選定した場合）
2．当事者の家族関係登録簿の基本証明書，家族関係証明書各1通（電算情報処理組織によりその内容を確認することができる場合には添付を省略します。）
3．後見人辞退に対する家庭法院の許可の場合にはその裁判書謄本，後見人変更の裁判がある場合にはその裁判書謄本及び確定証明書各1部
4．郵送受付の場合には，申告人の身分証明書の写しを添付しなければなりません（申告人が出席した場合には，出席した申告人の身分証明書により身分を確認しなければならず，別途身分証明書の写しを添付する必要はありませんが，提出人が出席した場合には提出人の身分証明書を提示しなければなりません）。

資料1　申告書様式・関係書式

後見終了申告書 (　年　　月　　日)	※下記の作成方法を読んで記載し，選択項目は該当番号に"○"をして下さい。				
①被後見人	登録基準地				
	住　所				
	姓　名	ハングル	漢字	住民登録番号	－
②後見人	登録基準地				
	住　所				
	姓　名	ハングル	漢字	住民登録番号	－
③終了日付及び原因	年　　　月　　　日				
④裁判確定日付	年　　月　　日　　法院名				
⑤その他の事項					
⑥申告人	姓名	㊞（署名又は拇印）	住民登録番号	－	
	資格	①後見人　②法定代理人　③その他（の資格：　　　）			
	住所		電話	電子メール	

作成方法

③欄：終了日付及び原因は"2008.1.1.被後見人死亡"，"2008.1.13.禁治産宣告取消"などと記載します。
④欄：裁判確定日付は，後見の終了原因となった裁判で禁治産宣告又は限定治産宣告の取消審判等の裁判が確定した日付を記載します。
⑤欄：その他の事項は，家族関係登録簿に記録した内容を明確にするために特に必要な事項を記載します。

添付書類

1．後見終了の原因が裁判により発生した場合，その裁判書の謄本と確定証明書各1部
2．当事者の家族関係登録簿の基本証明書1通（電算情報処理組織によりその内容を確認することができる場合には添付を省略します。）
3．郵送受付の場合には，申告人の身分証明書の写しを添付しなければなりません（申告人が出席した場合には，出席した申告人の身分証明書により身分を確認しなければならず，別途身分証明書の写しを添付する必要はありませんが，提出人が出席した場合には提出人の身分証明書を提示しなければなりません）。

第3編　資　料

死 亡 申 告 書
（　　年　　月　　日）

※裏面の作成方法を読んで記載し，選択項目は該当番号に"○"をして下さい。

①死亡者	登録基準地							
	住　所					世帯主及び関係		の
	姓　名	ハングル			性　別		住民登録番号	－
		漢字			①男　②女			
	死亡日付		年　　月　　日　　時　　分（死亡時時刻：24時刻制で記載）					
	死亡場所	場所	市（道）　　　　区（郡）　　　　洞（邑，面）　　　　里　　　番地					
		区分	①住宅内　②医療機関　③施設機関（養老院，孤児院等）　④産業場　⑤D.O.A（病院移送中死亡）　⑥公路（道路・車道）　⑦その他（　　　）					

②その他の事項

③申告人	姓名		㊞（署名又は拇印）	住民登録番号	－
	資格	①同居親族　②非同居親族　③同居者　④その他（の資格：　　　　　）			
	住所			電話　　　　　　　　　　電子メール	

※ 次は，国家の人口政策樹立に必要な資料で，「統計法」第32条及び第33条により誠実回答義務があり，個人情報が徹底的に保護されますので，事実のままにご記入下さい。

④死亡種類	①病死②事故死⇒③その他	⑤事故	種類	①交通事故　②自殺　③墜落事故　④溺死事故　⑤他殺　⑥その他（　　）
			発生地域	①現住所地の同じ市郡区　②他の市郡区（　　市道，　　市郡区）③その他（　　）
			発生地域	①住宅　②公共場所（学校，病院等）　③道路　④商業・サービス施設（商店，ホテルなど）　⑤産業・建設現場・農場（田畑，畜舎，養殖場など）　⑥その他（　　）

⑥死亡原因	カ	直接原因		⇒	発病から死亡までの期間	
	ナ	カの原因		⇒		
	タ	ナの原因		⇒		
	ラ	タの原因		⇒		
	その他の身体状況			診断者	①医師②韓医師③その他	

⑦死亡者	最終卒業学校	①無学　②小学校　③中学校　④高等学校　⑤大学（校）　⑥大学院以上
	発生（事故）当時の職業	婚姻状態　①未婚　②配偶者あり　③離婚　④死別

※ 下記事項は申告人が記載しないで下さい。

邑面洞受付	世帯別住民登録票整理	月　日（印）	家族関係登録官署受付	家族関係登録簿整理（電算入力）	月　日（印）
	個人別住民登録票整理	月　日（印）		住民登録地通報	月　日（印）
	住民登録証回収	月　日（印）		人口動態申告書送付	月　日（印）
	家族関係登録官署送付	月　日（印）			

資料1　申告書様式・関係書式

| 作　成　方　法 | ※ 死亡申告書は1部作成・提出しなければなりません。 |

①欄：例）午後2時30分→14時30分，夜12時30分→翌日0時30分
　　　[1]住宅内は，死亡場所が死亡者の家や父母・親戚などの家を含む。
　　　[2]D.O.Aは，医療機関（病院など）への移送途中に死亡した場合
　　　[3]その他は，例示の他に飛行機，船舶，汽車，乗用車の中などその他の場所に該当する場合
②欄：下記事項及び家族関係登録簿に記録した内容を明確にするために特に必要な事項を記載します。
　　　・診断書（検案書）未添付のときはその事由
③欄：資格欄該当項目に"○"で表示するが[4]その他には死亡場所を管理する者など該当の資格を記載します。
④欄：死亡診断書又は死体検案書等に記載した死亡の種類を参照に記載しますが，事故死は診断書上の外因死にあたり，その他の場合その内容を具体的に記載します。
⑤欄：事故死で死亡した場合（④欄に[2]事故死回答）具体的な事故の種類，事故発生地域及び場所を記載します。
⑥欄：死亡診断書又は死体検案書等に記載したすべての死亡原因内容を同じく記載します。
　　　　　　㋕直接死因というのは直接死の原因になった合併病，疾病，損傷
　　　　　　㋖から㋕直接死因に至らしめた一連の病的状態を起こした疾病と損傷
　　　　　　㋗から㋖に至らしめた一連の病的状態を起こした疾病と損傷
　　　　　　㋘から㋗に至らしめた一連の病的状態を起こした疾病と損傷
　　　その他の身体状況は㋕から㋘に関係なく直接的な原因ではないが不利に作用したあらゆる疾病と損傷
　　　－誤った記載の例）心臓麻痺，呼吸停止，心肺停止，心不全，衰弱などのような死亡形態や類型
⑦欄：死亡者の"最終卒業学校" 教育人的資源部長官が認めるすべての正規教育機関を基準に記載しますが，各学校の在学（中退）者は卒業した最終学校の該当番号に○表示をします。
　　　例）大学3年生中退→[4]高等学校に○表示）
　　　死亡者の"発病（事故）当時の職業"は死亡の原因になる疾病又は事故が発生した時の職業を具体的に記載します。
　　　例）会社員（×）→○○会社営業部販促社員（○），公務員（×）→○○区庁建設許可業務担当（○）

| 添　付　書　類 |

1. 死亡者に対する診断書又は検案書1部
2. 死亡の事実を証明するに値する書面（診断書又は検案書を添付することができないとき）：下記のうち1部
　・死亡証明書（洞・里・統長又は隣友人2人以上が作成した死亡証明書）：証明人が隣友人（2名以上）の場合には，証明人の印鑑証明書，住民登録証の写し，運転免許証の写し，パスポートの写し，公務員証の写しの中から1部添付しなければならず，証明人が洞・里・統長であるときには1人の証明で足り，原則的に洞・里・統長であることを証明する書面の添付要。
　・官公署の死亡証明書又は埋葬認許証
　・死亡申告受理証明書（外国官公署に死亡申告をした場合）
3. 死亡者の家族関係登録簿の基本証明書1通（電算情報処理組織によりその内容を確認することができる場合には添付を省略します。）
4. 申告人が出席した場合には，出席した申告人の身分証明書により身分を確認し，別途申告人の身分証明書の写しを添付する必要がありませんが，提出人が出席した場合には，申告人の身分証明書の写しを必ず添付し，これとともに提出人の身分証明書によりそれぞれの身分を確認しなければならず，郵便受付の場合には申告人の身分証明書の写しを必ず添付しなければなりません。

| ※財産相続の限定承認，放棄の案内 | ＊この案内は，死亡申告とは関係のない内容です。詳しい内容は，家庭法院又は地方法院の国民民願室にお問い合わせください。 |

1. 意　　義：・限定承認－相続人が相続で得た財産の限度で相続を承認すること。
　　　　　　・放棄－相続財産に属する全ての権利義務の承継を放棄すること。
2. 方　　式：・限定承認－相続財産の目録を添付して家庭法院に申告します。
　　　　　　・放棄－家庭法院に放棄の申告をします。
3. 申告期間：・相続開始を知った日から3か月以内（民法第1019条第1項）
　　　　　　・相続人は，相続債務が相続財産を超える事実を重大な過失なく「民法」第1019条第1項の期間内（相続開始を知った日から3か月以内）に知りえず，単純承認（民法第1026条第1号及び第2号により単純承認したとみなす場合を含む）をした場合には，その事実を知った日から3か月以内に限定承認をすることができる。
4. 管　　轄：・相続開始地［被相続人の（最後）住所地］管轄法院

第3編　資　料

（①失踪　②不在）宣告申告書
（　　年　　月　　日）

※下記の作成方法を読んで記載し，選択項目は該当番号に"○"をして下さい。

①失踪者（残留者）	登録基準地						
	最終住所					性別	①男 ②女
	姓　名	ハングル		漢字		住民登録番号	－

②失踪期間満了日	年　　　　月　　　　日
③事件番号	
④裁判確定日付	年　　月　　日　法院名
⑤その他の事項	

⑥申告人	姓名	㊞（署名又は拇印）	住民登録番号	－	資格
	住所		電話	電子メール	

作成方法

＊この申告は，失踪（不在）宣告の裁判（審判）の確定日から1か月以内にしなければなりません。
＊この申告は，失踪（不在）宣告の裁判を請求した者が申告しなければなりません。

①欄：最後の住所と住民登録番号，②欄の失踪期間満了日，③欄の事件番号は，失踪宣告の場合にのみそれぞれ記載します。
⑤欄：その他の事項は，家族関係登録簿に記録した内容を明確にするために特に必要な事項を記載します。
⑥欄：資格欄には，法定代理人など該当する資格を記載します。

添付書類

1．失踪（不在）宣告の裁判謄本及び確定証明書各1部
2．失踪者の家族関係登録簿の基本証明書，家族関係証明書各1通（電算情報処理組織によりその内容を確認することができる場合には添付を省略します。）
3．郵送受付の場合には，申告人の身分証明書の写しを添付しなければなりません（申告人が出席した場合には，出席した申告人の身分証明書により身分を確認しなければならず，別途身分証明書の写しを添付する必要はありませんが，提出人が出席した場合には提出人の身分証明書を提示しなければなりません）。

資料1　申告書様式・関係書式

（①失踪　②不在）宣告取消申告書
（　　年　　月　　日）

※下記の作成方法を読んで記載して下さい。

①失踪者（残留者）	登録基準地						
	住　　所						
	姓　　名	ハングル		漢字		住民登録番号	－
②裁判確定日付			年　　月　　日		法院名		
③その他の事項							
④申告人	姓名		㊞（署名又は拇印）		住民登録番号		－
	住所			電話		電子メール	

作 成 方 法

＊この申告は，失踪（不在）宣告取消の裁判（審判）の確定日から1か月以内にしなければなりません。
＊この申告は，失踪（不在）宣告取消の裁判を請求した者が申告しなければなりません。

①欄：住所と住民登録番号は，残留者（不在宣告を受けた者）の場合には記載しません。
③欄：その他の事項は，家族関係登録簿に記録した内容を明確にするために特に必要な事項を記載します。

添 付 書 類

1．失踪（不在）宣告取消の裁判謄本及び確定証明書各1部
2．失踪者の家族関係登録簿の基本証明書，家族関係証明書各1通（電算情報処理組織によりその内容を確認することができる場合には添付を省略します。）
3．郵送受付の場合には，申告人の身分証明書の写しを添付しなければなりません（申告人が出席した場合には，出席した申告人の身分証明書により身分を確認しなければならず，別途身分証明書の写しを添付する必要はありませんが，提出人が出席した場合には提出人の身分証明書を提示しなければなりません）。

第3編　資　料

改名申告書　　　　　（　　年　　月　　日）	※下記の作成方法を読んで記載し，選択項目は該当番号に"○"をして下さい。					
①改名者	登録基準地					
	住　所				世帯主及び関係	の
	父母の姓名	父		母		
	本人の姓名	現在の名前		②改名しようとする名前		
		ハングル	漢字	ハングル	漢字	
	本（漢字）		住民登録番号		－	
③許可日付		年　　月　　日		法院名		
④その他の事項						
⑤申告人	姓名		㊞（署名又は拇印）	住民登録番号		－
	資格	①本人　②法定代理人　③その他（の資格：　　　　　　　）				
	住所			電話	電子メール	

作　成　方　法

＊この申告は，改名許可決定謄本を受けた日から1か月以内に申告しなければなりません。
①欄：本人の姓名は，改名前の現在の名前と改名しようとする名前を分けて記載します。
②欄：変更しようとする名前（改名許可決定謄本に記載された改名許可を受けた名前）を記載し，漢字のない場合はハングル欄にのみ記載します。
③欄：改名許可日付は，改名許可決定謄本に記載された年月日を記載します。
④欄：その他の事項は，家族関係登録簿に記録した内容を明確にするために特に必要な事項を記載します。
⑤欄：申告人の姓名は，改名前の名前を記載します。

添　付　書　類

1．改名許可決定謄本1部
2．郵送受付の場合には，申告人の身分証明書の写しを添付しなければなりません（申告人が出席した場合には，出席した申告人の身分証明書により身分を確認しなければならず，別途身分証明書の写しを添付する必要はありませんが，提出人が出席した場合には提出人の身分証明書を提示しなければなりません）。

資料1 申告書様式・関係書式

登録基準地変更申告書
（　　年　　月　　日）

※下記の作成方法を読んで記載し，選択項目は該当番号に"○"をして下さい。

①登録基準地を変更する登録簿	登録基準地					
	新しい登録基準地					
	姓名	ハングル		住民登録番号		－
		漢字				
	住所			世帯主及び関係		の

②その他の事項	

③申告人	姓名	㊞（署名又は拇印）　住民登録番号　　　－
	資格	①本人　②法定代理人　③その他（の資格：　　　）
	住所	電話　　　　　　電子メール

作成方法

①欄：新しい登録基準地は，移そうとする登録基準地を記載します。
②欄：申告人が意思無能力者の場合に，法定代理人が申告する趣旨等その他の事項は，家族関係登録簿に記録した内容を明確にするために特に必要な事項を記載します。

添付書類

1. 家族関係登録簿の基本証明書　1通（電算情報処理組織によりその内容を確認することができる場合には添付を省略します。）
2. 郵便受付の場合には，申告人が申告書に印鑑を押印した場合は印鑑証明書を，署名をした場合は署名公証書を添付しなければなりません（申告人が出席した場合には，出席した申告人の身分証明書により身分を確認しなければならず，別途身分証明書の写しを添付する必要がありませんが，提出人が出席した場合には，提出人の身分証明書とともに申告人の身分証明書を提示し，又は申告書に印鑑を押印して印鑑証明書を添付しなければなりません。）。
3. 郵便による申告は，新たな登録基準地の家族関係登録官署にしなければなりません。

第3編　資　料

家族関係登録創設申告書 (　年　　月　　日)						※下記の作成方法を読んで記載し，選択項目は該当番号に"○"をして下さい。		
① 家族関係登録創設者	登録基準地							
	住　所					世帯主及び関係		の
	父母	父	姓名		登録基準地			
					住民登録番号		－	
		母	姓名		登録基準地			
					住民登録番号		－	
	本人の姓名	ハングル			本(漢字)	性　別	①男	②女
		漢字				住民登録番号		－
						出生年月日		
②身分に関する事項								
③許可又は裁判確定日付		年　　月　　日			法院名			
④その他の事項								
⑤ 申告人	姓　名			㊞ (署名又は拇印)		住民登録番号		－
	資　格	①本人	②配偶者	③直系血族	④その他 (の資格：　　　　　　)			
	住　所				電話		電子メール	

作　成　方　法

＊家族関係登録創設許可謄本を受けた日から1か月以内に申告しなければなりません。
①欄：家族関係登録創設申告は，原則的に事件本人各自が家族関係登録創設許可とともに家族関係登録創設申告をしなければなりません。ただし，軍事分界線以北地域在籍者の家族関係登録創設等において家族関係登録創設者が数人の場合に，申請者である従前の戸籍上の戸主又は家族がこの欄に記載し，残りの家族関係登録創設者はその他の事項欄に"家族関係登録創設者は別紙と同じ"と記載した後，別紙で家族関係登録創設者に関する事項を作成して申告書に添付することができます。
　・法第25条第2項により住民登録番号欄に住民登録番号を記載した時には，出生年月日の記載を省略することができます。
②欄：この申告書で定めた事項以外の身分に関するすべての事項を記載しなければならず，別紙で添付した家族関係登録創設申告許可決定書(身分票)に代えることができます。
④欄：その他の事項は，家族関係登録簿に記録した内容を明確にするために特に必要な事項を記載します。

添　付　書　類

1．家族関係登録創設許可決定の謄本(確定判決により家族関係登録創設申告をする場合には，判決謄本及び確定証明書) 1部
2．郵送受付の場合には，申告人の身分証明書の写しを添付しなければなりません(申告人が出席した場合には，出席した申告人の身分証明書により身分を確認しなければならず，別途身分証明書の写しを添付する必要はありませんが，提出人が出席した場合には提出人の身分証明書を提示しなければなりません。)。

資料1　申告書様式・関係書式

姓・本変更申告書
（　　　年　　月　　日）

※下記の作成方法を読んで記載し，選択項目は該当番号に"○"をして下さい。

①事件本人	登録基準地							
	住　所				世帯主及び関係		の	
	姓　名	ハングル				住民登録番号		－
		漢字						

②姓・本	変更前の姓	ハングル		漢字		変更前の本	ハングル		漢字	
	変更後の姓	ハングル		漢字		変更後の本	ハングル		漢字	

③許可日付	年　　　月　　　日	法院名	

④その他の事項	

⑤申告人	姓　名		㊞（署名又は拇印）	住民登録番号	－
	資　格	①本人　②法定代理人　③その他（の資格：　　　　　　　　）			
	住　所		電話	電子メール	

作　成　方　法

＊この申告書は，姓・本変更許可決定謄本を受けた日から1か月以内に申告しなければなりません。
②欄：事件本人の姓・本は，変更前の姓・本と変更した姓・本を分けて記載します。
③欄：姓・本変更許可日付は，姓・本変更許可決定謄本に記載された年月日を記載します。
④欄：その他の事項は，家族関係登録簿に記録した内容を明確にするために特に必要な事項を記載します。

添　付　書　類

1．姓・本変更許可決定謄本1部
2．郵送受付の場合には，申告人の身分証明書の写しを添付しなければなりません（申告人が出席した場合には，出席した申告人の身分証明書により身分を確認しなければならず，別途身分証明書の写しを添付する必要はありませんが，提出人が出席した場合には提出人の身分証明書を提示しなければなりません。）。

第3編　資　料

2　関係書式

登録簿等の記録事項等に関する証明申請書			
申請対象家族関係登録簿等	登録基準地（本籍）		
^	□対象者	姓名	（漢字：　　　　　　　　　　）
^	^	住民登録番号	※裏面の作成方法第3項又は第5項に該当する場合にのみ記載
申請内容	1．登録事項別証明書［①家族関係証明書　　　（　）通, ②基本証明書　　（　）通, ③婚姻関係証明書　　　（　）通, ④養子縁組関係証明書　　　（　）通, ⑤特別養子縁組関係証明書　　　（　）通, ⑥その他の証明書　　（　）通／総　通］ 2．申告書類記載事項証明　　　　　　　　　（　）件　3．受理・不受理証明　　（　）件 4．閲覧（申告書類）　　　年　　月　　日　受付　　　　　　申告 5．その他［従前の「戸籍法」による除籍：本籍　　　　　　　　　　　　　戸主：　　　　　　　対象者：　　　　　　　の除籍謄本　　（　）通, 除籍抄本　　（　）通　除籍簿閲覧　　　　　　（　）件］		
住民登録番号（下6桁の数字の公開申請の要否）	□公開申請	公開申請事由	□　1．申請対象者の住民登録番号を正確に記載した場合 □　2．申請者が申請対象者本人又は本人の父母，養父母，配偶者，子の場合 □　3．家族関係登録官署に出席した申請者が裁判上必要であることを疎明した場合 □　4．公務員等が公用目的であることを疎明した場合
※手数料	①登録事項別証明書又は除籍謄本　1通1,000ウォン 　除籍抄本　1通500ウォン ②申告書類　閲覧・証明（申告書類記載事項証明，受理・不受理証明等）・除籍簿閲覧　1件200ウォン			
請求事由			
疎明資料			
申請人	姓名	㊞（署名）住民登録番号　　　　－	申請人資格	の
^	住所		携帯電話番号	
^	^		電話番号	
受付番号	20　年　月　日 　　　　　　　　　　　　　　　○○市（区）・邑・面長　貴下			

............切り取り線............
受　付　証

受付日付：20　．　．　　　　　　　申請者 姓名：
受付番号：　　　　　　　　　　　　納付手数料額：
閲覧・交付予定時間：　　　　　　　○○市（区）・邑・面長　㊞

資料1　申告書様式・関係書式

作 成 方 法

（裏面）

1. 本人が請求する場合には申告書を作成しないことがあるが，代理人が法第14条第1項の本人などの委任を受けてこれを請求する場合には申請書に本人等の委任状と印鑑証明書又は住民登録証・運転免許証・パスポート等の身分証明書の写しを添付して提出しなければなりません。ただし，次の各号に該当する場合には，本人等ではない場合にも本人等の委任なくして登録事項別証明書の交付を申請することができます。
   ① 国又は地方自治体が職務上の必要性に基づいて文書で申請する場合
   ② 訴訟，非訟，民事執行・保全の各手続で必要な場合
   ③ 他の法令で本人等に関する証明書を提出するように要求する場合
   ④ 民法上の法定代理人（後見人，遺言執行者，相続財産管理人，不在者財産管理人）
   ⑤ 債権・債務の相続と関連して相続人の範囲を確認するために登録事項別証明書が必要な場合
   ⑥ その他に公益目的上合理的な理由があると認められる場合
   ⑦ 「公益事業のための土地などの取得及び補償に関する法律」による公益事業を遂行する時に土地などの所有者の相続人を確認する必要がある場合
   ※請求事由欄及び申請人の資格欄は，具体的に下記の例のとおり記載して，申請人の記載をせず，又は請求事由を記載しなければならない者が請求事由を記載しない場合，若しくは申請人や請求事由を虚偽記載した場合には，登録事項別証明書又は除籍簿の閲覧及び謄・抄本の発給を受けることができません。
   ※申請書を作成する場合には，対象者の姓名と登録基準地又は住民登録番号を正確に記載しなければなりません。ただし，本人，配偶者，直系血族の場合には，対象者の姓名と住民登録番号でも請求することができますが，郵便で請求する場合には登録基準地を必ず記載しなければなりません。
   　例）請求事由：結婚のための相手方（○○○）の身分確認，家事訴訟関連（○○○の○○事件）法院提出用
   　　　申請人の資格：家族○○○と結婚予定者，本人の父，○○○の代理人
2. 特別養子縁組関係証明書（申告書類の閲覧を含む）は，次の各号のいずれか一つに該当する場合に限り交付を請求することができます。
   ① 特別養子が成人となり，本人の特別養子縁組関係証明書を申請する場合
   ② 婚姻当事者が「民法」第809条の親族関係を把握しようとする場合
   ③ 法院の事実照会嘱託があり，又は捜査機関が捜査上の必要性により文書で申請する場合
   ④ 「民法」第908条の4及び第908条の5により養子縁組取消又は離縁をする場合
   ⑤ 特別養子の福祉のために必要であることを特別養子の養父母が具体的に疎明資料を添付して申請する場合
   ⑥ 特別養子縁組関係証明書が訴訟，非訟，民事執行・保全の各手続で必要な場合
   ⑦ 相続登記のために死亡した人の特別養子縁組関係証明書を申請する場合
   ⑧ 家族関係登録簿が作成されないまま死亡した者の相続人の特別養子縁組関係証明書が必要な場合
   ⑨ 法律上の利害関係を疎明するために，特別養子の実父母・養父母の特別養子縁組関係証明書を申請する場合であり，その該当法令とそれによる具体的な疎明資料及び必要理由を提示して申請する場合
   ⑩ 成年の特別養子の実父母・養父母が本人の特別養子縁組関係証明書を申請する場合であり，特別養子が成年者であることを疎明する場合
3. 住民登録番号公開申請要否の欄は次の各号のいずれか一つに該当する場合に限り，公開申請の有無とその事由を選択し，その外の場合には記載しません。
   ① 市（区）・邑・面・洞の事務所に出席した申請人が申請対象者の住民登録番号を正確に記載して当該登録事項別証明書の交付を請求する場合
   ② 申請書の申請人欄に記載した申請人が本人又はその父母，養父母，配偶者，子の場合
   ③ 市（区）・邑・面及び洞の事務所に出席した申請人が裁判上の必要を疎明する資料（例：法院の裁判書，補正命令書等）を添付して登録事項別証明書の交付を請求する場合
   ④ 国家・地方自治体の公務員（「公益事業のための土地の取得及び補償に関する法律」第8条による事業施行者の職員を含む）が，公用目的であることを疎明する資料（例：公文書，裁決書等）を添付して登録事項別証明書の交付を請求する場合
4. 上記3の規定にもかかわらず次の各号のいずれか一つに該当する場合には，住民登録番号下6桁の数字の公開を制限しません。
   ① 従前の「戸籍法施行規則」附則（2004.10.18）第3条に規定されたイメージ電算除籍簿等
   ② 従前の「戸籍法」による戸籍用紙に作成された除籍簿
5. 下記の場合，市（区）邑面洞の事務所に直接出席して，申請対象者の姓名と住民登録番号を記載し，申請人の身分証写しを添付すれば，除籍等の閲覧及び謄・抄本，登録事項別証明書の発給を請求することができます。
   － 上記第1の①，②，③，④，⑤，⑥，⑦，上記第2の⑦により請求する場合，及び，相続人が相続関係の確認のために請求する場合に，その疎明資料を提出したとき

委　任　状

受任者
　　姓　　　名：
　　住民登録番号：
　　住　　　所：

　委任者（申請人）○○○は，下記行為に関する権限を上記○○○に委任します。

― 記 ―

「家族関係の登録等に関する法律」第14条及び「家族関係の登録等に関する規則」第19条により登録簿等の記録事項等に関する証明申請書の提出及び受領等に関する一切の行為

○　添付書類
　　委任者の印鑑証明書又は身分証明書の写し　　1部
　　受任者の身分証明書の写し　　　　　　　　　1部　以上

　　　　　　　　　　20　　年　　月　　日

　　　　　申請人（委任者）　姓　　　名：　○　○　○　　　署名又は㊞
　　　　　　　　　　　　　　住　　　所：
　　　　　　　　　　　　　　住民登録番号：
　　　　　　　　　　　　　　電　話　番　号：

※　注意事項
　　他人の署名又は印章の盗用等により虚偽の委任状を作成して証明書を申請又は受領した場合には，「刑法」第231条又は第237条の2により5年以下の懲役又は1千万ウォン以下の罰金刑に処されます。

資料1　申告書様式・関係書式

[별지 제4호 서식]

家族関係登録簿整理申請(出生)

1. 身 分 事 項

   登録基準地：

   住　　　所：

   父母の姓名：　父 _____

   　　　　　　　母 _____

   出　生　者：　姓名 _____　　性別 _____　　本 _____

   　　　　　　　出生年月日　西紀 _____ 年 ___ 月 ___ 日 ___ 時 ___ 分

   　　　　　　　出生場所 _____

   　　　　　　　　　　　 _____

2. 整 理 の 趣 旨

   出生者 _____ は 父 _____ と 母 _____ との間の 婚姻中の 子
   出生による家族関係登録簿の 作成

添附書類

   1. 出生者の　在外国民登録簿謄本　1通.
   2. 出生者の　外国人登録簿謄本(又は　永住権　写し) 1通.
   3. 出生届謄本　又は　出生受理証明書　1通.
   4. 父　又は　母の　婚姻関係証明書　及び　家族関係証明書　各 1通. 以上.

　　　　　　　　　　年　　　　月　　　　日

　　　　　　　　申　請　人　　　　　　　　㊞(又は署名)
　　　　　　　　　　　　　　　(連絡先：　　　　　　　)

　　　市(區)・邑・面長　貴下

※駐大阪大韓民国総領事館にて使用されている書式を翻訳したものです。

[별지 제4호 서식]

家族関係登録簿整理申請(婚姻)

1. 身 分 事 項

　　登 録 基 準 地 :
　　住　　　　所 :

　　　　　　　　　　　　부(夫)　　　　　　　　本
　　　　　　　　　　　　　　　　西紀　　　年　　月　　日生

　　登 録 基 準 地 :
　　住　　　　所 :

　　　　　　　　　　　　　　　父
　　　　　　　　　　　　　　　母
　　　　　　　　　　　　처(妻)　　　　　　　　本
　　　　　　　　　　　　　　　　西紀　　　年　　月　　日生

2. 整理 の 趣旨

　　夫 _____ と 妻 _____ との 西紀 ____ 年 ___ 月 ___ 日 婚姻による 家族関係登録簿への 記載

添附書類

　1. 在外国民登録簿謄本　1通.
　2. 外国人登録簿謄本(又は　永住権　写し) 1通.
　3. 離婚届謄本　又は　離婚受理証明書　1通.
　4. 夫 及び 妻の 婚姻関係証明書 及び 家族関係証明書 各 1通. 以上.

　　　　　　　　　　　　　年　　　月　　　日

　　　　　　　　申 請 人　夫　　　　　　　　㊞ (又は署名)
　　　　　　　　　　　　　妻　　　　　　　　㊞ (又は署名)
　　　　　　　　　　　　(連絡先：　　　　　　　　)

　　市(區)・邑・面長　貴下

※駐大阪大韓民国総領事館にて使用されている書式を翻訳したものです。

資料1　申告書様式・関係書式

[별지 제4호 서식]

家族関係登録簿整理申請(協議離婚)

1. 身 分 事 項

   登 録 基 準 地：
   住　　　　所：

   　　　　　　　　부(夫)　　　　　　　本
   　　　　　　　　　　西紀　　　年　　月　　日生

   登 録 基 準 地：
   住　　　　所：

   　　　　　　　　　父
   　　　　　　　　　母
   　　　　　　　　처(妻)　　　　　　　本
   　　　　　　　　　　西紀　　　年　　月　　日生

2. 整 理 の 趣 旨

   夫 _____ と 妻 _____ との 西紀 ____ 年 ___ 月 ___ 日 協議離婚に よる 家族関係登録簿への 記載

添附書類
   1. 在外国民登録簿謄本　1通.
   2. 外国人登録簿謄本(又は　永住権　写し) 1通.
   3. 離婚届謄本 又は 離婚受理証明書　1通.
   4. 夫 及び 妻の 婚姻関係証明書 及び 家族関係証明書 各 1通. 以上.

　　　　　　　　　　年　　　月　　　日

　　　　　　申 請 人　夫　　　　　　　　㊞(又は署名)
　　　　　　　　　　　妻　　　　　　　　㊞(又は署名)
　　　　　　　　　　　　　(連絡先：　　　　　　　　)

　　市(區)・邑・面長　貴下

※駐大阪大韓民国総領事館にて使用されている書式を翻訳したものです。

[별지 제4호 서식]

家族関係登録簿整理申請(死亡)

1. 身 分 事 項

   登 録 基 準 地:

   住　　　所:

   死 亡 者: 姓名 _____　西紀 _____ 年 ___ 月 ___ 日生

   　　　　　死亡年月日　西紀 _____ 年 ___ 月 ___ 日 ___ 時 ___ 分

   　　　　　死亡場所 _____

   　　　　　_____

2. 整理の趣旨

   死亡者 _____ につき　西紀 _____ 年 ___ 月 ___ 日　死亡による
   家族関係登録簿への　記載

添附書類

   1. 申請人の　在外国民登録簿謄本　1通.
   2. 申請人の　外国人登録簿謄本(又は　永住権　写し) 1通.
   3. 死亡届謄本　又は　死亡受理証明書　1通.
   4. 死亡者の　基本証明書　及び　家族関係証明書　各1通. 以上.

　　　　　　　　　　　　年　　　　月　　　　日

　　　　　　　　　　申 請 人　　　　　　　㊞(又は署名)

　　　　　　　　　　　　(連絡先:　　　　　　　)

   市(區)・邑・面長　貴下

※駐大阪大韓民国総領事館にて使用されている書式を翻訳したものです。

資料1　申告書様式・関係書式

協議離婚制度案内（在外国民用）

1．協議離婚とは
　〇夫婦が自由な離婚合意によって婚姻関係を解消させる制度で，在外国民である登録された国民が在外公館長に協議離婚意思確認申請をしてソウル家庭法院から離婚意思確認を受けた後離婚申告書にその確認書謄本を添付して在外公館長又は管轄市（区）・邑・面の長に申告することにより離婚の効力が発生する。
2．協議離婚手続
　イ．協議離婚意思確認の申請
　　①　申請時に提出しなければならない書類
　　　・協議離婚意思確認申請書　1通
　　　－夫婦がともに作成します。申請書様式は在外公館の申請書受付窓口にあります。
　　　－申請書に常時連絡可能な電話連絡先を正確に記載しなければならず，電話連絡先を変更したときには直ちに在外公館に申告しなければなりません。
　　　・夫の家族関係証明書と婚姻関係証明書　各1通
　　　　妻の家族関係証明書と婚姻関係証明書　各1通
　　　－市（区）・邑・面・洞事務所で発給
　　　・離婚申告書　3通
　　　－申告書様式は在外公館の申告書受付窓口にあります。
　　　－申告書はその裏面に記載された作成方法によって夫婦がともに作成しますが，「⑤親権者指定」欄は，離婚意思確認申請の時には記載せず，法院の協議離婚意思確認を受けた後に未成年の子に対して定められた親権者を記載します。
　　　・未成年の子（妊娠中の子を含むが，離婚に関する案内を受けた日から3か月又は法院が別途定める期間内に成年に到達する子は除く。）がいる夫婦は，離婚に関する書面案内を受けた後，その子の養育と親権

者決定に関する協議書1通と写し2通又は家庭法院の審判正本及び確定証明書3通を提出しなければなりません。未提出又は提出が遅れたときには，協議離婚意思確認が遅れ，又は不確認となることがあります。
・夫婦のうち一方が他の外国におり，又は刑務所（拘置所）に収監中の場合
－在外国民登録簿謄本1通（在外公館及び外交通商部発給）又は収容証明書（刑務所及び拘置所発給）1通を添付する。
② 申請書を提出する在外公館
○離婚当事者の居住地を管轄する在外公館に夫婦がともに出頭して申請書を提出しなければならない。
－夫婦のうち一方が他の外国におり，又は刑務所（拘置所）に収監中の場合にのみ，他の一方の離婚者が出頭して申請書を提出し，案内を受けなければなりません。
③ 離婚に関する案内
○在外公館長から書面により案内を受けることができます。
④ 離婚熟慮期間の短縮又は免除
○案内を受けた日から未成年である子（妊娠中の子を含む。）がいる場合には3か月，成年到達前1か月後3か月以内の未成年の子がいる場合には成年になった日，成年到達前1か月以内の未成年の子がいる場合及びその他の場合には1か月が経過した後に離婚意思の確認を受けることができますが，家庭暴力等急迫な事情があって，上記期間の短縮又は免除を必要とする事由がある場合，これを疎明して事由書を提出することができます。
⑤ 協議離婚意思の確認
○夫婦がともに本人の身分証（住民登録証，運転免許証，公務員証，旅券のうちの一つ）と印鑑を持って居住地を管轄する在外公館に出頭しなければなりません。夫婦のうちの一方が他国に居住する場合，申請当事者だけが出頭します。
○子の福祉のために，法院は，子の養育と親権者決定に関する協議につ

いて補正を命ずることができ，補正に応じなければ不確認と処理されます。

　○不確認の処理を受けた場合には，家庭法院に別途に裁判上の離婚又は裁判上の親権者指定等を請求することができます。

ロ．協議離婚の申告

　○離婚意思確認書謄本は，交付を受けた日から3か月を経過するとその効力を喪失するので，申告意思があるならば，上記期間内に，当事者の一方又は双方が，在外公館又は市（区）・邑・面事務所に，確認書謄本を添付した離婚申告書を提出しなければなりません。

　－離婚申告がなければ離婚することができず，上記期間を過ぎた場合には，再度法院の離婚意思確認を受けなければ，離婚申告をすることができません。

　－未成年の子がいる場合，離婚申告時に協議書謄本又は審判正本及びその確定証明書を添付して親権者指定の申告をしなければならず，妊娠中の子がいる場合は，離婚申告時ではなく，その子の出生申告時に協議書謄本又は審判正本及びその確定証明書を添付して親権者指定の申告をしなければなりません。

　－確認書謄本を紛失した場合：再度法院に協議離婚意思確認申請をするか，又はその謄本の交付を受けた日から3か月以内ならば離婚意思確認申請をした法院で確認書謄本を再度交付を受け，離婚申告書を再度作成して離婚申告をすることができ，3か月が経過した場合には再度協議離婚意思確認申請をしなければなりません。

　－協議書原本は法院で1年間保存するため，離婚意思確認のとき法院から交付を受けた協議書謄本は，離婚申告前にその複本を別途保管します。

ハ．協議離婚の撤回

　○離婚意思確認を受けた後でも離婚する意思がない場合には，離婚申告をせず又は離婚意思撤回の表示をしようとする人の登録基準地，住所地又は現在地市（区）・邑・面の長に離婚意思撤回書を提出すればよいです。

　－離婚申告書が離婚意思撤回書より先に受付されれば，撤回書を提出しても離婚の効力が発生します。

3．協議離婚の効果
　○家庭法院の離婚意思確認を受けて申告することで婚姻関係は解消されます。
　○離婚後にも子に対する父母の権利と義務は，協議離婚と関係なくそのまま維持されますが，未成年の子（妊娠中の子を含む。）がいる場合には，その子の養育と親権者決定に関する協議書又は家庭法院の審判によります。
　○離婚する夫と異なる登録基準地の使用を希望する妻は，別途登録基準地変更申告をともにしなければなりません。

ソウル家庭法院

資料1　申告書様式・関係書式

協議離婚意思確認申請書

　　　当事者　夫　　○○○（　　－　　）
　　　　　　　　　　登録基準地：
　　　　　　　　　　住　　所：
　　　　　　　　　　電話番号（携帯電話／自宅電話）：
　　　　　　　妻　　○○○（　　－　　）
　　　　　　　　　　登録基準地：
　　　　　　　　　　住　　所：
　　　　　　　　　　電話番号（携帯電話／自宅電話）：

申請の趣旨
　　上記当事者間では，真意に基づき互いに離婚することに合意した。
　　上記のとおり，離婚意思が確認された。
　　という確認を求める。

添付書類
　1．夫の婚姻関係証明書と家族関係証明書 各1通．
　　　妻の婚姻関係証明書と家族関係証明書 各1通．
　2．離婚申告書3通．
　3．未成年者がいる場合，養育及び親権者決定に関する協議書1通と写し2通，または家庭法院の審判正本及び確定証明書3通（提出＿，未提出＿）1)
　4．住民登録票謄本（住所地の管轄法院に申請する場合）1通．
　5．陳述要旨書（在外公館に申請した場合）1通．以上

確認期日		担当者
1回	年　月　日　時	法院主事（補）
2回	年　月　日　時	○○○　㊞

確認書謄本	交付	交付日
夫　○○○　㊞		
妻　○○○　㊞		

　　　　　　　　　　　　　　　年　　　月　　　日

　　　　　　　　　　　　申請人　夫　○○○　㊞
　　　　　　　　　　　　　　　　妻　○○○　㊞

　　　　　　　　　　　　○○家庭法院　御中

───────────────
1)　該当する欄に○をします。協議する夫婦の双方が離婚に関する案内を受けた後に，協議書は1か月前まで，審判正本及び確定証明書は確認期日までに提出できます。

子の養育と親権者決定に関する協議書

事　件　　号　　　　　　協議離婚意思確認申請

当事者　父　姓　　名
　　　　　　住民登録番号　　　　　　ー

　　　　　母　姓　　名
　　　　　　住民登録番号　　　　　　ー

　　　　　　　協　議　内　容

1．親権者及び養育者の決定（□内に✓表示をし，または該当事項を記載して下さい。）

子の名前	性別	生年月日（住民登録番号）	親権者	養育者
	□男 □女	年　月　日 （　　　ー　　　）	□父　□母 □父母共同	□父　□母 □父母共同
	□男 □女	年　月　日 （　　　ー　　　）	□父　□母 □父母共同	□父　□母 □父母共同
	□男 □女	年　月　日 （　　　ー　　　）	□父　□母 □父母共同	□父　□母 □父母共同
	□男 □女	年　月　日 （　　　ー　　　）	□父　□母 □父母共同	□父　□母 □父母共同

2．養育費用の負担（□内に✓表示をし，または該当事項を記載して下さい。）

支払人		
支払方法	□定期金　　　□一時金 （　　　）銀行　預金主： 　　　　　　　口座番号：	
支払額	定期金	金　　　ウォン（ハングル併記：　　　）
	一時金	金　　　ウォン（ハングル併記：　　　）
支払日	定期金	年　月　日から　年　月　日まで（毎月　日）
	一時金	年　月　日
その他		

3. 面接交渉権を行使するか否か及び行使する場合の方法（□内に✓表示をしたまたは該当事項を記載して下さい。）

日付	時間	引渡場所	面接場所	その他（面接交渉時の注意事項）
□毎月 　第＿＿週 　＿＿＿曜日	時　　分から 　時　　分まで			
毎週 　＿＿＿曜日	時　　分から 　時　　分まで			
□その他				

添　付　書　類

1．勤労所得税源泉徴収領収証，事業者登録証及び事業者所得金額証明願等所得金額を証明するための資料－父母別に各1通
2．父・母の所有不動産の登記簿謄本または父・母名義の賃貸借契約書，財産税納税領収証（証明）
3．上記資料や財産分割に関する合意書がある場合，その合意書の写し1通
4．子の養育と親権者決定に関する協議書写し2通

　　　　　　　協議日付：　　　　年　　月　　日

　父：　　　　　　（印／署名）　母：　　　　　　（印／署名）

○○家庭（地方）法院		判事確認印
事件番号		
確認日付	．　．　．	

第3編　資　料

子の養育と親権者決定に関する協議書作成要領

> ※未成年の子（妊娠中の子を含むが，離婚に関する案内を受けた日から3か月又は法院が別途定める期間内に成年になる子は除く。）がある夫婦が協議離婚をするときは，子の養育（養育者の決定，養育費用の負担，面接交渉権を行使するかどうか及びその方法）と親権者決定に関する協議書を確認期日1か月前までに提出しなければなりません。
> ※成年の子の場合にも予想される教育費等の負担を自由に協議して記載できます。
> ※離婚意思確認申請後，養育と親権者決定に関する協議が円滑に成り立たない場合には，迅速に家庭法院に審判を請求しなければなりません。確認期日まで協議書を提出しない場合，協議離婚確認が遅れ，又は不確認となることがあります。
> ※もし養育に関する事項や親権者決定に関する協議が子の福祉に反する場合，家庭法院は補正を命ずることができ，補正に応じなければ不確認と処理されます。
> ※万一協議書により約定した事項を父又は母が履行しない場合（特に養育費負担）「別途の裁判手続」を通じて過怠料，監置等の制裁を受けることがあり，強制執行をすることができます。
> ※協議書作成前に，家庭法院の相談委員の相談を先に受けることを勧めます。

1．親権者及び養育者の決定

　親権者は子の財産管理権，法律行為の代理権等をもち，養育者は子と共同生活をして各種の危険から子を保護する役割をします。協議離婚時，親権者及び養育者は，子の福祉を優先的に考慮し，父又は母の一方に定めることもでき，父・母の共同で指定することもでき，親権者と養育者を分離して指定することもできます（共同親権，共同養育の場合は，父母の間に葛藤が著しくない場合にのみ望ましく，各自の権利・義務，役割，同居期間等を別途明確に定めておくことで，将来の紛争を予防することができます。）。

妊娠中の子の特定は，子の氏名欄に「母が妊娠中である子」と記載し，生年月日欄に「妊娠〇か月」と記載して行い，性別欄は記載する必要がありません。
2．養育費用の負担

　子に対する養育義務は，親権者や養育者でなくとも，父母として必ず負担しなければならない法律上の義務です。養育費は，子の年齢，子の人数，一時金，父母の財産状況等を考慮し，適正な金額を協議しなければなりません。これは定期的に毎月支給するよう定めることもでき，一時金で支給することもできます。定期的に支給する場合，支給日付，支給額，支給方法を具体的に定めなければなりません。
3．面接交渉権の行使与否及びその方法

　「民法」第837条の2の規定により，離婚後，子を直接養育しない父母（非養育親）の一方と子は互いに会う権利があり，養育する父母（養育親）は，非養育親と子を互いに会わせる義務があります。そして，面接交渉は，子が両父母から愛されて正しく育つために必ず必要です。面接交渉の日時は，子の予定を考慮して定期的・規則的に定めることが子の安定的な生活に役立ち，子の引渡場所及び時間，面接交渉の場所，面接交渉時の注意事項（その他欄に記載又は別紙を使用）等を詳細に定めることで，将来の紛争を防止できます。
4．添付書類

　協議書が子の福祉に合致するのかどうかを判断するために，父，母の毎月の所得額と財産に関する資料，養育費支出の内訳が必要となるので，証拠書類を提出します。
5．その他の留意事項

　協議書原本は法院で1年間だけ保存するので，離婚意思確認の時に法院から交付を受けた協議書謄本は，離婚申告の時に提出する前に当事者がその複本を別途保管します。

離婚熟慮期間免除(短縮)事由書

20   号   協議離婚意思確認申請

　　当事者　○　○　○（住民登録番号　　　　―　　　　）
　　住　所

　上記事件に関して，20 ． ． ． ：   に離婚意思確認期日が指定されましたが，次のような事由により，離婚意思確認まで必要な期間を免除（短縮）願います。

記

事由：1. 家庭内暴力により，当事者の一方に堪えることができない苦痛が予想される（ ）
　　　2. 一方が海外長期滞留を目的に即時出国しなければならない事情がある（ ）
　　　3. 双方または一方が在外国民であるため，離婚意思確認に長期間を必要とする場合（ ）
　　　4. 申請当時1年以内に離婚意思確認申請をし，「民法」第836条の2第2項の期間経過後に離婚意思不確認を受けた事情がある場合（ ）
　　　5. その他（詳細に記載すること）

添　付　書　類

1.

20 ． ． ．

　　上記当事者　　　　　　　　（捺印または署名）
　　（連絡先：　　　　　　　　　　　　　　　）
　　（相手方配偶者連絡先：　　　　　　　　　）

○○地方法院　御中

◇留意事項◇

※連絡先欄には，いつでも連絡可能な電話番号や携帯電話番号を記載し，その他にファックス番号，電子メールアドレス等があれば一緒に記載して下さい。
※事由書提出後7日以内に確認期日の再指定連絡がなければ，最初に指定した確認期日が維持され，これに対しては異議を提起することができません。

協議離婚意思確認期日

協議離婚意思確認期日
事件番号　○○法院　20　　号
第1回確認期日　　年　月　日　時
第2回確認期日　　年　月　日　時
担　　　　当　　法院主事　○○○　㊞

(8 cm × 12 cm, 内側 5 cm)

＊注意事項　① 当事者の双方が第1回確認期日に出頭しなければなりませんが，やむをえない事由がある場合には第2回確認期日に出頭して下さい。
　　　　　　② 第2回確認期日にも当事者の一方または双方が出頭しなかった場合には，協議離婚意思確認申請を取り下げたものとして処理します。
　　　　　　③ 離婚する夫婦の間に未成年者がいる場合，養育及び親権者決定に関する協議書1通と写し2通を確認期日1か月前までに提出しなければならず，協議が成り立たない場合，家庭法院に迅速に審判を請求して，家庭法院の審判正本及び確定証明書3通を確認期日までに提出しなければなりません。

第3編　資　料

○　○　法　院

陳　述　調　書

事　　件　　20　　　　号　　　協議離婚意思確認申請

判　　事　　　　　　　　　　　日時：　　　．　．　．　：

法院主事　　　　　　　　　　　場所：　　　　号　　協議離婚室

　　　　　　　　　　　　　　　公開与否：　非公開

当事者　　　　　夫　　　　　　　　　　　　　　　　　出席
　　　　　　　　妻　　　　　　　　　　　　　　　　　出席

判　事
　　当事者双方から住民登録証等の提示を受け，各本人であることを確認
当事者陳述の要旨
　1．当事者双方は協議離婚意思が間違いなくある（　）。
　2．この申請書に添付された離婚申告書は真正に成立した（　）。
　3．未成年である子に対する養育及び親権者決定についての協議書（　）または審判正本及び確定証明書を提出（　）。
　　　未成年である子に対する養育及び親権者決定についての協議書（　）または審判正本及び確定証明書を提出（　）。
　4．当事者　　　は，離婚する意思で法院に出頭したが，現在は離婚する意思がない（　）。
　5．その他

　　　　　　　　　　　　　　　　　　　　法院主事　　　　　　　（印）
　　　　　　　　　　　　　　　　　　　　判　　事　　　　　　　（印）

＊当事者陳述の要旨・欄の作成方法：①1, 2, 4項の（　）には○，×を表示。
　②3項は，該当未成年者の名前を記載し，（　）内に○，×を表示。
　③5項「その他」欄は，判事の補正命令の要旨と補正の有無，期日指定等を記載。

○ ○ 法 院

確　　認　　書

20　　　号　　　協議離婚意思確認申請

当事者　夫　　○ ○ ○（住民登録番号　　－　　　）
　　　　　　　登録基準地
　　　　　　　住　　所

　　　　妻　　○ ○ ○（住民登録番号　　－　　　）
　　　　　　　登録基準地
　　　　　　　住　　所

　上記当事者は，信義に従い，互いに離婚することに合意したことを確認します。

　　　　　　　　　年　　月　　日

　　　　　　　　　判事　　　　　　　　　　　㊞

○　○　法　院

嘱　　託　　書

長　貴下

　　20　　　号　　　協議離婚意思確認申請

　　当事者　　夫　　○　○　○（住民登録番号　　　―　　　）
　　　　　　　　　　登録基準地
　　　　　　　　　　住　　所

　　　　　　　妻　　○　○　○（住民登録番号　　　―　　　）
　　　　　　　　　　登録基準地
　　　　　　　　　　住　　所

　「家族関係の登録等に関する規則」第74条第3項によって，当事者本人に配偶者○○○と離婚する意思と当事者の間に未成年の子（懐胎中である子を含む）の有無，及び，その子の養育と親権者決定に関する協議書作成の有無または家庭法院の審判の存否の確認を嘱託しますので，当事者に直接面談し，本人であることと離婚意思の存否等を確認し，別添回報書様式によって至急回報願います。

添付書類：1．離婚申告書謄本1通
　　　　　2．養育と親権者決定に関する協議書または審判正本及び確定
　　　　　　　証明書の写し1通
　　　　　3．離婚案内書
　　　　　4．離婚意思確認回報書様式1通　　以上

　　　　　　　　　年　　月　　日

　　　　　　　　　　　判事　　　　　　　　　　㊞

離婚意思確認回報書

文書番号：
受　信：○○家庭法院

　貴院20　　号　　　　号（　　．．．付）の嘱託によって下記当事者の離婚意思についての確認結果を次のとおり回報します。

当事者	姓　　名	
	住民登録番号	－
	登録基準地	
	住　　所	

確　認　結　果	
離婚に関する案内を受けた日	年　　月　　日
私は配偶者○○○と真に離婚する意思があり，処分の合意により離婚申告書を作成したことは，事実に相違ありません。 　　　　　　　　　　　　　　当　事　者　　　　　　　　　　　　㊞	
未成年者（懐胎中の子を含む）の存在（　）及び養育と親権者決定に関する協議確認（　）または家庭法院の審判確認（　） 　　　　　　　　　　　　　　当　事　者　　　　　　　　　　　　㊞	
私は，配偶者○○○と離婚する意思がありません。 　　　　　　　　　　　　　　当　事　者　　　　　　　　　　　　㊞	
上記当事者は，本職の面前で，自由な意思に基づき，上記のとおり陳述し，署名・捺印（拇印）したことを確認します。 　　　　　　　　　20　．．． 　　　　　　　　○　○　○　○　○　長　　　　　　　　　　　㊞	
次の事由により，上記当事者につき離婚意思の存否を確認できない旨を回報します。 ①当事者の所在不明，②当事者の出席拒否，③当事者の陳述拒否， ④その他の事項（　　　　　　　　） 　　　　　　　　　20　．．． 　　　　　　　　○　○　○　○　○　長　　　　　　　　　　　㊞	

※未成年者の有無及び養育と親権者決定に関する協議書または家庭法院の審判正本及び確定証明書確認欄は○，×と表示します。

○ ○ 法 院

不 確 認 通 知 書

○○○ 貴下

　　20　　　号　　　協議離婚意思確認申請

当事者　夫　　　○ ○ ○ （住民登録番号　　　－　　　）
　　　　　　　　登録基準地
　　　　　　　　住　　所

　　　　妻　　　○ ○ ○ （住民登録番号　　　－　　　）
　　　　　　　　登録基準地
　　　　　　　　住　　所

　次の事由により，上記当事者の間の協議離婚意思を確認することができず，上記事件を終結処理したことを通知します。

①当事者の離婚意思なし，②当事者の所在不明，③当事者の陳述拒否，④その他の事項（　　　　　　）

　　　　　　　　　　20　．　．　．

　　　　　　　法院主事　　　○ ○ ○ （職印）

資料2　関係法令

家族関係の登録等に関する法律

(2007年5月17日法律第8435号)
最近改正　2007年7月23日法律第8541号

第1章　総則

(目的)
第1条　この法律は，国民の出生・婚姻・死亡等家族関係の発生及び変動事項に関する登録とその証明に関する事項を規定することを目的とする。

(管掌)
第2条　家族関係の発生及び変動事項に関する登録とその証明に関する事務(以下「登録事務」という)は，大法院が管掌する。

(権限の委任)
第3条　大法院長は，登録事務の処理に関する権限を市・邑・面の長(都農複合形態の市において洞地域に対しては市長，邑・面地域に対しては邑・面の長とする。以下同じ)に委任する。

② 特別市及び広域市と，区を置く市においては，この法律中の市，市長又は市の事務所とは，各々の区，区庁長又は区の事務所をいう。ただし，広域市において郡地域に対しては邑・面，邑・面の長又は邑・面の事務所をいう。

③ 大法院長は，登録事務の監督に関する権限を市・邑・面の事務所所在地を管轄する家庭法院長に委任する。ただし，家庭法院支院長は，家庭法院長の命を受け，その管轄区域内の登録事務を監督する。

(登録事務処理)
第4条　第3条による登録事務は，家族関係の発生及び変動事項の登録(以下「登録」という)に関する届出等を受け付けたか若しくは受理した届出地の市・邑・面の長が処理する。

(職務の制限)
第5条　市・邑・面の長は，登録に関する証明書発給事務を除いて，自己又は自己と4親等以内の親族に関する登録事件に関しては，その職務を行うことができない。

② 登録事件処理に関して，市・邑・面の長を代理する者も，第1項と同様である。

(手数料等の帰属)
第6条　この法律の規定により納付する手数料及び過料は，登録事務を処理する当該地方自治団体の収入とする。ただし，次の各号のいずれかの一つに該当する場合には，この限りでない。

一　第12条第2項により電算情報中央管理所の所属公務員が証明書を発給する場合
二　第120条及び第123条により家庭法院が過料を賦課する場合
三　第124条第3項により家庭法院が「非訟事件手続法」による過料の裁判をする場合

② 第1項の手数料の金額は，大法院規則で定める。

(費用の負担)
第7条　第3条によって市・邑・面の長に委任した登録事務にかかる費用は，国が負担する。

(大法院規則)
第8条　この法律の施行に関して必要な事項は，大法院規則で定める。

第2章　家族関係登録簿の作成と登録事務の処理

（家族関係登録簿の作成及び記録事項）
第9条　家族関係登録簿（以下「登録簿」という）は，電算情報処理組織によって，入力・処理された家族関係登録事項（以下「登録事項」という）に関する電算情報資料を，第10条の登録基準地により個人別に区分して作成する。
② 登録簿には，次の事項を記録しなければならない。
　一　登録基準地
　二　姓名・本・性別・出生年月日及び住民登録番号
　三　出生・婚姻・死亡等家族関係の発生及び変動に関する事項
　四　その他家族関係に関する事項で大法院規則が定める事項

（登録基準地の決定）
第10条　出生又はその他の事由で初めて登録をする場合には，登録基準地を定めて，届け出なければならない。
② 登録基準地は，大法院規則で定める手続によって変更することができる。

（電算情報処理組織による登録事務の処理等）
第11条　市・邑・面の長は，登録事務を電算情報処理組織により処理しなければならない。
② 本人が死亡したか失踪宣告・不在宣告を受けたとき，国籍を離脱したか喪失したとき又はその他大法院規則で定めた事由が発生したときには，登録簿を閉鎖する。
③ 登録簿と第2項によって閉鎖した登録簿（以下「閉鎖登録簿」という）は，法院行政処長が保管・管理する。
④ 法院行政処長は，登録簿又は閉鎖登録簿（以下「登録簿等」という）に記録されている登録事項と同じ電算情報資料を，別に作成して管理しなければならない。
⑤ 登録簿等の全部又は一部が損傷したか損傷するおそれがあるときには，法院行政処長は，大法院規則で定めるところによって，登録簿等の復旧等必要な処分を命じることができる。
⑥ 登録簿等を管理する者又は登録事務を処理する者は，この法律又はその他の法律で規定する事由でない他の事由で，登録簿等に記録された登録事項に関する電算情報資料（以下「登録電算情報資料」という）を利用するか他人（法人を含む）に資料を提供してはならない。

（電算情報中央管理所の設置等）
第12条　登録簿等の保管と管理，電算情報処理組織による登録事務処理の支援及び登録電算情報資料の効率的な活用のために，法院行政処に電算情報中央管理所（以下「中央管理所」という）を置く。この場合，国籍関連通報にともなう登録事務処理に関しては，大法院規則で定めるところによって，法務部と電算情報処理組織を連繋して，運営する。
② 法院行政処長は，必要な場合，中央管理所の所属公務員に第15条に規定された証明書の発給事務を取り扱わせることができる。

（登録電算情報資料の利用等）
第13条　登録電算情報資料を利用又は活用しようとする者は，関係中央行政機関の長の審査を経て，法院行政処長の承認を得なければならない。ただし，中央行政機関の長が，登録電算情報資料を利用又は活用しようとする場合には，法院行政処長と協議しなければならない。
② 第1項により登録電算情報資料を利用又は活用しようとする者は，本来の目的以外の用途で利用又は活用してはならない。
③ 第1項による登録電算情報資料の利用又は活用とその使用料等に関して必要な事項は，大法院規則で定める。

（証明書の交付等）
第14条　本人又は配偶者，直系血族，兄弟姉妹（以下，本条では「本人等」という）は，第15条に規定する登録簿等の

資料2　関係法令（家族関係の登録等に関する法律）

記録事項に関して発給できる証明書の交付を請求することができ，本人等の代理人が請求する場合には本人等の委任を受けなければならない。ただし，次の各号のいずれかの一つに該当する場合には，本人等でない場合にも，交付を申請することができる。
　一　国又は地方自治団体が職務上の必要により文書で申請する場合
　二　訴訟・非訟・民事執行の各手続において必要な場合
　三　他の法令で本人等に関する証明書を提出するよう要求する場合
　四　その他大法院規則で定める正当な利害関係のある者が申請する場合
②　第15条第1項第5号の親養子縁組関係証明書は，次の各号のいずれかの一つに該当する場合に限って，交付を請求することができる。
　一　親養子が成年になって申請する場合
　二　婚姻当事者が「民法」第809条の親族関係を把握しようとする場合
　三　法院の事実照会嘱託があるか捜査機関が捜査上の必要により文書で申請する場合
　四　その他大法院規則が定める場合
③　第1項及び第2項により証明書の交付を請求する者は，手数料を納付しなければならず，証明書の送付を申請する場合には，郵送料を別に納付しなければならない。
④　市・邑・面の長は，第1項及び第2項の請求が登録簿に記録された者に対する私生活の秘密を侵害する等不当な目的によることが明らかであると認められるときには，証明書の交付を拒否することができる。
⑤　第1項ないし第4項までの規定は，閉鎖登録簿に関する証明書交付の場合にも準用する。
（証明書の種類及び記録事項）
第15条　登録簿等の記録事項に関して発給できる証明書の種類とその記録事項は，次の各号のとおりである。

　一　家族関係証明書
　　カ　本人の登録基準地・姓名・性別・本・出生年月日及び住民登録番号
　　ナ　父母・養父母，配偶者，子の姓名・性別・本・出生年月日及び住民登録番号
　二　基本証明書
　　カ　本人の登録基準地・姓名・性別・本・出生年月日及び住民登録番号
　　ナ　本人の出生，死亡，国籍喪失・取得及び回復等に関する事項
　三　婚姻関係証明書
　　カ　本人の登録基準地・姓名・性別・本・出生年月日及び住民登録番号
　　ナ　配偶者の姓名・性別・本・出生年月日及び住民登録番号
　　タ　婚姻及び離婚に関する事項
　四　養子縁組関係証明書
　　カ　本人の登録基準地・姓名・性別・本・出生年月日及び住民登録番号
　　ナ　養父母又は養子の姓名・性別・本・出生年月日及び住民登録番号
　　タ　養子縁組及び養子離縁に関する事項
　五　親養子縁組関係証明書
　　カ　本人の登録基準地・姓名・性別・本・出生年月日及び住民登録番号
　　ナ　実父母・養父母又は親養子の姓名・性別・本・出生年月日及び住民登録番号
　　タ　養子縁組及び養子離縁に関する事項
②　家族関係に関するその他の証明書及び家族関係記録事項に関して必要な事項は，大法院規則で定める。

第3章　登録簿の記録

（登録簿の記録手続）
第16条　登録簿は，届出，通報，申請，証書の謄本，航海日誌の謄本又は裁判書によって記録する。
（登録簿がない者）
第17条　家族関係登録がされていない者に対して登録事項を記録すべきときに

は，新たに登録簿を作成する。
(登録簿の訂正)
第18条　登録簿の記録が法律上無効であるか，その記録に錯誤又は遺漏があることを知ったときには，市・邑・面の長は，遅滞なく，届出人又は届出事件の本人にその事実を通知しなければならない。ただし，その錯誤又は遺漏が，市・邑・面の長の過誤によるものであるときには，この限りでない。
② 第1項本文の通知をすることができないとき又は通知をしたが訂正申請をする者がいないとき又はその記録の錯誤又は遺漏が市・邑・面の長の過誤によるものであるとき又は市・邑・面の長は，監督法院の許可を得て，職権で訂正することができる。ただし，大法院規則で定める軽微な事項である場合には，市・邑・面の長が職権で訂正して，監督法院に報告しなければならない。
③ 国又は地方自治団体の公務員がその職務上登録簿の記録に錯誤又は遺漏があることを知ったときには，遅滞なく，届出事件の本人の登録基準地の市・邑・面の長に通知しなければならない。この場合，通知を受けた市・邑・面の長は，第1項及び第2項によって処理する。
(登録簿の行政区域，名称等の変更)
第19条　行政区域又は土地の名称が変更されたときには，登録簿の記録は，訂正されたとものとみなす。この場合，市・邑・面の長は，その記録事項を更正しなければならない。
② 市・邑・面の長は，地番の変更があるときには，登録簿の記録を更正しなければならない。

第4章　届　出

第1節　通則
(届出の場所)
第20条　この法律による届出は，届出事件本人の登録基準地又は届出人の住所地若しくは現在地で，行うことができる。
② 大韓民国の国民でない者(以下「外国人」という)に関する届出は，その居住地又は届出人の住所地若しくは現在地で，行うことができる。
(出生・死亡の洞経由届出等)
第21条　市における出生・死亡の届出は，その届出の場所が届出事件本人の住民登録地又は住民登録をする地域と同じである場合には，届出事件本人の住民登録地又は住民登録をする地域を管轄する洞を経由して，これを行うことができる。
② 第1項の場合，洞長は所属市長を代行して届書を受理して，洞が属する市の長に届書を送付し，その他大法院規則で定める登録事務を処理する。
(届出後，登録されていることが判明したとき等)
第22条　登録されているかが明らかでない者又は登録されていない者若しくは登録できない者に関する届出が受理された後，その者に関して登録されていることが判明したとき又は登録することができるようになったときには，届出人又は届出事件の本人は，その事実を知った日から1か月以内に，受理された届出事件を表示して，最初にその届出を受理した市・邑・面の長に，その事実を届け出なければならない。
(届出の方法)
第23条　届出は，書面でも口頭でも，行うことができる。
② 届出によって効力が発生する登録事件に関して，届出事件本人が市・邑・面に出席しない場合には，届出事件本人の住民登録証・運転免許証・旅券，その他大法院規則が定める身分証明書(以下，本項で「身分証明書」という)を提示するか届書に届出事件本人の印鑑証明書を添付しなければならない。この場合，本人の身分証明書を提示しないか若しくは本人の印鑑証明書を添付しないときには，届書を受理してはならない。
(届書様式)
第24条　届書の様式は，大法院例規で定める。この場合，家族関係に関する登録

届出が他の法令で規定した届出の代わりとなる場合に，当該届書の様式を定める際には，あらかじめ関係部処の長と協議しなければならない。

（届書記載事項）
第 25 条　届書には，次の事項を記載して届出人が署名又は記名捺印しなければならない。
　一　届出事件
　二　届出年月日
　三　届出人の出生年月日・住民登録番号・登録基準地及び住所
　四　届出人と届出事件の本人が異なるときには，届出事件の本人の登録基準地・住所・姓名・出生年月日及び住民登録番号と届出人の資格
② この法律によって届出書類を作成した場合，その届出書類に住民登録番号を記載したときには，出生年月日の記載を省略することができる。

（届出人が無能力者である場合）
第 26 条　届出をすべき者が，未成年者又は禁治産者であるときには，親権者又は後見人を届出義務者とする。ただし，未成年者又は禁治産者が届出をすることもできる。
② 親権者又は後見人が届け出る場合には，届書に次の事項を記載しなければならない。
　一　届出をすべき者の姓名・出生年月日・住民登録番号及び登録基準地
　二　無能力者になった原因
　三　届出人が親権者又は後見人であるという事実

（同意が不必要な無能力者の届出）
第 27 条　無能力者が，その法定代理人の同意なく行うことができる行為に関しては，無能力者が届け出なければならない。
② 禁治産者が届け出る場合には，届書に届出事件の性質及び効果を理解する能力があることを証明できる診断書を添付しなければならない。

（証人を必要とする届出）
第 28 条　証人を必要とする事件の届出においては，証人は届書に住民登録番号及び住所を記載して署名又は記名捺印しなければならない。

（不存在又は不知の事項）
第 29 条　届書に記載すべき事項で，存在しない又は知ることができないことがあるときには，その旨を記載しなければならない。ただし，市・邑・面の長は，法律上記載すべき事項で，特に重要であると認められる事項を記載していない届書は，受理してはならない。

（法令規定事項以外の記載事項）
第 30 条　届書には，この法律又は他の法令で定める事項以外に登録簿に記録すべき事項をより明らかにさせるため，必要な事項があれば，このような事項も記載しなければならない。

（口頭で行う届出等）
第 31 条　口頭で届け出ようとするときには，届出人は市・邑・面の事務所に出席して，届書に記載すべき事項を陳述しなければならない。
② 市・邑・面の長は，届出人の陳述及び届出年月日を記録して，届出人に読み聞かせ，届出人に書面に署名又は記名捺印するようにさせなければならない。
③ 第 1 項及び第 2 項の場合に，届出人が疾病又はその他の事故で出席できないときには，代理人に届け出させることができる。ただし，第 55 条，第 56 条，第 61 条，第 63 条，第 71 条及び第 74 条の届出は，この限りでない。

（同意，承諾又は許可を要する事件の届出）
第 32 条　届出事件において，父・母又は他人の同意又は承諾が必要な場合には，届書にその同意又は承諾を証明する書面を添付しなければならない。ただし，親族会が同意をする場合には，親族会の決議録を添付しなければならず，その他の同意又は承諾においては，同意又は承諾をした者に，届書にその事由を付記させ，署名又は記名捺印をさせることがで

きる。
② 届出事件，届出人又は届出事項等において裁判又は官公署の許可を要する事項がある場合には，届書にその裁判書又は許可書の謄本を添付しなければならない。
(届書に関する準用規定)
第33条 届書に関する規定は，第31条第2項及び第32条第1項の書面に準用する。
(外国で行う届出)
第34条 外国にいる大韓民国国民は，この法律で定めるところによって，その地域を管轄する大韓民国在外公館（以下「在外公館」という）の長に届出又は申請をすることができる。
(外国の方式による証書の謄本)
第35条 外国にいる大韓民国国民が，その国の方式により，届出事件に関する証書を作成した場合には，3か月以内にその地域を管轄する在外公館の長にその証書の謄本を提出しなければならない。
② 大韓民国の国民がいる地域が在外公館の管轄に属しない場合には，3か月以内に登録基準地の市・邑・面の長に証書の謄本を発送しなければならない。
(外国で受理した書類の送付)
第36条 在外公館の長は，第34条及び第35条によって書類を受理したときには，1か月以内に外交通商部長官を経由して，本人の登録基準地の市・邑・面の長に送付しなければならない。
(届出期間の起算点)
第37条 届出期間は，届出事件発生日から起算する。
② 裁判の確定日から期間を起算すべき場合に，裁判が送達又は交付前に確定したときには，その送達又は交付された日から起算する。
(届出の催告)
第38条 市・邑・面の長は，届出を怠った者を知ったときには，相当の期間を定めて，届出義務者に対し，その期間内に届け出ることを催告しなければならな
い。
② 届出義務者が第1項の期間内に届出をしないときには，市・邑・面の長は，さらに相当の期間を定めて，催告することができる。
③ 第18条第2項は，第2項の催告をすることができないとき及び催告をしても届出をしないときに，同条第3項は国又は地方自治体の公務員が届出を怠った者がいることを知ったときに準用する。
(届出の追完)
第39条 市・邑・面の長は，届出を受理した場合に，欠缺があって登録簿に記録をすることができないときには，届出人又は届出義務者に補完させなければならない。この場合，第38条を準用する。
(期間経過後の届出)
第40条 市・邑・面の長は，届出期間が経過した後の届出であっても，受理しなければならない。
(死亡後に到達した届出)
第41条 届出人の生存中に郵送した届書は，その死亡後であっても，市・邑・面の長は受理しなければならない。
② 第1項により届書が受理されたときには，届出人の死亡時に届け出たものとみなす。
(受理・不受理証明書と書類の閲覧)
第42条 届出人は，届出の受理又は不受理の証明書を請求することができる。
② 利害関係人は，市・邑・面の長に届書その他受理した書類の閲覧又はその書類に記載した事項に関して，証明書を請求することができる。
③ 証明書を請求するときには，手数料を納付しなければならない。
④ 利害関係人は，法院に保管されている届出書類に対する閲覧を請求することができる。
⑤ 第2項及び第4項の利害関係人の資格と範囲等に関しては，第14条第1項から第4項までの規定を準用する。
(届出不受理の通知)
第43条 市・邑・面の長が届出を受理し

資料2 関係法令（家族関係の登録等に関する法律）

ないときには，その事由を，遅滞なく，届出人に書面で通知しなければならない。

第2節 出生
（出生届出の記載事項）
第44条 出生の届出は，出生後1か月以内にしなければならない。
② 届書には，次の事項を記載しなければならない。
一 子の姓名・本・性別及び登録基準地
二 子が婚姻中又は婚姻外の出生子の区別
三 出生の年月日時及び場所
四 父母の姓名・本・登録基準地及び住民登録番号（父又は母が外国人であるときには，その姓名・出生年月日及び国籍）
五 「民法」第781条第1項但書による協議がある場合その事実
六 子が二重国籍者である場合，その事実及び取得した外国国籍
③ 子の名前にはハングル（韓国の文字）又は通常使用する漢字を使用しなければならない。通常使用する漢字の範囲は，大法院規則で定める。
④ 出生届書には，医師・助産師その他分娩に関与した者が作成した出生証明書を添付しなければならない。ただし，やむを得ない事由がある場合には，この限りでない。

（出生届出の場所）
第45条 出生の届出は，出生地で，行うことができる。
② 汽車その他の交通機関の中で出生したときには母が交通機関から降りた地で，航海日誌が備えられていない船舶の中で出生したときにはその船舶が最初に入港した地で，届け出ることができる。

（届出義務者）
第46条 婚姻中出生子の出生の届出は，父又は母がしなければならない。
② 婚姻外出生子の届出は，母がしなければならない。

③ 第1項及び第2項により届出をすべき者が届出をすることができない場合には，次の各号のいずれかの1つに該当する者が，各号の順位に従って届出をしなければならない。
一 同居する親族
二 分娩に関与した医師・助産師又はその他の者

（嫡出否認の訴を提起したとき）
第47条 嫡出否認の訴を提起したときにも，出生の届出をしなければならない。

（法院が父を定めるとき）
第48条 「民法」第845条により法院が父を定めるときには，出生の届出は，母がしなければならない。
② 第46条第3項は，第1項の場合に準用する。

（航海中の出生）
第49条 航海中に出生があるときには，船長は24時間以内に第44条第2項で定めた事項を航海日誌に記載して，署名又は記名捺印しなければならない。
② 第1項の手続をした後，船舶が大韓民国の港に到着したときには，船長は，遅滞なく，出生に関する航海日誌の謄本をその地の市・邑・面の長に発送しなければならない。
③ 船舶が外国の港に到着したときには，船長は，遅滞なく，第2項の謄本をその地域を管轄する在外公館の長に発送し，在外公館の長は，遅滞なく，外交通商部長官を経由して，登録基準地の市・邑・面の長に発送しなければならない。

（公共施設での出生）
第50条 病院，刑務所，その他の施設で出生があった場合に，父母が届け出ることができないときには，当該施設の長又は管理人が，届出をしなければならない。

（出生届出前に死亡したとき）
第51条 出生の届出前に子が死亡したときには，出生の届出と同時に死亡の届出をしなければならない。

（棄児）

第52条　棄児を発見した者又は棄児発見の通知を受けた国家警察公務員は，24時間以内に，その事実を市・邑・面の長に通報しなければならない。
② 第1項の通報を受けた市・邑・面の長は，所持品，発見場所，発見年月日時，その他の状況，性別，出生の推定年月日を調書に記載しなければならない。この場合，その調書を届書とみなす。
③ 市・邑・面の長は，「民法」第781条第4項により棄児の姓と本を創設した後，名前と登録基準地を定めて，登録簿に記録しなければならない。

（父母が棄児を引き取るとき）
第53条　父又は母が棄児を引き取るときには，1か月以内に出生の届出をして，登録簿の訂正を申請しなければならない。
② 第1項の場合には，市・邑・面の長が確認しなければならない。

（棄児が死亡したとき）
第54条　第52条第1項又は第53条の手続をする前に，棄児が死亡したときには，死亡の届出と同時にその手続をしなければならない。

第3節　認　知
（認知届出の記載事項）
第55条　認知の届書には，次の事項を記載しなければならない。
一　子の姓名・性別・出生年月日・住民登録番号及び登録基準地（子が外国人であるときには，その姓名・性別・出生年月日及び国籍）
二　死亡した子を認知するときには，死亡年月日，その直系卑属の姓名・出生年月日・住民登録番号及び登録基準地
三　父が認知するときには，母の姓名・登録基準地及び住民登録番号
四　認知前の子の姓と本を維持する場合その旨と内容
五　「民法」第909条第4項又は第5項により親権者が定められたときにはその旨と内容

② 第1項第4号及び第5号の場合には，届書にその内容を証明する書面を添付しなければならない。ただし，家庭法院の姓・本の継続使用許可審判又は親権者を定める裁判が確定したときには，第58条を準用する。

（胎児の認知）
第56条　胎内にある子を認知するときには，届書にその旨，母の姓名及び登録基準地を記載しなければならない。

（嫡出子出生の届出による認知）
第57条　父が婚姻以外の子について嫡出子出生の届出をしたときには，その届出は認知の効力がある。

（裁判による認知）
第58条　認知の裁判が確定した場合に，訴を提起した者は，裁判の確定日から1か月以内に，裁判書の謄本及び確定証明書を添付して，その旨を届け出なければならない。
② 第1項の届書には，裁判確定日を記載しなければならない。
③ 第1項の場合には，その訴の相手方も裁判書の謄本及び確定証明書を添付して，認知の裁判が確定した旨を届け出ることができる。この場合，第2項を準用する。

（遺言による認知）
第59条　遺言による認知の場合には，遺言執行者は，その就任の日から1か月以内に，認知に関する遺言書謄本又は遺言録音を記載した書面を添付して，第55条又は第56条により，届出をしなければならない。

（認知された胎児の死産）
第60条　認知された胎児が死体で分娩された場合に，出生の届出義務者は，その事実を知った日から1か月以内に，その事実を届け出なければならない。ただし，遺言執行者が第59条の届出をした場合には，遺言執行者がその届出をしなければならない。

第4節　養子縁組

(養子縁組届出の記載事項)
第61条　養子縁組の届書には，次の事項を記載しなければならない。
一　当事者の姓名・本・出生年月日・住民登録番号・登録基準地（当事者が外国人であるときには，その姓名・出生年月日・国籍）及び養子の性別
二　養子の実父母の姓名・住民登録番号及び登録基準地
(養子縁組の届出)
第62条　養子が15歳未満であるときには，「民法」第869条により養子縁組を承諾した法定代理人が届け出なければならない。ただし，後見人が養子縁組を承諾したときには，家庭法院の許可書を添付しなければならない。
②　「民法」第871条により後見人が養子縁組の同意をしたときには，後見人の同意書及び家庭法院の許可書を添付しなければならない。
③　後見人が被後見人を養子にする場合には，家庭法院の許可書を添付しなければならない。

第5節　養子離縁
(養子離縁届出の記載事項)
第63条　養子離縁の届書には，次の事項を記載しなければならない。
一　当事者の姓名・本・出生年月日・住民登録番号及び登録基準地（当事者が外国人であるときには，その姓名・出生年月日・国籍）
二　養子の実父母の姓名・登録基準地及び住民登録番号
(協議上養子離縁の届出)
第64条　「民法」第899条により協議上の養子離縁をする場合には，その協議をした者が届出をしなければならない。ただし，その届出を後見人又は実家の他の直系尊属がするときには，家庭法院の許可書を添付しなければならない。
②　「民法」第900条による協議上養子離縁に関して，後見人が養子離縁の同意をしたときには，後見人の同意書及び家庭法院の許可書を添付しなければならない。
(準用規定)
第65条　第63条は，養子縁組取消の届出に準用する。
②　第58条は，養子縁組取消の裁判が確定した場合に準用する。
(準用規定)
第66条　第58条は，養子離縁の裁判が確定した場合に準用する。

第6節　親養子の養子縁組及び養子離縁
(親養子の養子縁組届出)
第67条　「民法」第908条の2により親養子を養子にしようとする者は，親養子縁組裁判の確定日から1か月以内に，裁判書の謄本及び確定証明書を添付して，第61条の届出をしなければならない。
②　第1項の届書には，裁判確定日を記載しなければならない。
(準用規定)
第68条　第58条は，親養子の養子縁組届出に準用する。
(親養子の養子離縁届出)
第69条　「民法」第908条の5により親養子離縁の裁判が確定した場合，訴を提起した者は，裁判の確定日から1か月以内に，裁判書の謄本及び確定証明書を添付して，第63条の届出をしなければならない。
②　第1項の届書には，裁判確定日を記載しなければならない。
③　第1項の場合には，その訴の相手方も，裁判書の謄本及び確定証明書を添付して，親養子離縁の裁判が確定した旨を届け出ることができる。この場合，第2項を準用する。
(準用規定)
第70条　第69条は，親養子の養子縁組取消の裁判が確定した場合に準用する。

第7節　婚姻
(婚姻届の記載事項等)
第71条　婚姻の届書には，次の事項を記載しなければならない。ただし，第3号

の場合には婚姻当事者の協議書を添付しなければならない。
　一　当事者の姓名・本・出生年月日・住民登録番号及び登録基準地（当事者が外国人であるときには，その姓名・出生年月日及び国籍）
　二　当事者の父母と養父母の姓名・登録基準地及び住民登録番号
　三　「民法」第781条第1項但書による協議がある場合その事実
　四　「民法」第809条第1項による近親婚に該当しないという事実
（裁判による婚姻）
第72条　事実上婚姻関係存在確認の裁判が確定した場合には，訴を提起した者は，裁判の確定日から1か月以内に，裁判書の謄本及び確定証明書を添付して，第71条の届出をしなければならない。
（準用規定）
第73条　第58条は，婚姻取消の裁判が確定した場合に準用する。

第8節　離婚
（離婚届の記載事項）
第74条　離婚の届書には，次の事項を記載しなければならない。
　一　当事者の姓名・本・出生年月日・住民登録番号及び登録基準地（当事者が外国人であるときには，その姓名及び国籍）
　二　当事者の父母と養父母の姓名・登録基準地及び住民登録番号
　三　「民法」第909条第4項又は第5項によって親権者が定められたときにはその内容
（協議上離婚の確認）
第75条　協議上離婚をしようとする者は，登録基準地又は住所地を管轄する家庭法院の確認を受けて，届け出なければならない。ただし，国内に居住しない場合に，その確認はソウル家庭法院の管轄とする。
②　第1項の届出は，協議上離婚をしようとする者が，家庭法院から確認書謄本の交付又は送達を受けた日から3か月以内に，その謄本を添付して行わなければならない。
③　第2項の期間が経過したときには，その家庭法院の確認は，効力を喪失する。
④　家庭法院の確認手続と届出に関して必要な事項は，大法院規則で定める。
（みなし規定）
第76条　協議離婚届書に家庭法院の離婚意思確認書謄本を添付した場合には，「民法」第836条第2項で定めた証人二人の連署があるものとみなす。
（準用規定）
第77条　第74条は，婚姻取消の届出に準用する。
（準用規定）
第78条　第58条は，離婚の裁判が確定した場合に準用する。

第9節　親権及び後見
（親権者指定及び変更の届出）
第79条　父母が「民法」第909条第4項により親権者を定めたときには，1か月以内に，その事実を届け出なければならない。父母中一方が届け出る場合には，その事実を証明する書面を添付しなければならない。
②　親権や管理権の喪失・辞退・回復に関する裁判又は「民法」第909条第4項ないし第6項までの規定により親権者を定めるか若しくは変更する裁判が確定したときには，その裁判を請求した者又はその裁判で親権者と定められた者が，その内容を届け出なければならない。この場合，第58条を準用する。
（後見開始届出の記載事項）
第80条　後見開始の届出は，後見人が，その就任の日から1か月以内に，行わなければならない。
②　届書には，次の事項を記載しなければならない。
　一　後見人と被後見人の姓名・出生年月日・住民登録番号及び登録基準地
　二　後見開始の原因及び年月日

三　後見人が就任した年月日
（後見人更迭届出等）
第81条　後見人が更迭された場合には，後任者は，就任の日から1か月以内に，その旨を届け出なければならない。
②　第1項の届出には，第80条第2項を準用する。
③　第79条第2項は，「民法」第940条により後見人が変更された場合に準用する。
（遺言又は裁判による後見人の選定）
第82条　遺言によって後見人を指定した場合には，指定に関する遺言書その謄本又は遺言録音を記載した書面を届書に添付しなければならない。
②　後見人選任の裁判がある場合には，裁判書の謄本を届書に添付しなければならない。
（後見終了届出）
第83条　後見終了の届出は，後見人が1か月以内にしなければならない。ただし，未成年者の成年到達によって後見が終了した場合には，この限りでない。
②　届書には，次の事項を記載しなければならない。
　一　被後見人の姓名・登録基準地及び住民登録番号
　二　後見終了の原因及び年月日
③　後見終了の原因が「民法」第939条又は同法第940条によるものであるときには，裁判書の謄本を添付しなければならない。

第10節　死亡と失踪
（死亡届とその記載事項）
第84条　死亡の届出は，第85条で規定した者が，死亡の事実を知った日から1か月以内に，診断書又は検案書を添付してしなければならない。
②　届書には，次の事項を記載しなければならない。
　一　死亡者の姓名，性別，登録基準地及び住民登録番号
　二　死亡の年月日時及び場所
③　やむを得ない事情によって診断書や検案書を得ることができないときには，死亡事実の証明し得る書面をもってこれに代えることができる。この場合，届書にその診断書又は検案書が得られない事由を記載しなければならない。
（死亡届義務者）
第85条　死亡の届出は，同居する親族がしなければならない。
②　親族同居者又は死亡場所を管理する者，死亡場所の洞長又は統・里長も死亡の届出をすることができる。
（死亡届の場所）
第86条　死亡の届出は，死亡地・埋葬地又は火葬地で行うことができる。ただし，死亡地が明らかでないときには死体が最初に発見された地で，汽車その他の交通機関の中で死亡があったときにはその死体を交通機関から降りた地で，航海日誌を備えない船舶の中で死亡したときにはその船舶が最初に入港した地で，することができる。
（災難等による死亡）
第87条　水害，火災その他の災難によって死亡した者がいる場合には，これを調査した官公署は，遅滞なく，死亡地の市・邑・面の長に通報しなければならない。ただし，外国で死亡したときには，死亡者の登録基準地の市・邑・面の長に通報しなければならない。
（死刑，在所中の死亡）
第88条　死刑の執行があったときには，刑務所長は，遅滞なく，刑務所所在地の市・邑・面の長に死亡の通報をしなければならない。
②　第1項は，在所中死亡した者の死体を引き取る者がいない場合に準用する。この場合，通報書に診断書又は検案書を添付しなければならない。
（通報書の記載事項）
第89条　第87条及び第88条で規定した通報書には，第84条第2項で定めた事項を記載しなければならない。
（登録不明者等の死亡）
第90条　死亡者について登録がされてい

るかが明らかでないとき又は死亡者を認識することができないときには，国家警察公務員は検視調書を作成・添付して，遅滞なく，死亡地の市・邑・面の長に死亡の通報をしなければならない。
② 死亡者が登録されていることが判明したとき又は死亡者の身元を知るようになったときには，国家警察公務員は，遅滞なく，死亡地の市・邑・面の長にその旨を通報しなければならない。
③ 第1項の通報があった後に，第85条で定めた者が死亡者の身元を知ったときには，その日から10日以内に，死亡の届出をしなければならない。
(準用規定)
第91条 第49条及び第50条は，死亡の届出に準用する。
(失踪宣告の届出)
第92条 失踪宣告の届出は，その宣告を請求した者が，裁判確定日から1か月以内に，裁判書の謄本及び確定証明書を添付してしなければならない。
② 失踪宣告の届書には，次の事項を記載しなければならない。
一 失踪者の姓名・性別・登録基準地及び住民登録番号
二 「民法」第27条で定めた期間の満了日
③ 第58条は，失踪宣告取消の裁判が確定した場合に，その裁判を請求した者に準用する。

第11節 国籍の取得と喪失
(認知等による国籍取得の通報等)
第93条 法務部長官は，「国籍法」第3条第1項又は同法第11条第1項により大韓民国の国籍を取得した者がいる場合，遅滞なく，国籍を取得した者が定めた登録基準地の市・邑・面の長に大法院規則で定める事項を通報しなければならない。
② 第1項の通報を受けた市・邑・面の長は，国籍を取得した者の登録簿を作成する。
(帰化許可の通報等)

第94条 法務部長官は，「国籍法」第4条により外国人を大韓民国国民への帰化を許可した場合，遅滞なく，帰化の許可を得た者が定めた登録基準地の市・邑・面の長に，大法院規則で定める事項を通報しなければならない。
② 第1項の通報を受けた市・邑・面の長は，帰化の許可を得た者の登録簿を作成する。
(国籍回復許可の通報等)
第95条 法務部長官は，「国籍法」第9条により大韓民国の国籍回復を許可した場合，遅滞なく，国籍回復をした者が定めた登録基準地の市・邑・面の長に，大法院規則で定める事項を通報しなければならない。
② 第1項の通報を受けた市・邑・面の長は，国籍回復をした者の登録簿を作成する。ただし，国籍回復をした者の登録簿等がある場合には，登録簿等に記載された登録基準地の市・邑・面の長に，その事項を通報しなければならない。
(国籍取得者の姓及び本の創設届出)
第96条 外国の姓を使用していた国籍取得者が，その姓を使用しないで新たに姓及び本を定めようとする場合には，その登録基準地・住所地又は登録基準地にしようとする地を管轄する家庭法院の許可を得て，その謄本を受けた日から1か月以内に，その姓と本を届け出なければならない。
② 大韓民国の国籍を回復若しくは再取得する場合には，従前に使用していた大韓民国式姓名で国籍回復届出又は国籍再取得届出をすることができる。
③ 第2項の場合，届書には従前に使用していた大韓民国式姓名を疎明しなければならない。
④ 届書には，次の事項を記載しなければならない。
一 従前の姓
二 創設した姓・本
三 許可の年月日
⑤ 第4項の届書には，第1項による許可

資料2　関係法令（家族関係の登録等に関する法律）

の謄本を添付しなければならない。
  （国籍喪失届出の記載事項）
第97条　国籍喪失の届出は，配偶者又は4親等以内の親族がその事実を知った日から1か月以内にしなければならない。
② 届書には，次の各号の事項を記載しなければならない。
  一　国籍喪失者の姓名・住民登録番号及び登録基準地
  二　国籍喪失の原因及び年月日
  三　新たに外国国籍を取得したときにはその国籍
③ 第2項の届書には，国籍喪失を証明する書面を添付しなければならない。
④ 国籍喪失者本人も，国籍喪失の届出をすることができる。
  （国籍選択等の通報）
第98条　法務部長官は，次の各号のいずれかの一つに該当する事由が発生した場合，その者の登録基準地（登録基準地がない場合には，その者が定めた登録基準地）の市・邑・面の長に，大法院規則で定める事項を通報しなければならない。
  一　「国籍法」第13条第1項により二重国籍者から大韓民国の国籍を選択するという届出を受理したとき
  二　「国籍法」第14条第1項により国籍離脱届出を受理したとき
  三　「国籍法」第20条により大韓民国国民であると判定したとき
② 大韓民国国民であると判定を受けた者が登録されていないときには，その通報を受けた市・邑・面の長は，登録簿を作成する。

第12節　改名及び姓・本の変更
  （改名届出）
第99条　改名しようとする者は，住所地（在外国民の場合，登録基準地）を管轄する家庭法院の許可を得て，その許可書の謄本を受けた日から1か月以内に届出をしなければならない。
② 届書には，次の事項を記載しなければならない。

  一　変更前の名前
  二　変更した名前
  三　許可年月日
③ 第2項の届書には，許可書の謄本を添付しなければならない。
  （姓・本の変更届出）
第100条　「民法」第781条第6項により子の姓・本を変更しようとする者は，裁判確定日から1か月以内に，裁判書の謄本及び確定証明書を添付して，届け出なければならない。
② 届書には，次の事項を記載しなければならない。
  一　変更前の姓・本
  二　変更した姓・本
  三　裁判確定日

第13節　家族関係登録の創設
  （家族関係登録創設の届出）
第101条　登録されていない者は，登録をしようとする地を管轄する家庭法院の許可を得て，その謄本を受けた日から1か月以内に，家族関係登録創設（以下，「登録創設」という）の届出をしなければならない。
② 届書には，第9条第2項に規定された事項の他に，登録創設許可の年月日を記載しなければならない。
③ 第2項の届書には，登録創設許可の謄本を添付しなければならない。
  （直系血族による登録創設の届出）
第102条　登録創設許可の裁判を得た者が，登録創設の届出をしないときには，配偶者又は直系血族がすることができる。
  （判決による登録創設の届出）
第103条　確定判決によって登録創設の届出をすべきときには，判決確定日から1か月以内に，しなければならない。
② 届書には，第9条第2項で規定された事項の他に，判決確定日を記載しなければならない。
③ 第2項の届書には，判決の謄本及び確定証明書を添付しなければならない。

第5章　登録簿の訂正

(違法な家族関係登録記録の訂正)
第104条　登録簿の記載が法律上許可されないもの又はその記載に錯誤や遺漏があると認めたときには，利害関係人は事件本人の登録基準地を管轄する家庭法院の許可を得て，登録簿の訂正を申請することができる。

(無効な行為の家族関係登録記録の訂正)
第105条　届出によって効力が発生する行為に関して，登録簿に記録したがその行為が無効であることが明らかであるときには，届出人又は届出事件の本人は，事件本人の登録基準地を管轄する家庭法院の許可を得て，登録簿の訂正を申請することができる。

(訂正申請の義務)
第106条　第104条及び第105条により許可の裁判があったときには，裁判書の謄本を受けた日から1か月以内に，その謄本を添付して，登録簿の訂正を申請しなければならない。

(判決による登録簿の訂正)
第107条　確定判決によって登録簿を訂正すべきときには，訴を提起した者は，判決確定日から1か月以内に，判決の謄本及びその確定証明書を添付して，登録簿の訂正を申請しなければならない。

(準用規定)
第108条　第20条第1項，第22条，第25条ないし第27条まで，第29条ないし第33条まで，及び第37条ないし第42条までの規定は，登録簿の訂正申請に準用する。

第6章　不服手続

(不服の申請)
第109条　登録事件に関して，利害関係人は市・邑・面の長の違法又は不当な処分について管轄家庭法院に不服の申請をすることができる。
②　第1項の申請を受けた家庭法院は，申請に関する書類を市・邑・面の長に送付して，その意見を求めることができる。

(不服申請に対する市・邑・面の措置)
第110条　市・邑・面の長は，その申請に理由があると認めるときには，遅滞なく，処分を変更して，その旨を法院と申請人に通知しなければならない。
②　申請に理由がないと認めるときには，意見を付して，遅滞なく，その書類を法院に返還しなければならない。

(不服申請に対する法院の決定)
第111条　家庭法院は，申請に理由がないときには却下し，理由があるときには市・邑・面の長に相当な処分を命じなければならない。
②　申請の却下又は処分を命じる裁判は決定で行い，市・邑・面の長及び申請人に送達しなければならない。

(抗告)
第112条　家庭法院の決定については，法令を違反した裁判であるという理由に限り，「非訟事件手続法」によって抗告することができる。

(不服申請の費用)
第113条　不服申請の費用については，「非訟事件手続法」の規定を準用する。

第7章　届出書類の送付及び法院の監督

(届出書類等の送付)
第114条　市・邑・面の長は，登録簿に記録することができない登録事件を除いては，大法院規則で定めるところによって，登録簿に記録を終えた届出書類等を管轄法院に送付しなければならない。

(届出書類等の調査及び是正指示)
第115条　法院は，市・邑・面の長から届出書類等の送付を受けたときには，遅滞なく，登録簿の記録事項と対照して調査しなければならない。
②　法院は，第1項の調査結果，その届出書類等に違法・不当な事実が発見された場合には，市・邑・面の長に対し是正指示等必要な処分を命じることができる。
③　届出書類調査又は是正指示及び届出書類保管手続について必要な事項は，大法

院規則で定める。
(各種報告の命令等)
第116条 法院は，市・邑・面の長に対し，登録事務に関する各種報告を命じる等監督上必要な措置をとることができる。

第8章　罰　則

(罰則)
第117条 次の各号のいずれかの一つに該当する者は，3年以下の懲役又は1千万ウォン以下の罰金に処する。
一　第11条第6項を違反した者
二　第13条第2項を違反した者
三　第14条第1項第2項及び第42条を違反して，虚偽その他の不正な方法で他人の届出書類を閲覧するか若しくは届出書類に記載されている事項又は登録簿等の記録事項に関する証明書の交付を受けた者
四　この法律による登録事務処理の権限に関する承認手続なしに，電算情報処理組織に家族関係登録情報を入力・変更して情報処理をするか又は技術的手段を利用して，家族関係登録情報を知った者

(罰則)
第118条 登録簿の記録を要しない事項について虚偽の届出をした者及び登録の届出と関連した事項について虚偽で保証をした者は，1年以下の懲役又は300万ウォン以下の罰金に処する。
② 外国人に対する事項について，虚偽の届出をした者も第1項と同様である。

(両罰規定)
第119条 法人の代表者又は法人又は個人の代理人・使用人その他の従業員がその法人又は個人の業務に関して，第117条及び第118条の違反行為をしたときには，行為者を罰する他に，その法人又は個人に対しても当該条の罰金刑を課する。

(過料)
第120条 次の各号のいずれかの一つに該当する市・邑・面の長には，50万ウォン以下の過料を賦課する。
一　第115条第2項による命令を違反したとき
二　第116条による命令を違反したとき

(過料)
第121条 市・邑・面の長が，第38条又は第108条により期間を定めて，届出又は申請の催告をした場合に，正当な事由なしにその期間内に届出又は申請をしない者には，10万ウォン以下の過料に処する。

(過料)
第122条 この法律による届出の義務のある者が，正当な事由なしに期間内にすべき届出又は申請をしないときには，5万ウォン以下の過料を賦課する。

(過料裁判)
第123条 第120条の過料裁判は，過料を賦課する市・邑・面の長の事務所所在地を管轄する家庭法院が「非訟事件手続法」によって行う。

(過料の賦課・徴収)
第124条 第121条及び第122条による過料は，大法院規則で定めるところによって，市・邑・面の長(第21条第2項に該当するときには，出生・死亡の届出を受ける洞の管轄市長・区庁長をいう。以下，本条において同じ)が賦課・徴収する。
② 第1項による過料の処分に不服する者は，30日以内に，当該市・邑・面の長に異議を提起することができる。
③ 第1項によって市・邑・面の長から過料処分を受けた者が，第2項によって異議を申し出たときには，当該市・邑・面の長は，遅滞なく，過料処分を受けた者の住所又は居所を管轄する家庭法院にその事実を通報しなければならず，その通報を受けた家庭法院は「非訟事件手続法」による過料裁判をする。
④ 第2項による期間内に異議を提起することなく過料を納付しないときには，地方税滞納処分の例により徴収する。

附則（2007・5・17法律第8435号）
(施行日)

第3編 資料

第1条 この法律は，2008年1月1日から施行する。ただし，第93条ないし第95条まで及び第98条の改正規定は，2008年9月1日から施行する。
（廃止法律）
第2条 戸籍法は，廃止する。ただし，2008年8月31日まで大韓民国の国籍を取得・回復するか若しくは大韓民国国民に帰化した者の届出，及び「国籍法」第14条第1項による国籍離脱者に対する法務部長官の通報は，従前の「戸籍法」第109条，第109条の2，第110条及び第112条の2を適用するが，これら「戸籍法」の各条項を適用するときは，「戸籍法」第15条はこの法律第9条と，本籍は登録基準地とみなす。
（登録簿の作成等）
第3条 この法律第9条による登録簿は，従前の「戸籍法」第124条の3によって編製された電算戸籍簿を対象に，この法律の施行当時において記録された事項を基準に，その戸籍電算資料を個人別に区分・作成する方法に従うものとする。
② 従前の「戸籍法」第124条の3によって編製された電算戸籍簿は，この法律の施行と同時に除籍される。
③ 大法院規則第1911号戸籍法施行規則中改正規則附則第2条及び第3条によって電算移記された戸籍簿（以下「イメージ電算戸籍簿」という）は，第1項の規定にもかかわらず，この法律の施行と同時に除籍される。ただし，届出事件等が発生したときには，その除籍者について新たに登録簿を作成しなければならない。
④ 第1項及び第3項但書によって登録簿を作成した場合に，従前の戸籍に記載された本籍は，この法律第10条による最初の登録基準地とみなす。
⑤ 従前の「戸籍法」規定による届出等があったが第2項によって除籍された後，この法律の施行の当時において登録簿にその記録が遺漏していたことが発見されたときには，第1項によって新たに作成された登録簿を閉鎖すると同時に，第2項及び第3項による除籍を復活する。
⑥ 第5項によって復活した戸籍にその記録を完了したときには，さらに第1項ないし第3項までの規定に従う。
（除籍簿等に関する経過措置）
第4条 従前の「戸籍法」の規定による除籍又は附則第3条によって除籍された電算戸籍簿及びイメージ電算戸籍簿（以下「除籍簿等」という）に関する登録事務の処理は，従前の「戸籍法」の規定に従い，これによる登録簿訂正に関する具体的な手続は，大法院規則で定める。ただし，除籍簿等に関する閲覧又は謄本・抄本の交付請求権者に関しては第14条第1項を準用する。
（事実上婚姻関係存在確認判決に関する経過措置）
第5条 この法律の施行前に事実上婚姻関係存在確認の裁判が確定した場合についても第72条を適用する。ただし，従前の「戸籍法」の規定によって発生した効力については影響を及ぼさない。
（過料に関する経過措置）
第6条 この法律の施行前に賦課された過料の徴収・裁判手続は，従前の「戸籍法」の規定に従う。
（一般的経過措置）
第7条 この法律の施行当時，従前の「戸籍法」によって行った処分，裁判，その他の行為及び手続は，この法律中それに該当する規定があるときには，この法律の適用に関してはこの法律の当該規定によりなされたものとみなす。
（他の法律の改正）
第8条 省略
（他の法令との関係）
第9条 この法律の施行当時において他の法令で従前の「戸籍法」又はその規定を引用した場合，この法律中それに該当する規定があるときには，従前の規定に代わりこの法律又はこの法律の当該条項を引用したものとみなす。

附則（2007・7・23法律第8541号）
省略

家族関係の登録等に関する規則

(2007年11月28日大法院規則第2119号)
最近改正　2008年7月7日大法院規則第2188号

第1章　総則

(目的)
第1条　この規則は、「家族関係の登録等に関する法律」において委任された事項、及びその施行に関し必要な事項を定めることを目的とする。

(定義)
第2条　この規則において用いる用語の定義は、次の各号に掲げるとおりである。
一　「家族関係登録簿(以下「登録簿」という。)への記録」とは、市(特別市及び広域市、並びに、区を置く市にあっては、この規則にいう市、市長又は市の事務所とは、それぞれ区、区庁長又は区の事務所をいう。ただし、都農複合形態の市における邑、面の地域については、邑・面、邑・面の長又は邑・面の事務所をいう。以下同じ。)、邑、面の長が「家族関係の登録に関する法律」(以下「法」という。)及びこの規則に定める事項を電算情報処理組織(以下「情報システム」という。)により、登録簿に記録することをいう。
二　「バックアップ資料」とは、登録簿又は閉鎖登録簿(以下「登録簿等」という。)に記録された登録事項に関する電算情報資料(以下「登録電算情報資料」という。)が事故等により毀損された場合(以下「損傷」という。)、これを復旧するために法第11条及び第12条により保管、管理する場所以外のところに別の補助記憶装置(磁気ディスク、磁気テープその他電子的情報記録媒体を含む。以下同じ。)を用いて情報システムに記録された登録電算情報資料を、実時間、週、月単位で複製したものとして、登録簿に記録された事項と同一の電算資料をいう。
三　「家族関係登録簿事項」とは、登録基準地の指定又は変更、訂正に関する事項、家族関係登録簿作成又は閉鎖に関する記録事項をいう。
四　「特定登録事項」とは、本人、父母(養父母を含む。)、配偶者、子(養子を含む。)欄に記録される姓名、生年月日、住民登録番号、性別、本に関する記録事項をいう。
五　「一般登録事項」とは、出生から死亡に至るまでの、法及びこの規則に従って本人の登録簿に記録される家族関係登録簿事項、特定登録事項を除いたすべての身分変動に関する記録事項をいう。

(費用の負担)
第3条　法第7条により、家族関係の発生及び変動事項の登録並びにその証明に関する事務(以下「登録事務」という。)に要する費用は、「補助金の予算及び管理に関する法律」による補助金をもって負担する。

(登録基準地の決定)
第4条　法施行と同時に最初に登録簿を作成する場合において、従前の戸籍が存在する者については、従前の戸籍の本籍を登録基準地とする。
②　前項に該当しない者については、法第10条第1項により最初に定める登録基準地は、次に掲げる各号による。
一　当事者が自由に定めた登録基準地
二　出生の場合において、父又は母の特別の意思表示がないときは、子が称する姓及び本を有する父又は母の登録基準地
三　外国人が国籍を取得し又は帰化した

場合は，その者が定めた登録基準地
四 国籍を回復した場合は，国籍回復者が定めた登録基準地
五 家族関係登録創設の場合において，第1号の意思表示がないときは，家族関係登録を創設しようとする者が届け出た住民登録地
六 父又は母が外国人の場合において，第1号の意思表示がないときは，大韓民国の国民である父又は母の登録基準地
③ 当事者は，登録基準地を自由に変更することができる。この場合において，新たに変更しようとする登録基準地の市・邑・面の長に対し，変更の届出をしなければならない。

(電算情報中央管理所の役割等)
第5条 法第12条による電算情報中央管理所（以下「中央管理所」という。）の役割と機能は，次の各号に掲げるものとする。
一 登録簿等及びバックアップ資料の保管・管理
二 登録簿等の索引情報の管理
三 使用者情報の管理
四 各種コードと記載例の管理
五 関連機関との情報の連携
六 家族関係登録の統計情報の管理
七 システムプログラムの維持・保守
八 情報処理の要求事項及び障害内容の受付並びにその対応及び技術支援
九 家族関係登録情報のバックアップの管理
一〇 家族関係登録情報の保安管理
一一 その他法院行政処長が必要と認める事項
② 法院行政処長は，中央管理所に電算運用責任官を置き，情報システムを総合的に管理・運用しなければならない。

(電算運用責任官の業務)
第6条 中央管理所の電算運用責任官は，法第11条に従い，登録簿等及びそのバックアップ資料を作成，保管，管理し，情報システムに記録されている事項を実時間，週，月単位でバックアップしなければならない。
② 電算運用責任官は，登録電算情報資料の一部又は全部が損傷したときは，直ちに法院行政処長に報告し，前項のバックアップ資料により復旧しなければならない。この場合において，情報システムによる正常なシステム運用が不可能なときは，情報システムが復旧するまで，バックアップ資料により運用することができる。
③ 登録電算情報資料及びバックアップ資料の一部又は全部が同時に損傷したときは，家族関係情報資料が損傷した者又はその利害関係人に対し第20条の減失告示等の方法により登録一斉届出期間を定めて届出させ，届け出られた資料，大法院の登録情報資料，市・邑・面の除籍等に基づいて情報システムを復旧しなければならない。
④ 中央管理所所属の公務員が法第12条第2項により登録事項別証明書を発行する場合は，電算運用責任官の名義で行う。
⑤ 法第12条第2項による証明書の発行手続，その他必要な事項については，大法院例規で定める。
⑥ 電算運用責任官は，毎年1月10日までに，登録電算情報資料のバックアップ方法及びバックアップ資料の保管・管理，復旧の手順，中央管理所所属職員の業務配分，その他情報システムの安定的な管理と運用のための指針を講じ，これを備え付けなければならない。

(就任報告等)
第7条 市・邑・面の長が就任又は退任等の事由によりその職を免ぜられたときは，直ちに監督法院（支院を含む。以下「法院」という。）に報告しなければならない。
② 市・邑・面の長の事故等により他の者がその職務を代理（地方自治法第111条によりその権限を代行する場合を含む。以下同じ。）するときは，代理の開始及

資料2 関係法令（家族関係の登録等に関する規則）

び終了に関する事項を直ちに法院に報告しなければならない。
③ 登録事務処理に関して市・邑・面の長を代理する場合は、法第5条第1項を準用する。
（登録事務担当者の任免報告）
第8条 市・邑・面の長が、所属する公務員の中から登録事務を担当する者（以下「登録事務担当者」という。）を任命し又はその職務を免じたときは、直ちに法院に報告しなければならない。
（職印の報告）
第9条 市・邑・面の長又はその職務を代理する者（以下「職務代理者」という。）が就任したときは、5日以内に、登録事務に使用する職印の印鑑を法院に報告しなければならない。
② 前項の規定は、新しい印章を使用し又は改印したときについて準用する。
（市・邑・面の長等の識別符号）
第10条 市・邑・面の長又はその職務代理者が、第7条に定める就任又は職務代理開始の報告をするときは、同時に識別符号使用の申請をし、法院の承認を得なければならない。
② 市・邑・面の長又はその職務代理者が、第7条に定める退任等又は職務代理終了の報告をするときは、同時に識別符号使用中止の申請をしなければならない。
③ 市・邑・面の長が、登録事務担当者又はその業務を補助する者を任命し又はその職を免じたときは、前二項の規定を準用する。法第21条第2項の業務を処理する洞の長及びその業務を補助する者についても同様とする。
（家族関係登録公務員名簿）
第11条 法院は、家族関係登録公務員の名簿を備え付け、第7条若しくは第8条による報告があったとき、又は法第21条第2項の事務を処理する洞の長及びその業務を補助する者に識別符号使用の承認若しくは使用の中止をしたときは、その事由を記載しなければならない。

（出張所開設等の報告）
第12条 市・邑・面の出張所において登録事務を処理しようとするときは、法院に報告しなければならない。
② 登録事務を処理していた出張所がその処理を終了したときは、遅滞なく法院に報告しなければならない。
③ 法院が前二項の報告を受けたときは、遅滞なく家庭法院長を経由して、法院行政処長にこれを報告しなければならない。
（事務所移転の報告）
第13条 市・邑・面の事務所又は出張所を移転したときは、5日以内に法院に報告しなければならない。
（行政区域変更等の報告及び簿冊等の引継ぎ）
第14条 行政区域又はその地番若しくはその名称に変更があったときは、その施行日の15日前までに法院に報告しなければならない。
② 市・邑・面又は洞が新設又は廃止される場合、新設又は廃止の前にその地域が所在する市・邑・面の長が、前項の報告をする。
③ 法院が第1項又は第2項の報告を受けた場合、第12条第3項の規定を準用する。
④ 市・邑・面の区域変更があった場合において、簿冊及び書類は、その目録を2通添付し、これを当該市・邑・面に引き継がなければならない。
⑤ 市・邑・面の長は、引き継いだ簿冊及び書類を添付された目録と対照し、その目録の1通に受領の旨を記載し、引き渡した市・邑・面の長に送付しなければならない。
⑥ 引継ぎの手続を終えた市・邑・面の長は、遅滞なく法院に報告しなければならない。
⑦ 従前の「戸籍法」（2007年5月17日法律第8435号により廃止されたもの）第11条により市・邑・面の長が除籍簿を持ち出したときはその事由を、持ち出

321

した除籍簿を原状に復したときはその日時と異常の有無を，遅滞なくそれぞれ法院に報告しなければならない。
(報告書の編綴)
第15条 法院は，第7条ないし第14条による報告書を家族関係登録報告書編綴帳に編綴して保存する。
(法院管轄の変更)
第16条 法院の管轄に変更があった場合は，除籍副本並びにそれに係る簿冊及び書類，家族関係登録簿に関する簿冊及び書類を新しい管轄法院に引き継ぎ，その内容を法院行政処長に報告しなければならない。
② 前項の引継手続については，第14条第4項及び第5項の規定を準用する。

第2章 登録簿等

(登録簿の作成と閉鎖)
第17条 法第9条による登録簿の作成は，情報システムにより行わなければならない。
② 登録簿が法第11条第2項に定める事由のほか，次の各号のいずれかに該当する場合は，これを閉鎖する。
一 二重に作成した場合
二 錯誤又は不適法に作成した場合
三 訂正された登録簿が利害関係人に著しく不当であると認められるために再作成する場合
(家族関係登録に関する簿冊等の保存)
第18条 家族関係登録に関する簿冊及び書類は，施錠装置のある堅固な書庫又は倉庫に備え付け，厳重に保存しなければならない。
(登録事項別証明書の交付等)
第19条 法第15条第1項に定める登録簿等の記録事項に関して発給できる証明書(以下「登録事項別証明書」という。)の交付申請は，「登録簿等の記録事項に関する証明申請書」(以下「申請書」という。)にその事由を記載して提出しなければならない。ただし，本人が申請する場合は申請書を作成しないことができ，代理人が法第14条第1項の本人又は配偶者，直系血族，兄弟姉妹(以下本条において「本人等」という。)の委任を受けて請求する場合は，本人等の委任状と印鑑証明書又は住民登録証，運転免許証，旅券等の身分証明書の謄本を提出しなければならない。
② 法第14条第1項第4号にいう「正当な利害関係を有する者」とは，次の各号のいずれかに該当する者をいう。
一 民法上の法定代理人
二 債権債務の相続に関して相続人の範囲を確認するために登録事項別証明書の交付が必要な者
三 その他公益の目的上合理的理由がある者として，大法院例規に定める者
③ 第1項の申請書には，大法院例規が特別に規定する場合を除き，対象者の姓名及び登録基準地を正確に必ず記載しなければならず，次の各号に掲げる書類を提出しなければならない。
一 法第14条第1項第1号の場合は，その根拠となる法令及び事由を記載した申請機関の公文書並びに関係公務員の身分証明書
二 法第14条第1項第2号の場合は，法院の補正命令書，裁判書，嘱託書等これを疎明する資料
三 法第14条第1項第3号の場合は，これを疎明する資料及び関係法令により正当な権限を有する者であることを確認できる資料
四 法第14条第1項第4号の場合は，その根拠と事由を記載した申請書及び正当な利害関係を疎明する資料並びに申請人の身分証明書
④ 前三項に関して必要な事項は，大法院例規で定める。
(滅失告示)
第20条 法院行政処長は，第6条第2項による電算運用責任官の登録電算情報資料の損傷の報告があったときは，その登録電算情報資料の復旧ができないとき並びに第6条第3項による登録電算情報資

資料 2　関係法令（家族関係の登録等に関する規則）

料及び登録電算情報バックアップ資料の各一又は全部が同時に損傷したときは，遅滞なくその事実をそれぞれ告示しなければならない。この場合において，法院行政処長は，登録簿の再作成に関して必要な承認及び処分をしなければならず，その具体的内容及び手続については，大法院例規で定める。

（証明書の作成方法）

第 21 条　法第 15 条第 1 項による登録事項別証明書は，別紙第 1 号ないし第 5 号に定める書式による。

② 　前項の証明書には，市・邑・面の長の職名（職務代理者の場合は，代理資格も表示しなければならない。）及び姓名を記載し，その職印を押印しなければならない。

③ 　証明書に空欄又は余白があるときは，その旨を表示しなければならない。

④ 　証明書が数葉にわたる場合は，毎葉にその丁数，発行番号を記録し，毎葉の綴り目に職印で契印をしなければならない。

⑤ 　第 2 項又は第 4 項の場合において，印証機に職印を取り付けて印証をすることができ，自動穴あけ方式により契印をすることができる。

⑥ 　本人，父母（養父母を含む。），配偶者，子（養子を含む。）の家族関係登録簿に死亡（失踪宣告，不在宣告，国籍喪失を含む。）の事実が記録された場合は，登録事項別証明書の死亡した者の姓名欄に，「死亡」（失踪宣告，不在宣告，国籍喪失の場合は，それぞれ失踪宣告，不在宣告，国籍喪失。）を表示しなければならない。

⑦ 　家族関係証明書は，前項の場合を除き，証明書交付当時において有効な事項のみを表示して交付する。

⑧ 　市・邑・面の長は，請求人が第 1 項の証明書のうち 2 種類以上の交付を同時に請求する場合，前七項の規定に従って個別に証明書を発行しなければならない。

⑨ 　法院行政処長が登録事項別証明書の記載例を定めたときは，それに従って証明書を交付しなければならない。

（証明書の交付請求）

第 22 条　法第 14 条第 1 項第 1 号及び第 3 号により登録事項別証明書の交付を請求する場合，各対象者ごとの登録事項別証明書が必要な理由を具体的に明らかにしなければならず，一度に 30 通以上を請求するときは，交付請求機関又は団体の所在地を管轄する市・邑・面にしなければならない。

② 　法第 14 条第 1 項第 4 号に該当する場合，第 19 条第 3 項第 4 号の要件を備えたことのほか，それぞれの登録事項別証明書が必要な理由を明らかにしなければならない。

③ 　本人，配偶者，直系血族以外の者が登録事項別証明書のうち家族関係証明書の交付を受けようとする場合，家族関係証明書が必要な理由を明らかにしなければならない。

（証明の範囲及び親養子入養関係証明書の交付の制限）

第 23 条　市・邑・面の長は，法第 15 条による登録事項別証明書を交付するとき，各証明書の本人又は家族の住民登録番号の欄及び一般登録事項の欄に記載された住民登録番号のうち，その一部を公示しないことができる。登録事項別証明書の住民登録番号の一部公示の制限に関して必要な事項は，大法院例規で定める。

② 　法第 14 条第 2 項の規定による親養子入養関係証明書の交付の制限は，交付請求の対象である家族関係登録簿の本人が親養子の入養をしたか否かにかかわらず，適用する。

③ 　法第 14 条第 2 項第 4 号の規定により証明書を請求することができるのは，次に掲げる各号のいずれかに該当する場合に限られる。

一 　「民法」第 908 条の 4 及び第 908 条の 5 の規定により入養の取消し又は罷養する場合

二 　親養子の福祉のために必要であるこ

323

とを具体的に疎明して申請する場合
三　その他大法院例規に定める正当な理由がある場合
④　親養子入養に関する届出書類の閲覧等に関する手続については，前二項の規定を準用する。
⑤　法第14条第2項第3号の規定により捜査機関が証明書の交付を申請する場合，各対象者ごとに証明書が必要な理由を具体的に記載し，関連事件名及び事件の受付年月日を明らかにして請求をしなければならない。この場合において，第22条第3項後段の規定を準用する。

（在外公館における証明書の交付）
第24条　法院行政処長が定める在外公館は，証明書交付申請の受付及び交付事務を処理することができる。
②　前項の在外公館を定める基準及び手続，証明書発行事務に関する業務処理手続等その他必要な事項については，大法院例規で定める。

（無人証明書発給機による証明書の交付）
第25条　市・邑・面の長は，申請者自らが入力して登録事項別証明書の交付を受けることができる装置（以下「無人証明書発給機」という。）を用いて証明書の交付事務を処理することができる。
②　前項の規定による登録事項別証明書の交付は，本人に対してのみすることができ，この場合，本人であることを確認する手続を経なければならない。
③　第1項の場合において，その発給機関，発給手続その他必要な事項については，大法院例規で定める。

（登録電算情報資料の利用等）
第26条　法第13条の規定により登録電算情報資料を利用し又は活用しようとする者は，次の各号に掲げる事項を記載し，関係中央行政機関の長にその審査を申請しなければならない。この場合において，申請できる資料は，必要最小限度の範囲のものとする。
一　資料の利用又は活用の目的及び根拠
二　資料の範囲
三　資料の提供方法，保管機関及び安全管理対策
②　前項の規定による申請を受けた関係中央行政機関の長は，次の各号に掲げる事項を審査し，その審査結果を申請人に知らせなければならない。
一　申請内容の妥当性，適合性及び公益性
二　個人の私生活侵害の可能性及び危険性の有無
三　資料の目的外の使用の防止及び安全管理対策の確保の有無
③　登録電算情報資料を利用し又は活用しようとする者は，前項の規定による審査結果を添付し，法院行政処長に承認の申請をしなければならない。ただし，中央行政機関の長が登録電算情報資料を利用し又は活用しようとする場合は，法院行政処長に対し，第1項各号の事項を記載した書面を提出し，協議を要請しなければならない。
④　法院行政処長が前項の規定による承認の申請又は協議の要請を受けた場合，次の各号に掲げる事項を審査しなければならない。
一　第2項各号の事項
二　情報システムにより申請した事項を処理することの可能性
三　申請した事項の処理による登録事務処理への支障の有無
⑤　前項の規定により審査した結果，申請を承認し又は協議が調ったときは，法院行政処長は，電算情報資料提供台帳にその内容を記録し，管理しなければならない。

（届出書類の閲覧及び記載事項の証明）
第27条　法第42条第2項に定める利害関係人は，法第16条に定める書類（以下「届出書類」という。）を登録事務担当者の面前で閲覧しなければならない。
②　届出書類の記載事項証明は，別紙第6号の書式による。

（証明書等の手数料）
第28条　戸籍用紙で作成された除籍簿及

資料2　関係法令（家族関係の登録等に関する規則）

び市・邑・面に存在する届出書類の閲覧手数料は，1件当たり200ウォンとする。
② 登録事項別証明書及び除籍謄本の手数料は，1通当たり1000ウォンとし，除籍抄本の手数料は1通当たり500ウォンとする。
③ 前条の記載事項証明又は第48条の受理若しくは不受理の証明手数料は，1件当たり200ウォンとする。
④ 請求人が次に掲げる各号のいずれかに該当する場合は，前三項の手数料を免除する。
　一　国又は地方自治団体の公務員が職務上の必要により請求する場合
　二　「国民基礎生活保障法」第2条第2号の受給者が請求する場合
　三　他の法律に手数料を免除する規定がある場合

第3章　届出及び催告

（届出書の様式等）
第29条　各種の家族関係登録届出書の様式及びこの規則に定めのない事項については，大法院例規で定める。

（届出書の文字）
第30条　届出書は，ハングル及び算用数字で記載しなければならない。ただし，事件本人の姓名は，漢字で表記することができない場合を除き，漢字を併記しなければならず，事件本人の本は，漢字で表記することができない場合を除き，漢字で記載しなければならない。
② 届出書の添付書類が外国語で作成されたものである場合は，その翻訳を添付しなければならない。

（届出書の記載方法）
第31条　届出書の文字は，明確に記載しなければならない。
② 届出書の記載を訂正した場合は，余白に訂正した文字の数を記載し，届出印を押印しなければならない。

（届出人等の確認）
第32条　市・邑・面の長又は在外公館の長は，届出書を受け付ける場合，出頭した届出人又は提出人の身分証明書により，必ずその身分を確認しなければならず，届出人又は提出人が法第23条第2項の規定により，不出頭届出事件本人の身分証明書を提示したときは，その身分を確認した後，届出書の裏面にその謄本を添付しなければならない。
② 法第23条第2項にいう「その他大法院規則に定める身分証明書」とは，国際運転免許証，電子カード式公務員証，外国国家機関名義の身分証その他大法院例規に定める身分証明書をいう。
③ 法第23条第2項の規定にかかわらず，15歳未満の養子の入養にあっては法第62条第1項の法定代理人，罷養にあっては法第64条第1項の協議をした者の出頭，身分証明書の提示又は印鑑証明書の添付があれば，届出事件本人の身分証明書の提示又は印鑑証明書の添付があったものとみなす。

（署名又は記名押印に代える方法）
第33条　届出人，証人，同意者等は届出書に署名又は記名押印をすることができ，署名又は記名押印をすることができないときは，拇印をすることができる。この場合において，担当公務員は本人の拇印であることを証明する旨記載し，記名押印しなければならない。

（家族関係登録の有無が不明な場合等の表示）
第34条　届出人その他の者が家族関係登録をしていない場合，又は不明な場合は，届出書類にその旨を記載しなければならない。
② 事件本人又はその父若しくは母が外国人である場合において，届出書の登録基準地の欄にその国籍を記載しなければならない。

（口頭による届出の処理）
第35条　市・邑・面の長が法第31条第2項の規定により届出書を作成した場合，届出書の余白にその旨を記載し，職名及び姓名を記載した後，職印を押さなけれ

（代理人による届出）
第36条　法第31条第3項の規定により代理人が口頭による届出をする場合には，代理権限を証明する書類を提出しなければならない。
（人名用漢字の範囲）
第37条　法第44条第3項の規定による漢字の範囲は，次の各号に掲げるものとする。
　一　教育人的資源部が定めた漢字教育用基礎漢字
　二　別表1に記載した漢字。ただし，第1号の基礎漢字が変更された場合，基礎漢字から除外された漢字は別表1に追加されたものとみなし，基礎漢字に新たに追加された漢字のうち，別表1の漢字と重複するものについては，別表1から削除されたものとみなす。
②　前項の漢字に対する同字，俗字，略字については，別表2に記載されたもののみ使用することができる。
③　出生した者の名に用いられた漢字のうち，前二項の範囲に属さない漢字が含まれている場合は，登録簿の出生者の姓名をハングルで記載する。
（出生証明書の記載事項）
第38条　法第44条第4項の規定による出生証明書に記載する事項は，次の各号に掲げるものとする。
　一　子の姓名及び性別。ただし，名が付されていないときはその旨
　二　出生の年月日及び場所
　三　子が双生児以上の場合にはその旨，出生の順位及び出生時刻
　四　母の姓名及び生年月日
　五　作成年月日
　六　作成者の姓名，職業及び住所
（準用規定）
第39条　申請，通報，嘱託については，届出に関する規定を準用する。

第4章　届出書類の受付

（届出書類の受付方法）
第40条　市・邑・面・洞の長又は在外公館の長が届出書類を受け付け，又は送付を受けたときは，その最初の葉の表面に受付印を押印し，受付番号及び受付年月日を記載した後，処理者が押印しなければならない。
②　届出書類を受け付けた場合，届出人から請求があったときは，受付証を交付しなければならない。
③　第1項の場合において，法第23条第2項及びこの規則第32条の規定による本人，届出人又は提出人の身分確認手続を経なければならない。
④　郵送による受付の場合，届出事件本人の身分証明書が添付されたときは，これにより身分確認をすることができるが，届出により効力が生ずる登録事件については，届出事件本人の印鑑証明書，又は第32条第3項の規定による法定代理人等の印鑑証明書が添付されたときは，これにより身分確認をすることができる。
⑤　前項の規定による身分証明書の謄本又は印鑑証明書が添付されていないときは，届出を受理してはならない。
（受付帳）
第41条　市・邑・面・洞の長又は在外公館の長は，受付帳に，受付け又は送付を受けた事件を受付番号順に記載しなければならない。
②　受付番号は，毎年更新する。
③　受付帳の事件名は，届出の種類に従うものとし，届出を追完する場合は，元の届出の受付番号も付記する。
④　第1項の場合において，第86条の規定に関わらず，情報システムにより電算業務を処理した受付担当者がその日の業務を終了したときに，電算入力された受付記録を出力し，備え付けなければならない。
（届出書類の処理状況の表示）
第42条　受け付けた届出書類には，最初の葉の表面の右上の余白に処理状況欄を設け，各該当事項を記載した後，処理者が押印しなければならない。

資料2 関係法令（家族関係の登録等に関する規則）

（受理の可否の決定）
第43条　市・邑・面・洞の長又は在外公館の長が届出書類を受け付けたときは，遅滞なく受理の可否を決定しなければならない。
②　届出を受理し又は不受理した場合は，受付帳の受理事項欄にその旨と日付を記録しなければならない。ただし，受付当日に受理した届出事件については，この限りでない。
（審査資料の要求）
第44条　市・邑・面・洞の長又は在外公館の長は，届出書類を審査するために必要なときは，登録簿の登録事項別証明書その他の書類を提出させることができる。
②　届出書類に添付しなければならない除籍の謄本，抄本又は登録事項別証明書を，市・邑・面・洞・在外公館において情報システムにより確認することができる場合には，添付しない。
（届出事件の受理及び記録）
第45条　市・邑・面の長が届出書類等を受理したときは，その届出事件に無効事由がなければ，直ちに登録簿に記載しなければならない。
②　一般登録事項欄には，当該事件を処理した市・邑・面を表示しなければならない。ただし，法施行以前に記載された戸籍記載事項については，この限りでない。
（届出書類の送付）
第46条　法第21条第2項及び法第36条の規定により送付する届出書類には，最初の葉の表面の余白に発送印と職印を押印し，既に過料を課したときは，その旨記載しなければならない。
（不受理の場合の処理）
第47条　不受理した届出書類は，不受理届出書類編綴帳に編綴し，届出書以外の添付書類については，届出人の請求により，返還することができる。
（受理・不受理の証明）
第48条　届出の受理又は不受理の証明は，別紙第7号書式による。
（事件表）
第49条　市・邑・面の長は，毎月，受け付けた事件の件数表を作成し，翌月の10日までに法院に報告しなければならない。
②　市・邑・面の長は，毎年，受け付けた事件の件数表を前項に準じて作成し，翌年の1月10日までに法院に報告しなければならない。
③　市・邑・面の長が件数表を情報システムにより報告するときは，前二項の報告に代えることができる。
（過料）
第50条　法第124条第1項の規定による過料処分は，届出又は申請を受理し，又は催告した市・邑・面の長が行う。
②　前項の規定により過料処分をしようとするときは，違反行為を調査し，確認しなければならず，過料処分対象者に対し，口頭又は書面による意見陳述の機会を与えなければならない。
③　過料に処する場合は，違反事実と過料の金額を明示した過料納付通知書を過料処分対象者に送付しなければならない。ただし，届出書の提出と同時に過料を納付する場合は，この限りでない。
④　法第21条の規定による出生，死亡の届出を受けた洞の長は，所属市長，区庁長を代行して過料処分をし，過料徴収する。
⑤　市・邑・面の長は，別表3の過料基準により，過料の金額を定めなければならない。
⑥　市・邑・面の長は，過料処分対象者の違反行為の動機及び結果を斟酌し，別表3による過料の2分の1に当たる金額を軽減することができる。ただし，この場合においては，過料処分対象者が作成した違反行為に対する理由書を添付しなければならない。
⑦　第1項の規定により過料処分を受けた者が異議を申し立てる場合は，過料処分異議書を過料処分をした市・邑・面の長

に提出しなければならず，これを受け付けた市・邑・面の長は，異議に理由がないと認められるとき，通知書を遅滞なく過料処分を受けた者の住所又は居所を管轄する家庭法院に送付しなければならない。

第5章　登録簿の記録

第1節　記録事項
（記録根拠の記録）
第51条　登録簿に記載するときは，法第9条第2項に定める事項のほか，次の各号に掲げる事項も記載しなければならない。
　一　届出又は申請の年月日
　二　届出人又は申請人が事件本人と異なるときは，届出又は申請人の資格及び姓名
　三　在外公館の長又は官公署から届出書類の送付があったときは，送付の年月日及び送付者の職名
　四　通知の日付及び通知者の職名
　五　証書，航海日誌謄本作成者の職名及び提出年月日
　六　家族関係登録に関する裁判，許可，嘱託をした法院及びその年月日
　七　登録事件を処理した市・邑・面の名称
② 前項第2号の届出人又は申請人が事件本人の父又は母である場合は，その姓名の記録を省略することができる。ただし，出生届出人が父又は母である場合は，その姓名の記載を省略しなければならない。

（軍事境界線以北地域の除籍者の家族関係登録の創設）
第52条　軍事境界線以北地域に戸籍を有していた者が家族関係登録を創設する場合は，登録簿に原籍地を記載しなければならない。
② 軍事境界線以北地域に戸籍を有していた者が家族関係登録を創設する場合，軍事境界線以北地域に居住する戸主は家族に関する家族関係登録創設許可を申請することができ，その登録簿には，原籍地及び軍事境界線以北地域に居住する旨を記載する。
③ 前二項の場合において，軍事境界線以北地域が北緯38度線以北の場合は1945年8月15日を，北緯38度線以南の場合は1950年6月25日を基準とする。

（親権等に関する事項の記録）
第53条　親権，管理権又は後見に関する事項は，無能力者の登録簿の一般登録事項欄にそれぞれ記録する。

（配偶者の家族関係登録事項等の変動事由）
第54条　一方配偶者について次の各号に掲げる届出があった場合は，他方の配偶者の登録簿にもその旨を記載しなければならない。
　一　死亡，失踪宣告，不在宣告及びその取消し
　二　国籍取得及びその喪失
　三　姓名の訂正又は改名

（子の登録事項等）
第55条　婚姻中の出生子に対する出生届出又は認知の効力を有する出生届出があったときは，法第44条第2項の届出書記載の内容に従い，出生子に対する登録簿を作成し，その特定登録事項欄には，その父母又は認知した父の姓名を記録し，その父母又は認知をした父の登録簿には，その特定登録事項欄に，出生者の姓名を記録しなければならない。
② 婚姻外の出生子が婚姻中の出生子となったとき，又は父母の婚姻が無効となったときは，子の登録簿の一般登録事項欄に，その事由を記録しなければならない。
③ 市・邑・面の長は，父又は母の姓及び本が訂正又は変更されたとき，その父又は母の姓に従う子の姓と本を職権により訂正又は変更し，その事由を登録簿に記録しなければならない。

（認知を受けていない子の登録簿）
第56条　父が認知していない婚姻外の出生子であっても，父の姓及び本が知れる

資料2　関係法令（家族関係の登録等に関する規則）

場合は父の姓及び本に従うことができる。ただし、父の姓名をその子の一般登録事項欄及び特定登録事項の父欄に記載してはならない。

第2節　記録手続
（届出が競合する場合）
第57条　同一の事件について数個の届出が受理された場合は、先に受理した届出に従って登録簿に記録しなければならない。
② 前項の場合において、後に受理した届出に従って登録簿に記録したときは、先に受理した届出に従って登録簿の記録を訂正しなければならない。
③ 前項の届出が市・邑・面を異にして受理されたときは、後に受理した市・邑・面の長がこれを訂正するが、先に受理した届出書類の謄本をファックス等の方法により受け取り、職権訂正書に添付した後、家族関係登録届出書類編綴帳に編綴しなければならない。

（棄児の発見と家族関係登録）
第58条　法第53条第2項の場合において、棄児発見調書により作成した登録簿の記載と出生届出の内容が同一であると認められるときは、登録簿訂正申請書の余白にその旨を記載し、押印しなければならない。

（二重登録簿の整理）
第59条　同一の者について、姓名又は生年月日の一部若しくは全部を異にして2個以上の登録簿の存在することが明らかなときは、市・邑・面の長は、法第18条の規定による監督法院の許可を得て、職権によりその登録簿を閉鎖することができる。

（登録簿の訂正）
第60条　法第18条第3項の規定による通知を受けた登録基準地の市・邑・面の長は、訂正事件を法第18条第1項及び第2項の規定に従って処理し、その過程において訂正の対象となったもとの届出事件の届出書類を調査する必要があるときは、当該事件を処理した市・邑・面の長に再通知をしなければならない。この場合において、再通知を受けた市・邑・面の長は、法第18条第1項及び第2項の規定に従い、訂正事件を処理しなければならない。
② 市・邑・面の長が、法第18条第2項ただし書の規定により、監督法院の許可なく職権により訂正又は記録できる事項は、次の各号に掲げるものとする。
一　登録簿の記録に誤記又は遺漏のあることが法施行前の戸籍（除籍）又はその謄本により明らかであるとき
二　第54条又は第55条による記録に遺漏があることが届出書類等により明らかなとき
三　一方配偶者の登録簿には婚姻又は離婚の記録があるが、他方配偶者の登録簿には婚姻又は離婚の記録がないとき
四　父又は母の本が訂正又は変更されたことが登録事項別証明書により明らかであるにもかかわらず、その子の本欄が訂正又は変更されていないとき
五　届出書類によりなされた登録簿の記録に誤記又は遺漏の部分のあることが当該届出書類に照らして明らかであるとき

（職権訂正記録書）
第61条　第57条、第60条第2項の規定により、職権により訂正又は記録をするときは、職権訂正記録書を作成しなければならない。ただし、法院行政処長が職権訂正記録書作成の必要がないことを明示して送付した登録簿整備目録により職権訂正記録をする場合は、この限りでない。

（届出書類に関する規定の準用）
第62条　法第18条第2項、法第38条第3項及び第59条の規定による職権訂正記録許可並びに第61条の規定による職権訂正記録書は、これを届出書類とみなす。

第3節　記録の訂正の方法

(登録簿記録の文字)
第63条　登録簿に記録するときは，略字又は符号を使用することができない。
② 登録簿には，次の各号に掲げる場合を除き，ハングルと算用数字で記録する。
　一　登録簿の特定登録事項欄のうち，姓名欄には，漢字で表記することができない場合を除き，ハングルと漢字を併記する。改名又は名が訂正され，本人の一般登録事項欄に改名又は訂正内容を記録する場合にも，同様とする。
　二　登録簿の特定登録事項欄のうち，本欄には，漢字で表記することができない場合を除き，漢字で記録する。本が訂正され，本人の一般登録事項欄に訂正内容を記載する場合にも，同様とする。

(識別符号の記録)
第64条　市・邑・面の長又はその職務代理者は，登録簿に記載するたびに，その識別符号を記録しなければならない。

(閉鎖の方法)
第65条　市・邑・面の長が第17条第2項の規定により登録簿を閉鎖するときは，家族関係登録簿事項欄及び一般登録事項欄にその旨と理由を記録し，登録事項別証明書を発給する場合は，証明書の右上段に「閉鎖」と表示する。

(登録簿の訂正方法)
第66条　登録簿の登録基準地又は本人の特定登録事項の記録を訂正する場合，登録基準地欄又は特定登録事項欄には新たな事項を記録し，訂正前の事項及びその理由を家族関係登録簿事項欄又は一般登録事項欄に記録する。
② 家族関係登録簿事項欄又は一般登録事項欄の記録を訂正する場合は，訂正する部分に1本の線を引き，各該当事項欄に訂正内容とその理由を記録する。

(行政区域等の変更による更正)
第67条　行政区域又は土地の名称若しくは地番に変更があった場合，登録基準地欄に記録された行政区域又は土地の名称若しくは地番を更正する。

② 法令の変更その他の事由により登録基準地以外の登録簿の記録を更正する場合は，前項の規定を準用する。
③ 前二項の規定により登録簿の記録を更正する場合，第66条の規定を準用する。

第6章　届出書類の保存

(届出書類の整理及び送付)
第68条　登録簿への記録を了した届出書類は，1か月毎に，翌月の10日までに受付の順番に従って編綴した後，毎葉に丁数を記載し，その目録と一緒に事件を処理した市・邑・面の事務所を監督する法院に送付しなければならない。
② 届出書類の目録は，2部作成し，その1部は届出書類に添付し，残りの1部は届出書類送付目録編綴帳に編綴して保存する。
③ 届出書類を送付するときは，その目録の最初の丁の表面の余白に発送印と職印を押印しなければならない。
④ 洞事務所又は在外公館において受理した届出書類は，その副本を受付の順番に従って編綴した後，各丁に丁数を記載し，1か月毎に目録を付して年度別に第82条第4項第10号の帳簿に編綴して保存する。ただし，必要に応じて分冊し又は合綴することができる。

(家族関係登録ができない届出書類の保存)
第69条　家族関係登録がされていない者に関する届出書類その他の家族関係登録をすることができない届出書類については，市・邑・面の長が，受付の順番に従って特種届出書類編綴帳に編綴して保存する。
② 前項の編綴帳には，毎葉に丁数を記載し，目録を付する。
③ 胎児認知届，離婚意思撤回届，婚姻届不受理届及び婚姻届を提出する場合において，子の姓及び本を母の姓及び本に従う旨の協議書を提出する場合は，特種届出書類等受付帳にも受付に関する記載をしなければならない。

資料2　関係法令（家族関係の登録等に関する規則）

（届出書類の調査）
第70条　法院が法第114条の規定により届出書類の送付を受けたときは，遅滞なくその届出書類と当該登録簿を調査し，法規に違背するものがあるときは，当該市・邑・面の長に是正の指示その他必要な処分をしなければならない。

（届出書類の保存）
第71条　前条の規定による調査を了した届出書類は，市・邑・面別及び年度別に受付の順番に従って届出書類編綴簿に編綴する。ただし，必要に応じて分冊し，又は合綴することができる。
②　届出書類目録は，届出書類と一致するか否かを確認した後，届出書類編綴簿に届出書類とともに送付された順番に従って編綴して保存する。

（届出書類の閲覧）
第72条　法第42条第4項に定める利害関係人は，法院に保管されている届出書類と，従前の戸籍，除籍副本の閲覧を請求することができる。
②　前項の規定による閲覧の場合において，親養子の入養に関する届出書類については，第23条第3項の規定を準用する。
③　第1項の閲覧は，関係公務員の面前でしなければならない。

第7章　協議離婚意思の確認

（離婚意思確認申請）
第73条　法第75条の規定により協議離婚をしようとする夫婦は，双方が登録基準地又は住所地を管轄する家庭法院に出頭し，協議離婚意思確認申請書を提出し，離婚に関する案内を受けなければならない。
②　夫婦の一方が在外国民又は受刑者として出頭が困難な場合は，他方が出頭して協議離婚意思確認申請書を提出し，離婚に関する案内を受けなければならない。在外国民又は受刑者として出頭が困難な者は，書面による案内を受けることができる。

③　協議離婚意思確認申請書には，次の各号に掲げる事項を記載し，離婚しようとする夫婦が共同で署名又は記名捺印しなければならない。
　一　当事者の姓名，登録基準地，住所及び住民登録番号
　二　申請の趣旨及び年月日
④　協議離婚意思確認申請書には，夫婦両方の家族関係証明書と婚姻関係証明書各1通，及び離婚届3通を添付しなければならない。未成年の子（懐胎中の子を含むが，離婚に関する案内を受けた日から民法第836条の2第2項又は第3項に定める期間内に成年に達する子を除く。本章において以下同じ。）がいる場合，その子の養育と親権者の決定に関する協議書1通又は家庭法院の審判書正本及び確定証明書3通を添付しなければならない。
⑤　家庭法院は，専門相談員を相談委員として委嘱し，民法第836条の2第1項の相談を行わせることができ，相談委員の日当及び手当については，毎年大法官会議においてこれを定め，国庫等から支給することができる。
⑥　離婚意思の確認手続に必要な送達料については，送達料規則を準用する。

（離婚意思の確認）
第74条　前条に定める離婚意思確認の申請があったときは，家庭法院は，夫婦双方が離婚に関する案内を受けた日から民法第836条の2第2項又は第3項に定める期間の経過した後，夫婦双方を出頭させ，その陳述を聞き，離婚意思の有無を確認しなければならない。
②　家庭法院は，前項の確認に際し，夫婦間における未成年の子の有無，その子に対する養育と親権者の決定に関する協議書又は家庭法院の審判書正本及び確定証明書を確認しなければならない。
③　夫婦の一方が在外国民又は受刑者として出頭が困難なために他の一方が出頭した申請した場合は，管轄在外公館又は刑務所（拘置所）の長に対し，第1項の確

認を嘱託し，その回報書の記載をもって当該当事者の出頭及び陳述に代えることができる。この場合において，家庭法院は，在外国民又は受刑者が離婚に関する案内を受けた日から民法第836条の2第2項又は第3項に定める期間の経過した後，申請した者を出頭させ，離婚意思の有無を確認しなければならない。

④　第1項については，非訟事件手続法第13条及び第14条を準用する。

（在外国民の離婚意思確認申請）

第75条　夫婦の双方が在外国民の場合には，その居住地を管轄する在外公館の長に対し，当事者双方が離婚意思確認の申請をすることができる。ただし，その地域を管轄する在外公館が存在しないときは，隣接する地域を管轄する在外公館の長に対してすることができる。

②　夫婦の一方が在外国民の場合において，在外国民である当事者は，その居住地を管轄する在外公館の長に対し，協議離婚意思確認の申請をすることができる。ただし，その居住地を管轄する在外公館が存在しないときは，前項ただし書の規定を準用する。

③　前項の規定は，夫婦双方が在外国民として，互いに別の国に居住している場合について準用する。

④　前三項の申請を受けた在外公館の長は，当事者（第1項の場合にあっては夫婦双方，第2項及び第3項の場合にあっては申請書を提出した当事者をいう。以下，「申請当事者」という。）に対し，離婚に関する案内書面を交付した後，離婚意思及び未成年の子の有無，並びに，未成年の子がいる場合には，その子に対する養育と親権者の決定に関する協議書1通又は家庭法院の審判書正本及び確定証明書3通（以下，「陳述要旨書」という。）を作成して記名捺印した後，申請書に添付し，遅滞なくソウル家庭法院に送付しなければならない。

（在外国民に対する離婚意思の確認）

第76条　前条第4項の場合において，書類の送付を受けたソウル家庭法院は，在外公館の長が作成した陳述要旨書及び添付書類により，申請当事者の離婚意思及び未成年の子の有無，並びに，未成年の子がいる場合には，その子に対する養育と親権者の決定に関する協議又は家庭法院の審判を確認することができる。

②　前条第2項の場合において，書類の送付を受けたソウル家庭法院は，国内に居住する当事者を出頭させ，離婚に関する案内をした後，離婚意思及び未成年の子の有無，並びに，未成年の子がいる場合には，その子に対する養育と親権者の決定に関する協議又は家庭法院の審判を確認しなければならない。

③　前条第3項の規定により書類の送付を受けたソウル家庭法院が，申請当事者でない相手方の離婚意思及び未成年の子の有無，並びに，未成年の子がいる場合には，その子に対する養育と親権者の決定に関する協議又は家庭法院の審判を確認する場合には，第74条第3項の規定を準用する。

④　ソウル家庭法院は，前条第1項から第3項の場合において，夫婦の双方が離婚に関する案内を受けた日から民法第836条の2第2項又は第3項に定める期間の経過した後，離婚意思の有無を確認しなければならない。

（確認申請の取下げ）

第77条　離婚意思確認申請人は，第74条の規定による確認を受ける前であれば，申請を取り下げることができる。

②　夫婦の双方又は一方が第74条第1項の規定による出頭通知を受けたにもかかわらず，2回にわたって出頭しなかったときは，確認申請を取り下げたものとみなす。

（確認書の作成・交付）

第78条　家庭法院は，夫婦の双方の離婚意思及び未成年の子がある場合において，その子に対する養育と親権者の決定に関する協議又は家庭法院の審判が確認されたときは，確認書を作成しなければ

ならない。ただし，その協議が子の福祉に反する場合には，家庭法院は，子の意思，年齢，父母の財産状態，その他の事情を斟酌して補正を命ずることができ，補正に応じない場合には，確認書を作成しない。
② 前項の確認書には，次の各号に掲げる事項を記載し，確認をした判事が記名捺印しなければならない。
　一　当事者の姓名，住所及び住民登録番号
　二　離婚意思が確認された旨
　三　確認年月日
　四　法院
③ 家庭法院の書記官，事務官，主事又は主事補は，前項の確認書が作成された場合には，遅滞なく離婚届書に確認書謄本，協議書謄本又は審判書正本を添付して夫婦の双方に交付又は送達しなければならない。ただし，当事者が第74条第3項及び第75条に定める在外国民の場合には，在外公館の長に確認書謄本，協議書謄本又は審判書正本を送付し，在外公館の長は，これを当事者に交付し又は送達しなければならない。

（離婚届書の提出）
第79条　家庭法院の確認書を添付した協議離婚届書は，夫婦の一方が提出することができる。

（離婚意思の撤回）
第80条　離婚意思の確認を受けた当事者が離婚意思を撤回する場合には，離婚届出が受け付けられる前に，自己の登録基準地，住所地又は現在地の市・邑・面の長に対し，離婚意思確認書謄本を添付した離婚意思撤回書を提出しなければならない。ただし，在外国民については，登録基準地の市・邑・面の長に提出しなければならない。
② 前項の場合において，離婚意思の確認を受けた他方当事者が提出した離婚届が先に受け付けられた場合は，当該離婚届出は受理しなければならない。

第8章　国籍関連の通知

（国籍取得の通知事項等）
第80条の2　法務部長官が，法第93条，第94条，第95条の規定により大韓民国の国籍を取得した者が定めた登録基準地の市・邑・面の長に対して通知しなければならない事項は，次の各号に掲げるものとする。
　一　国籍取得者の姓名，生年月日，性別，住所，国籍取得者が定めた登録基準地，国籍取得前に保有していた国籍，国籍取得の年月日及び原因，婚姻関係・入養等その他身分の変動に関する事項，国籍回復者の場合には韓国国籍喪失の年月日及び原因
　二　父，母，配偶者の姓名，国籍，生年月日
　三　国籍取得者の家族関係登録簿又は旧戸籍の存在する場合には，国籍取得者の登録基準地（本籍），住民登録番号，本（漢字）
　四　子の家族関係登録簿又は旧戸籍の存在する場合には，子の姓名，登録基準地（本籍），住民登録番号
　五　父，母，配偶者の家族関係登録簿又は旧戸籍の存在する場合には，父，母，配偶者の登録基準地（本籍），住民登録番号
② 法務部長官が前項の規定による通知に添付しなければならない書類は次の各号に掲げるものとする。家族関係登録簿又は電算除籍簿により通知事項を疎明することができる場合には，家族関係登録事項別証明書又は除籍謄本の添付を省略することができる。
　一　国籍取得の事実を証明する法務部長官名義の通知書又は官報1部
　二　国籍取得者の父母，配偶者，子，婚姻又は未婚，入養等の身分事項を記載する場合には，それらに関する疎明資料各1部
　三　国籍取得者が朝鮮族である場合，姓名を現地の発音ではなく韓国語の発音

で記載するとき，朝鮮族であることを疎明する中華人民共和国発行の公文書
③ 随伴国籍取得者がいる場合，法務部長官が大韓民国の国籍を取得した者が定めた登録基準地の市・邑・面の長に通知しなければらない事項は次の各号に掲げるものとし，随伴国籍取得者に関する添付書類については，前項の規定を準用する。
一 随伴国籍取得者の姓名，生年月日，性別，住所，国籍取得者が定めた登録基準地，国籍取得前に保有していた国籍，国籍取得の年月日及び原因，入養等その他身分の変動に関する事項
二 随伴国籍取得者の父，母の姓名，国籍，生年月日
三 随伴国籍取得者の家族関係登録簿又は旧戸籍の存在する場合には，随伴国籍取得者の登録基準地（本籍），住民登録番号，本（漢字）
四 随伴国籍取得者の父，母の家族関係登録簿又は旧戸籍の存在する場合には，父，母の登録基準地（本籍），住民登録番号
④ 国籍取得者（随伴国籍取得者を含む。）の姓名は外国語で表記し，外国語の現地の発音をハングルで表記する。父，母，配偶者の姓名が外国語である場合には，現地の発音をハングルで表記する。

（国籍選択等の通知事項）
第80条の3 法務部長官が，法第98条第1項第1号の規定により二重国籍者から大韓民国の国籍を選択する旨の届出を受理した場合，その者の登録基準地の市・邑・面の長に通知しなければならない事項は次の各号に掲げるものとし，国籍選択届出受理通知書を添付する。
一 国籍選択者の姓名，住民登録番号，登録基準地
二 国籍選択届出受理の年月日
三 放棄した外国の国籍
② 法務部長官が，法第98条第1項第2号の規定により国籍離脱届出を受理した場合，その者の登録基準地の市・邑・面の長に通知しなければならない事項は次の各号に掲げるものとし，国籍離脱届出受理通知書又は官報を添付する。
一 国籍喪失者の姓名，住民登録番号，登録基準地
二 国籍離脱届出受理の原因及び年月日
三 取得した外国の国籍
③ 法務部長官が，法第98条第1項第3号の規定により大韓民国国民として判定した場合，その者の登録基準地の市・邑・面の長に通知しなければならない事項は次の各号に掲げるものとし，国籍判定通知書又は官報を添付する。
一 国籍判定者の姓名，住民登録番号，登録基準地
二 国籍判定の年月日
④ 大韓民国国民と判定を受けた者が家族関係登録簿を有しない場合，法務部長官が通知しなければならない事項については，第80条の2の規定を準用する。

（国籍関連通知に関する業務）
第80条の4 法務部長官の国籍関連通知は，法第12条第1項の規定に従い，電算情報処理組織によって処理する。
② 登録基準地の市・邑・面の長は，法務部長官の国籍関連通知により家族関係登録簿を作成することができない場合に，法務部長官に再通知を要請し，国籍関連通知の対象者の追完届出を受け，家族関係登録簿を作成することができる。
③ 登録基準地の市・邑・面の長は，前項の手続によって家族関係登録簿を作成することができない場合には，受付を拒否し，国籍関連通知を返送しなければならない。
④ 法務部長官の通知書は，保存に関し，届出書類とみなす。

第9章　各種の簿冊と書類

（中央管理所の家族関係登録電算情報）
第81条 中央管理所において保管又は管理する家族関係登録電算情報の保存期間は，次の各号に掲げるとおりとする。
一 永久

資料2　関係法令（家族関係の登録等に関する規則）

　　ガ　家族関係登録簿
　　ナ　閉鎖登録簿
　二　80年
　　家族関係登録公務員名簿
　三　27年
　　ガ　家族関係登録事件受付帳
　　ナ　特定届出書類等受付帳
　四　2年
　　閲覧及び証明請求受付簿
（市・邑・面の簿冊と書類）
第82条　市・邑・面に備える簿冊，書類及びその保存期間は，次の各号に掲げるとおりとする。
　一　永久
　　ガ　戸籍用紙で作成された除籍簿
　　ナ　戸籍用紙で作成された除籍索出帳
　　ダ　特種届出書類編綴帳
　　ラ　家族関係登録簿冊保存簿
　　マ　例規文書編綴帳
　二　27年
　　ガ　家族関係登録事件受付帳
　　ナ　届出書類送付目録編綴帳
　　ダ　特種届出書類等受付帳
　三　10年
　　不受理届出書類編綴帳
　四　5年
　　ガ　告知簿
　　ナ　過料徴収簿
　　ダ　家族関係登録事件表編綴帳
　　ラ　往復文書編綴帳
　　マ　家庭法院からの通知書編綴帳
　　バ　識別符号使用（中止）申請に関する記録
　五　2年
　　ガ　家族関係登録文書の件名簿
　　ナ　家族関係登録民願請求書編綴帳
　　ダ　閲覧及び証明請求受付簿
　　ラ　職権訂正に関する書類編綴帳
　　マ　家族関係登録例規集管理台帳
　　バ　協議離婚意思撤回書編綴帳
　　サ　婚姻届出不受理届書編綴帳
② 帳簿には，表紙をつけて毎年別冊とし，進行番号は毎年これを更新する。ただし，必要に応じ，引き続き使用し又は分冊若しくは合冊することができる。
③ 編綴帳には目録を付さなければならない。
④ 在外公館及び洞事務所には，次の各号に掲げる帳簿を備えなければならず，その保存期間については第1項の規定を準用する。ただし，第10号に掲げる帳簿の保存期間は2年とし，第8号に掲げる帳簿は，洞事務所に備えない。
　一　家族関係登録事件受付帳
　二　告知簿
　三　家族関係登録文書の件名簿
　四　往復文書編綴帳
　五　不受理届出書類編綴帳
　六　家族関係登録民願請求書編綴帳
　七　家族関係登録簿冊保存簿
　八　家族関係登録例規集管理台帳
　九　閲覧及び証明請求受付簿
　一〇　家族関係登録届出書類編綴帳
（法院の簿冊と書類）
第83条　法院に備える簿冊，書類及びその保存期間は，次の各号に掲げるとおりとする。
　一　80年
　　家族関係登録公務員名簿
　二　27年
　　家族関係登録届出書類編綴簿
　三　10年
　　離婚意思確認事件簿
　四　5年
　　ガ　家族関係登録報告書編綴帳
　　ナ　家族関係登録事務監督書類編綴帳
　　ダ　職権訂正，記録許可に関する書類編綴帳
　　ラ　登録簿の再作成に関する記録
　　マ　統計に関する記録
　　バ　文書件名簿
　　サ　識別符号使用承認（中止）に関する記録
　五　2年
　　ガ　家族関係登録民願請求書編綴帳
　　ナ　雑事に関する記録
② 前項の簿冊及び書類は，別途の定めがなければ，毎年別冊とし，進行番号は毎

335

年更新する。ただし，必要に応じ，引き続き使用し又は分冊若しくは合冊することができる。

（保存期間の起算点）

第84条　前二条による簿冊，書類の保存期間は，その年度の翌年から起算する。

（保存期間が経過した後の措置）

第85条　市・邑・面の長は，簿冊又は書類の保存期間が経過したときは，廃棄書類目録を作成して廃棄認可申請をし，毎年4月までに法院の認可を得て廃棄しなければならない。

（情報システムにより作成した簿冊等の保存）

第86条　この章の簿冊及び書類を情報システムにより作成した場合は，その電算記録を保存することをもって，簿冊及び書類の保存に代えることができる。

第10章　非訟事件処理手続

（許可事件の処理手続）

第87条　次の各号に掲げる事件の処理手続については，非訟事件手続法の規定を準用する。
　一　法第96条による創姓創本の許可
　二　法第99条による改名の許可
　三　法第101条による家族関係登録創設の許可
　四　法第104条及び第105条による登録記録訂正の許可

② 前項第1号ないし第3号の許可申請は，未成年者もすることができる。

③ 第1項各号の許可申請書には，事件本人の姓名，生年月日，登録基準地及び住所を記載しなければならない。

④ 住所地を有しない者は，法第99条による改名許可の申請を登録基準地を管轄する家庭法院にすることができる。

第11章　施行例規

（大法院例規）

第88条　登録事務処理手続に関し，本規則に定めのない必要な事項は，大法院例規で定める。

附　則

（施行日）

第1条　この規則は，2008年1月1日より施行する。

（大法院規則の廃止）

第2条　戸籍法施行規則は，廃止する。

（経過措置）

第3条　本規則の施行前に受け付けられた事件の処理については，従前の戸籍法施行規則（以下，「従前規則」という。）による。

② 従前規則により法院及び市・邑・面に備え付けて保管している簿冊及び書類等に関する引継手続ならびにその保存期間については，この規則に別途の定めのない場合には，従前規則による。

③ 法施行以前に死亡，国籍喪失，不在宣告又は失踪宣告等により除籍され，家族関係登録簿が作成されていない者について，右記事項に対する無効又は取消しの裁判により除籍が誤りであることが判明した場合には，除籍した除籍簿を復活させ，かかる無効又は取消しによる訂正事由を記録した後，その復活した戸籍に基づき，その者に対する家族関係登録簿を作成しなければならない。

④ 届出にかかわらず効力の生ずる法律関係又は事実に関する届出において，法施行以前に既にその効力が生じたにもかかわらず，法施行後に届出が受け付けられた場合には，届出の内容どおりに家族関係登録簿に記録しなければならない。

⑤ 第3項の規定により復活した戸籍は，附則第4条第3項に従い，改めて除籍しなければならない。

⑥ 戸籍用紙で作成された無縁故戸籍及び移記保留戸籍について謄本・抄本の交付申請があったときは，従前規則による謄本又は抄本を交付し，直ちに大法院規則第1911号旧戸籍法施行規則中の改正規則附則第2条及び第3条に従ってイメージ電算移記を完了した後，法附則第3条第3項に従って除籍しなければならず，登録届出事件が受け付けられたときは，

資料2　関係法令（家族関係の登録等に関する規則）

法及び本規則に従って家族関係登録簿を作成し，戸籍用紙で作成された戸籍を除籍した後，届出事件を処理しなければならない。ただし，戸籍用紙で作成された戸籍に関する閲覧又は謄本・抄本の交付請求権者については，法第14条第1項を準用し，届出事件本人又は届出人の確認等については，規則第40条第3項による。

（個人別家族関係登録簿の作成範囲と方法）
第4条　従前の戸籍を個人別に区分して登録簿を作成する場合，本人の登録簿に記録する範囲は，本規則施行当時に従前の戸籍に記載されている有効な事項を基準とするが，父母（養父母を含む。），子（養子を含む。），配偶者に関する事項中死亡，分家，転籍その他の事由により従前の戸籍にその記載事項がない場合には，除籍簿又は利害関係人の疎明により記録する方法によることができる。

② 　前項の規定により個人別登録簿を作成したときは，登録簿の家族関係登録簿事項欄に法附則第3条第1項に従い，個人別登録簿を作成した旨及びその年月日を記録しなければならない。

③ 　第1項の規定により登録簿への記録を了したときは，従前の戸籍の戸籍事項欄に法律第8435号により除籍した旨及びその年月日を記録した後，その戸籍を従前規則第76条第2項に従って除籍したものとして処理する。

附則（2008・6・5大法院規則第2181号）
この規則は2008年6月22日から施行する。ただし，別表1及び別表2については公布の日から施行する。

附則（2008・7・7大法院規則第2188号）
この規則は2008年9月1日から施行する。

〔**編注**〕　別紙及び別表は省略

在外国民の家族関係登録創設，家族関係登録簿訂正及び家族関係登録簿整理に関する特例法

(1973年6月21日法律第2622号)
最近改正　2007年5月17日法律第8435号

（目的）
第1条　この法は，在外国民の家族関係登録創設，家族関係登録簿訂正及び家族関係登録簿整理手続に関する特例を規定することを目的とする。

（定義）
第2条　この法において，「在外国民」とは，大韓民国国民であり在外国民登録法の規定により登録された者をいう。
②　この法において，「登録」・「登録簿」・「登録簿謄本」とは，それぞれ在外国民登録法の規定による登録・登録簿・登録簿謄本をいう。
③　この法律において，「外国人登録」・「永住権」とは，各居留国の外国人登録及び居留資格等を規定した法令による登録及び居留資格等をいう。
④　削除

（家族関係登録創設，家族関係登録簿訂正許可申請及び家族関係登録簿整理申請等）
第3条　在外国民として登録基準地を有さず又は明らかでない者が家族関係登録創設しようとするときには，次の各号により登録基準地を定め，住所地を管轄する在外公館の長に家族関係登録許可申請書を提出する。
1　登録簿の登録基準地が軍事分界線以南地域であるときには，その登録基準地
2　登録簿の登録基準地が軍事分界線以北地域であるときには，軍事分界線以南地域に選定した登録基準地
②　登録基準地を有する者でその家族関係登録簿記録に錯誤又は遺漏があることを発見した利害関係人がこれを訂正しようとするときは，家族関係登録簿訂正許可申請書を，また「家族関係の登録等に関する法律」上記申告及び申請に関する事項のうち出生・認知・養子縁組・婚姻・死亡等により登録又は抹消されなければならない者が家族関係登録簿に整理されなかったときには，家族関係登録簿整理申請書を住所地を管轄する在外公館の長に提出する。ただし，本人の便宜に従い，家族関係登録創設，家族関係登録簿訂正許可申請書又は家族関係登録簿整理申請書を管轄する家庭法院又は市・区・邑・面の長に直接提出することができる。
③　第2項の規定により家族関係登録簿整理申請をするときには，登録又は抹消されなければならない者の身分事項と整理しなければならない旨を記載し，申請人が署名しなければならない。

（添付書類）
第4条　家族関係登録創設許可申請書には，身分票・在外国民登録簿謄本・居留国の外国人登録簿謄本又は永住権者は永住権写しを添付しなければならない。
②　削除
③　家族関係登録簿訂正許可及び家族関係登録簿整理申請書には，在外国民登録簿謄本・居留国の外国人登録簿謄本又は永住権者は永住権写し及び事由書を添付しなければならない。ただし，家族関係登録簿整理申請書には事由書を省略する。

（申請書の処理）
第5条　家族関係登録創設又は家族関係登録簿訂正許可申請書を受け付けた在外公館の長は，遅滞なく外交通商部長官を経由して本人が家族関係登録創設しようとする地又は家族関係登録簿を訂正しようとする登録基準地を管轄する家庭法院にこれを送付しなければならない。ただ

資料2　関係法令（在外国民家族関係登録特例法）

し，在外公館の長は，家族関係登録簿の錯誤又は遺漏の事実を確認したときは，調査確認書を添付して直接管轄市・区・邑・面の長に送付することができる。
② 家庭法院が家族関係登録創設又は家族関係登録簿訂正許可申請書を受け付けたときには，管轄の市・区・邑・面の長に家族関係登録簿の有無又は錯誤の有無の調査を委嘱しなければならない。
③ 市・区・邑・面の長が前項の規定による委嘱を受けたときには，遅滞なく調査回報しなければならない。
④ 家庭法院が家族関係登録創設又は家族関係登録簿訂正の許可をしたときには，家族関係登録創設地又は登録基準地の市・区・邑・面の長にその謄本を送付しなければならず，不許可としたときには，外交通商部長官及び在外公館の長を経由して申請者にその事由書及び謄本を送付しなければならない。
⑤ 家族関係登録簿整理申請書を受け付けた在外公館の長は，遅滞なく外交通商部長官を経由して本人の登録基準地の市・区・邑・面の長に送付しなければならない。

（家族関係登録簿の作成等）
第6条　市・区・邑・面の長は，家庭法院から家族関係登録創設又は家族関係登録簿訂正許可の謄本を受け付けたとき又は在外公館の長の調査確認書が添付された家族関係登録簿訂正許可申請書を受け付けたときには，遅滞なく家族関係登録簿を作成又は訂正し，5日以内にその家族関係登録簿の謄本を外交通商部長官及び在外公館の長を経由して申請者に送付しなければならない。
② 市・区・邑・面の長が直接又は在外公館の長から家族関係登録簿整理申請書を受け付け，「家族関係の登録等に関する法律」により整理することができるときには，遅滞なく家族関係登録簿を整理し，5日以内にその家族関係登録簿の謄本を直接受け付けたものは直接申請者に，外交通商部長官及び在外公館の長を経由して受け付けたものは外交通商部長官及び在外公館の長を経由して申請者に送付しなければならない。ただし，家族関係登録簿整理をすることができない事由があるときには，直接申請者又は外交通商部長官及び在外公館の長を経由して申請者にその事由書と申込書を返送しなければならない。

（費用負担）
第7条　この法律による家族関係登録創設，家族関係登録簿訂正許可又は家族関係登録簿整理による家族関係登録簿の作成，訂正及び整理とその送達に要する費用は国家又は地方自治体の負担とする。

第8条　削除

附　則
（施行日）
① この法は公布した日から施行する。
② 削除

附則（民法／2005・3・31法律第7427号）（抄）

（施行日）
第1条　この法は公布した日から施行する。ただし，…省略…附則第7条（第2項及び第29項を除く）の規定は2008年1月1日から施行する。

附則（家族関係の登録等に関する法律／2007・5・17法律第8435号）（抄）

（施行日）
第1条　この法律は2008年1月1日から施行する。（以下略）

第3編　資　料

家族関係登録例規第173号
外国法院の離婚判決による家族関係登録事務処理指針

(2007年12月10日大法院家族関係登録例規第173号)

1　外国法院の離婚判決は,「民事訴訟法」第217条が定める条件を具備する限り,我が国でもその効力を有する。
2　第1項の外国判決による離婚申告は,我が国の判決による離婚申告と同様に「家族関係の登録等に関する法律」第78条,第58条による手続に従い,その申告にはその判決の正本又は謄本と判決確定証明書,敗訴した被告が訴状又はこれに準ずる書面及び期日通知書や命令を適法な方式に従い防御に必要な時間的余裕をおいて送達を受け（公示送達やこれに類する送達による場合を除く）又は送達を受けなかったとしても訴訟に応じた書面（判決の正本又は謄本によってその点が明白でない場合に限る）及び上記各書類の翻訳文を添付しなければならない。ただし,外国（例：オーストラリア）法院の正本または謄本とその確定証明書に代えて離婚証明書を発給した場合には,その証明書を添付することができる。
3　第2項による離婚申告が提出された場合,家族関係登録公務員は,離婚申告に添付された判決の正本又は謄本により当該外国判決が「民事訴訟法」第217条が定める各条件を具備しているか否かを審査してその受理の可否を決定しなければならないところ,その条件の具備の有無が明白でない場合には,必ず関係書類全部を添付して監督法院に質疑し,その回答を受けて処理しなければならない。

附　則

この例規は2008年1月1日から施行する。

家族関係登録例規第174号
外国法院の離婚判決による離婚申告

(2007年12月10日大法院家族関係登録例規第174号)

外国法院の離婚判決による離婚申告処理指針に関して「大法院家族関係登録例規」第173号に定めた事項の他は,次のとおり処理する。
1　外国法院の離婚判決による離婚申告の場合に下記事由があるときには,必ず関係書類全部を添付して監督法院に質疑し,その回答を受けて処理しなければならない。
　カ　外国判決の確定の有無が不明な場合
　ナ　送達が適法か否かが不明な場合
　タ　外国法院の判決手続が進められた当時,被告が当該外国に居住していなかった場合
　ラ　その他に外国判決の効力が疑わしい場合
2　次の場合には第1項にかかわらず監督法院に質疑を要しない。
　カ　外国判決上の被告である大韓民国国民が当該外国判決による離婚申告に同意し又は自ら離婚申告をした場合
　ナ　外国法院の離婚判決につき「民事執行法」第26条及び第27条による執行判決を受けた場合

附　則

この例規は2008年1月1日から施行する。

資料 2　関係法令（家族関係登録例規第 273 号）

家族関係登録例規第 273 号
「在外国民の家族関係登録創設，家族関係登録簿訂正及び家族関係登録簿整理に関する特例法」による家族関係登録事務処理指針

(2008 年 1 月 1 日大法院家族関係登録例規第 273 号)

（目的）
第 1 条　この例規は「在外国民の家族関係登録創設，家族関係登録簿訂正及び家族関係登録簿整理に関する特例法」（以下「特例法」という）による家族関係登録事務の処理に関して必要な事項を定めることを目的とする。
（申込書の様式）
第 2 条　特例法による申請のうち家族関係登録創設許可申請は別紙第 1 号書式，家族関係登録簿訂正許可申請は別紙第 2 号書式，特例法第 5 条第 1 項但書によって処理する家族関係登録簿訂正申請は別紙第 3 号書式，家族関係登録簿整理申請は別紙第 4 号書式により，家族関係登録簿訂正許可申請書及び家族関係登録簿訂正申請書に添付する理由書の作成は別紙第 5 号書式，家族関係登録簿訂正申請書に添付する調査確認書の作成は別紙第 6 号書式による。
（外国の漢字地名の記載）
第 3 条　在外公館の長が外国の地名を漢字だけで表記しハングルで表記しない申告書を受け付けたときには，自らその申告書の漢字で表示された地名の横にその漢字地名に対する当該外国での発音をハングルで（　）中にともに記録してその申告書を受理し，市（区）・邑・面の長に送付しなければならない。
② 市（区）・邑・面の長は，外国の地名である漢字を当該外国での発音どおりに家族関係登録簿にハングルで記録する。
（添付書類に関する通則）
第 4 条　申込書には，法定の添付書類に他の資料（例：財産証明，在日居留民団の

保証書など）を添付することを要求してはいけない。
② 申請者と事件本人が異なる場合には，事件本人についての書類を添付しなければならない。しかし，申請者が他人の家族関係登録簿整理申請とともに自らの家族関係登録簿整理申請をする場合に，その他人の家族関係登録簿整理が自分の家族関係登録簿整理の前提となるとき（例：申請者が親の家族関係登録整理申請とともに自らの婚姻中の子としての出生整理申請をしたとき）には，申請者ではない事件本人についての書類のうち在外国民登録簿謄本及び外国人登録簿謄本（又は永住権写し）はこれを添付しなくてもよい。
③ 在日韓国人の申請の場合に，その添付書類のうち日本国官公署発行の戸籍申告書謄本，戸籍謄・抄本その他の書類が外国語である場合には，証明書には翻訳文を添付しなければならない。
④ 在日韓国人の申請の場合に，その在外国民登録簿謄本は，在外公館で確認した在日居留民団長発行の在外国民登録証明でこれに代えることができる。
⑤ 家族関係登録簿訂正許可申請，家族関係登録簿訂正申請又は家族関係登録簿整理申請において，その訂正又は整理事項が死亡者に関することであるときには，他の添付書類によってその訂正又は整理事項が疎明される以上，在外国民登録簿謄本を添付しなくてもよい。
⑥ 居留国の外国人登録簿謄本及び永住権写しは，そのうち 1 つだけ添付すればよく，これら書類に国籍が「朝鮮」と記載

341

されていてもよい。
（申込書の送付）
第5条　申込書を受け付けた在外公館の長は，申請者の便宜によって，申請者をしてこれを直接管轄法院又は市（区）・邑・面に送付させることができる。
（家族中一部の家族関係登録創設）
第6条　家族のうち一部だけが在外国民登録を終えて特例法による家族関係登録創設の要件を備えた場合には，その者だけが各自家族関係登録創設をすることできる。
（従前の「戸籍法」に伴い本籍が軍事境界線以北地域にあった者の家族関係登録創設）
第7条　1945年8月15日時点で従前の「戸籍法」に伴い本籍が軍事境界線以北地域にあった者は当時の戸籍記載事項そのままに個人別に家族関係登録を創設し，その後の出生，死亡などの変動事項に関しては家族関係登録創設後に別途の申告又は家族関係登録簿整理申請によって家族関係登録簿に記録をしなければならない。
②　前項の規定は，1950年6月25日時点で本籍が軍事分界線以北地域にあった者につき準用する。
（家族関係登録創設許可申請人）
第8条　軍事分界線以北地域在籍者の家族関係登録創設において，申請人は，従前の戸籍上の戸主又は家族が各自することができ，他の家族又は戸主についての家族関係登録創設許可申請もすることができる。
②　朝鮮戸籍令施行前（1923年6月30日以前）の事実上の夫婦に関して未だ家族関係登録簿が作成されていない場合には，夫婦が同時に家族関係登録創設許可申請をしなければならない。
（家族関係登録創設許可申請書及び添付書類）
第9条　家族関係登録創設許可申請書のうち，原籍は，従前の「戸籍法」に伴い本籍が軍事分界線以北地域にあった者に限りこれを記録する。
②　在外国民登録簿謄本に従前の「戸籍法」に伴い本籍が軍事分界線以北地域で記載された場合には，これを原籍でみなして処理する。
③　身分票は3通作成する。
（家族関係登録簿訂正申請）
第10条　家族関係登録簿訂正申請は，家族関係登録簿記録の誤り又は遺漏が明白に判明されうる軽微な事項の場合に限る（例：性別「男」が「女」として，親の姓名が祖父の姓名として誤って記録された場合，又は本や婚姻解消事由その他当然に記録されなければならない身分事由の記録が脱漏していた場合等）。
②　在外公館の職員が家族関係登録簿訂正申請書に添付する調査確認書を作成する場合，事実調査をして確認した事項を具体的に明示しなければならない。
③　在外公館の長から家族関係登録簿訂正申請書の送付を受けた管轄の市（区）・邑・面の長は，直ちに家族関係登録簿を訂正しなければならない。
（家族関係登録簿整理申請人）
第11条　家族関係登録簿整理申請は，事件本人その他家族関係登録簿上の利害関係人もすることができる。
（家族関係登録簿整理申請書の添付書類）
第12条　行為地法である外国法によって婚姻，認知，養子縁組等をした場合，又は出生地，死亡地である外国で出生，死亡申告等をしたときには，その外国官公署発行の婚姻等の受理証明その他これを証明する証書を添付しなければならない。
②　婚姻の場合には妻の家族関係登録簿婚姻関係証明書，認知の場合には被認知者の家族関係登録簿基本証明書，そして養子縁組の場合には養子の家族関係登録簿養子縁組関係証明書をそれぞれ添付しなければならない。
（法院での処理）
第13条　申込書に些少な不備がある場合にも，これを理由に申込書を返送しては

ならない。家族関係登録創設許可申請書に添付する身分票の通数が不足する場合には，不足する通数の副本を作成して処理する。
② 登録基準地の行政区域やその名称がすでに変更されたにもかかわらず申込書に従前の行政区域や名称を記載した場合には，訂正して処理しなければならない。
③ 法院が家族関係登録創設または家族関係登録簿訂正の許可をしたときには，遅滞なくその謄本を作成して管轄市（区）・邑・面の長に送付しなければならない。この場合に在外公館を経て送付されてきた事件に関しては，公館の文書番号を決定謄本などの適当な余白に記載しなければならない。ただし，申請者に決定謄本を送付する必要はない。
④ 法院が申込書を返送し又は不許可決定をしたときに外交通商部長官及び在外公館の長を経て申請者に送付する書類には，必ず受送達者（申請者）の住所と姓名を明示しなければならない。
⑤ 前項の場合には，申請の不備事由を付箋紙等に具体的に明示して，ともに送付しなければならない。

（市（区）・邑・面での処理）
第14条 法院から送付された家族関係登録創設又は家族関係登録簿訂正許可事件や在外公館の長又は申請者から送付され又は提出を受けた家族関係登録簿訂正又は家族関係登録簿整理事件は，これを遅滞なく処理しなければならない。
② 市（区）・邑・面の長が申込書の不備を理由に返送する場合には，その不備事由を明示して監督法院の承認を受けなければならない。
③ 第13条第1項から第2項まで，第4項から第5項までの規定は，市（区）・邑・面での処理にこれを準用する。

（登録事項別証明書記載例）
第15条 家族関係登録実務資料集（記載編）参照

（登録事項別証明書の作成と送付）
第16条 事件（法院から送付された家族関係登録創設または家族関係登録簿訂正許可事件を含む）を受け付けて処理した市（区）・邑・面の長は，遅滞なく変動のある登録事項別証明書各2通を外交通商部長官に送付（ただし，申請者から直接受け付けた事件を処理した場合には変動のある登録事項別証明書各1通を申請者に直接送付）しなければならない。
② 第1項により外交通商部長官に登録事項別証明書を送付するときには，その登録事項別証明書等の適当な余白に当該事件を送付した在外公館の文書番号と受領人（申請者）の住所，姓名を明示しなければならない。

（監督）
第17条 監督法院は，毎月末に市（区）・邑・面から送付される申請書類等と該当する家族関係登録簿を対照し，事件処理の正確性と迅速性を確認しなければならない。

附 則
この例規は2008年1月1日から施行する。

[別紙第1号書式]

家 族 関 係 登 録 創 設 許 可 申 請

申請者兼事件本人： ○○○
住民登録番号：
原　　　　籍：
住　　　　所：

申　請　の　趣　旨

　登録基準地　　　　　　　　　　　　　　　　　　を番地と定め，申請者を別紙身分票の記載と一緒に家族関係登録創設することを許可する。という決定を求めます。

申　請　の　原　因

添付書類
　　　1．在外国民登録簿謄本　1通．
　　　2．外国人登録簿謄本（又は永住権写し）　1通．
　　　3．身分票　3通．

年　　　月　　　日

申請人　○　○　○　　㊞

○　○　○　○　法院長　貴下

※　原籍は，従前の「戸籍法」に従い本籍が軍事分界線以北地域にあった者に限り記載する。
※　身分票は，家族関係登録簿の記録事項に関する5種の証明書の様式に合わせて作成する。

資料2　関係法令（家族関係登録例規第273号）

[別紙第2号書式]

家 族 関 係 登 録 簿 訂 正 許 可 申 請

申　請　者：　○○○
住民登録番号：
住　　　所：

事 件 本 人：　○○○
住民登録番号：
原　　　籍：
住　　　所：

申　請　の　趣　旨

　上記登録基準地○○○の家族関係登録簿中，事件本人の○○「○○○○」と記録されたものを「○○○○」に訂正することを許可する。
という決定を求める。

原　因　事　実

添付書類
　　1．家族関係登録簿の登録事項別証明書各1通．
　　2．在外国民登録簿謄本1通．
　　3．外国人登録簿謄本（又は永住権写し）1通．
　　4．理由書1通．　以上．

年　　月　　日

　　　　　　　　　　　　　　　　　　申請人　○　○　○　　㊞

○　○　○　○　法院長　貴下

第3編 資料

[別紙第3号書式]

家 族 関 係 登 録 簿 訂 正 許 可 申 請

登録基準地：
住　　所：

訂正する者の姓名

1. 訂正する事項

2. 添付書類

　　　1. 在外国民登録簿謄本1通.
　　　2. 外国人登録簿謄本（又は永住権写し）1通.
　　　3. 理由書1通.
　　　4. 調査確認書（在外公館の長が作成して添付する）1通.

以上.

　　　　　　　　　年　　　月　　　日

申請人　〇　〇　〇　　㊞

資料2　関係法令（家族関係登録例規第273号）

[別紙第4号書式]

家 族 関 係 登 録 簿 整 理 申 請（婚 姻）

1．身分事項
　　登録基準地：
　　住　　　所：

　　　　　　　　　　　　　　　　　　夫　○　○　○　本
　　　　　　　　　　　　　　　　　　　　年　　月　　日生

　　登録基準地：
　　住　　　所：
　　　　　　　　　　　　父　○　○　○
　　　　　　　　　　　　母　○　○　○
　　　　　　　　　　　　　　　　　　妻　○　○　○　本
　　　　　　　　　　　　　　　　　　　　年　　月　　日生

2．訂正の趣旨
　　夫　○　○　○と妻　○　○　○との　　年　　月　　日婚姻記録

添付書類
　　　1．在外国民登録簿謄本1通．
　　　2．外国人登録簿謄本（又は永住権写し）1通．
　　　3．婚姻証書または婚姻受理証明1通．
　　　4．本人及び妻の婚姻関係証明書及び家族関係証明書各1通．
　　　　　　　　　　　　　　　　　　　　　　　　　　　以上

　　　　　　　年　　月　　日

　　　　　　　　　　申請人　夫　○　○　○　㊞（又は署名）

○　○　市（区）・邑・面長　貴下

第3編　資　料

［別紙第5号書式］

　　　　　　　　　　理　　由　　書

　　登録基準地：
　　住　　所：

　　　　　　　　　　　　　　　　　　　　訂正する者の姓名

1．訂正する事由：

　　　　　　　年　　月　　日

　　　　　　　　　　　　　　　　　　申請人　〇　〇　〇　　㊞

資料2　関係法令（家族関係登録例規第273号）

［別紙第6号書式］

調　査　確　認　書

　　登録基準地：
　　住　　　所：

訂正する者の姓名

1．確認事項：

　　　　　　　上記事実を調査確認します。

　　　　　　　　年　　　月　　　日

　　　　　　　　　駐　○　○　領事　○　○　○　　㊞

第3編 資料

家族関係登録例規第278号
登録事項別証明書の発給等に関する事務処理指針

(2007年12月10日 大法院家族関係登録例規第12号)
最近改正　2008年6月18日大法院家族関係登録例規第278号

第1章 総則

(目的)

第1条 この例規は、「家族関係の登録等に関する法律（以下「法」という）」第14条、「家族関係の登録等に関する規則（以下「規則」という）」第19条により、登録事項別証明書を発給する手続等に関して必要な事項を定めることを目的とする。

(登録事項別証明書の交付請求等)

第2条 法第14条及び規則第19条により、本人又は配偶者、直系血族、兄弟姉妹（以下「本人等」という）は、手数料を納付して登録事項別証明書の交付を請求することができる。

② 申請人は、「家族関係登録事務の文書様式に関する例規」別紙第11号書式の登録簿等の記録事項等に関する証明申請書（以下「申請書」という）にその事由を記載して、提出しなければならない。ただし、本人が請求する場合には、申請書を作成しないこともできる。

③ 本人等の代理人が請求する場合には、申請書に「家族関係登録事務の文書様式に関する例規」別紙第12号書式により、本人等が署名又は捺印した委任状及び印鑑証明書又は身分証明書（住民登録証、運転免許証、旅券、公務員証等をいう。以下、この例規において同様）写本を提出しなければならない。委任状は原本を提出するものの、弁護士の場合、登録事項別証明書の交付請求の委任趣旨が明確に記載された訴訟委任状の写本を提出することができる。

④ 登録事項別証明書の交付を請求する場合には、対象者の姓名及び登録基準地を正確に記載しなければならない。ただし、本人、配偶者、直系血族及びその代理人の場合には、対象者の姓名及び住民登録番号をもっても交付を請求することができる。

⑤ 次の各号のいずれか一つに該当する場合には、本人等の委任なしで交付を請求することができる。

一　国、地方自治体又は公共機関が職務上必要により文書で申請する場合で根拠法令と事由を記載した申請機関の公文書及び関係公務員の公務員証（公共機関の場合は社員証）を添付したとき

二　訴訟、非訟、民事執行保全の各手続において必要な場合でこれを疎明する資料を添付したとき

三　他の法令が本人等に関する登録事項別証明書を提出するように要求する場合でこれを疎明する資料と関係法令にともなう正当な権限のある者であることを確認できる資料を添付したとき

四　「民法」上の法定代理人（後見人、遺言執行者、相続財産管理人、不在者財産管理人等）がこれを疎明する資料と申請人の身分証明書を添付したとき

五　債権・債務等財産権の相続と関連して、相続人の範囲を確認するために登録事項別証明書が必要な場合でこれを疎明する資料と申請人の身分証明書を添付したとき

六　保険金又は年金の受給権者を決定するために申請対象者に対する登録事項別証明書が必要なとき

七　「公益事業のための土地等の取得及び補償に関する法律」にともなう公益事業を遂行するときに土地等の所有者の相続人を確認する必要があるとき

資料2　関係法令（家族関係登録例規第278号）

⑥　市（区）・邑・面の長は，第2項の請求が除籍簿又は家族関係登録簿に記録された者に対する私生活の秘密侵害等不当な目的であることが明らかである場合には，登録事項別証明書の発給を拒否することができる。

⑦　市（区）・邑・面の長は，第1項及び第2項により申請書を受け付けたときには，遅滞なく，電算情報処理組織に入力しなければならない。

（親養子縁組関係証明書交付請求の特例）

第3条　第2条第1項及び第5項にもかかわらず，親養子縁組関係証明書は次の各号のいずれか一つに該当する場合に限り，交付を請求することができる。

一　成年者が本人の親養子縁組関係証明書を申請する場合で成年者であることを身分証明書によって疎明する場合

二　親養子の実父母・養父母が本人の親養子縁組関係証明書を申請する場合には親養子が成年者であることを疎明する場合

三　婚姻当事者が「民法」第809条の親族関係を把握しようとする場合で出席した両当事者及びその身分証明書によって，家族関係登録事務担当公務員が婚姻意思及び婚姻適齢であることを確認した場合

四　法院の事実照会嘱託があるか若しくは捜査機関が規則第23条第5項により文書で申請する場合

五　「民法」第908条の4及び「民法」第908条の5により，養子縁組取消又は養子離縁をする場合でこれに関する法院の受付証明書が添付された場合

六　親養子の福利のために必要であることを親養子の養父母が具体的に疎明資料を添付して申請する場合

七　親養子縁組関係証明書が訴訟，非訟，民事執行保全の各手続において必要な場合で疎明資料を添付して申請する場合

八　債権・債務等財産権の相続と関連して，相続人の範囲を確認するために死亡した者の親養子縁組関係証明書が必要な場合で疎明資料を添付して申請する場合

九　家族関係登録簿が作成されないまま死亡した者の相続人の親養子縁組関係証明書が必要な場合で法律上の利害関係に対する疎明資料を添付して申請する場合

一〇　法律上の利害関係を疎明するために親養子の実父母・養父母の親養子縁組関係証明書を申請する場合でその該当法令とそれにともなう具体的な疎明資料及び必要理由を提示して申請する場合

②　第1項の親養子縁組関係証明書交付請求に対する制限は，交付請求対象家族関係登録簿の本人が養子として養子縁組されたかに関係なく適用する。

（外国人の場合）

第4条　韓国人との身分行為によって韓国の除籍又は家族関係登録簿に記録された外国人本人又は配偶者，直系血族は，外国人本人の身分事項が記載された登録事項別証明書の交付を請求することができる。

②　現在外国国籍を取得して韓国国籍を喪失したものの，過去に出生等を原因として韓国の除籍又は家族関係登録簿に記録された外国人本人又は配偶者，直系血族も，登録事項別証明書の交付を請求することができる。

③　第1項又は第2項に該当する外国人が，海外において郵便で登録事項別証明書の交付を請求したときには，第8条を準用する。

④　外国人が第2条第5項により，登録事項別証明書の交付を請求するときには，直接，市（区）・邑・面事務所に出席し，外国人登録証又は国内場所申告証をもって国内居住を疎明した後に申請書を作成・提出しなければならず，郵便で登録事項別証明書の交付を請求することができない。

（請求事由等の記載及び疎明資料の提出）

第5条　代理人が請求する場合にも，実際，出席して請求するその代理人を申請人として記載し，申請人の資格欄には「本人の父」等で表示して住所等その他の申請人欄も代理人に関する事項を記載する。
② この際，請求事由は，委任者の交付請求目的を記載する。
③ 第2条第5項に該当する者は，申請書に請求事由を記載し，その事由を疎明する資料を提出しなければならない。
④ 第2条第5項と関連した疎明資料の例示は，別紙第1号の記載と同様である。
⑤ 市（区）・邑・面の長は，疎明資料のうち原本は写本に原本対照確認印を捺印する等原本と同一であることを確認した後，返還する。ただし，債権・債務等正当な利害関係がある別紙第2号記載の金融機関の場合には，金融機関の原本対照確認印を捺印した写本及び法人印鑑証明書をもって，原本に代わることができる。

（請求目的の不当性判断基準）
第6条　不当な目的の請求とは，婚姻外出生子であるという事実又は離婚経歴等一般的に他人に知らせたくないと考えられる事項を正当な事由なく単に好奇心で知ろうとするか若しくはその家族関係登録簿に記録された身分事項を犯罪に利用しようとして請求する場合等をいう。
② 不当な目的であるかの判断は，申請人欄と請求事由欄の記載及び疎明資料の内容で判断するものの，申請人欄の記載をしなかったか若しくは請求事由を記載しなければならない者が請求事由を記載しなかった場合，又は申請人若しくは請求事由を虚偽で記載した場合には，一旦，不当な目的があるものとみることができる。

（申請人の身分確認等）
第7条　市（区）・邑・面の長が申請書を受け付けるときには，申請人が申請書の申請人欄に記載された者と一致するかを身分証明書によって確認しなければならない。
② 代理人が請求する場合には，委任者及び申請書の申請人欄に記載された申請人（代理人）の身分を確認しなければならない。
③ 第2条第5項により提出された身分証明書及び第1項の確認のために提出された身分証明書は，身分を確認した後，申請人に返還しなければならない。
④ 申請書は委任状，委任者の印鑑証明書又は身分証明書写本，第5条第3項の請求事由を疎明する資料等と一緒に家族関係登録請願請求書編綴帳に保存する。
⑤ 国家，地方自治体，公共機関が電子政府法により，電子文書を利用して根拠法令と事由を記載した公文書を送付した場合には，申請書作成と身分証提出を省略することができる。

（郵便による請求等）
第8条　郵便で登録事項別証明書の送付を請求する場合には，申請書に定められた事項を記載して法律上正当な請求権者の身分証明書写本を添付しなければならず，第2条第4項ただし書にもかかわらず対象者の登録基準地を記載しなければならない。
② 申請人が身分証明書写本を添付しなかったか，登録基準地を記載しなかったか若しくは請求事由を記載すべき者が記載しない場合又は請求事由が不当な目的であることが明らかな場合に，市（区）・邑・面の長は，申請書にその拒否事由を記載し，搬送しなければならない。

（インターネット申請による登録事項別証明書請求）
第9条　申請人が，大韓民国電子政府ホームページ（www.egov.go.kr）の請願サービスシステムが要求する様式により各情報を入力して公認認証書によって本人確認手続を経て，申請人本人の家族関係登録簿の登録事項別証明書（親養子縁組関係証明書を除く）の交付を請求した場合には，申請した登録事項別証明書を郵便で送付することができる。

資料 2　関係法令（家族関係登録例規第 278 号）

(住民登録番号の公示制限)
第 10 条　登録事項別証明書は，本人又は父母，養父母，配偶者及び子の住民登録番号欄並びに一般登録事項欄に記録された住民登録番号の後部分 6 桁数字を隠して（例：080101-3******）作成し，交付する。

(公示制限の例外等)
第 11 条　第 10 条にもかかわらず次の各号のいずれか 1 つに該当する場合に，申請人が住民登録番号の公示を選択したときには，住民登録番号を公示する。
一　市（区）・邑・面及び洞の事務所に出席した申請人が申請対象者の住民登録番号を正確に記載し，該当登録事項別証明書の交付を請求する場合
二　申請書の申請人欄に記載された申請人が本人又はその父母，養父母，配偶者，子である場合
三　市（区）・邑・面及び洞の同事務所に出席した申請人が裁判上の必要を疎明する資料（例：法院の裁判書，補正命令書等）を添付し，登録事項別証明書の交付を請求する場合
四　国家・地方自治体の公務員（「公益事業のための土地等の取得及び補償に関する法律」第 8 条にともなう事業施行者の職員を含む）が公用目的であることを疎明する資料（例：公文書，裁決書等）を添付し，登録事項別証明書の交付を請求する場合
②　第 10 条にもかかわらず次の各号のいずれか 1 つに該当する場合には，住民登録番号の公示を制限しない。
一　従来「戸籍法施行規則」附則（2004 年 10 月 18 日）第 3 条に規定されたイメージ電算除籍簿等
二　従来「戸籍法」（2007 年 5 月 17 日法律第 8435 号で廃止）による戸籍用紙で作成された除籍簿

第 2 章　在外国民及び外国官公署に対する登録事項別証明書送付方法

(登録事項別証明書の郵便交付請求及びその交付方法)
第 12 条　海外に居住する在外国民が市（区）・邑・面の長に郵便で登録事項別証明書の交付請求をするときには，第 1 章の規定を準用する。
②　第 1 項の場合には，その登録事項別証明書を申請人に直接送付する。

(外国官公署の登録事項別証明書の交付請求等)
第 13 条　外国官公署は使用用途を明示した文書によって外交通商部又は在外公館を経て（区）・邑・面の長に登録事項別証明書の交付を請求することができ，この場合，市（区）・邑・面の長は使用用途を審査した後，外交通商部を経て登録事項別証明書を外国官公署へ送付することができる。
②　第 1 項にもかかわらず日本国駐在韓国領事機関（駐日本大韓民国大使館領事部，駐大阪総領事館，駐福岡総領事館等）が日本国官公署から登録事項別証明書の交付を請求された場合には，日本国外務省を経たものに限り，使用用途を審査した後，外交通商部を経ないで直接日本国外務省へ登録事項別証明書を送付することができる。

第 3 章　除籍簿の閲覧及び謄・抄本，登録事項別証明書発給事務の特例

(除籍謄・抄本の交付請求)
第 14 条　除籍簿（2008 年 1 月 1 日以前に除籍された電算戸籍及び戸籍用紙で作成された除籍をいう。以下同じ）の閲覧及び謄・抄本の交付請求は，第 1 章及び第 2 章の規定を準用する。

(申請の特例)
第 15 条　第 2 条第 5 項第 1 号，第 2 号，第 3 号，第 4 号，第 6 号，第 7 号，第 3 条第 1 項第 7 号により交付を請求する場合，申請人が，直接，市（区）・邑・

第3編　資　料

面・洞事務所に出席し，申請対象者の姓名と住民登録番号のみを記載し，申請書を作成・提出して申請人の身分証明書写本を添付すれば，除籍簿の閲覧及び謄・抄本，登録事項別証明書の交付を請求することができる。相続人が相続関係の確認のために交付を請求する場合にも同様である。
② 　国家，地方自治体，公共機関が「電子政府法」により電子文書を利用して公文書を送付したときには，市（区）・邑・面・洞の長に出席せず除籍簿の閲覧及び謄・抄本，登録事項別証明書の交付を請求することができる。
③ 　申請人が除籍簿の閲覧及び謄・抄本，登録事項別証明書の交付請求要件を備えることができない場合には，その除籍簿の閲覧及び謄・抄本，登録事項別証明書の発給を拒否しなければならない。

第4章　法院行政処電算情報中央管理所所属公務員による登録事項別証明書の発給

（登録事項別証明書の発給に対する特則）
第16条　法第12条第2項により法院行政処電算情報中央管理所所属公務員に登録事項別証明書（除籍を含む）の発給事務をさせるようにする場合，電算運営責任官がその事務を処理して証明書の発給者となる。
② 　在外公館で電算情報処理組織によって除籍謄・抄本及び登録事項別証明書の発給をする場合には，電算運営責任官がその発給者となる。別紙第1号及び別紙第2号を各々別紙のように新設する。

附　則
（廃止例規）
第1条　大法院家族関係登録例規第12号を廃止する。
（他の例規の改正）
第2条　大法院家族関係登録例規第13号を次のようにする。
　　第4条第2項のうち「「大法院家族関係登録例規」第12号」を「「登録事項別証明書の発給等に関する事務処理指針」」とする。
② 　大法院家族関係登録例規第137号を次のようにする。
　　第15条のうち「「登録事項別証明書の発給等に関する事務処理指針」（大法院家族関係登録例規第12号）」を「「登録事項別証明書の発給等に関する事務処理指針」」とする。

［別紙第1号］
第2条第5項関連疎明資料の例示
I 　申請対象者の姓名及び登録基準地を記載して申請しなければならない場合
　一　申請対象者が死亡し，申請対象者の相続人を把握するための場合
　　① 　申請対象者に対する債権を疎明する資料
　　② 　申請対象者の死亡事実が記載された住民登録票謄・抄本又は失踪宣告・不在宣告審判書及びその確定証明書
　二　相続代位登記のため，債務者の被相続人たる申請対象者名義の登録事項別証明書を申請するための場合
　　① 　債務者に対する債権を疎明する資料
　　② 　申請対象者の死亡事実が記載された住民登録票謄・抄本又は失踪宣告・不在宣告審判書及びその確定証明書
　　③ 　申請対象者名義の不動産登記簿謄本
II　申請対象者の姓名及び登録基準地を記載して申請するか又は発給官署（洞事務所を含む）に出席し，登録基準地の代りに住民登録番号を記載して申請できる場合
　一　訴訟，非訟，民事執行保全の各手続で申請対象者の登録事項別証明書を提出することを要求する法院（登記官等を含む）の補正命令書，事実照会書，嘱託書等。
　二　債務履行を命じる裁判書を受けたも

資料 2　関係法令（家族関係登録例規第 278 号）

のの，債務者が死亡して承継執行のために債務者の登録事項別証明書を申請する場合
① 債務履行に関する確定判決文又は民事執行法第 56 条の執行権原
② 申請対象者の死亡事実が記載された住民登録票謄・抄本又は失踪宣告・不在宣告審判書及びその確定証明書
三　相続代位登記のため，債務者の被相続人名義の登録事項別証明書の発給を受けるにあたって債務履行を命じる裁判書を提出する場合
① 債務履行に関する確定判決文又は民事執行法第 56 条の執行権原
② 申請対象者の死亡事実が記載された住民登録票謄・抄本又は失踪宣告・不在宣告審判書及びその確定証明書
③ 申請対象者名義の不動産登記簿謄本
四　カ（가））登記義務者を被告として不動産登記に関する裁判（移転登記，共有物分割登記等）を受けたものの，登記義務者（被相続人）が死亡したとき，不動産登記をするために被相続人の登録事項別証明書が必要な場合
ナ（나））登記義務者が死亡した後，相続人を被告として不動産登記に関する裁判を受けたものの，不動産がまだ死亡した登記義務者（被相続人）名義で登記されていて，不動産登記のため被相続人の登録事項別証明書提出が必要な場合
① 不動産登記に関する確定判決文又は民事執行法第 56 条の執行権原
② 申請対象者の死亡事実が記載された住民登録票謄・抄本又は失踪宣告・不在宣告審判書及びその確定証明書
③ 申請対象者名義の不動産登記簿謄本
五　相続順位が民法第 1000 条第 1 項第 3 号及び第 4 号の 3 順位又は 4 順位の相続人ら若しくは代襲相続関係にある相続人らが，登録事項別証明書を交付請求するときには，被相続人の死亡及び先順位相続人らの不存在を家族関係登録情報システムによって確認した場合
六　保険金・年金の受給権者を決定するための場合
保険金・年金の受給権者を決定するために申請対象者の登録事項別証明書が必要であることを疎明する保険・年金証書若しくは契約書等の資料及び申請対象者の死亡事実が記載された住民登録票謄・抄本又は失踪宣告・不在宣告審判書及びその確定証明書
七　「公益事業のための土地等の取得及び補償に関する法律」にともなう場合
「公益事業のための土地等の取得及び補償に関する法律」により公益事業の遂行に必要な場合，官報に掲示した事業認定告示写本及び裁決書謄本と申請対象者の死亡事実が記載された住民登録票謄・抄本又は失踪宣告・不在宣告審判書及びその確定証明書

[別紙第 2 号]
債権・債務等正当な利害関係のある金融機関の範囲
一　「金融機関不良資産等の効率的処理及び韓国資産管理公社の設立に関する法律」にともなう韓国資産管理公社及び同法第 2 条第 1 号にともなう金融機関
二　「農林水産業者信用保証法」にともなう農林水産業者信用保証基金
三　「地域信用保証財団法」にともなう信用保証財団及び全国信用保証財団連合会
四　「韓国住宅金融公社法」にともなう住宅金融信用保証基金を運用・管理する機関
五　「信託業法」にともなう信託会社
六　「証券取引法」にともなう証券金融会社
七　「預金者保護法」にともなう預金保

第3編　資　料

　　険公社
八　「中小企業振興及び製品購買促進に
　　関する法律」にともなう中小企業振興
　　公団
九　「中小企業協同組合法」にともなう
　　中小企業中央会
一〇　「資産流動化に関する法律」にと
　　もなう流動化専門会社
一一　「住宅抵当債権流動化会社法」に
　　ともなう住宅抵当債権流動化会社
一二　「輸出保険法」にともなう韓国輸
　　出保険公社

大韓民国民法第4編・第5編

(1958年2月22日法律第471号)
最近改正　2007年12月21日法律第8720号

第4編　親族

第1章　総則

（親族の定義）
第767条　配偶者，血族及び姻戚を親族とする。
（血族の定義）
第768条　自己の直系尊属及び直系卑属を直系血族とし，自己の兄弟姉妹及び兄弟姉妹の直系卑属，直系尊属の兄弟姉妹及び兄弟姉妹の直系卑属を傍系血族とする。
（姻戚の系源）
第769条　血族の配偶者，配偶者の血族，配偶者の血族の配偶者を姻戚とする。
（血族の親等の計算）
第770条　直系血族は，自己から直系尊属にさかのぼり，自己から直系卑属に下り，その世数を定める。
② 　傍系血族は，自己から同源の直系尊属にさかのぼる世数とその同源の直系尊属からその直系卑属に下る世数を通算し，その親等を定める。
（姻戚の親等の計算）
第771条　姻戚は，配偶者の血族に対しては，配偶者のその血族に対する親等に従い，血族の配偶者に対しては，その血族に対する親等に従う。
（養子と親系との親等）
第772条　養子と養父母及びその血族，姻戚との間の親系と親等は，養子縁組したときから婚姻中の出生子と同一なものとみなす。
② 　養子と配偶者，直系卑属とその配偶者は，前項の養子の親系を基準として親等を定める。
（継母子関係による親系と親等）

第773条　削除
第774条　削除
（姻戚関係等の消滅）
第775条　姻戚関係は，婚姻の取消又は離婚により終了する。
② 　夫婦の一方が死亡した場合において，生存配偶者が再婚したときも，第1項と同様である。
（養子縁組による親族関係の消滅）
第776条　養子縁組による親族関係は，養子縁組の取消，又は養子離縁により終了する。
（親族の範囲）
第777条　親族関係による法律上の効力は，本法又は他の法律に特別な規定がない限り，次の各号に該当するものに及ぶ。
　一　8親等以内の血族
　二　4親等以内の姻戚
　三　配偶者

第2章　家族の範囲と子の姓と本

第778条　削除
（家族の範囲）
第779条　次の者を家族とする。
　一　配偶者，直系血族，および兄弟姉妹
　二　直系血族の配偶者，配偶者の直系血族，及び配偶者の兄弟姉妹
② 　第1項第2号の場合は，生計を共にする場合に限る。
第780条　削除
（子の姓と本）
第781条　子は，父の姓と本を継ぐ。ただし，父母が婚姻の届出をする際に，母の姓と本を継ぐものと協議した場合には，母の姓と本を継ぐ。
② 　父が外国人である場合には，子は母の姓と本を継ぐことができる。

③ 父の知れない子は，母の姓と本を継ぐ。
④ 父母の知れない子は，法院の許可を得て，姓と本を創設する。ただし，姓と本を創設した後，父又は母が分かったときは，父又は母の姓と本を継ぐ。
⑤ 婚姻外の子が認知されたときは，子は父母の協議により従前の姓と本を引き続き使用することができる。ただし，父母が協議することができない場合，又は協議が成立しなかった場合には，子は法院の許可を得て，従前の姓と本を引き続き使用することができる。
⑥ 子の福利のために子の姓と本を変更する必要があるときは，父，母又は子の請求により，法院の許可を得て，これを変更することができる。ただし，子が未成年者であり，かつ，法定代理人が請求することができない場合には，第777条の規定による親族又は検事が請求することができる。

第782条　削除
第783条　削除
第784条　削除
第785条　削除
第786条　削除
第787条　削除
第788条　削除
第789条　削除
第790条　削除
第791条　削除
第792条　削除
第793条　削除
第794条　削除
第795条　削除
第796条　削除
第797条　削除
第798条　削除
第799条　削除

第3章　婚　姻

第1節　婚　約

（婚約の自由）
第800条　成年に達した者は，自由に婚約することができる。
（婚約年齢）
第801条　満18歳になった者は，父母又は後見人の同意を得て婚約することができる。この場合には，第808条の規定を準用する。
（禁治産者の婚約）
第802条　禁治産者は，父母又は後見人の同意を得て，婚約することができる。この場合には，第808条の規定を準用する。
（婚約の強制履行禁止）
第803条　婚約は，強制履行を請求することができない。
（婚約解除の事由）
第804条　当事者の一方に次の各号の事由があるときは，相手方は婚約を解除することができる。
　一　婚約後，資格停止以上の刑の宣告をうけたとき
　二　婚約後，禁治産又は限定治産の宣告をうけたとき
　三　性病，不治の精神病その他不治の悪疾があるとき
　四　婚約後，他人と婚約又は婚姻をしたとき
　五　婚約後，他人と姦淫したとき
　六　婚約後，1年以上その生死が不明なとき
　七　正当な理由なく婚姻を拒絶するとき，又はその時期を遅延するとき
　八　その他重大な事由があるとき
（婚約解除の方法）
第805条　婚約の解除は，相手方に対する意思表示でする。但し，相手方に対し意思表示をすることができないときは，その解除の原因があることを知ったときに，解除されたものとみなす。
（婚約解除と損害賠償請求権）
第806条　婚約を解除したときは，当事者の一方は，過失ある相手方に対し，これによる損害の賠償を請求することができる。
② 前項の場合には，財産上の損害の外

に，精神上の苦痛に対しても，損害賠償の責任がある。
③ 精神上の苦痛に対する賠償請求権は，譲渡又は承継することができない。但し，当事者間に，既にその賠償に関する契約が成立した後，又は訴を提起した後は，この限りでない。

第2節 婚姻の成立
（婚姻の適齢）
第807条 満18歳になった者は，婚姻することができる。
（同意を要する婚姻）
第808条 未成年者が婚姻するときは，父母の同意を得なければならず，父母のうち一方が同意権を行使できないときは，他の一方の同意を得なければならず，父母がともに同意権を行使することができないときは，後見人の同意を得なければならない。
② 禁治産者は父母又は後見人の同意を得て婚姻することができる。
③ 第1項及び第2項の場合に，父母又は後見人がないか，又は同意することができないときは親族会の同意を得て婚姻することができる。
（近親婚等の禁止）
第809条 8親等以内の血族（親養子の縁組前の血族を含む）の間では婚姻することができない。
② 6親等以内の血族の配偶者，配偶者の6親等以内の血族，配偶者の4親等以内の血族の配偶者である姻戚である者，又はこのような姻戚であつた者の間では婚姻することができない。
③ 6親等以内の養父母系の血族であつた者と4親等以内の養父母系の姻戚であつた者の間では婚姻することができない。
（重婚の禁止）
第810条 配偶者のある者は，重ねて婚姻をすることができない。
第811条 削除
（婚姻の成立）
第812条 婚姻は，家族関係の登録等に関する法律に定めるところにより，届出することによつて，その効力を生ずる。
② 前項の届出は，当事者双方及び成年者である証人二人の連署した書面でしなければならない。
（婚姻届出の審査）
第813条 婚姻の届出は，その婚姻が第807条乃至第810条及び第812条第2項の規定その他法令に違反しない場合には，これを受理しなければならない。
（外国での婚姻届出）
第814条 外国にある本国民間の婚姻は，その外国に駐在する大使，公使又は領事に届出をすることができる。
② 前項の届出を受理した大使，公使，又は領事は，遅滞なくその届出書類を，本国の登録基準地を管轄する家族関係登録官署に送付しなければならない。

第3節 婚姻の無効と取消
（婚姻の無効）
第815条 婚姻は，次の各号の一の場合には，無効とする。
一 当事者間に，婚姻の合意がない場合
二 婚姻が第809条第1項の規定に違反する場合
三 当事者間に直系姻戚関係があるか，又はあつた場合
四 当事者間に養父母系の直系血族関係があつた場合
（婚姻取消の事由）
第816条 婚姻は，次の各号の一の場合には，法院にその取消を請求することができる。
一 婚姻が，第807条乃至第809条（第815条の規定により，婚姻の無効事由に該当する場合を除く。以下，第817条及び第820条においても同様である）又は第810条の規定に違反した場合
二 婚姻当時，当事者の一方に夫婦生活を継続することのできない悪疾その他重大な事由があることを知らなかつた場合

三　詐欺又は強迫により，婚姻の意思表示をした場合
（年齢違反婚姻等の取消請求権者）
第817条　婚姻が，第807条，第808条の規定に違反する場合，当事者又はその法定代理人がその取消を請求することができ，第809条の規定に違反した場合，当事者，その直系尊属，又は4親等以内の傍系血族がその取消を請求することができる。
（重婚の取消請求権者）
第818条　婚姻が第810条の規定に違反する場合，当事者及びその配偶者，直系尊属，4親等以内の傍系血族，又は検事がその取消を請求することができる。
（同意のない婚姻の取消請求権の消滅）
第819条　第808条の規定に違反した婚姻は，当事者が20歳に達した後，又は禁治産宣告の取消後，3箇月を経過し，又は婚姻中に懐胎した場合には，その取消を請求することができない。
（近親婚の取消請求権の消滅）
第820条　第809条の規定に違反した婚姻は，その当事者の間で婚姻中に懐胎した場合には，その取消を請求することができない。
第821条　削除
（悪疾等の事由による婚姻取消請求権の消滅）
第822条　第816条第2号の規定に該当する事由のある婚姻は，相手方がその事由のあることを知つた日から6箇月を経過したときは，その取消を請求することができない。
（詐欺，強迫による婚姻取消請求権の消滅）
第823条　詐欺又は強迫による婚姻は，詐欺を知つた日又は強迫を免かれた日から3箇月を経過したときは，その取消を請求することができない。
（婚姻取消の効力）
第824条　婚姻の取消は，その効力を既往に遡らない。
（婚姻の取消と子の養育等）

第824条の2　第837条及び第837条の2の規定は，婚姻の取消の場合の子の養育責任と面接交渉権につき，これを準用する。
（婚姻取消と損害賠償請求権）
第825条　第806条の規定は，婚姻の無効又は取消の場合に準用する。

第4節　婚姻の効力
第1款　一般的効力
（夫婦間の義務）
第826条　夫婦は同居し，互に扶養・協助しなければならない。ただし，正当な理由で一時的に同居しない場合には，互に忍容しなければならない。
②　夫婦の同居場所は，夫婦の協議により定める。ただし，協議が調わないときは，当事者の請求により，家庭法院がこれを定める。
（成人擬制）
第826条の2　未成年者が婚姻したときには成年者とみなす。
（夫婦間の家事代理権）
第827条　夫婦は，日常の家事に関して，互に代理権がある。
②　前項の代理権に加えた制限は，善意の第三者に対抗することができない。
（夫婦間の契約の取消）
第828条　夫婦間の契約は，婚姻中，何時でも夫婦の一方がこれを取り消すことができる。但し，第三者の権利を害することができない。

第2款　財産上の効力
（夫婦財産の契約とその変更）
第829条　夫婦が，婚姻成立前に，その財産に関し別に契約をしなかつたときは，その財産関係は，本款中，次の各条に定めるところによる。
②　夫婦が婚姻成立前に，その財産に関し契約したときは，婚姻中これを変更することができない。但し，正当な事由があるときは，法院の許可を得て変更することができる。

③　前項の契約により，夫婦の一方が他の一方の財産を管理する場合において管理の失当により，その財産を危うくしたときは，他の一方は自己が管理すべき旨を法院に請求することができる。その財産が夫婦の共有であるときは，その分割を請求することができる。
④　夫婦がその財産に関し，別に契約をしたときは，婚姻成立までにその登記をしなければ，これを夫婦の承継人又は第三者に対抗することができない。
⑤　第2項，第3項の規定により又は契約により管理者を変更するとき，又は共有財産を分割したときは，その登記をしなければ，これを夫婦の承継人，又は第三者に対抗することができない。
（特有財産と帰属不明財産）
第830条　夫婦の一方が，婚姻前から有する固有財産及び婚姻中に自己の名義で取得した財産は，その特有財産とする。
②　夫婦のいずれに属するか明らかでない財産は，夫婦の共有と推定する。
（特有財産の管理等）
第831条　夫婦は，その特有財産を各自，管理，使用，収益する。
（家事による債務の連帯責任）
第832条　夫婦の一方が日常の家事に関し，第三者と法律行為をしたときは，他の一方は，これによる債務に対し，連帯責任を負う。但し，予め第三者に対し他の一方の責任を負わないことを明示したときは，この限りでない。
（生活費用）
第833条　夫婦の共同生活に必要な費用は，当事者間に特別な約定がないときは，夫婦が共同で負担する。

第5節　離　婚
　第1款　協議上の離婚
（協議上の離婚）
第834条　夫婦は，その協議により，離婚をすることができる。
（禁治産者の協議上の離婚）
第835条　第808条第2項及び第3項の規定は，禁治産者の協議上の離婚にこれを準用する。
（離婚の成立と届出方式）
第836条　協議上の離婚は家庭法院の確認を受け家族関係の登録等に関する法律の定めるところにより届出をすることによって，その効力を生ずる。
②　前項の届出は，当事者双方及び成年者である証人二人の連署した書面でしなければならない。
（離婚の手続）
第836条の2　協議上離婚をしようとする者は，家庭法院が提供する離婚に関する案内を受けなければならず，家庭法院は，必要な場合，当事者に相談に関して専門的な知識と経験をそなえた専門相談者の相談を受けることを勧告することができる。
②　家庭法院に離婚意思の確認を申請した当事者は，第1項の案内を受けた日から次の各号の期間が過ぎた後に離婚意思の確認を受けることができる。
　一　養育すべき子（懐胎中である子を含む。以下，同条において同様である）がある場合には3箇月
　二　第1号に該当しない場合には1箇月
③　家庭法院は，暴力によって当事者の一方に耐えることができない苦痛が予想される等，離婚をしなければならない急迫な事情がある場合には，第2項の期間を短縮または免除することができる。
④　養育すべき子がある場合，当事者は第837条による子の養育及び第909条第4項による子の親権者決定に関する協議書又は第837条及び第909条第4項による家庭法院の審判正本を提出しなければならない。
（離婚と子の養育責任）
第837条　当事者は，その子の養育に関する事項を，協議により定める。
②　第1項の協議は，次の事項を包含しなければならない。
　一　養育者の決定
　二　養育費用の負担

三　面接交渉権を行使するか否か及びその方法
③　第1項による協議が子の福祉に反する場合には，家庭法院は補正を命じ，又は職権によってその子の意思・年齢及び父母の財産状況，その他の事情を参酌して，養育に必要な事項を定める。
④　養育に関する事項の協議が調わないとき又は協議することができないときには，家庭法院は職権によって又は当事者の請求によりこれに関して決定する。この場合，家庭法院は第3項の事情を参酌しなければならない。
⑤　家庭法院は，子の福祉のため必要であると認める場合には，父・母・子及び検事の請求または職権によって，子の養育に関する事項を変更又は他の適当な処分をすることができる。
⑥　第3項ないし第5項までの規定は，養育に関する事項以外には父母の権利義務に変更をもたらさない。

（面接交渉権）
第837条の2　子を直接養育しない父母の一方と子は，お互いに面接交渉できる権利を有する。
②　家庭法院は，子の福祉のために必要である場合，当事者の請求又は職権により，面接交渉を制限又は排除することができる。

（詐欺，強迫による離婚の取消請求権）
第838条　詐欺又は強迫により，離婚の意思表示をした者は，その取消を家庭法院に請求することができる。

（準用規定）
第839条　第823条の規定は，協議上の離婚に準用する。

（財産分割請求権）
第839条の2　協議上の離婚をした者の一方は，他の一方に対して財産分割を請求することができる。
②　第1項の財産分割に関する協議が調わないとき，又は協議することができない場合においては，家庭法院は当事者の請求により，当事者双方の協力による財産の額数及び事情を参酌の上，分割の額数及び方法を定める。
③　第1項の財産分割請求権は，離婚の日から2年を経過することにより消滅する。

（財産分割請求権保全のための詐害行為取消権）
第839条の3　夫婦の一方が他方の財産分割請求権行使を害することを知りながらも財産権を目的にする法律行為をしたときには，他方は第406条第1項を準用して，その取消及び原状回復を家庭法院に請求することができる。
②　第1項の訴は，第406条第2項の期間内に提起しなければならない。

第2款　裁判上の離婚
（裁判上の離婚原因）
第840条　夫婦の一方は，次の各号の事由がある場合には，家庭法院に離婚を請求することができる。
一　配偶者に不貞な行為があつたとき
二　配偶者が悪意で他の一方を遺棄したとき
三　配偶者又はその直系尊属から著しく不当な待遇をうけたとき
四　自己の直系尊属が配偶者から著しく不当な待遇をうけたとき
五　配偶者の生死が3年以上明らかでなかつたとき
六　その他婚姻を継続し難い重大な事由があるとき

（不貞による離婚請求権の消滅）
第841条　前条第1号の事由は，他の一方が事前同意若しくは事後宥恕をしたとき，又はこれを知つた日から6箇月，その事由があつた日から2年を経過したときは，離婚を請求することができない。

（その他の原因による離婚請求権の消滅）
第842条　第840条第6号の事由は，他の一方がこれを知つた日から6箇月，その事由がある日から2年を経過すれば，離婚を請求することができない。

（準用規定）

資料2　関係法令（大韓民国民法第4編・第5編）

第843条　第806条，第837条，第837条の2並びに第839条の2の規定は，裁判上の離婚の場合に準用する。

第4章　父母と子

第1節　嫡出子（親生子）
（夫の嫡出子の推定）
第844条　妻が婚姻中に懐胎した子は，夫の子と推定する。
②　婚姻成立の日から200日後又は婚姻関係終了の日から300日以内に出生した子は，婚姻中に懐胎したものと推定する。
（法院による父の決定）
第845条　再婚をした女子が出産した場合，第844条の規定によってその子の父を定めることができないときには，法院が当事者の請求により，これを定める。
（子の嫡出否認）
第846条　夫婦の一方は，第844条の場合において，その子が嫡出子であることを否認する訴を提起することができる。
（嫡出否認の訴）
第847条　嫡出否認の訴は，夫又は妻が他の一方又は子を相手に，その事由があることを知つた日から2年内にこれを提起しなければならない。
②　第1項の場合において，相手になる者が全て死亡したときには，その死亡を知つた日から2年内に，検事を相手方とし，嫡出否認の訴を提起することができる。
（禁治産者の嫡出否認の訴）
第848条　夫又は妻が禁治産者である場合においては，その後見人は親族会の同意を得て，嫡出否認の訴を提起することができる。
②　第1項の場合において，後見人が嫡出否認の訴を提起しなかつたときは，禁治産者は禁治産宣告の取消があつた日から2年内に，嫡出否認の訴を提起することができる。
（子死亡後の嫡出否認）
第849条　子が死亡した後でも，その直系卑属があるときに限りその母を相手方とし，母がなければ検事を相手方として，否認の訴を提起することができる。
（遺言による嫡出否認）
第850条　夫又は妻が遺言によつて否認の意思を表示した場合，遺言執行者は嫡出否認の訴を提起しなければならない。
（夫の子の出生前の死亡等と嫡出否認）
第851条　夫が子の出生前に死亡し，あるいは，夫又は妻が第847条第1項の期間内に死亡した場合には，夫又は妻の直系尊属と直系卑属に限り，その死亡を知つた日から2年内に，嫡出否認の訴を提起することができる。
（嫡出否認権の消滅）
第852条　子の出生後に嫡出子であることを承認した者は，再び嫡出否認の訴を提起することはできない。
第853条　削除
（詐欺，強迫による承認の取消）
第854条　第852条の承認が，詐欺又は強迫によるものである場合には，これを取り消すことができる。
（認知）
第855条　婚姻外の出生子は，その生父又は生母がこれを認知することができる。父母の婚姻が無効であるときは，出生子は婚姻外の出生子とみなす。
②　婚姻外の出生子は，その父母が婚姻したときは，そのときから婚姻中の出生子とみなす。
（禁治産者の認知）
第856条　父が禁治産者であるときは，後見人の同意を得て認知することができる。
（死亡した子の認知）
第857条　子が死亡した後でも，その直系卑属があるときは，これを認知することができる。
（懐胎中の子の認知）
第858条　父は懐胎中にある子に対しても，これを認知することができる。
（認知の効力発生）
第859条　認知は，家族関係の登録等に関する法律の定めるところにより，届出に

363

よつてその効力を生ずる。
② 認知は，遺言によつても，これをすることができる。この場合には，遺言執行者がこれを届け出なければならない。
（認知の遡及効）
第860条　認知は，その子の出生の時にさかのぼつて効力を生ずる。但し，第三者の取得した権利を害することができない。
（認知の取消）
第861条　詐欺，強迫，又は重大な錯誤によつて認知をした場合には，詐欺や錯誤を知つた日又は強迫から免れた日から6箇月内に，家庭法院にその取消を請求することができる。
（認知に対する異議の訴）
第862条　子その他，利害関係人は，認知の届出があることを知つた日から1年内に，認知に対する異議の訴を提起することができる。
（認知請求の訴）
第863条　子，その直系卑属，又はその法定代理人は，父又は母を相手に，認知請求の訴を提起することができる。
（父母の死亡と認知請求の訴）
第864条　第862条及び第863条の場合において，父又は母が死亡したときには，その死亡を知つた日から2年内に，検事を相手方として，認知に対する異議又は認知請求の訴を提起することができる。
（認知と子の養育責任等）
第864条の2　第837条及び第837条の2の規定は，子が認知された場合における子の養育責任と面接交渉権に関し，これを準用する。
（他の事由を原因とした嫡出関係存否確認の訴）
第865条　第845条，第846条，第848条，第850条，第851条，第862条及び第863条の規定により，訴を提起することができる者は，他の事由を原因として，嫡出子関係存否の確認の訴を提起することができる。
② 第1項の場合において，当事者の一方が死亡したときには，その死亡を知つた日から2年内に，検事を相手方として訴を提起することができる。

第2節　養　子
第1款　養子縁組の要件
（養子をする能力）
第866条　成年に達した者は，養子をすることができる。
第867条　削除
第868条　削除
（15歳未満者の養子縁組の承諾）
第869条　養子となる者が15歳未満である場合には，法定代理人がこれに代わり縁組を承諾する。ただし，後見人が縁組を承諾する場合には，家庭法院の許可を得なければならない。
（養子縁組の同意）
第870条　養子となる者は，父母の同意を得なければならない。父母が死亡，その他の事由により同意することができない場合において，他の直系尊属があるときは，その同意を得なければならない。
② 第1項の場合において，直系尊属が数人あるときは，最近尊属を先順位とし，同順位者が数人あるときは，年長者を先順位とする。
（未成年者の養子縁組の同意）
第871条　養子となる者が成年に達しない場合において，父母又は他の直系尊属がないときは，後見人の同意を得なければならない。ただし，後見人が同意をする場合には，家庭法院の許可を得なければならない。
（後見人と被後見人間の養子縁組）
第872条　後見人が被後見人を養子とする場合には，家庭法院の許可を得なければならない。
（禁治産者の養子縁組）
第873条　禁治産者は，後見人の同意を得て養子をすることができ，養子となることができる。
（夫婦の共同養子縁組）
第874条　配偶者のある者が養子をすると

きは，配偶者と共同でしなければならない。
② 配偶者のある者が養子となるときは，他の一方の同意を得なければならない。
第875条　削除
第876条　削除
（養子の禁止）
第877条　尊属又は年長者は，これを養子とすることができない。
（養子縁組の効力発生）
第878条　養子縁組は，家族関係の登録等に関する法律に定めるところにより，届出をすることによつてその効力を生ずる。
② 前項の届出は，当事者双方と成年者である証人二人の連署した書面でしなければならない。
第879条　削除
第880条　削除
（養子縁組の届出の審査）
第881条　養子縁組届出は，その養子縁組が第866条乃至第877条，第878条第2項の規定その他の法令に違反することがないときは，これを受理しなければならない。
（外国での養子縁組の届出）
第882条　第814条の規定は，養子縁組の場合に準用する。

第2款　養子縁組の無効と取消
（養子縁組無効の原因）
第883条　養子縁組は，次の各号の場合には，無効とする。
一　当事者間に養子縁組の合意がないとき
二　第869条及び第877条第1項の規定に違反したとき
（養子縁組取消の原因）
第884条　養子縁組は，次の各号の場合には，家庭法院に，その取消を請求することができる。
一　養子縁組が第866条及び第870条乃至第874条の規定に違反したとき
二　養子縁組当時，養親子の一方に悪疾その他重大な事由があることを知ることができなかつたとき
三　詐欺又は強迫により養子縁組の意思表示をしたとき
（養子縁組取消請求権者）
第885条　養子縁組が第866条の規定に違反したときは，養父母，養子とその法定代理人又は直系血族が，その取消を請求することができる。
（同前）
第886条　養子縁組が第870条の規定に違反する場合，同意権者がその取消を請求することができ，第871条の規定に違反した場合には，その養子又は同意権者がその取消を請求することができる。
（同前）
第887条　養子縁組が第872条の規定に違反したときは，被後見人又は親族会員がその取消を請求することができ，第873条の規定に違反したときは，禁治産者又は後見人がその取消を請求することができる。
（同前）
第888条　養子縁組が第874条の規定に違反したときは，配偶者はその取消を請求することができる。
（養子縁組取消請求権の消滅）
第889条　第866条の規定に違反した養子縁組は養親が成年に達した後は，その取消を請求することができない。
第890条　削除
（同前）
第891条　第871条の規定に違反した養子縁組は，養子が成年に達した後，3箇月を経過したとき又は死亡したときは，その取消を請求することができない。
（同前）
第892条　第872条の規定に違反した養子縁組は，後見の終了による管理計算の終了後6箇月を経過すれば，その取消を請求することができない。
（同前）
第893条　第873条の規定に違反した養子縁組は，禁治産宣告の取消があつた後，

3箇月を経過したときは，その取消を請求することができない。
(同前)

第894条 第870条及び第874条の規定に違反した養子縁組は，その事由があることを知つた日から6箇月，その事由があつた日から1年を経過したときは，その取消を請求することができない。

第895条 削除
(同前)

第896条 第884条第2号の規定に該当した事由がある養子縁組は，養親子の一方がその事由があることを知つた日から6箇月を経過したときは，取消を請求することができない。

(準用規定)

第897条 第823条及び第824条の規定は，養子縁組の取消に準用し，第806条の規定は養子縁組の無効又は取消に準用する。

第3款 離縁
第1項 協議上の離縁
(協議上の離縁)

第898条 養親子は，協議で離縁することができる。

(15歳未満者の協議による養子離縁)

第899条 養子が15歳未満である場合には，第869条の規定により縁組を承諾した者が，代わりに縁組離縁の協議をしなければならない。ただし，縁組を承諾した者が死亡その他の事由により協議をすることができない場合には，生家の他の直系尊属がこれを行わなければならない。

② 第1項の規定による協議を後見人又は生家の他の直系尊属が行う場合には，家庭法院の許可を得なければならない。

(未成年者の協議上の離縁)

第900条 養子が未成年者であるときは，第871条の規定による同意権者の同意を得て離縁の協議をすることができる。

(準用規定)

第901条 第899条及び第900条の場合において直系尊属が数人あるときは，第870条第2項の規定を準用する。

(禁治産者の協議上の離縁)

第902条 養親又は養子が禁治産者であるときは，後見人の同意を得て離縁の協議をすることができる。

(離縁の届出の審査)

第903条 離縁の届出は，その離縁が第878条第2項，第898条乃至前条の規定その他法令に違反することがなければ，これを受理しなければならない。

(準用規定)

第904条 第823条と第878条の規定は，協議上の離縁に準用する。

第2項 裁判上の離縁
(裁判上の離縁の原因)

第905条 養親子の一方は，次の各号の事由がある場合には，家庭法院に離縁を請求することができる。

一 家族の名誉を汚涜したとき，又は財産を傾倒した重大な過失があるとき
二 他の一方又はその直系尊属から著しく不当な待遇を受けたとき
三 自己の直系尊属が他の一方から著しく不当な待遇を受けたとき
四 養子の生死が3年以上明らかでないとき
五 その他，養親子関係を継続し難い重大な事由があるとき

(準用規定)

第906条 第899条乃至第902条の規定は，裁判上の離縁の請求に準用する。

(離縁請求権の消滅)

第907条 第905条第1号乃至第3号と第5号の事由は，他の一方がこれを知つた日から6箇月，その事由があつた日から3年を経過すれば，離縁を請求することができない。

(離縁と損害賠償請求権)

第908条 第806条の規定は，裁判上の離縁に準用する。

第4款 親養子

資料2　関係法令（大韓民国民法第4編・第5編）

（親養子縁組の要件等）
第908条の2　親養子を迎えようとする者は，次の各号の要件を備え，家庭法院に親養子縁組の請求をしなければならない。
　一　3年以上婚姻中である夫婦として共同で縁組をすること。ただし，1年以上婚姻中である夫婦の一方がその配偶者の嫡出子を親養子とする場合には，この限りでない。
　二　親養子となる者が15歳未満であること
　三　親養子となる者の元の父母が親養子縁組に同意すること。ただし，父母の親権が失われ，又は死亡その他の事由により同意することができない場合には，この限りでない。
　四　第869条の規定による法定代理人の縁組の承諾があること
② 家庭法院は，親養子となる子の福利のため，その養育状況，親養子縁組の動機，養親の養育能力，その他の事情を考慮し，親養子縁組が適当でないと認められる場合には，第1項の請求を棄却することができる。

（親養子縁組の効力）
第908条の3　親養子は，夫婦の婚姻中の出生子とみなす。
② 親養子の縁組前の親族関係は，第908条の2第1項の請求による親養子縁組が確定されたときに終了する。ただし，夫婦の一方がその配偶者の嫡出子と単独で縁組をする場合における配偶者及びその親族と嫡出子の間の親族関係に関しては，この限りでない。

（親養子縁組の取消し等）
第908条の4　親養子となる者の元の父又は母は，自分に責任のない事由により第908条の2第1項第3号ただし書の規定による同意をすることができなかった場合には，親養子縁組の事実を知った日から6月内に，家庭法院に親養子縁組の取消しを請求することができる。
② 第883条及び第884条の規定は，親養子縁組に関し，これを適用しない。

（親養子の離縁）
第908条の5　養親，親養子，元の父又は母あるいは検事は，次の各号の一の事由がある場合には，家庭法院に親養子離縁を請求することができる。
　一　養親が親養子を虐待又は遺棄し，その他親養子の福利を顕著に害する場合
　二　親養子の養親に対する破倫行為により，親養子関係を維持することができなくなった場合
② 第898条及び第905条の規定は，親養子の離縁に関し，これを適用しない。

（準用規定）
第908条の6　第908条の2第2項の規定は，親養子縁組の取消し，又は第908条の5第1項第2号の規定による養子離縁の請求に関し，これを準用する。

（親養子縁組の取消し，離縁の効力）
第908条の7　親養子縁組が取り消され，又は養子離縁がなされたときは，親養子関係は消滅し，縁組前の親族関係は復活する。
② 第1項の場合において，親養子縁組の取消しの効力は遡及しない。

（準用規定）
第908条の8　親養子につき，この款に特別な規定がある場合を除いては，その性質に反しない限度内で，養子に関する規定を準用する。

第3節　親　権
　第1款　総　則
（親権者）
第909条　父母は未成年者である子の親権者となる。養子の場合においては，養父母が親権者となる。
② 親権は，父母の婚姻中は，父母が共同でこれを行使する。但し，父母の意見が一致しない場合は，当事者の請求により家庭法院がこれを決定する。
③ 父母の一方が親権を行使することができないときは，他の一方がこれを行使する。

367

④ 婚姻外の子が認知された場合と父母が離婚する場合には，父母の協議によって親権者を定めなければならず，協議することができない場合又は協議が調わない場合には，家庭法院は，職権によって又は当事者の請求により親権者を指定しなければならない。ただし，父母の協議が子の福利に反する場合には，家庭法院は補正を命じ，又は職権によって親権者を定める。
⑤ 家庭法院は，婚姻の取消，裁判上の離婚，又は認知請求の訴の場合においては，職権によつて親権者を定める。
⑥ 家庭法院は，子の福利のために必要であると認められる場合においては，子の4親等以内の親族の請求により，定められた親権者を他の一方に変更することができる。

（子の親権の代行）
第910条 親権者は，その親権に従う子に代わり，その子に対する親権を行使する。

（未成年者である子の法定代理人）
第911条 親権を行使する父又は母は，未成年者である子の法定代理人となる。

（親権行使の基準）
第912条 親権を行使するにおいては，子の福利を優先的に考慮しなければならない。

　　第2款　親権の効力
（保護，教養の権利義務）
第913条 親権者は，子を保護し教養する権利義務を有する。

（居所指定権）
第914条 子は親権者の指定した場所に居住しなければならない。

（懲戒権）
第915条 親権者はその子を保護又は教養するために必要な懲戒をすることができ，法院の許可を得て，感化又は矯正の機関に委託することができる。

（子の特有財産とその管理）
第916条 子が自己の名義で取得した財産は，その特有財産とし，法定代理人である親権者がこれを管理する。

第917条　削除

（第三者が無償で子に授与した財産の管理）
第918条 無償で子に財産を与える第三者が親権者の管理に反対する意思を表示したときは，親権者はその財産を管理することができない。
② 前項の場合に，第三者がその財産管理人を指定しないときは，法院は，財産の授与を受けた子，又は第777条の規定による親族の請求によつて，管理人を選任する。
③ 第三者の指定した管理人の権限が消滅し，又は管理人を改任する必要ある場合に，第三者が更に管理人を指定しないときも，前項と同様である。
④ 第24条第1項，第2項，第4項，第25条前段及び第26条第1項，第2項の規定は，前二項の場合に準用する。

（委任に関する規定の準用）
第919条 第691条及び第692条の規定は，前三条の財産管理に準用する。

（子の財産に関する親権者の代理権）
第920条 法定代理人である親権者は，子の財産に関する法律行為につき，その子を代理する。但し，その子の行為を目的とする債務を負担する場合には，本人の同意を得なければならない。

（共同親権者の一方が共同名義でした行為の効力）
第920条の2 父母が共同で親権を行使すべき場合に，父母の一方が共同名義で子を代理し，又は子の法律行為に同意をしたときは，それが他の一方の意思に反する時でも，その効力を有する。但し，相手方が悪意の場合は，その限りでない。

（親権者と子又は数人の子の間の利害相反行為）
第921条 法定代理人である親権者とその子の間の利害相反する行為については，親権者は，法院に，その子のために特別代理人の選任を請求しなければならな

い。
② 法定代理人である親権者がその親権に従う数人の子の間で利害が相反する行為をなすにあたつては、法院にその子の一方の特別代理人の選任を請求しなければならない。
（親権者の注意義務）
第922条　親権者がその子に対する法律行為の代理権又は財産管理権を行使するには、自己の財産に関する行為と同一の注意をもつてしなければならない。
（財産管理の計算）
第923条　法定代理人である親権者の権限が消滅したときは、その子の財産に関する管理を計算しなければならない。
② 前項の場合に、その子の財産から収取した果実は、その子の養育、財産管理の費用と相殺したものとみなす。但し、無償で子に財産を与える第三者が反対の意思を表示したときは、その財産に関しては、この限りでない。

第3款　親権の喪失
（親権喪失の宣告）
第924条　父又は母が親権を濫用するとき、又は顕著な非行、その他親権を行使せしめることができない重大な事由があるときは、法院は、第777条の規定による子の親族、又は検事の請求により、その親権の喪失を宣告することができる。
（代理権、管理権喪失の宣告）
第925条　法定代理人である親権者が、管理の失当により、子の財産を危うくしたときは、法院は、第777条の規定による子の親族の請求により、その法律行為の代理権と財産管理権の喪失を宣告することができる。
（失権回復の宣告）
第926条　前二条の原因が消滅したときは、法院は、本人又は第777条の規定による親族の請求により、失権の回復を宣告することができる。
（代理権、管理権の辞退と回復）
第927条　法定代理人である親権者は、正当な事由があるときは、法院の許可を得て、その法律行為の代理権又は財産管理権を辞退することができる。
② 前項の事由が消滅したときは、その親権者は、法院の許可を得て、辞退した権利を回復することができる。

第5章　後　見

第1節　後見人
（未成年者に対する後見の開始）
第928条　未成年者に対し親権者がないとき、又は親権者が法律行為の代理権及び財産管理権を行使することができないときは、その後見人をおかなければならない。
（禁治産者等に対する後見の開始）
第929条　禁治産又は限定治産の宣告があるときは、その宣告をうけた者の後見人をおかなければならない。
（後見人の数）
第930条　後見人は一人とする。
（遺言による後見人の指定）
第931条　未成年者に対し親権を行使する父母は、遺言で、未成年者の後見人を指定することができる。但し、法律行為の代理権及び財産管理権のない親権者は、これを指定することができない。
（未成年者の後見人の順位）
第932条　第931条の規定による後見人の指定がないときは、未成年者の直系血族、3親等以内の傍系血族の順位で、後見人となる。
（禁治産者の後見人の順位）
第933条　禁治産又は限定治産の宣告があつたときは、その宣告を受けた者の直系血族、3親等以内の傍系血族の順位で、後見人となる。
（既婚者の後見人の順位）
第934条　既婚者が禁治産又は限定治産の宣告を受けたときは、配偶者が後見人となる。但し、配偶者も禁治産又は限定治産の宣告を受けたときには、第933条の順位による。
（後見人の順位）

第935条　第932条乃至第934条の規定による直系血族又は傍系血族が数人であるときは，最近親を先順位とし，同順位者が数人あるときは，年長者を先順位とする。
② 　第1項の規定にかかわらず，養子の実父母と養父母とが共に存するときは，養父母を先順位とし，その他実家血族と養家血族の親等が同順位であるときは，養家血族を先順位とする。
（法院による後見人の選任）
第936条　前四条の規定により後見人となる者がない場合には，法院は，第777条の規定による被後見人の親族その他利害関係人の請求により，後見人を選任しなければならない。
② 　後見人が死亡，欠格その他の事由により欠けたときは，前四条の規定により，後見人となる者がない場合にも，前項と同様である。
（後見人の欠格事由）
第937条　次の各号に該当する者は後見人になることができない。
一　未成年者
二　禁治産者，限定治産者
三　破産宣告を受けた者
四　資格停止以上の刑の宣告をうけて，その刑期中にある者
五　法院で解任された法定代理人，又は親族会員
六　行方が不明な者
七　被後見人に対し訴訟をしたもの又はしている者，又はその配偶者と直系血族
（後見人の代理権）
第938条　後見人は，被後見人の法定代理人となる。
（後見人の辞退）
第939条　後見人は，正当な事由があるときは，法院の許可を得て，これを辞退することができる。
（後見人の変更）
第940条　家庭法院は，被後見人の福利のために後見人を変更する必要があると認められる場合には，被後見人の親族又は検事の請求，又は職権により，後見人を変更することができる。
② 　第1項の場合においては，第932条乃至第935条に規定された後見人の順位にかかわらず，4親等以内の親族その他適合する者を後見人と定めることができる。

第2節　後見人の任務
（財産調査と目録作成）
第941条　後見人は，遅滞なく被後見人の財産を調査し，2箇月内にその目録を作成しなければならない。但し，正当な事由があるときは，法院の許可を得て，その期間を延長することができる。
② 　前項の財産調査及び目録作成は，親族会が指定した会員の立会をもってしなければその効力がない。
（後見人の債権，債務の提示）
第942条　後見人と被後見人の間に債権，債務の関係があるときは，後見人は財産目録の作成を完了する前に，その内容を親族会又は親族会の指定した会員に提示しなければならない。
② 　後見人が，被後見人に対する債権のあることを知って，前項の提示を怠ったときは，その債権を放棄したものとみなす。
（目録作成前の権限）
第943条　後見人は，財産調査と目録作成を完了するまでは，緊急必要な場合でなければ，その財産に関する権限を行使することができない。但し，これをもって善意の第三者に対抗することができない。
（被後見人が取得した包括的財産の調査等）
第944条　前三条の規定は，後見人の就任後に，被後見人が包括的財産を取得した場合に準用する。
（未成年者の身分に関する後見人の権利義務）
第945条　未成年者の後見人は，第913条

乃至第915条に規定する事項に関し，親権者と同一の権利義務を有する。但し，親権者が定めた教養方法又は居所を変更し，又は被後見人を感化又は矯正の機関に委託し，又は親権者が許諾した営業を取消又は制限するには，親族会の同意を得なければならない。
(財産管理のみの後見)
第946条　親権者が，法律行為の代理権及び財産管理権に限り親権を行使することができない場合には，後見人の任務は，未成年者の財産に関する行為に限る。
(禁治産者の療養，監護)
第947条　禁治産者の後見人は，禁治産者の療養，監護に，日常の注意を怠つてはならない。
② 後見人が禁治産者を私宅に監禁し，又は精神病院その他の場所に監禁治療するには，法院の許可を得なければならない。但し，緊急を要する状態であるときは，事後に許可を請求することができる。
(未成年者の親権の代行)
第948条　後見人は，被後見人に代わつてその子に対する親権を行使する。
② 前項の親権行使には，後見人の任務に関する規定を準用する。
(財産管理権と代理権)
第949条　後見人は，被後見人の財産を管理し，その財産に関する法律行為につき，被後見人を代理する。
② 第920条但書の規定は，前項の法律行為に準用する。
(法定代理権と同意権の制限)
第950条　後見人が被後見人に代わり，次の各号の行為をし，未成年者又は限定治産者の次の各号の行為に同意をするには，親族会の同意を得なければならない。
一　営業をすること
二　借財又は保証をすること
三　不動産又は重要な財産に関する権利の得喪変更を目的とする行為をすること

四　訴訟行為をすること
② 前項の規定に違反した行為は，被後見人又は親族会が，これを取り消すことができる。
(被後見人に対する権利の譲受)
第951条　後見人が被後見人に対する第三者の権利を譲り受けるには，親族会の同意を得なければならない。
② 前項の規定に違反した行為は，被後見人又は親族会が，これを取り消すことができる。
(相手方に対する追認の催告)
第952条　第15条の規定は，前二条の場合に，相手方の親族会に対し追認するかどうかを催告する場合に準用する。
(親族会の後見事務の監督)
第953条　親族会は，何時でも，後見人に対し，その任務遂行に関する報告若しくは財産目録の提出を求め，又は被後見人の財産状況を調査することができる。
(法院の後見事務に関する処分)
第954条　法院は，被後見人又は第777条の規定による親族その他利害関係人の請求により，被後見人の財産状況を調査し，その財産管理その他後見任務遂行に関し，必要な処分を命ずることができる。
(後見人に対する報酬)
第955条　法院は，後見人の請求により，被後見人の財産状態，その他事情を参酌して，被後見人の財産中から相当な報酬を後見人に与えることができる。
(委任と親権の規定の準用)
第956条　第681条及び第918条の規定は，後見人にこれを準用する。

第3節　後見の終了
(後見事務の終了と管理の計算)
第957条　後見人の任務が終了したときは，後見人又はその相続人は，1箇月内に，被後見人の財産に関する計算をしなければならない。但し，正当な事由があるときは，法院の許可を得て，その期間を延長することができる。

② 前項の計算は，親族会が指定した会員の参与がなければ効力がない。
(利子の附加と金銭消費に対する責任)
第958条 後見人が被後見人に支給すべき金額，又は被後見人が後見人に支給すべき金額には，計算終了の日から利息を附しなければならない。
② 後見人が自己のために被後見人の金銭を消費したときは，その消費した日から利息を附し，なお被後見人に損害があれば，これを賠償しなければならない。
(委任規定の準用)
第959条 第691条，第692条の規定は，後見の終了に，これを準用する。

第6章　親族会

(親族会の組織)
第960条 本法その他の法律の規定によつて，親族会の決議を要する事由があるときは，親族会を組織する。
(親族会員の数)
第961条 親族会員は，3人以上10人以下とする。
② 親族会に代表者1人をおき，親族会員中から互選する。
③ 前項の代表者は，訴訟行為その他外部に対する行為につき親族会を代表する。
(親権者の親族会員指定)
第962条 後見人を指定することができる親権者は，未成年者の親族会員を指定することができる。
(親族会員の選任)
第963条 親族会員は，本人，その法定代理人，又は第777条の規定による親族，又は利害関係人の請求によつて法院が第777条の規定によるその親族又は本人との間に特別な縁故ある者の中から，これを選任する。但し，前条の規定によつて親族会員が指定されたときは，この限りでない。
② 前項の規定による請求をすることができる者は，親族会の員数とその選任に関し，法院に意見書を提出することができる。

(親族会員の欠格事由)
第964条 後見人は，後見の計算を完了した後でなければ，被後見人の親族会員となることができない。
② 第937条の規定は，親族会員に準用する。
(無能力者のための常設親族会)
第965条 未成年者，禁治産者又は限定治産者のための親族会は，その無能力の事由が終了するときまで継続する。
② 前項の親族会に欠員が生じたときは，法院は職権又は請求により，これを補充しなければならない。
(親族会の招集)
第966条 親族会は，本人，その法定代理人，配偶者，直系血族，会員，利害関係人又は検事の請求によつて家庭法院が，これを招集する。
(親族会の決議方法)
第967条 親族会の議事は，会員過半数の賛成で決定する。
② 前項の議事に関し，利害関係ある会員は，その決議に加わることができない。
③ 親族会員過半数の賛成で行つた書面決議でもつて親族会の決議に代わる場合には，前条の規定によつて，親族会の招集を請求することができる者は，2箇月内にその取消を法院に請求することができる。
(親族会において意見開陳)
第968条 本人，その法定代理人，配偶者，直系血族，4親等以内の傍系血族は，親族会に出席し，意見を述べることができる。
(親族会の決議に代わる裁判)
第969条 親族会が決議をすることができないとき，又は決議をしないときは，親族会の招集を請求することができる者は，その決議に代わるべき裁判を法院に請求することができる。
(親族会員の辞退)
第970条 親族会員は，正当な事由があるときは，法院の許可を得て，これを辞退することができる。

（親族会員の解任）
第971条　親族会員に，その任務に関し不正行為その他適当でない事由があるときは，法院は，職権又は本人，その法定代理人，第777条の規定による本人の親族又は利害関係人の請求によつて，その親族会員を改任又は解任することができる。
② 法院は，適当であると認定するときは，その職権又は本人その法定代理人，第777条の規定による本人の親族又は利害関係人の請求によつて，親族会員を増員選任することができる。
（親族会の決議と異議の訴）
第972条　親族会の招集を請求することができる者は，親族会の決議に対し，2箇月内に異議の訴を提起することができる。
（親族会員の善管義務）
第973条　第681条の規定は，親族会員に準用する。

第7章　扶　養

（扶養義務）
第974条　次の各号の親族は，互いに扶養の義務がある。
　一　直系血族及びその配偶者間
　二　削除
　三　その他親族間（生計を同じくする場合に限る）
（扶養義務と生活能力）
第975条　扶養の義務は，扶養をうけるべき者が自己の資力，又は勤労により生活を維持することができない場合に限り，これを履行する責任がある。
（扶養の順位）
第976条　扶養の義務ある者が数人である場合に，扶養をする者の順位に関し，当事者間に協定がないときは，法院は，当事者の請求によつて，これを定める。扶養をうけるべき権利者が数人である場合に，扶養義務者の資力が，その全員を扶養することができないときも，同様である。
② 前項の場合に，法院は，数人の扶養義務者又は権利者を選定することができる。
（扶養の程度，方法）
第977条　扶養の程度又は方法に関し，当事者間に協定がないときは，法院は，当事者の請求によつて，扶養をうけるべき者の生活程度と扶養義務者の資力，その他一切の事情を参酌し，これを定める。
（扶養関係の変更又は取消）
第978条　扶養をすべき者又は扶養をうけるべき者の順位，扶養の程度又は方法に関する当事者の協定又は法院の判決があつた後，これに関する事情に変更があるときは，法院は当事者の請求によつて，その協定又は判決を取消又は変更することができる。
（扶養請求権処分の禁止）
第979条　扶養をうける権利は，これを処分することができない。

第8章　削　除

　第1節　削除
第980条　削除
第981条　削除
第982条　削除
第983条　削除

　第2節　削除
第984条　削除
第985条　削除
第986条　削除
第987条　削除
第988条　削除
第989条　削除
第990条　削除
第991条　削除
第992条　削除
第993条　削除
第994条　削除

　第3節　削除
第995条　削除
第996条　削除

第5編 相続

第1章 相続

第1節 総則

(相続開始の原因)
第997条 相続は，死亡によつて開始する。

(相続開始の場所)
第998条 相続は，被相続人の住所地で開始する。

(相続費用)
第998条の2 相続に関する費用は，相続財産から支給する。

(相続回復請求権)
第999条 相続権が，僭称相続権者によつて侵害された場合には，相続権者又はその法定代理人は，相続回復の訴を提起することができる。
② 第1項の相続回復請求権は，その侵害を知つた日から3年，相続権の侵害行為があつた日から10年を経過することによつて消滅する。

第2節 相続人

(相続の順位)
第1000条 相続においては，次の順位で相続人となる。
　一 被相続人の直系卑属
　二 被相続人の直系尊属
　三 被相続人の兄弟姉妹
　四 被相続人の4親等以内の傍系血族
② 前項の場合に，同順位の相続人が数人あるときは，最近親を先順位とし，同親等の相続人が数人あるときは，共同相続人となる。
③ 胎児は相続順位に関しては，既に出生したものとみなす。

(代襲相続)
第1001条 前条第1項第1号と第3号の規定によつて，相続人となるべき直系卑属又は兄弟姉妹が，相続開始前に，死亡し，又は欠格者となつた場合に，その直系卑属があるときは，その直系卑属が死亡又は欠格となつた者の順位に代わり，相続人となる。

(妻が被相続人である場合の相続人)
第1002条 削除

(配偶者の相続順位)
第1003条 被相続人の配偶者は，第1000条第1項第1号と第2号の規定による相続人がある場合には，その相続人と同順位で，共同相続人となり，その相続人がないときは，単独相続人となる。
② 第1001条の場合に，相続開始前に死亡又は欠格となつた者の配偶者は，同条の規定による相続人と同順位で共同相続人となり，その相続人がないときは，単独相続人となる。

(相続人の欠格事由)
第1004条 次の各号の一に該当する者は，相続人になることができない。
　一 故意により直系尊属，被相続人，その配偶者，又は相続の先順位や同順位を持つ者を殺害し，あるいは殺害しようとした者
　二 故意により直系尊属，被相続人とその配偶者に傷害を与え，死亡に至らしめた者
　三 詐欺又は強迫により被相続人の相続に関する遺言，又は遺言の撤回を妨害した者
　四 詐欺又は強迫により被相続人の相続に関する遺言をさせた者
　五 被相続人の相続に関する遺言書を偽造・変造・破棄又は隠匿した者

第3節 相続の効力

第1款 一般的効力

(相続と包括的権利義務の承継)
第1005条 相続人は，相続開始の時から被相続人の財産に関する包括的権利義務を承継する。但し，被相続人の一身に専属したものはその限りでない。

(共同相続と財産の共有)
第1006条 相続人が数人あるときは，相続財産は，その共有とする。

(共同相続人の権利義務承継)

第1007条　共同相続人は，各自の相続分に応じて，被相続人の権利義務を承継する。
（特別受益者の相続分）
第1008条　共同相続人中に，被相続人から財産の贈与又は遺贈を受けた者がある場合に，その受贈財産が自己の相続分に達することができないときは，その不足する部分の限度において相続分がある。
（寄与分）
第1008条の2　共同相続人の中，相当な期間，同居・看護その他の方法によつて被相続人を特に扶養し，又は被相続人の財産の維持や増加に特に寄与した者がいる場合，相続開始当時の被相続人の財産価額から共同相続人の協議によつて定められたその者の寄与分を控除したものを相続財産とみなし，第1009条及び第1010条によつて算定された相続分に寄与分を加算した額をもつてその者の相続分とする。
② 　第1項の協議が不調又は協議をすることができない場合には，家庭法院は，第1項に規定された寄与者の請求によつて，寄与の時期，方法及び程度並びに相続財産の額その他の事情を参酌して寄与分を定める。
③ 　寄与分は，相続開始時の被相続人の財産価額から，遺贈の価額を控除した額を超えることはできない。
④ 　第2項の規定による請求は，第1013条第2項の規定による請求があつた場合，又は第1014条に規定する場合に行うことができる。
（墳墓等の承継）
第1008条の3　墳墓に属する1町歩以内の禁養林野並びに600坪以内の墓土である農地，族譜及び祭具の所有権は，祭祀を主宰する者がこれを承継する。

第2款　相続分
（法定相続分）
第1009条　同順位の相続人が数人あるときは，その相続分は均分とする。
② 　被相続人の配偶者の相続分は，直系卑属と共同で相続するときには，直系卑属の相続分の5割を加算し，直系尊属と共同で相続するときには，直系尊属の相続分5割を加算する。
③ 　削除
（代襲相続分）
第1010条　第1001条の規定により，死亡又は欠格となつた者に代わり相続人となつた者の相続分は，死亡又は欠格となつた者の相続分による。
② 　前項の場合に，死亡又は欠格となつた者の直系卑属が数人あるときは，その相続分は，死亡又は欠格となつた者の相続分の限度において第1009条の規定によつて，これを定める。第1003条第2項の場合にも，また同様である。
（共同相続分の譲受）
第1011条　共同相続人中に，その相続分を第三者に譲渡したものがあるときは，他の共同相続人は，その価格と譲渡費用を償還して，その相続分を譲受することができる。
② 　前項の権利は，その事由を知つた日から3箇月，その事由があつた日から1年内に行使しなければならない。

第3款　相続財産の分割
（遺言による分割方法の指定，分割禁止）
第1012条　被相続人は，遺言で，相続財産の分割方法を定め，又はこれを定めることを第三者に委託することができ，相続開始の日から5年を超過しない期間内のその分割を禁止することができる。
（協議による分割）
第1013条　前条の場合のほか，共同相続人は，何時でも，その協議で，相続財産を分割することができる。
② 　第269条の規定は，前項の相続財産の分割に準用する。
（分割後の被認知者等の請求権）
第1014条　相続開始後の認知又は裁判の確定により，共同相続人となつた者が，相続財産の分割を請求する場合に，他の

共同相続人が既に分割，その他の処分をしたときは，その相続分に相当した価格の支給を請求する権利がある。
（分割の遡及効）
第1015条　相続財産の分割は，相続の開始されたときにさかのぼって，その効力を生ずる。但し，第三者の権利を害することができない。
（共同相続人の担保責任）
第1016条　共同相続人は，他の共同相続人が分割により取得した財産に対し，その相続分に応じて売渡人と同一の担保責任を負う。
（相続債務者の資力に対する担保責任）
第1017条　共同相続人は，他の相続人が分割により取得した債権に対し，分割当時の債務者の資力を担保とする。
② 弁済期に達しない債権，又は停止条件のある債権に対しては，弁済を請求することができるときの債務者の資力を担保する。
（無資力共同相続人の担保責任の分担）
第1018条　担保責任ある共同相続人中に償還の資力がない者があるときは，その負担部分は，求償権者と資力ある他の共同相続人がその相続分に応じて分担する。但し，求償権者の過失により償還を受けることのできないときは，他の共同相続人に分担を請求することができない。

第4節　相続の承認及び放棄
第1款　総則
（承認，放棄の期間）
第1019条　相続人は，相続開始のあつたことを知つた日から3箇月内に，単純承認若しくは限定承認，又は放棄をすることができる。但し，その期間は，利害関係又は検事の請求によつて，家庭法院が，これを延長することができる。
② 相続人は，第1項の承認又は放棄をする前に，相続財産を調査することができる。
③ 第1項の規定に拘らず，相続人は相続

債務が相続財産を超過する事実を重大な過失なしに第1項の期間内に知ることができずに単純承認（第1026条第1号及び第2号の規定によつて単純承認したものとみなす場合を含む）をした場合にも，その事実を知つた日から3箇月内に限定承認をすることができる。
（無能力者の承認，放棄の期間）
第1020条　相続人が無能力者であるときは，前条第1項の期間は，その法定代理人が，相続開始があつたことを知つた日から起算する。
（承認，放棄期間の計算に関する特則）
第1021条　相続人が承認又は放棄をしないで，第1019条第1項の期間内に死亡したときは，その相続人が自己の相続開始あつたことを知つた日から第1019条第1項の期間を起算する。
（相続財産の管理）
第1022条　相続人は，その固有財産に対することと同一な注意で，相続財産を管理しなければならない。但し，単純承認又は放棄をしたときは，この限りでない。
（相続財産保存に必要な処分）
第1023条　法院は，利害関係人，又は検事の請求によつて，相続財産の保存に必要な処分を命ずることができる。
② 法院が財産管理人を選任した場合には，第24条乃至第26条の規定を準用する。
（承認，放棄の取消禁止）
第1024条　相続の承認又は放棄は，第1019条第1項の期間内にも，これを取り消すことができない。
② 前項の規定は，総則編の規定による取消に影響を及ぼさない。但し，その取消権は，追認することができる日から3箇月，承認又は放棄をした日から1年内に行使しなければ，時効により消滅する。

第2款　単純承認
（単純承認の効果）
第1025条　相続人が単純承認をしたとき

は，制限なく被相続人の権利義務を承継する。
（法定単純承認）
第1026条　次の各号の事由がある場合には相続人が単純承認をしたものとみなす。
一　相続人が相続財産に対する処分行為をしたとき
二　相続人が第1019条第1項の期間内に限定承認又は放棄をしなかつたとき
三　相続人が，限定承認又は放棄をした後に相続財産を隠匿したとき，又は不正消費をしたとき，又は故意に財産目録に記入しなかつたとき
（法定単純承認の例外）
第1027条　相続人が相続を放棄することにより，次順位相続人が相続を承認したときは，前条第3号の事由は，相続の承認とみなされない。

第3款　限定承認

（限定承認の効果）
第1028条　相続人は，相続により取得すべき財産の限度において，被相続人の債務と遺贈を弁済することを条件として，相続を承認することができる。
（共同相続人の限定承認）
第1029条　相続人が数人あるときは，各相続人はその相続分に応じ，取得すべき財産の限度において，その相続分に応ずる被相続人の債務と遺贈を弁済することを条件に相続を承認することができる。
（限定承認の方式）
第1030条　相続人が限定承認をするにおいては，第1019条第1項又は第3項の期間内に相続財産の目録を添付し，法院に限定承認の届出をしなければならない。
②　第1019条第3項の規定により限定承認をした場合，相続財産の中に既に処分した財産があるときは，その目録と価額を共に提出しなければならない。
（限定承認と財産上権利義務の不消滅）
第1031条　相続人が限定承認をしたときは，被相続人に対する相続人の財産上権利義務は，消滅しない。
（債権者に対する公告，催告）
第1032条　限定承認者は限定承認をした日から5日内に，一般相続債権者と受遺者に対し，限定承認の事実と一定の期間内にその債権，又は受贈を届出すべき旨を公告しなければならない。その期間は，2箇月以上でなければならない。
②　第88条第2項，第3項及び第89条の規定は，前項の場合に準用する。
（催告期間中の弁済拒絶）
第1033条　限定承認者は，前条第1項の期間満了前には，相続債権の弁済を拒絶することができる。
（配当弁済）
第1034条　限定承認者は，第1032条第1項の期間満了後に，相続財産をもつて，その期間内に届出をした債権者と限定承認者が知つていた債権者に対し，各債権額の比率で，弁済しなければならない。但し，優先権ある債権者の権利を害することができない。
②　第1019条第3項の規定により限定承認をした場合においては，その相続人は相続財産の内残された相続財産と既に処分した財産の価額を合し，第1項の弁済をしなければならない。但し，限定承認をする前の相続債権者又は遺贈を受けた者に対し弁済した価額は，既に処分した財産の価額から除外する。
（弁済期前の債務等の弁済）
第1035条　限定承認者は，弁済期に至らない債権に対しても，前条の規定により，弁済しなければならない。
②　条件ある債権又は存続期間の不確定な債権は，法院が選任した鑑定人の評価により，弁済しなければならない。
（受遺者への弁済）
第1036条　限定承認者は，前二条の規定によつて，相続債権者に対する弁済を完了した後でなければ，受遺者に弁済をすることができない。
（相続財産の競売）

第1037条　前三条の規定による弁済をするために，相続財産の全部又は一部を売却する必要があるときは，民事執行法により競売しなければならない。
(不当弁済等による責任)
第1038条　限定承認者が，第1032条の規定による公告や催告を怠り，又は第1033条乃至第1036条の規定に違反し，ある相続債権者や遺贈を受けた者に弁済することにより，他の相続債権者や遺贈を受けた者に対し弁済できなくなつた場合には，限定承認者はその損害を賠償しなければならない。第1019条第3項の規定により限定承認をした場合，その以前に相続債務が相続財産を超えることを知らなかつたことに過失がある相続人が，相続債権者や遺贈を受けた者に弁済したときもまた，同じである。
②　第1項前段の場合において，弁済を受けられなかつた相続債権者や遺贈を受けた者は，その事情を知りながら弁済を受けた相続債権者や遺贈を受けた者に対し，求償権を行使することができる。第1019条第3項の規定により限定承認をした場合において，その以前に相続債務が相続財産を超えることを知りながら弁済を受けた相続債権者や遺贈を受けた者がいるときもまた，同じである。
③　第766条の規定は，第1項及び第2項の場合において準用する。
(届出をしない債権者等)
第1039条　第1032条第1項の期間内に届出をしなかつた相続債権者及び受遺者で限定承認者に知れなかつた者は，相続財産の残余がある場合に限り，その弁済を受けることができる。但し，相続財産に対し，特別担保権があるときは，この限りでない。
(共同相続財産とその管理人の選任)
第1040条　相続人が数人ある場合には，法院は，各相続人その他利害関係人の請求によつて，共同相続人の中から，相続財産管理人を選任することができる。
②　法院が選任した管理人は，共同相続人を代表し，相続財産の管理と債務の弁済に関するすべての行為をする権利義務がある。
③　第1022条，第1032条乃至前条の規定は，前項の管理人に準用する。但し，第1032条の規定により公告をすべき五日の期間は，管理人がその選任を知つた日から起算する。

第4款　放　棄
(放棄の方式)
第1041条　相続人が相続を放棄するには第1019条第1項の期間内に，家庭法院に放棄の届出をしなければならない。
(放棄の遡及効)
第1042条　相続の放棄は，相続開始の時にさかのぼつて，その効力を生ずる。
(放棄した相続財産の帰属)
第1043条　相続人が数人ある場合に，ある相続人がその相続を放棄したときは，その相続分は，他の相続人の相続分の比率で，その相続人に帰属する。
(放棄した相続財産の管理継続義務)
第1044条　相続を放棄した者は，その放棄によつて相続人となつた者が相続財産を管理することができるときまで，その財産の管理を継続しなければならない。
②　第1022条と第1023条の規定は，前項の財産管理に準用する。

第5節　財産の分離
(相続財産の分離請求権)
第1045条　相続債権者又は受遺者，又は相続人の債権者は，相続開始の日から3箇月内に，相続財産と相続人の固有財産の分離を，法院に，請求することができる。
②　相続人が相続の承認又は放棄をしない間は，前項の期間経過後にも，財産の分離を請求することができる。
(分離命令と債権者等に対する公告，催告)
第1046条　法院が前条の請求によつて財産の分離を命じたときは，その請求者

資料2　関係法令（大韓民国民法第4編・第5編）

は，5日内に，一般相続債権者と受遺者に対し，財産分離の命令があつた事実と一定の期間内に，その債権又は受遺を届け出すべき旨を公告しなければならない。その期間は，2箇月以上でなければならない。
② 第88条第2項，第3項と第89条の規定は，前項の場合に準用する。
（分離後の相続財産の管理）
第1047条　法院が財産の分離を命じたときは，相続財産の管理に関し，必要な処分を命ずることができる。
② 法院が財産管理人を選任した場合には，第24条乃至第26条の規定を準用する。
（分離後の相続人の管理義務）
第1048条　相続人が単純承認をした後にも，財産分離の命令があるときは，相続財産に対し，自己の固有財産と同一な注意で管理をしなければならない。
② 第683条乃至第685条及び第688条第1項，第2項の規定は，前項の財産管理に準用する。
（財産分離の対抗要件）
第1049条　財産の分離は，相続財産である不動産に関しては，これを登記しなければ，第三者に対抗することができない。
（財産分離と権利義務の不消滅）
第1050条　財産分離の命令があるときは，被相続人に対する相続人の財産上の権利義務は，消滅しない。
（弁済の拒絶と配当弁済）
第1051条　相続人は第1045条及び第1046条の期間満了前には，相続債権者及び受遺者に対し，弁済を拒絶することができる。
② 前項の期間満了後に，相続人は，相続財産をもつて，財産分離の請求又はその期間内に届出をした相続債権者，受遺者と相続人が知つている相続債権者，受遺者に対し，各債権額又は受遺額の比率で弁済しなければならない。但し，優先権ある債権者の権利を害することはできない。

③ 第1035条乃至第1038条の規定は，前項の場合に準用する。
（固有財産よりの弁済）
第1052条　前条の規定による相続債権者と受遺者は，相続財産をもつて，全額の弁済をうけることができない場合に限り，相続人の固有財産からその弁済を受けることができる。
② 前項の場合に，相続人の債権者は，その相続人の固有財産から優先弁済を受ける権利がある。

第6節　相続人の不存在
（相続人のない財産の管理人）
第1053条　相続人の存否が明らかでなかつたときは，法院は，第777条の規定による被相続人の親族その他利害関係人又は検事の請求により相続財産管理人を選任して，遅滞なく，これを公告しなければならない。
② 第24条乃至第26条の規定は，前項の財産管理人に準用する。
（財産目録提示と状況報告）
第1054条　管理人は，相続債権者又は受遺者の請求があるときは，何時でも相続財産の目録を提示して，その状況を報告しなければならない。
（相続人の存在が明らかになつた場合）
第1055条　管理人の任務は，その相続人が相続の承認をしたときに終了する。
② 前項の場合には，管理人は，遅滞なくその相続人に対して管理の計算をしなければならない。
（相続人のない財産の清算）
第1056条　第1053条第1項の公告のあつた日から3箇月以内に相続人の存否を知ることができないときは，管理人は，遅滞なく一般相続債権者と受遺者に対し，一定した期間内に，その債権又は受贈を届け出すべき旨を公告しなければならない。その期間は，2箇月以上でなければならない。
② 第88条第2項，第3項，第89条，第

379

1033条乃至第1039条の規定は，前項の場合に準用する。
（相続人捜索の公告）
第1057条　第1056条第1項の期間が経過しても相続人の存否を知ることができない場合，法院は，管理人の請求により，相続人があるならば一定の期間内にその権利を主張するよう公告しなければならない。その期間は1年以上でなければならない。
（特別縁故者に対する分与）
第1057条の2　第1057条の期間内に相続権を主張する者がいない場合，家庭法院は被相続人と生計を共にしていた者，被相続人の療養看護をしていた者，その他被相続人と特別な縁故があつた者の請求により，相続財産の全部又は一部を分与することができる。
② 第1項の請求は，第1057条の期間の満了後，2箇月以内にしなければならない。
（相続財産の国家帰属）
第1058条　第1057条の2の規定によつて分与されなかつた場合，相続財産は国家に帰属する。
② 第1055条第2項の規定は，第1項の場合に準用する。
（国家帰属財産に対する弁済請求の禁止）
第1059条　前条第1項の場合には，相続財産で弁済をうけることができなかつた相続債権者又は受遺者があるときも，国家に対し，その弁済を請求することができない。

第2章　遺　言

第1節　総　則
（遺言の要式性）
第1060条　遺言は，本法の定める方式によらなければ効力を生じない。
（遺言適齢）
第1061条　満17歳に達しない者は，遺言をすることができない。
（無能力者と遺言）
第1062条　第5条，第10条及び第13条の規定は，遺言に関しては，これを適用しない。
（禁治産者の遺言能力）
第1063条　禁治産者は，その意思能力を回復したときに限り，遺言をすることができる。
② 前項の場合には，医師が心神回復の状態を遺言書に附記して，署名捺印しなければならない。
（遺言と胎児，相続欠格者）
第1064条　第1000条第3項，第1004条の規定は，受遺者に準用する。

第2節　遺言の方式
（遺言の普通方式）
第1065条　遺言の方式は，自筆証書，録音，公正証書，秘密証書及び口授証書の5種とする。
（自筆証書による遺言）
第1066条　自筆証書による遺言は，遺言者がその全文と年月日，住所及び姓名を自書して捺印しなければならない。
② 前項の証書に文字の挿入，削除又は変更をするには，遺言者が，これを自書して捺印しなければならない。
（録音による遺言）
第1067条　録音による遺言は，遺言者が遺言の趣旨，その姓名と年月日を口述して，これに参与した証人が遺言が正確である旨とその姓名を口述しなければならない。
（公正証書による遺言）
第1068条　公正証書による遺言は，遺言者が証人二人が参与した公証人の面前で遺言の趣旨を口授して公証人がこれを筆記朗読し，遺言者と証人がその正確なことを承認した後，各自署名又は記名捺印しなければならない。
（秘密証書による遺言）
第1069条　秘密証書による遺言は，遺言者が筆者の姓名を記入した証書を厳封捺印して，これを二人以上の証人の面前に提出し，自己の遺言書であることを表示した後，その封書表面に提出年月日を記

資料2　関係法令（大韓民国民法第4編・第5編）

載して，遺言者と証人が各自署名又は記名捺印しなければならない。
② 前項の方式による遺言封書は，その表面に記載された日から5日内に，公証人又は法院書記に提出して，その封印上に確定日付印を受けねばならない。

（口授証書による遺言）
第1070条　口授証書による遺言は疾病その他急迫した事由により前四条の方式によることができない場合に，遺言者が二人以上の証人の参与で，その一人に遺言の趣旨を口授して，その口授を受けた者がこれを筆記朗読し，遺言者と証人がその正確なことを承認した後，各自署名又は記名捺印しなければならない。
② 前項の方式による遺言は，その証人又は利害関係人が急迫した事由の終了した日から7日内に，法院に，その検認を申請しなければならない。
③ 第1063条第2項の規定は，口授証書による遺言に適用しない。

（秘密証書による遺言の転換）
第1071条　秘密証書による遺言がその方式に欠けるものがある場合に，その証書が自筆証書の方式に適合したときは，自筆証書による遺言とみなす。

（証人の欠格事由）
第1072条　次の各号の事項に該当する者は，遺言に参与する証人となることができない。
　一　未成年者
　二　禁治産者及び限定治産者
　三　遺言により利益を受けるべき者，その配偶者及び直系血族
② 公正証書による遺言には，公証人法に依る欠格者は，証人となることができない。

第3節　遺言の効力

（遺言の効力発生時期）
第1073条　遺言は，遺言者が死亡したときからその効力を生ずる。
② 遺言に停止条件がある場合に，その条件が遺言者の死亡後に成就したときは，その条件が成就したときから遺言の効力を生ずる。

（遺贈の承認，放棄）
第1074条　受遺者は遺言者の死亡後に，何時でも，遺贈を承認，又は放棄することができる。
② 前項の承認又は放棄は，遺言者の死亡した時にさかのぼつてその効力がある。

（遺贈の承認，放棄の取消禁止）
第1075条　遺贈の承認又は放棄は，取り消すことができない。
② 第1024条第2項の規定は，遺贈の承認と放棄に準用する。

（受遺者の相続人の承認，放棄）
第1076条　受遺者が承認又は放棄をしないで死亡したときは，その相続人は，相続分の限度において，承認又は放棄をすることができる。但し，遺言者が遺言で他の意思を表示したときは，その意思による。

（遺贈義務者の催告権）
第1077条　遺贈義務者又は利害関係人は，相当の期間を定め，その期間内に承認又は放棄を確答すべき旨を受遺者又はその相続人に催告することができる。
② 前項の期間内に，受遺者又は相続人が遺贈義務者に対して催告に対する確答をしないときは，遺贈を承認したものとみなす。

（包括的受遺者の権利義務）
第1078条　包括的受遺者は，相続人と同一の権利義務がある。

（受遺者の果実取得権）
第1079条　受遺者は，遺贈の履行を請求することができるときから，その目的物の果実を取得する。但し，遺言者が遺言で他の意思を表示したときは，その意思による。

（果実収受費用の償還請求権）
第1080条　遺贈義務者が遺言者の死亡後に，その目的物の果実を収受するために，必要費を支出したときは，その果実の価格の限度において，果実を取得した受遺者に償還を請求することができる。

(遺贈義務者の費用償還請求権)
第1081条　遺贈義務者が遺贈者の死亡後に，その目的物に対し，費用を支出したときは第325条の規定を準用する。
(不特定物遺贈義務者の担保責任)
第1082条　不特定物を遺贈の目的とした場合には，遺贈義務者は，その目的物に対し，売渡人と同じ担保責任がある。
② 前項の場合に，目的物に，瑕疵があるときは，遺贈義務者は，瑕疵のない物件で引渡さなければならない。
(遺贈の物上代位性)
第1083条　遺贈者が遺贈目的物の滅失，毀損又は占有の侵害によつて，第三者に損害賠償を請求する権利があるときは，その権利を遺贈の目的としたものとみなす。
(債権の遺贈の物上代位性)
第1084条　債権を遺贈の目的とした場合に，遺言者がその弁済を受けた物件が相続財産中に在るときは，その物件を遺贈の目的としたものとみなす。
② 前項の債権が金銭を目的とした場合には，その弁済を受けた債権額に相当した金銭が相続財産中にないときも，その金額を遺贈の目的としたものとみなす。
(第三者の権利の目的たる物件又は権利の遺贈)
第1085条　遺贈の目的たる物件又は権利が，遺言者の死亡当時に第三者の権利の目的である場合には，受遺者は，遺贈義務者に対しその第三者の権利を消滅せしめることを請求することができない。
(遺言者が他の意思表示をした場合)
第1086条　前三条の場合に，遺言者が遺言で他の意思を表示したときは，その意思による。
(相続財産に属しない権利の遺贈)
第1087条　遺言の目的たる権利が，遺言者の死亡当時に相続財産に属しないときは，遺言はその効力がない。但し，遺言者が自己の死亡当時に，その目的物が相続財産に属しない場合にも，遺言の効力をあらしめる意思であるときは，遺贈義務者はその権利を取得し，受遺者に移転する義務がある。
② 前項但書の場合に，その権利を取得できないとき，又はその取得に過多な費用を要するときは，その価格で弁償することができる。
(負担ある遺贈と受遺者の責任)
第1088条　負担ある遺贈を受けた者は，遺贈の目的の価格を超過しない限度において，負担した義務を履行する責任がある。
② 遺贈の目的の価格が限定承認又は財産分離により減少したときは，受遺者は，その減少した限度において，負担する義務を免かれる。
(遺贈効力発生前の受遺者の死亡)
第1089条　遺贈は，遺言者の死亡前に受遺者が死亡したときは，その効力を生じない。
② 停止条件ある遺贈は，受遺者がその条件成就前に死亡したときは，その効力を生じない。
(遺贈の無効，失効の場合と目的財産の帰属)
第1090条　遺贈がその効力を生じないとき，又は受遺者がこれを放棄したときは，遺贈の目的たる財産は，相続人に帰属する。但し，遺言者が遺言で他の意思を表示したときは，その意思による。

第4節　遺言の執行
(遺言証書，録音の検認)
第1091条　遺言の証書又は録音を保管した者，又はこれを発見した者は，遺言者の死亡後，遅滞なく，法院に提出して，その検認を請求しなければならない。
② 前項の規定は，公正証書又は，口授証書による遺言には，適用しない。
(遺言証書の開封)
第1092条　法院が封印された遺言証書を開封するときは，遺言者の相続人，その代理人，その他利害関係人の参与があらねばならない。
(遺言執行者の指定)

資料2　関係法令（大韓民国民法第4編・第5編）

第1093条　遺言者は遺言で，遺言執行者を指定することができ，その指定を第三者に委託することができる。
（委託による遺言執行者の指定）
第1094条　前条の委託を受けた第三者は，その委託のあつたことを知つた後，遅滞なく遺言執行者を指定して相続人に通知しなければならず，その委託を辞退するときは，これを相続人に通知しなければならない。
②　相続人その他利害関係人は，相当な期間を定め，その期間内に遺言執行者を指定すべき旨を委託を受けた者に催告することができる。その期間内に，指定の通知を受けることができなかつたときは，その指定の委託を辞退したものとみなす。
（指定遺言執行者がない場合）
第1095条　前二条の規定により，指定された遺言執行者がないときは，相続人が遺言執行者となる。
（法院による遺言執行者の選任）
第1096条　遺言執行者がないとき，又は死亡，欠格その他の事由によりなくなつたときは，法院は，利害関係人の請求によつて，遺言執行者を選任しなければならない。
②　法院が遺言執行者を選任した場合には，その任務に関し必要な処分を命ずることができる。
（遺言執行者の承諾，辞退）
第1097条　指定による遺言執行者は，遺言者の死亡後，遅滞なく，これを承諾又は辞退すべき旨を相続人に通知しなければならない。
②　選任による遺言執行者は，選任の通知をうけた後，遅滞なくこれを承諾又は辞退すべき旨を法院に通知しなければならない。
③　相続人その他利害関係人は，相当の期間を定め，その期間内に承諾するかどうかを確答すべき旨を指定，又は選任による遺言執行者に催告することができる。その期間内に催告に対する確答を受けることができなかつたときは，遺言執行者が，その就任を承諾したものとみなす。
（遺言執行者の欠格事由）
第1098条　無能力者及び破産宣告を受けた者は遺言執行者となることができない。
（遺言執行者の任務着手）
第1099条　遺言執行者がその就任を承諾したときは，遅滞なくその任務を履行しなければならない。
（財産目録作成）
第1100条　遺言が財産に関したものであるときは，指定又は選任による遺言執行者は，遅滞なく，その財産目録を作成して，相続人に交付しなければならない。
②　相続人の請求があるときは，前項の財産目録作成に相続人を立ち会わさなければならない。
（遺言執行者の権利義務）
第1101条　遺言執行者は，遺贈の目的である財産の管理その他遺言の執行に必要な行為をする権利義務を有する。
（共同遺言執行）
第1102条　遺言執行者が数人ある場合には，任務の執行は，その過半数の賛成でもつて決定する。但し，保存行為は各自がこれをすることができる。
（遺言執行者の地位）
第1103条　指定又は選任による遺言執行者は，相続人の代理人とみなす。
②　第681条乃至第685条，第687条，第691条及び第692条の規定は，遺言執行者に準用する。
（遺言執行者の報酬）
第1104条　遺言者が遺言でその執行者の報酬を定めない場合には，法院は，相続財産の状況その他の事情を参酌し，指定又は選任による遺言執行者の報酬を定めることができる。
②　遺言執行者が報酬を受ける場合には，第686条第2項，第3項の規定を準用する。
（遺言執行者の辞退）
第1105条　指定又は選任による遺言執行

者は，正当な事由があるときは，法院の許可を得て，その任務を辞退することができる。
（遺言執行者の解任）
第1106条　指定又は選任による遺言執行者にその任務を怠り，又は適当でない事由があるときは，法院は，相続人その他利害関係人の請求によつて遺言執行者を解任することができる。
（遺言執行の費用）
第1107条　遺言の執行に関する費用は，相続財産中からこれを支給する。

第5節　遺言の撤回
（遺言の撤回）
第1108条　遺言者は，何時でも，遺言又は生前行為でもつて遺言の全部又は一部を撤回することができる。
②　遺言者は，その遺言を撤回する権利を放棄することができない。
（遺言の抵触）
第1109条　前後の遺言が抵触し，又は遺言後の生前行為が遺言と抵触する場合は，その抵触した部分の前遺言は，これを撤回したものとみなす。
（破毀による遺言の撤回）
第1110条　遺言者が故意に遺言証書又は遺贈の目的物を破毀したときは，その破毀した部分に関する遺言は，これを撤回したものとみなす。
（負担ある遺言の取消）
第1111条　負担附遺贈を受けた者がその負担義務を履行しないときは，相続人又は遺言執行者は，相当な期間を定めて履行すべき旨を催告し，その期間内に履行しないときは，法院に遺言の取消を請求することができる。但し，第三者の利益を害することはできない。

第3章　遺留分

（遺留分の権利者と遺留分）
第1112条　相続人の遺留分は次の各号による。
　一　被相続人の直系卑属は，その法定相続分の2分の1
　二　被相続人の配偶者は，その法定相続分の2分の1
　三　被相続人の直系尊属は，その法定相続分の3分の1
　四　被相続人の兄弟姉妹は，その法定相続分の3分の1
（遺留分の算定）
第1113条　遺留分は被相続人の相続開始時において所有する財産の価額に贈与財産の価額を加算し，債務の全額を控除し，これを算定する。
②　条件付の権利又は存続期間が不確定な権利は家庭法院が選任した鑑定人の評価によつてその価格を定める。
（算入された贈与）
第1114条　贈与は相続開始前の1年間に行つたものに限り，第1113条の規定によつてその価額を算定する。当事者双方が遺留分権利者に損害を加えることを知つて贈与したときには，1年前にしたものも同じとする。
（遺留分の保全）
第1115条　遺留分権利者が被相続人の第1114条に規定された贈与及び遺贈により，その遺留分に不足が生じたときには，不足した限度でその財産の返還を請求することができる。
②　第1項の場合に贈与及び遺贈を受けた者が数人であるときには各人が得た遺贈価額の比例で返還しなければならない。
（返還の順序）
第1116条　贈与に対しては遺贈の返還を受けた後でなければこれを請求することができない。
（消滅時効）
第1117条　返還の請求権は遺留分権利者が相続の開始と返還しなければならない贈与又は遺贈をした事実を知つたときから1年内にしなければ時効により消滅する。相続を開始したときから10年を経過したときも同じとする。
（準用規定）
第1118条　第1001条，第1008条，第

資料2　関係法令（大韓民国民法第4編・第5編）

1010条の規定は遺留分にこれを準用する。
附　則（抄）
（旧法の定義）
第1条　附則で旧法とは，本法により廃止される法令又は法令中の条項をいう。
（本法の遡及効）
第2条　本法に特別な規定ある場合の外には本法施行日前の事項に対しても，これを適用する。但し，既に旧法によつて生じた効力に影響を及ぼさない。
（公証力ある文書とその作成）
第3条　公証人又は法院書記の確定日附印ある私文書は，その作成日附に対する公証力がある。
② 日附確定の請求を受けた公証人又は法院書記は，確定日附簿に請求者の住所，姓名及び文書名目を記載し，その文書に記簿番号を記入した後，日附印を捺し帳簿と文書に契印をしなければならない。
③ 日附確定を公証人に請求する者は法務部令で，法院書記に請求する者は大法院規則でそれぞれ定めるところによつて手数料を納付しなければならない。
④ 公正証書に記入した日附，又は公務所で私文書にある事項を証明して記入した日附は，確定日附とする。
（旧法による限定治産者）
第4条　旧法により，心身耗弱者又は浪費者で準禁治産宣告を受けた者は，本法施行日から本法の規定による限定治産者とみなす。
② 旧法により，聾者，唖者，又は盲者で準禁治産宣告を受けた者は，本法施行日から能力を回復する。
（夫の取消権に関する経過規定）
第5条　旧法により，妻が夫の許可を要する事項に関し，許可なくその行為をした場合にも，本法施行日後には，これを取り消すことができない。
（妻の財産に対する夫の権利）
第17条　本法施行日前の婚姻により，夫が妻の財産を管理，使用又は収益する場合にも，本法施行日から夫はその権利を

失う。
（婚姻，養子縁組の無効，取消に関する経過規定）
第18条　本法施行日前の婚姻又は養子縁組に，本法により無効の原因となる事由があるときは，これを無効とし，取消の原因となる事由があるときは，本法の規定によりこれを取り消すことができる。この場合に取消期間があるときは，その期間は本法施行日から起算する。
② 本法施行日前の婚姻又は養子縁組に，旧法による取消の原因となる事由がある場合にも，本法の規定により取消の原因とならないときは，本法施行日後には，これを取り消すことができない。
（離婚，養子離縁に関する経過規定）
第19条　本法施行日前の婚姻又は養子縁組に，本法により離婚又は養子離縁の原因となる事由があるときは，本法の規定によつて裁判上の離婚又は養子離縁の請求をすることができる。この場合に，その請求期間があるときは，その期間は本法施行日から起算する。
② 本法施行日前の婚姻又は養子縁組に，旧法により離婚又は養子離縁の原因となる事由がある場合にも，本法の規定により離婚又は養子離縁の原因とならないときは，本法施行日後には，裁判上の離婚又は養子離縁の請求をすることができない。
（親権）
第20条　成年に達した者は，本法施行日から親権に服しない。
（母の親権行使に関する制限の廃止）
第21条　旧法により親権者である母が親族会の同意を要すべき事項に関し，その同意なく未成年者を代理した行為，又は未成年者の行為に対する同意をした場合にも，本法施行日後は，これを取り消すことができない。
（後見人に関する経過規定）
第22条　旧法により未成年者又は禁治産者に対する後見が開始された場合にも，その後見人の順位，選任，任務及び欠格

385

に関する事項には，本法施行日から本法の規定を適用する。
② 旧法により，準禁治産宣告を受けた者に対しても，その後見に関する事項は，前項と同様である。

(保佐人等に関する経過規定)
第23条 旧法による保佐人，後見監督人及び親族会員は，本法施行日からその地位を失う。但し，本法施行日前に，旧法の規定による保佐人，後見監督人，又は親族会が行つた同意は，その効力を失わない。

(扶養義務に関する本法適用)
第24条 旧法により扶養義務が開始された場合にも，その順位，選任及び方法に関する事項には，本法施行日から本法の規定を適用する。

(相続に関する経過規定)
第25条 本法施行日前に開始された相続に関しては，本法施行日後にも，旧法の規定を適用する。
② 失踪宣告により戸主又は財産相続が開始される場合に，その失踪期間が旧法施行期間中に満了するときにも，その失踪が本法施行日後に宣告されたときは，その相続順位，相続分その他相続に関しては，本法の規定を適用する。

(遺言に関する経過規定)
第26条 本法施行日前の慣習による遺言が，本法に規定した方式に適合しなかつた場合でも，遺言者が本法施行日から遺言の効力発生日まで，その意思表示をすることができない状態にあるときは，その効力を失わない。

(廃止法令)
第27条 次の各号の法令はこれを廃止する。
一 朝鮮民事令第1条の規定により依用された民法，民法施行法，年齢計算に関する法律
二 朝鮮民事令と同令第1条により依用された法令中，本法の規定と抵触する法条
三 軍政法令中，本法の規定と抵触する法条

(施行日)
第28条 本法は，西紀1960年（昭和35年）1月1日から施行する。
　附則（1970・6・18法律第2200号）
本法は，公布の日から施行する。
　附則（1977・12・31法律第3051号）
① この法は公布後1年が経過した日から施行する。
② この法は従前の法律により生じた効力に対し影響を及ぼさない。
③ この法施行日前に婚姻した者が20歳に達したときには，その婚姻が従前の法第808条第1項の規定に違反したときにもその取消を請求することができない。
④ この法施行日前に婚姻した者が未成年者であるときには，この法施行日から成年者とする。
⑤ この法施行日前に開始された相続に関してはこの法施行日後も，従前の規定を適用する。
⑥ 失踪宣告によつて相続が開始された場合にその失踪期間がこの法施行日後に満了したときには，その相続に関しこの法の規定を適用する。
　附則（1984・4・10法律第3723号）
(施行日)
① 本法は1984年9月1日から施行する。
(経過措置の原則)
② 本法は特別な規定がある場合を除いては，本法施行前に生じた事項に対してもこれを適用する。但し，従前の規定によつて生じた効力には影響を及ぼさない。
(失踪宣告に関する経過措置)
③ 第27条第2項の改正規定は，本法施行前に死亡の原因となる危難が発生した場合にもこれを適用する。
　附則（1990・1・13法律第4199号）
(施行日)
第1条 この法律は，1991年1月1日から施行する。
(この法律の効力の不遡及)
第2条 この法律で特別に規定する場合を除き，既に旧法（民法中この法律により

改正又は廃止される従前の条項をいう。以下同じ）によって生じた効力は，影響を受けない。
(親族に関する経過措置)
第3条　旧法によって親族であつた者が，この法律によれば親族とされない場合には，この法律の施行の日から親族としての地位を失う。
(継母子関係等に関する経過措置)
第4条　この法律の施行日前に発生した前妻の出生子と継母及びその血族，姻戚との間の親族関係，並びに婚姻外の出生子と父の配偶者及びその血族，姻戚との間の親族関係は，この法律の施行の日から消滅する。
(約婚の解除に関する経過措置)
第5条　この法律の施行日前の約婚につき，この法律による解除の原因となる事由がある場合には，この法律の規定によつてこれを解除することができる。
②　この法律の施行日前の約婚につき，旧法により解除の原因となる事由がある場合でも，それがこの法律の規定により解除原因とされないときには，この法律の施行日後には解除をすることができない。
(夫婦財産関係に関する法の適用)
第6条　この法律の施行日前の婚姻によつて約定された夫婦間の財産関係に関しては，この法律の施行日からこの法律の規定を適用する。
(養子縁組の取消しに関する経過措置)
第7条　この法律の施行日前の養子縁組につき，旧法により取消しの原因となる事由がある場合でも，それがこの法律の規定により取消し原因とされないときには，この法律の施行日後にはその取消しを請求することができない。
(養子離縁に関する経過措置)
第8条　この法律の施行日前の養子縁組につき，この法律による養子離縁の原因となる事由がある場合には，この法律の規定によつて裁判上の養子離縁を請求することができる。

②　この法律の施行日前の養子縁組につき，旧法により養子離縁の原因となる事由がある場合でも，それがこの法律の規定により養子離縁の原因とされないときは，この法律の施行日後においては，裁判上の養子離縁を請求することができない。
(親権に関する法の適用)
第9条　旧法によつて開始された親権に関しても，この法律の施行日からこの法律の規定を適用する。
(後見人に関する適用)
第10条　旧法によつて未成年者，限定治産者又は禁治産者につき開始された後見に関しても，その後見人の順位及び選任に関する事項については，この法律の施行の日から，この法律の規定を適用する。
(扶養義務に関する法の適用)
第11条　旧法によつて扶養義務が開始された場合でも，この法律の施行の日から，この法律の規定を適用する。
(相続に関する経過措置)
第12条　この法律の施行日前に開始された相続に関しては，この法律の施行日後も，旧法の規定を適用する。
②　失踪宣告によつて相続が開始された場合において，その失踪期間が旧法の施行期間中に満了している場合でも，失踪がこの法律の施行日後に宣告されたときには，相続に関しては，この法律の規定を適用する。
(他の法令との関係)
第13条　この法律の施行当時，他の法令において，「戸主相続」又は「戸主相続人」が引用されている場合には，「戸主承継」又は「戸主承継人」を，「財産相続」又は「財産相続人」が引用されている場合には，「相続」又は「相続人」をそれぞれ引用しているものとみなす。
附則（1997・12・13法律第5431号）
(抄)
(施行日)
第1条　この法律は，公布の後6か月が経

附則（2001・12・29法律第6544号）
この法律は，2002年7月1日から施行する。

附則（2002・1・14法律第6591号）
（施行日）
第1条　この法律は，公布の日から施行する。
（本法の効力の不遡及）
第2条　本法は，従前の規定によつて生じた効力に影響を受けない。
（限定承認に関する経過措置）
第3条　1998年5月27日から本法施行前まで相続開始があることを知つた者で相続債務が相続財産を超過する事実を重大な過失なしに第1019条第1項の期間内に知ることができなかつたが，本法施行前にその事実を知り得たにもかかわらず，限定承認届出をしなかつた者は，本法施行日から3箇月内に第1019条第3項の改正規定による限定承認をすることができる。但し，当該期間内に限定承認をしなかつた場合は，単純承認をしたものとみなす。

附則（2005・3・31法律第7427号）
（抄）
（施行日）
第1条　この法律は，公布された日から施行する。但し，第4編第2章（第778条ないし第789条及び第791条及び第793条，第796条），第826条第3項及び第4項，第908条の2ないし第908条の8，第963条，第966条，第968条，第4編第8章（第980条ないし第982条，第984条ないし第987条，第989条及び第991条ないし第995条）の改正規定と附則第7条（第2項及び第29項を除く）の規定は，2008年1月1日から施行する。
（この法律の効力の不遡及）
第2条　この法律は，従前の規定によって生じた効力に影響を及ぼさない。
（嫡出否認の訴に関する経過措置）
第3条　第847条第1項の改正規定による期間がこの法律の施行日から30日以内に満了する場合，この法律の施行日から30日内に嫡出否認の訴を提起することができる。
② 　第847条第1項の改正規定に定められた期間を計算するにおいては，1997年3月27日からこの法律の施行日前日までの期間は，これを算入しない。
（婚姻の無効・取消しに関する経過措置）
第4条　この法律施行前の婚姻に従前の規定による婚姻の無効又は取消しの原因となる事由がある場合でも，この法律の規定により婚姻の無効又は取消しの原因とならない場合には，この法律施行後には婚姻の無効又は取消しを請求することができない。
（親養子に関する経過措置）
第5条　従前の規定により養子となった者を親養子にしようとする者は，第908条の2第1項第1号ないし第4号の要件を備えた場合，家庭法院に親養子縁組を請求することができる。
（期間に関する経過措置）
第6条　この法律により期間が変更された場合において，この法律施行当時，従前の規定による期間が経過していないときには，この法律の改正規定と従前の規定のうち，その期間が長い規定を適用する。
（他の法律の改正）
第7条　家事訴訟法の一部を次のように改正する。第2条第1項カ目(1)第7号を削除し，同項ナ目(1)第4号のうち「第781条第3項」を「第781条第4項」とし，同目(1)に第4号の2および第4号の3をそれぞれ次のように新設し，同目(1)第25号を削除する。
　4の2　民法第781条第5項の規定による子の従前の姓と本の継続使用許可
　4の3　民法第781条第5項の規定による子の姓と本の変更許可
　第2編第4章（第32条及び第33条）を削除する。
② 　家事訴訟法の一部を次のように改正す

資料2 関係法令（大韓民国民法第4編・第5編）

る。第2条第1項ナ目(1)に第5号の2及び第7号の2をそれぞれ次のように新設する。

5の2　民法第869条但書の規定による後見人の養子縁組承諾に対する許可

7の2　民法第899条第2項の規定による後見人又は生家の他の直系尊属の養子離縁協議に対する許可

第2条第1項ナ目(2)第5号を次のように改正する。

5　民法第909条第4項ないし第6項（婚姻の取消しを原因とする場合を含む）の規定による親権者の指定と変更

③ないし㉘　（省略）

㉙　戸籍法の一部を次のように改正する。

第60条第1項第5号を次のように改正する。

5　民法第909条第4項又は第5項の規定によって親権者が定められたときには，その趣旨と内容

第79条第1項第6号を次のようにする。

6　民法第909条第4項又は第5項の規定によって，親権者が定められたときには，その趣旨と内容

第82条第2項前段のうち「第909条第4項」を「第909条第4項ないし第6項」とし，「親権を行使する者」をそれぞれ「親権者」とする。

附則　（2005・3・31法律第7428号）（抄）

（施行日）

第1条　この法律は公布後1年が経過した日から施行する。

第2条　乃至第4条　（省略）

（他の法律の改正）

第5条　①乃至㊳　（省略）

㊴　民法の一部を次のように改正する。

第937条第3号及び第1098条のうち，「破産者」をそれぞれ「破産宣告を受けた者」とする。

㊵ないし㊺　（省略）

第6条　省略

附則　（2005・12・29法律第7765号）

（施行日）

①　この法律は公布した日から施行する。

（限定承認に関する経過措置）

②　この法律の限定承認に関する特例対象に該当する者がこの法律の施行前に限定承認の申告をし，法院に係属中であるか受理された場合にはその申告または法院の受理決定は効力を有する。

附則　（家族関係の登録等に関する法律／2007・5・17法律第8435号）（抄）

（施行日）

第1条　この法律は，2008年1月1日から施行する。（但書省略）

第2条から第7条まで　省略。

（他の法律の改正）

第8条

①から⑨まで　省略。

⑩　民法の一部を次のように改正する。第812条第1項中「戸籍法」を「家族関係の登録等に関する法律」とする。第814条第2項中「本籍地を管轄する戸籍官署」を「登録基準地を管轄する家族関係登録官署」とする。第836条第1項・第859条第1項及び第878条第1項中「戸籍法」を各々「家族関係の登録等に関する法律」とする。

⑪から㊴まで　省略。

第9条　省略。

附則　（2007・12・21法律第8720号）

（施行日）

第1条　この法律は公布した日から施行する。ただし，第97条及び第161条の改正規定は，公布後3箇月が経過した日から施行し，第836条の2，第837条第2項ないし第6項まで及び第909条第4項の改正規定は，公布後6箇月が経過した日から施行する。

（効力の不遡及）

第2条　この法律は従前の規定により生じた効力に影響を及ぼさない。

（経過措置）

第3条　この法律の施行当時，法院に係属中である事件に関してはこの法律（第837条の改正規定を除く。）を適用しな

第3編　資　料

い。
② この法律の施行前の行為に対する過料の適用においては，従前の規定による。
③ この法律の施行当時，満16歳になった女子は，第801条及び第807条の改正規定にもかかわらず，婚約又は婚姻することができる。

大韓民国国籍法

(1948年12月20日法律第16号)
最近改正　2008年3月14日法律第8892号

（目的）
第1条　この法律は，大韓民国の国民となる要件を定めることを目的とする。
（出生による国籍取得）
第2条　次の各号のいずれか一つに該当する者は，出生と同時に大韓民国の国籍を取得する。
　一　出生当時に父又は母が大韓民国の国民である者
　二　出生する前に父が死亡した場合には，その死亡当時に父が大韓民国の国民であった者
　三　父母がともに明らかでない場合又は国籍がない場合には，大韓民国で出生した者
②　大韓民国で発見された棄児は，大韓民国で出生したものと推定する。
（認知による国籍取得）
第3条　大韓民国の国民ではない者（以下「外国人」という。）で，大韓民国の国民である父又は母によって認知された者が，次の各号の要件を全て備えたときには，法務部長官に申告することによって大韓民国の国籍を取得することができる。
　一　大韓民国の「民法」により未成年であること
　二　出生当時に父又は母が大韓民国の国民であったこと
②　第1項により申告した者は，その申告をしたときに大韓民国の国籍を取得する。
③　第1項による申告手続及びその他に必要な事項は，大統領令で定める。
（帰化による国籍取得）
第4条　大韓民国の国籍を取得した事実がない外国人は，法務部長官の帰化許可を得て，大韓民国の国籍を取得することができる。
②　法務部長官は，帰化許可申請を受けるとき，第5条ないし第7条までの帰化要件を備えているかを審査した後，その要件を備えた者にのみ帰化を許可する。
③　第1項により帰化許可を得た者は，法務部長官がその許可をしたときに，大韓民国の国籍を取得する。
④　第1項と第2項による申請手続及び審査等に関して必要な事項は，大統領令で定める。
（一般帰化の要件）
第5条　外国人が帰化許可を得るためには，第6条又は第7条に該当する場合を除いては，次の各号の要件を備えなければならない。
　一　5年以上継続して大韓民国に住所があること
　二　大韓民国の「民法」により成年であること
　三　品行が端正であること
　四　自己の資産若しくは技能により又は生計を同じくする家族に依存して生計を維持する能力があること
　五　国語能力及び大韓民国の風習に対する理解等大韓民国の国民としての基本素養を備えていること
（簡易帰化の要件）
第6条　次の各号のいずれか一つに該当する外国人で，大韓民国に3年以上継続して住所がある者は，第5条第1号の要件を備えなくても帰化許可を得ることができる。
　一　父又は母が大韓民国の国民であった者
　二　大韓民国で出生した者で，父又は母が大韓民国で出生した者
　三　大韓民国の国民の養子で，養子縁組

当時大韓民国の「民法」により成年であった者
② 配偶者が大韓民国の国民である外国人で，次の各号のいずれか一つに該当する者は，第5条第1号の要件を備えなくても帰化許可を得ることができる。
一　その配偶者と婚姻した状態で大韓民国に2年以上継続して住所がある者
二　その配偶者と婚姻した後，3年が過ぎ，かつ婚姻した状態で大韓民国に1年以上継続して住所がある者
三　第1号又は第2号の期間を満たしていなかったが，その配偶者と婚姻した状態で大韓民国に住所を置いていたところ，その配偶者の死亡又は失踪その他に自己に責任のない事由で正常的な婚姻生活ができなかった者で，第1号又は第2号の残余期間を満たし，法務部長官が相当と認める者
四　第1号又は第2号の要件を満たしていなかったが，その配偶者との婚姻によって出生した未成年の子を養育しており，又は養育すべき子で，第1号又は第2号の期間を満たし，法務部長官が相当と認める者

（特別帰化要件）
第7条　次の各号のいずれか一つに該当する外国人で，大韓民国に住所がある者は，第5条第1号，第2号又は第4号の要件を備えなくても帰化許可を得ることができる。
一　父又は母が大韓民国の国民である者。ただし，養子として大韓民国の「民法」により成年になった後に縁組された者は除く。
二　大韓民国に特別な功労のある者
② 法務部長官は，第1項第2号に該当する者に帰化を許可しようとするときは，大統領の承認を得なければならない。

（随伴取得）
第8条　外国人の子で，大韓民国の「民法」により未成年である者は，父又は母が帰化許可を申請するとき，ともに国籍取得を申請することができる。

② 第1項により国籍取得を申請した者は，法務部長官が父又は母に帰化を許可したときに，ともに大韓民国の国籍を取得する。
③ 第1項による申請手続とその他に必要な事項は，大統領令で定める。

（国籍回復による国籍の取得）
第9条　大韓民国の国民であった外国人は，法務部長官の国籍回復許可を得て，大韓民国の国籍を取得することができる。
② 法務部長官は，国籍回復許可申請を受けるとき，審査した後，次の各号のいずれか一つに該当する者には，国籍回復を許可しない。
一　国家又は社会に危害を及ぼした事実がある者
二　品行が端正でない者
三　兵役を忌避する目的で大韓民国の国籍を喪失又は離脱した者
四　国家安全保障・秩序維持又は公共福利のために法務部長官が国籍回復を許可することが適当でないと認める者
③ 第1項により国籍回復許可を得た者は，法務部長官が許可をしたときに，大韓民国の国籍を取得する。
④ 第1項及び第2項による申請手続及び審査等に関して必要な事項は，大統領令で定める。
⑤ 国籍回復許可による随伴取得に関しては，第8条を準用する。

（国籍取得者の外国の国籍の放棄義務）
第10条　大韓民国国籍を取得した外国人で外国国籍を有する者は，大韓民国の国籍を取得した日から6か月以内にその外国国籍を放棄しなければならない。
② 第1項を履行しない者は，その期間が過ぎたときに，大韓民国の国籍を喪失する。ただし，本人の意思にもかかわらず，第1項を履行しにくい者で大統領令で定める場合に該当する者はこの限りでない。

（国籍の再取得）
第11条　第10条第2項により大韓民国国

資料2　関係法令（大韓民国国籍法）

籍を喪失した者が，その後1年以内にその外国国籍を放棄したときには，法務部長官に申告することによって大韓民国の国籍を再取得することができる。
② 第1項により申告した者は，その申告をしたときに大韓民国の国籍を取得する。
③ 第1項による申告手続及びその他に必要な事項は，大統領令で定める。

（二重国籍者の国籍選択義務）
第12条　出生又はその他この法律によって満20歳になる前に，大韓民国国籍と外国国籍を一緒に有することとなった者（以下「二重国籍者」という。）は，満22歳になる前まで，満20歳になった後に二重国籍者となった者は，そのときから2年以内に第13条及び第14条により1つの国籍を選択しなければならない。ただし，「兵役法」第8条により第一国民役に編入された者は，編入されたときから3か月以内に一つの国籍を選択し，又は第3項各号のいずれか一つに該当するときから2年以内に1つの国籍を選択しなければならない。
② 第1項により国籍を選択しない者は，第1項の満22歳又は2年が過ぎたときに，大韓民国の国籍を喪失する。
③ 直系尊属が外国で永住する目的なしに滞留した状態において出生した者は，兵役義務の履行と関連して次の各号のいずれか一つに該当すれば，第14条による国籍離脱申告ができる。
　一　現役・常勤予備役又は補充役で服務を終えたか終えたものとみなした場合
　二　兵役免除処分を受けた場合
　三　第二国民役に編入された場合

（大韓民国の国籍の選択手続）
第13条　二重国籍者で大韓民国の国籍を選択しようとする者は，第12条第1項に規定された期間内に外国の国籍を放棄した後，法務部長官に大韓民国国籍を選択する旨を申告しなければならない。
② 第1項による申告の受理要件，申告手続その他に必要な事項は，大統領令で定める。

（大韓民国の国籍の離脱手続）
第14条　二重国籍者で外国の国籍を選択しようとする者は，第12条第1項に規定された期間内に法務部長官に大韓民国の国籍を離脱する旨を申告することができる。ただし，第12条第1項ただし書又は同条第3項に該当する者は，その期間以内に又は該当理由が発生したときから申告することができる。
② 第1項により国籍離脱の申告をした者は，その申告をしたときに大韓民国の国籍を喪失する。
③ 第1項による申告手続及びその他に必要な事項は，大統領令で定める。

（外国の国籍の取得による国籍の喪失）
第15条　大韓民国の国民で，自ら進んで外国の国籍を取得した者は，その外国の国籍を取得したときに大韓民国の国籍を喪失する。
② 大韓民国の国民で，次の各号のいずれか一つに該当する者は，その外国国籍を取得したときから6か月内に法務部長官に大韓民国の国籍を保有する意思がある旨を申告しなければ，その外国国籍を取得したときに遡及して大韓民国の国籍を喪失したものとみなす。
　一　外国人との婚姻によりその配偶者の国籍を取得することとなった者
　二　外国人に養子縁組され，その養父又は養母の国籍を取得することとなった者
　三　外国人の父又は母に認知され，その父又は母の国籍を取得することとなった者
　四　外国の国籍を取得して大韓民国の国籍を喪失することとなった者の配偶者又は未成年の子で，その外国の法律によりともにその外国の国籍を取得することになった者
③ 外国の国籍を取得することによって大韓民国の国籍を喪失することとなった者に対し，その外国の国籍の取得日を知ることができなければ，その者が使用する

外国旅券の最初の発給日にその外国国籍を取得したものと推定する。

④　第2項による申告手続その他必要な事項は，大統領令で定める。

(国籍喪失者の処理)

第16条　大韓民国の国籍を喪失した者(第14条の規定による国籍離脱の申告をした者は除く。)は，法務部長官に国籍喪失の申告をしなければならない。

②　公務員がその職務上大韓民国の国籍を喪失した者を発見したときは，遅滞なく，法務部長官にその事実を通報をしなければならない。

③　法務部長官は，その職務上大韓民国の国籍を喪失した者を発見し，又は第1項及び第2項により国籍喪失の申告又は通報を受けたときに，家族関係登録官署及び住民登録官署に通報しなければならない。

④　第1項ないし第3項までの規定による申告，通知の手続及びその他に必要な事項は，大統領令で定める。

(官報告示)

第17条　法務部長官は，大韓民国の国籍の取得と喪失に関する事項が発生したときに，その旨を官報に告示しなければならない。

②　第1項により官報に告示する事項は，大統領令で定める。

(国籍喪失者の権利変動)

第18条　大韓民国の国籍を喪失した者は，国籍を喪失したときから大韓民国の国民のみが享有することができる権利を享受することはできない。

②　第1項に該当する権利のうち，大韓民国の国民であったときに取得したもので譲渡できるものは，その権利と関連した法令に別に定めるところがない限り，3年以内に大韓民国の国民に譲渡しなければならない。

(法定代理人が行う申告等)

第19条　この法律に規定された申請又は申告と関連し，その申請又は申告をしようとする者が15歳未満であるときには，法定代理人が代わってこれを行う。

(国籍の判定)

第20条　法務部長官は，大韓民国国籍の取得又は保有しているか否かが明らかでない者に対し，これを審査した後，判定することができる。

②　第1項による審査，判定の手続及びその他に必要な事項は，大統領令で定める。

(許可等の取消)

第21条　法務部長官は，偽り又はその他の不正な方法で，帰化許可，国籍回復の許可又は国籍保有の判定を得た者に対し，その許可又は判定を取り消すことができる。

②　第1項による取消の基準・手続及びその他に必要な事項は，大統領令で定める。

附　則

この法律は，公布の日から施行する。

附則（1962年法律第1180号）

本法は，公布の日から施行する。

附則（1963年法律第1409号）

本法は，公布の日から施行する。

附則（1976年法律第2906号）

本法は，公布の日から施行する。

附則（1997年法律第5431号）

(施行日)

第1条　この法律は，公布の後6か月が経過した日から施行する。

(帰化許可申請等に関する経過措置)

第2条　この法律の施行前に従前の規定により帰化許可・国籍回復許可及び国籍離脱許可を申請した者については，従前の規定を適用する。

(国籍の回復及び再取得に関する経過措置)

第3条　第9条の改正規定は，この法律の施行前に大韓民国の国籍を喪失又は離脱した者が大韓民国の国籍を回復する手続についてもこれを適用する。

②　第11条の改正規定は，第1項に規定された者のうち，大韓民国の国籍を取得した後，6か月以内に外国の国籍を放棄

資料2　関係法令（大韓民国国籍法）

しなかったことによって大韓民国の国籍を喪失することとなった者に対してもこれを適用する。
（国籍取得者の外国の国籍の放棄義務に関する経過措置）
第4条　第10条の改正規定は，この法律の施行前に大韓民国の国籍を取得し，かつ，そのときからこの法律の施行日まで6か月が経過しない者に対してもこれを適用する。
（二重国籍者の国籍選択義務及び手続に関する経過措置）
第5条　第12条ないし第14条の改正規定は，この法律の施行前に大韓民国の国籍と外国の国籍を同時に有することとなった者（既に国籍離脱許可を得た者を除く。）に対してもこれを適用する。ただし，この法律の施行日現在満20歳以上である者は，この法律の施行日を第12条第1項に規定された国籍選択期間の起算日とみなす。
（国籍喪失者の処理及び権利変動に関する経過措置）
第6条　第16条及び第18条の改正規定は，この法律の施行前に大韓民国の国籍を喪失した者に対してもこれを適用する。
（父母両系血統主義の採択に伴う母系出生者に対する国籍取得の特例）
第7条　1978年6月14日から1998年6月13日までの間に大韓民国の国民を母にして出生した者で，次の各号の一に該当する者は，2004年12月31日まで，大統領令が定めるところによって法務部長官に申告することで大韓民国の国籍を取得することができる。
一　母が現に大韓民国の国民である者
二　母が死亡したときには，その死亡当時に母が大韓民国の国民であった者
②　第1項の規定による申告は，国籍を取得しようとする者が15歳未満のときには，法定代理人が代わってこれを行う。
③　天災地変その他不可抗力的事由により第1項に規定された期間内に申告することができなかった者は，その事由が消滅したときから3か月以内に法務部長官に申告することによって大韓民国の国籍を取得することができる。
④　第1項又は第3項の規定により申告した者は，その申告をしたときに大韓民国の国籍を取得する。

附則（2001・12・19法律第6523号）
本法は，公布の日から施行する。
附則（2004・1・20法律第7075号）
（施行日）
①　この法律は公布した日から施行する。
（適用例）
②　第6条第2項第3号及び第4号の改正規定は1998年6月14日からこの法律施行前までの間に大韓民国国民と婚姻した外国人にも適用される。
附則（2005・5・24法律第7499号）
（施行日）
①　この法律は公布した日から施行する。
（二重国籍者の国籍離脱申告に関する適用例）
②　第12条第1項ただし書，第3項及び第14条第1項ただし書の改定規定は，この法律施行後，最初に国籍離脱申告をした者から適用する。
附則（家族関係の登録等に関する法律／2007・5・17法律第8435号）
（施行日）
第1条　この法律は，2008年1月1日から施行する。（但書省略）
第2条から第7条まで　省略。
（他の法律の改正）
第8条　①から④まで　省略。
⑤　国籍法一部を次のように改正する。第16条第3項中「戸籍官署」を「家族関係登録官署」という。
⑥から㉟まで　省略。
第9条　省略。
附則（2008・3・14法律第8892号）
この法律は公布した日から施行する。ただし，第21条の改正規定は，公布後6か月が経過した日から施行する。

第3編 資料

大韓民国国際私法（抄）

（2001年4月7日法律第6465号）

第1章 総則

（目的）
第1条 この法は，外国的要素がある法律関係に関して，国際裁判管轄に関する原則と準拠法を定めることを目的とする。

（国際裁判管轄）
第2条 法院は，当事者又は紛争になった事案が，大韓民国と実質的関連がある場合に国際裁判管轄権を有する。この場合法院は，実質的関連の有無を判断するに当たって，国際裁判管轄配分の理念に付合する合理的な原則に従わなければならない。

② 法院は国内法の管轄規定を考慮して，国際裁判管轄権の有無を判断しなければならず，第1項の規定の趣旨に照らして，国際裁判管轄の特殊性を充分に考慮しなければならない。

（本国法）
第3条 当事者の本国法による場合に，当事者が二つ以上の国籍を有するときは，それと最も密接な関連がある国家の法を，その本国法と定める。ただし，その国籍中一つが大韓民国であるときは，大韓民国法を本国法とする。

② 当事者が国籍を有しなかったり当事者の国籍を知り得ないときは，その常居所がある国家の法（以下，常居所地法という）による。常居所がないときは，その居所がある国家の法による。

③ 当事者が地域によって法を異にする国家の国籍を有するときは，その国家の法選択規定によって指定される法によるが，このような規定がないときは，当事者と最も密接な関連がある地域の法による。

（常居所地法）
第4条 当事者の常居所地法によらなければならない場合に，当事者の常居所を知り得ないときは，その居所がある国家の法による。

（外国法の適用）
第5条 法院は，この法によって指定された外国法の内容を職権で調査・適用しなければならず，このために当事者は，これに対する協力を要求することができる。

（準拠法の範囲）
第6条 この法によって，準拠法に指定される外国法の規定は，公法的性格があるとの理由のみで，その適用は排除されない。

（大韓民国法の強行的適用）
第7条 立法目的に照らし，準拠法に関係なく当該法律関係に適用されなければならない大韓民国の強行規定は，この法によって，外国法が準拠法に指定される場合にも，これを適用する。

（準拠法指定の例外）
第8条 この法によって指定された準拠法が当該法律関係と僅少な関連があるのみで，その法律関係と最も密接な関連がある他の国家の法が明白に存在する場合には，それらの他の国家の法による。

② 第1項の規定は，当事者が合意によって準拠法を選択する場合には，これを適用しない。

（準拠法指定時の反致）
第9条 この法によって外国法が準拠法として指定されたときに，その国家の法によって大韓民国法が適用されなければならない場合は，大韓民国の法（準拠法の指定に関する法規を除外する）による。

② 次の各号中，いずれかの一つに該当する場合には，第1項の規定を適用しない。

一 当事者が合意して準拠法を選択する

資料２　関係法令（大韓民国国際私法（抄））

場合
二　この法によって，契約の準拠法が指定される場合
三　第46条の規定によって，扶養の準拠法が指定される場合
四　第50条第3項の規定によって，遺言の方式の準拠法が指定される場合
五　第60条の規定によって，船籍国法が指定される場合
六　その外に，第1項の規定を適用することが，この法の指定趣旨に反する場合

（社会秩序に反する外国法の規定）
第10条　外国法によらなければならないときに，その規定の適用が，大韓民国の善良な風俗，その他の社会秩序に明白に違反する場合は，これを適用しない。

第2章　人

（権利能力）
第11条　人の権利能力は，その本国法による。

（失踪宣告）
第12条　法院は，外国人の生死が明らかでないときに，大韓民国にその財産があるか大韓民国法によらなければならない法律関係があるとき，その他に正当な事由があるときは，大韓民国法によって失踪宣告をすることができる。

（行為能力）
第13条　人の行為能力は，その本国法による。行為能力が婚姻によって拡大される場合も同様である。
②　既に取得した行為能力は，国籍の変更によって喪失されたり制限されない。

（限定治産及び禁治産宣告）
第14条　法院は大韓民国に常居所又は居所がある外国人に対して，大韓民国法によって限定治産又は禁治産宣告をすることができる。

（取引保護）
第15条　法律行為を行った者と相手方が同一の国家の中にある場合は，その行為者がその者の本国法によったとき無能力者であっても，法律行為が行われた国家の法によって能力者であるときは，その者の無能力を主張することはできない。ただし，相手方が法律行為当時その者の無能力を知ったか，知ることができた場合は，この限りでない。
②　第1項の規定は，親族法又は相続法の規定による法律行為及び行為地外の国家にある不動産に関する法律行為には，これを適用しない。

（法人及び団体）
第16条　法人又は団体は，その設立の準拠法による。ただし，外国で設立された法人又は団体が大韓民国に主な事務所があるか大韓民国で主な事業を行う場合は，大韓民国法による。

第3章　法律行為

（法律行為の方式）
第17条　法律行為の方式は，その行為の準拠法による。
②　行為地法によって行った法律行為の方式は，第1項の規定に拘らず有効である。
③　当事者が契約締結時互いに他の国家にいるときは，その国家中いずれか1つの国家の法が定めた法律行為の方式によることができる。
④　代理人による法律行為の場合は，代理人がいる国家を基準に第2項で規定された行為地法を定める。
⑤　第2項乃至第4項の規定は，物権その他登記すべき権利を設定したり処分する法律行為の方式に関しては，これを適用しない。

（任意代理）
第18条　本人と代理人との関係は，当事者間の法律関係の準拠法による。
②　代理人の行為によって本人が第三者に対して義務を負担しなければならないのか，その可否は，代理人の営業所がある国家の法によるが，代理人の営業所がないか営業所があっても第三者がこれを知り得ない場合は，代理人が実際に代理行

397

為を行った国家の法による。
③　代理人が本人と勤労契約関係にあって，その営業所がない場合は，本人の主な営業所をその営業所とみなす。
④　本人は第2項及び第3項の規定に拘らず代理の準拠法を選択することができる。ただし，準拠法の選択は，代理権を証明する書面に明示されるか本人又は代理人によって第三者に書面で通知された場合に限ってその効力を有する。
⑤　代理権のない代理人と第三者間の関係に関しては，第2項の規定を準用する。

第6章　親　族

(婚姻の成立)
第36条　婚姻の成立要件は，各当事者に関してその本国法による。
②　婚姻の方式は，婚姻挙行地法又は当事者一方の本国法による。ただし，大韓民国で婚姻を挙行する場合は，当事者の一方が大韓民国国民である場合は大韓民国法による。
(婚姻の一般的効力)
第37条　婚姻の一般的効力は，次の各号で定める法の順位による。
　一　夫婦の同一本国法
　二　夫婦の同一常居所地法
　三　夫婦が最も密接な関連がある所の法
(夫婦財産制)
第38条　夫婦財産制に関しては，第37条の規定を準用する。
②　夫婦が合意によって次の各号の法中いずれかを選択した場合の夫婦財産制は，第1項の規定に拘らずその法による。ただし，その合意は，日付と夫婦の記名捺印又は署名のある書面で作成された場合に限りその効力がある。
　一　夫婦中一方が有する国籍の法
　二　夫婦中一方の常居所地法
　三　不動産に関する夫婦財産制に対しては，その不動産の所在地法
③　外国法による夫婦財産制は，大韓民国で行われた法律行為及び大韓民国にある財産に関して，これを善意の第三者に対抗することはできない。この場合，その夫婦財産制によることができないときは，第三者との関係に関して夫婦財産制は大韓民国法による。
④　外国法によって締結された夫婦財産契約は，大韓民国において登記した場合，第3項の規定に拘らずこれを第三者に対抗することができない。
(離婚)
第39条　離婚に関しては，第37条の規定を準用する。ただし，夫婦中一方が大韓民国に常居所がある大韓民国国民である場合は，離婚は大韓民国法による。
(婚姻中の親子関係)
第40条　婚姻中の親子関係の成立は，子の出生当時夫婦中一方の本国法による。
②　第1項の場合，夫が子の出生前に死亡したときは，死亡当時の本国法をその本国法としてみなす。
(婚姻外の親子関係)
第41条　婚姻外の親子関係の成立は，子の出生当時の母の本国法による。ただし，父子間の親子関係の成立は，子の出生当時父の本国法又は現在の子の常居所地法によることができる。
②　認知は，第1項が定める法の外に認知当時，認知者の本国法によることができる。
③　第1項の場合，父が子の出生前に死亡したときは，死亡当時の本国法をその本国法としてみなし，第2項の場合，認知者が認知前に死亡したときは，死亡当時の本国法をその本国法としてみなす。
(婚姻外出生子に対する準正)
第42条　婚姻外の出生子が婚姻中の出生子にその地位が変動する場合に関しては，その要件である事実の完成当時父又は母の本国法又は子の常居所地法による。
②　第1項の場合，父又は母がその要件である事実が完成される前に死亡したときは，死亡当時の本国法をその本国法としてみなす。

資料2　関係法令（大韓民国国際私法（抄））

（養子縁組及び離縁）
第43条　養子縁組及び離縁は，養子縁組当時の養親の本国法による。
（同意）
第44条　第41条乃至第43条の規定による親子関係の成立に関して子の本国法が子又は第三者の承諾及び同意等を要件とするときは，その要件も備えなければならない。
（親子間の法律関係）
第45条　親子間の法律関係は，父母と子の本国法が全部同一の場合は，その法によるが，それ以外の場合は，子の常居所地法による。
（扶養）
第46条　扶養の義務は，扶養権利者の常居所地法による。ただし，その法によれば扶養権利者が扶養の義務者から扶養を受けることができないときは，当事者の共通本国法による。
②　大韓民国で離婚がなされたか承認された場合は，離婚した当事者間の扶養義務は，第1項の規定に拘らずその離婚に関して適用された法による。
③　傍系血族間又は姻戚間の扶養義務の場合は，扶養の義務者は扶養権利者の請求に対して当事者の共通本国法によって扶養義務がないとの主張をすることができるし，このような法がないときは，扶養義務者の常居所地法によって扶養義務がないとの主張をすることができる。
④　扶養権利者と扶養義務者が全部大韓民国の国民で，扶養義務者が大韓民国に常居所がある場合は，大韓民国法による。
（その他の親族関係）
第47条　親族関係の成立及び親族関係から発生する権利義務に関して，本法に特別な規定がない場合には，各当事者の本国法による。
（後見）
第48条　後見は被後見人の本国法による。
②　大韓民国に常居所又は居所がある外国人に対する後見は，次の各号中いずれかの一つに該当する場合に限り大韓民国法による。
一　その本国法により後見開始の原因があっても，その後見事務を行う者がないか後見事務を行う者があっても後見事務を行うことができない場合
二　大韓民国で限定治産又は禁治産を宣告した場合
三　その他に被後見人を保護しなければならない緊急な必要がある場合

附　　則
（施行日）
①　本法は2001年7月1日から施行する。
（準拠法適用の時間的範囲）
②　本法施行以前に生じた事項に対しては，従前の渉外私法による。ただし，本法施行前後に継続する法律関係に関しては，本法施行以後の法律関係に限って本法の規定を適用する。
（国際裁判管轄に関する経過措置）
③　本法施行当時法院で係属中の事件に関しては，本法の国際裁判管轄に関する規定を適用しない。

第3編 資 料

大韓民国家事訴訟法（抄）

（1990年12月31日法律第4300号）
最近改正　2007年12月21日法律第8715号

第1編　総　則

（目的）
第1条　この法律は，人格の尊厳と男女の平等を基本として，家庭平和と親族相助の美風良俗を維持・向上するために，家事に関する訴訟と非訟及び調停に対する手続の特例を規定することを目的とする。

（家庭法院の管掌事項）
第2条　次の各号の事項（以下「家事事件」という）に対する審理と裁判は家庭法院の専属管轄とする。
カ〈가〉家事訴訟事件
(1)　カ〈가〉類事件
　一　婚姻の無効
　二　離婚の無効
　三　認知の無効
　四　嫡出子関係存否確認
　五　養子縁組の無効
　六　養子離縁の無効
　七　削除
(2)　ナ〈나〉類事件
　一　事実上婚姻関係存否確認
　二　婚姻の取消
　三　離婚の取消
　四　裁判上の離婚
　五　父の決定
　六　嫡出の否認
　七　認知の取消
　八　認知に対する異議
　九　認知の請求
　一〇　養子縁組の取消
　一一　養子離縁の取消
　一二　裁判上の養子離縁
　一三　親養子縁組の取消
　一四　親養子の離縁
(3)　タ〈다〉類事件
　一　婚約解除又は事実婚関係不当破棄による損害賠償請求（第三者に対する請求を含む）及び原状回復の請求
　二　婚姻の無効・取消，離婚の無効・取消又は離婚を原因とする損害賠償請求（第三者に対する請求を含む）及び原状回復の請求
　三　養子縁組の無効・取消，養子離縁の無効・取消又は養子離縁を原因とする損害賠償請求（第三者に対する請求を含む）及び原状回復の請求
　四　「民法」第839条の3による財産分割請求権保全のための詐害行為取消及び原状回復の請求
ナ〈나〉家事非訟事件
(1)　ラ〈라〉類事件
　一　民法第9条ないし第14条の規定による準禁治産・禁治産の宣告とその取消
　二　民法第22条ないし第26条の規定による不在者財産の管理に関する処分
　三　民法第27条ないし第29条の規定による失踪の宣告とその取消
　四　民法第781条第4項の規定による姓と本の創設の許可
　四の二　民法第781条第5項の規定による子の従前の姓と本の継続使用許可
　四の三　民法第781条第6項の規定による子の姓と本の変更許可
　五　民法第829条第2項但書の規定による夫婦財産約定の変更に対する許可
　五の二　民法第869条但書の規定による後見人の養子縁組承諾に対す

資料2　関係法令（大韓民国家事訴訟法（抄））

　　　る許可
六　民法第871条，同法第900条（同法第906条の規定により準用される場合を含む）の規定による後見人の養子縁組の同意又は養子離縁の同意に対する許可
七　民法第872条の規定による後見人が被後見人を養子とすることに対する許可
七の二　民法第899条第2項の規定による後見人又は生家の他の直系尊属の養子離縁協議に対する許可
七の三　民法第908条の2による親養子縁組の許可
八　民法第909条第2項但書の規定による親権行使方法の決定
九　民法第915条，同法第945条（同法第948条の規定により上記の各条項が準用される場合を含む）の規定による感化又は矯正機関に委託することに対する許可
一〇　民法第918条（同法第956条の規定により準用される場合を含む）の規定による財産管理人の選任又は改任と財産管理に関する処分
一一　民法第921条（後見人と被後見人，数人の被後見人間の利害が相反する場合を含む）による特別代理人の選任
一二　民法第927条の規定による親権者の法律行為代理権及び財産管理権の辞退又は回復に対する許可
一三　民法第936条及び同法第940条による後見人の選任又は変更
一四　民法第939条の規定による後見人の辞退に対する許可
一五　民法第941条第1項但書（同法第948条の規定により準用される場合を含む）の規定による後見人の財産目録作成のための期間延長の許可
一六　民法第947条第2項の規定による禁治産者の監禁等に対する許可
一七　民法第954条（同法第948条の規定により準用される場合を含む）の規定による後見事務に関する処分
一八　民法第955条（同法第948条の規定により準用される場合を含む）の規定による後見人に対する報酬の授与
一九　民法第957条第1項但書の規定による後見終了時の管理計算期間の延長許可
二〇　民法第963条第1項本文，同法第965条第2項，同法第971条の規定による親族会員の選任・補充・改任又は解任
二一　民法第966条の規定による親族会の召集
二二　民法第967条第3項の規定による親族会の書面決議の取消
二三　民法第969条の規定による親族会の決議に代わる裁判
二四　民法第970条の規定による親族会員の辞退に対する許可
二五　削除
二六　民法第1019条第1項但書の規定による相続の承認又は放棄のための期間延長の許可
二七　民法第1023条（同法第1044条の規定により準用される場合を含む）の規定による相続財産保存のための処分
二八　民法第1024条第2項，同法第1030条，同法第1041条の規定による相続の限定承認又は放棄届出の受理とその取消届出の受理
二九　民法第1035条第2項（同法第1040条第3項，同法第1051条第3項，同法第1056条第2項の規定により準用される場合を含む），同法第1113条第2項の規定による鑑定人の選任
三〇　民法第1040条第1項の規定による共同相続財産のための管理

401

人の選任
三一　民法第1045条の規定による相続財産の分離
三二　民法第1047条の規定による相続財産分離後の相続財産の管理に関する処分
三三　民法第1053条の規定による管理人の選任とその公告及び財産管理に関する処分
三四　民法第1057条の規定による相続人捜索の公告
三五　民法第1057条の2の規定による相続財産の分与
三六　民法第1070条第2項の規定による遺言の検認
三七　民法第1091条の規定による遺言の証書又は録音の検認
三八　民法第1092条の規定による遺言証書の開封
三九　民法第1096条の規定による遺言執行者の選任とその任務に関する処分
四〇　民法第1097条第2項の規定による遺言執行者の承諾又は辞退のための通知の受理
四一　民法第1104条第1項の規定による遺言執行者に対する報酬の決定
四二　民法第1105条の規定による遺言執行者の辞退に対する許可
四三　民法第1106条の規定による遺言執行者の解任
四四　民法第1111条の規定による負担付遺言の取消
(2)　マ〈마〉類事件
一　民法第826条，第833条の規定による夫婦の同居・扶養・協助又は生活費用の負担に関する処分
二　民法第829条第3項の規定による財産管理者の変更又は共有物の分割のための処分
三　民法第837条，同法第837条の2（同法第843条の規定により上記の各条項が準用される場合と婚姻の取消又は認知を原因とする場合を含む）の規定による子の養育に関する処分とその変更，面接交渉権の制限又は排除
四　民法第839条の2第2項（同法第843条の規定により準用される場合及び婚姻の取消を原因とする場合を含む）の規定による財産分割に関する処分
五　民法第909条第4項ないし第6項（婚姻の取消を原因とする場合を含む）の規定による親権者の指定と変更
六　民法第924条ないし第926条の規定による親権・法律行為代理権・財産管理権の喪失宣告及び失権回復の宣告
七　民法第972条の規定による親族会の決議に対する異議
八　民法第976条ないし第978条の規定による扶養に関する処分
九　民法第1008条の2第2項及び第4項の規定による寄与分の決定
一〇　民法第1013条第2項の規定による相続財産の分割に関する処分
②　家庭法院は他の法律又は大法院規則における家庭法院の権限に属する事項に対しても，これを審理・裁判する。
③　第2項の事件に関する手続は，法律又は大法院規則で別に定めた場合を除き，ラ〈라〉類家事非訟事件の手続による。
(地方法院と家庭法院の管轄の指定)
第3条　事件が家庭法院と地方法院のうち，どの法院の管轄に属するか明白でないときは，関係法院が共通する高等法院が管轄法院を指定する。
②　第1項の管轄法院の指定に関しては，民事訴訟法第28条の規定を準用する。
③　第1項の規定により家庭法院の管轄と定められた事件はこの法律で定められた手続に，地方法院の管轄と定められた事件は民事訴訟手続によりそれぞれ処理する。

資料2　関係法令（大韓民国家事訴訟法（抄））

（除斥・忌避及び回避）
第4条　法院職員の除斥・忌避及び回避に関する民事訴訟法の規定中，法官に関する事項は調停長と調停委員に，法院事務官等に関する事項は家事調査官にそれぞれ準用する。
（手数料）
第5条　この法律による訴の提起，審判の請求，調停申請，その他裁判と処分の申請には大法院規則の定めに従って手数料を納付しなければならない。
（家事調査官）
第6条　家事調査官は，裁判長・調停長又は調停担当判事の命を受け事実を調査する。
②　家事調査官の事実調査の方法と手続に関する事項は，大法院規則で定める。
（本人出頭主義）
第7条　家庭法院・調停委員会又は調停担当判事の弁論期日・審理期日又は調停期日に召喚を受けた当事者並びに利害関係人は本人又は法定代理人が出頭しなければならない。ただし，特別な事情があるときは，裁判長・調停長又は調停担当判事の許可を受けて代理人が出頭することもできるし，補助人を同伴することもできる。
②　弁護士でない者が代理人又は補助人になるためには，あらかじめ裁判長・調停長又は調停担当判事の許可を受けなければならない。
③　裁判長・調停長又は調停担当判事は，いつでも第1項及び第2項の許可を取り消すことができ，本人が法定代理人又は代理人とともに出頭することを命ずることができる。
（事実調査の嘱託）
第8条　裁判長・調停長・調停担当判事又は家事調査官は，事実の調査のために必要なときは警察等の行政機関その他相当と認める団体又は個人に事実の調査を嘱託し，必要な事項の報告を要求することができる。
（家族関係登録簿記録の嘱託）

第9条　家庭法院は，大法院規則で定める判決又は審判が確定されるか，効力を発生したときには，大法院規則に定めるところにより，遅滞なく家族関係登録事務を処理する者に家族関係登録簿の記録を嘱託しなければならない。
（報道禁止）
第10条　家庭法院で審理中の事件又は審理を処理した事件に関しては，姓名・年齢・職業・容貌等によって，その本人であることを推知できる程度の事実又は写真を新聞・雑誌その他の出版物に掲載したり放送してはならない。
（委任規定）
第11条　家事事件の裁判及び調停の手続に関して必要な事項は大法院規則で定める。

第2編　家事訴訟

第1章　通則

（適用法律）
第12条　家事訴訟手続に関しては，この法律に特別の規定がある場合を除いて民事訴訟法の規定による。ただし，カ〈가〉類及びナ〈나〉類家事訴訟事件に関しては，民事訴訟法第147条第2項・同法第149条・同法第150条第1項・同法第284条第1項・同法第285条・同法第349条・同法第350条・同法第410条の規定及び同法第220条のうち請求の認諾に関する規定，同法第288条のうち自白に関する規定は，これを適用しない。
（管轄）
第13条　家事訴訟はこの法律に特別な規定がある場合を除いては，被告の普通裁判籍所在地の家庭法院の管轄とする。
②　当事者又は関係人の住所・居所又は最終住所によって管轄が定められる場合において，その住所・居所又は最終住所が国内にないとき又はこれを知ることができないときは，大法院所在地の家庭法院の管轄とする。
③　家庭法院は，訴訟の全部又は一部がそ

の管轄に属さないことが認定されたときは，決定で管轄法院に移送しなければならない。

④　家庭法院は，その管轄に属する家事訴訟事件に関して，顕著な損害又は遅延を避けるために必要なときは，職権又は当事者の申請によって，他の管轄家庭法院に移送することができる。

⑤　移送決定と移送申請の棄却決定に対しては，即時抗告をすることができる。

(関連事件の併合)

第14条　数個の家事訴訟事件又は家事訴訟事件と家事非訟事件の請求原因が同一の事実関係にその基礎があるとき，又は1個の請求の当否が他の請求の当否の前提となるときは，これを1個の訴として提起することができる。

②　第1項の事件の管轄法院が異なるときは家事訴訟事件のうち1個の請求に対する管轄権を有する家庭法院に訴を提起することができる。

③　カ〈가〉類又はナ〈나〉類家事訴訟事件の訴の提起があって，その事件と第1項の関係にあるタ〈다〉類家事訴訟事件又は家事非訟事件が，それぞれ他の家庭法院に係属されているときは，カ〈가〉類又はナ〈나〉類家事訴訟事件の受訴法院は，職権又は当事者の申請による決定でタ〈다〉類家事訴訟事件又は家事非訟事件を併合することができる。

④　第1項又は第3項の規定により併合された数個の請求に関しては1個の判決で裁判する。

(当事者の追加・更正)

第15条　民事訴訟法第68条又は第260条の規定による必要的共同訴訟人の追加又は被告の更正は，事実審の弁論終結時ですることができる。

②　第1項の規定により被告を更正したときは，身分に関する事項に限り，最初の訴が提起されたときに更正された被告との間に訴が提起されたものとみなす。

(訴訟手続の承継)

第16条　カ〈가〉類又はナ〈나〉類家事訴訟事件の原告が死亡その他の事由（訴訟能力を喪失した場合を除く）で訴訟手続を続行することができないときは，他の提訴権者が訴訟手続を承継することができる。

②　第1項の承継申請は承継の事由が生じたときから6月以内に行われなければならない。

③　第2項の期間内に承継申請がなければ訴は取り下げたものとみなす。

(職権調査)

第17条　家庭法院がカ〈가〉類又はナ〈나〉類家事訴訟事件を審理するに当たつて，職権で事実調査及び必要な証拠調査をすべきであり，いつでも当事者又は法定代理人を尋問することができる。

(訴訟費用負担の特則)

第18条　検事が訴訟当事者として敗訴したときの訴訟費用は国庫の負担とする。

(控訴)

第19条　家庭法院の判決に対して不服のある場合は，判決正本が送達された日から14日以内に控訴することができる。また判決正本の送達前であっても控訴することができる。

②　控訴法院の訴訟手続には第一審の訴訟手続に関する規定を準用する。

③　控訴法院は，控訴の理由があるときにも，第一審判決の取消又は変更することが社会正義と衡平の理念に背馳したり，家庭平和と美風良俗の維持に適合しないと認める場合は，控訴を棄却することができる。

(上告)

第20条　控訴法院の判決に対して不服があれば判決正本が送達された日から14日以内に大法院に上告することができる。ただし判決正本の送達前であっても上告することができる。

(既判力の主観的範囲に関する特則)

第21条　カ〈가〉類又はナ〈나〉類家事訴訟事件の請求を認容した確定判決は第三者にも効力を有する。

②　第1項の請求を排斥した判決が確定し

資料2　関係法令（大韓民国家事訴訟法（抄））

たときは，他の提訴権者は事実審の弁論終結前に参加できなかったことについて正当な事由がなければ再度訴を提起することができない。

第2章　婚姻関係訴訟

（管轄）
第22条　婚姻の無効若しくは取消，離婚の無効若しくは取消，又は裁判上離婚の訴は次の各号の家庭法院の専属管轄とする。
一　夫婦が同じ家庭法院の管轄区域内に普通裁判籍があるときは，その家庭法院
二　夫婦が最後の共通住所地を有した家庭法院の管轄区域内に夫婦の一方の普通裁判籍があるときは，その家庭法院
三　第1号及び第2号に該当しない場合で，夫婦の一方が他方を相手とするときには相手方の普通裁判籍所在地，夫婦の双方を相手とするときには夫婦の一方の普通裁判籍所在地の家庭法院
四　夫婦の一方が死亡した場合は，生存する他方の普通裁判籍所在地の家庭法院
五　夫婦双方が死亡した場合は，夫婦の一方の最後の住所地の家庭法院

（婚姻無効又は離婚無効の訴の提起権者）
第23条　当事者，法定代理人又は4親等以内の親族は，いつでも婚姻無効又は離婚無効の訴を提起することができる。

（婚姻無効・取消，及び離婚無効・取消の訴の相手方）
第24条　夫婦の一方が婚姻の無効若しくは取消，又は離婚無効の訴を提起するときは，配偶者を相手方とする。
②　第三者が第1項に規定された訴を提起するときは，夫婦を相手方とし，夫婦の一方が死亡したときは，その生存者を相手方とする。
③　第1項及び第2項の規定によって相手方となる者が死亡したときは，検事を相手方とする。
④　第1項及び第3項の規定は，離婚取消の訴に準用する。

（親権者指定等に関する協議勧告）
第25条　家庭法院が未成年者たる子がある夫婦の婚姻の取消又は裁判上離婚の請求を審理するときには，その請求が認容される場合に備えて，父母に次の各号の事項に関してあらかじめ協議するよう勧告しなければならない。
一　未成年たる子の親権者と指定される者
二　未成年たる子に対する養育及び面接交渉権
②　家庭法院が婚姻無効の請求を審理してその請求が認容される場合に，夫と父子関係が存続する未成年の子がある場合にも，第1項と同様である。

第3章　父母と子関係訴訟

第1節　嫡出子関係

（管轄）
第26条　嫡出否認，認知の無効若しくは取消又は民法第845条の規定による父を定める訴は，子の普通裁判籍所在地，子が死亡したときは最後の住所地の家庭法院の専属管轄とする。
②　認知に対する異議の訴，認知請求の訴又は民法第865条の規定による嫡出子関係存否確認の訴は相手方（相手方が数人のときは，そのうちの一人）の普通裁判籍所在地，相手方が全部死亡したときはそのうちの一人の最後の住所地の家庭法院の専属管轄とする。

（父を定める訴の当事者）
第27条　民法第845条の規定による父を定める訴は，子，母，母の配偶者，又は母の前配偶者がこれを提起することができる。
②　子が提起する場合は母，母の配偶者及びその前配偶者を相手方とし，母が提起するときは配偶者及び前配偶者を相手方とする。
③　母の配偶者が提起する場合は母及びその前配偶者を相手方とし，前配偶者が提起する場合は母及びその配偶者を相手方

④ 第2項及び第3項の場合に相手方となる者のうちで死亡した者があるときは生存者を相手方とし，生存者がないときは検事を相手方として訴を提起することができる。

(準用規定)
第28条　認知無効の訴には，第23条及び第24条の規定を，認知取消の訴，認知に対する異議の訴又は嫡出子関係存否確認の訴には第24条を，認知請求の訴には第25条第1項を準用する。

(血液型等の受検命令)
第29条　家庭法院は，当事者又は関係人間の血族関係の存否を確定する必要がある場合に，他の証拠調査により心証を得ることができないときには検査を受ける者の健康と人格の尊厳を害しない範囲内で，当事者又は関係人に血液採取による血液型の検査等遺伝因子の検査，その他相当と認められる方法により検査を受けることを命ずることができる。

② 第1項の命令に当たって，第67条の規定による制裁を告知しなければならない。

第2節　養子縁組・親養子縁組関係
(管轄)
第30条　養子縁組の無効，養子縁組・親養子縁組の取消，養子離縁，親養子の離縁又は離縁の無効若しくは取消の訴は，養父母のうち一人の普通裁判籍所在地，養父母が全部死亡したときには，そのうちの一人の最後の住所地の家庭法院の専属管轄とする。

(準用規定)
第31条　養子縁組無効及び養子離縁無効の訴には第23条及び第24条を，養子縁組・親養子縁組の取消，親養子の離縁及び離縁取消の訴には第24条を準用する。

附　則
(施行日)
第1条　本法は1991年1月1日から施行する。

(廃止法律)
第2条　人事訴訟法及び家事審判法はこれを廃止する。

(係属事件に対する経過措置)
第3条　本法は，本法又は大法院規則に特別な規定がある場合を除いては，本法施行当時法院に係属中の事件にもこれを適用する。ただし，本法施行前の訴訟行為の効力には影響を及ぼさない。

(遡及適用)
第4条　本法は，特別な規定がある場合を除いては，本法施行前に発生した事項にもこれを適用する。ただし，従前の規定によって生じた効力には影響を及ぼさない。

(管轄に関する経過措置)
第5条　本法施行当時，家庭法院及び家庭法院支院が設置されていない地域においては，家庭法院の権限に属する事項は，家庭法院及び家庭法院支院が設置されるまで該当地方法院及び地方法院支院がこれを管轄する。

② 本法施行当時，法院に係属中の事件として本法による管轄権がない事件の場合は，従前の規定によって管轄権があればこれに従う。

(法定期間に関する経過措置)
第6条　本法施行前から進行されている法定期間とその計算は従前の規定に従う。

(罰則に関する経過措置)
第7条　本法施行前の行為に対する罰則・過料の適用とその執行は従前の規定に従う。

② 本法施行前に従前の規定による履行命令を受けた者に対しては，第68条の規定を適用しない。

(戸主相続事件に対する経過措置)
第8条　法律第4199号民法中改正法律の施行日前に開始された戸主相続に関する無効の訴又は回復の訴は，本法による戸主承継の無効又は回復の訴の例に従う。

(他の法律の改正)
第9条　法院組織法のうち次のとおり改正

資料2　関係法令（大韓民国家事訴訟法（抄））

する。
　　第28条第1号のうち「審判」を「判決」に，同条第2号のうち「決定・命令」を「審判・決定・命令」と改正する。
　　第40条第1項第1号を次のとおり改正し，同条第2項のうち「審判・決定・命令」を「判決・審判・決定・命令」に，「抗告事件」を「控訴又は抗告事件」と改正する。
　一　家事訴訟法で定めた家事訴訟とマ〈마〉類家事非訟事件のうち大法院規則で定める事件
② 養子縁組特例法のうち次のとおり改正する。
　　第8条第2項を削除する。
（他の法令との関係）
第10条　本法施行当時，他の法令で人事訴訟法又は家事審判法，若しくはその条文を引用した場合は，本法又は本法のうち該当する条文を引用したものとみなす。
附則（1991・12・14 法律第 4423 号）
（施行日）
第1条　本法は，1992年2月1日から施行する。
附則（1992・11・30 法律第 4505 号）
①　本法は，1993年1月1日から施行する。
附則（民事訴訟法／2002・1・26 法律第 6626 号）
（施行日）
第1条　本法は2002年7月1日から施行する。
　　第2条ないし第5条省略。
（他の法律の改正）
第6条　家事訴訟法は次のとおり改正する。
　　第3条第2項のうち，「民事訴訟法第25条」を「民事訴訟法第28条」とする。
　　第12条但書のうち，「民事訴訟法第138条，同法139条第1項，同法257条，同法259条，同法320条，同法321条の規定及び第206条のうち請求の認諾に関する規定，同法第261条のうち自白に関する規定」を，「民事訴訟法第147条第2項・同法第149条・同法第150条第1項・同法第284条第1項・同法第285条・同法第349条・同法第350条・同法第410条の規定及び同法第220条のうち請求の認諾に関する規定，同法第288条のうち自白に関する規定」とする。
　　第15条第1項のうち「民事訴訟法第63条の2又は第234条の2」を「民事訴訟法第68条又は第260条」とする。
　　②ないし㉙　省略。
　　第7条省略。
附則（民事執行法／2002・1・26 法律第 6627 号）
（施行日）
第1条　本法は2002年7月1日から施行する（以下省略）。
　　第2条ないし第5条省略。
　　第6条（他の法律の改正）省略。
②　家事訴訟法のうち次のように改正する。
　　第63条第1項後段のうち「民事訴訟法第696条ないし第723条」を「民事執行法第276条ないし第312条」とし，同条第3項のうち「民事訴訟法第705条」を「民事執行法第287条」とする。
　　③ないし㉟　省略。
　　第7条省略。
附則（2005・3・24 法律第 7405 号）
本法は公布した日から施行する。
附則（2005・3・31 法律第 7427 号）（抄）
（施行日）
第1条　本法は，公布した日から施行する。ただし，…（中略）…附則第7条（第2項及び第29項を除く）の規定は2008年1月1日から施行する。
第2条ないし第6条　省略
（他の法律の改正）
第7条　家事訴訟法の一部を次のように改正する。

第2条第1項カ目(1)第七号「七　戸主承継の無効又は回復」を削除し，同項ナ目(1)第4号のうち「第781条第3項」を「第781条第4項」とし，同目(1)に第4号の2及び第4号の3をそれぞれ次のように新設し，同目(1)第25号を削除する。
　　四の二　民法第781条第5項の規定による子の従前の姓と本の継続使用許可
　　四の三　民法第781条第6項の規定による子の姓と本の変更許可
第2編第4章（第32条及び第33条）を削除する。

第4章　戸主承継関係訴訟

第32条（管轄）　戸主承継の無効又は回復の訴は，被承継人の普通裁判籍所在地，被承継人が死亡したときは，その最後の住所地の家庭法院の専属管轄とする。
第33条（戸主承継無効の訴の当事者）　戸主承継無効の訴は被承継人の配偶者又は8親等以内の血族が提起することができる。
②　第1項の訴には第24条第3項の規定を準用する。
②　家事訴訟法の一部を次のように改正する。
　　第2条第1項ナ目(1)に第5号の2及び第7号の2をそれぞれ次のように新設する。
　　　五の二　民法第869条但書の規定による後見人の養子縁組承諾に対する許可
　　　七の二　民法第899条第2項の規定による後見人又は生家の他の直系尊属の養子離縁協議に対する許可
　　第2条第1項ナ目(2)第5号を次のようにする。
　　　五　民法第909条第4項ないし第6項（婚姻の取消を原因とする場合を含む）の規定による親権者の指定と変更
③ないし㉙　省略。
　附則（2007・5・17法律第8433号）

この法律は，2008年1月1日から施行する。
　附則（家族関係の登録等に関する法律／2007・5・17法律第8435号）（抄）
（施行日）
第1条　この法律は，2008年1月1日から施行する。（但書省略）
第2条から第7条まで　省略。
（他の法律の改正）
第8条　①家事訴訟法の一部を次のように改正する。第9条を次のとおりする。
（家族関係登録簿記録の嘱託）
第9条　家庭法院は，大法院規則で定める判決又は審判が確定されるか，効力を発生したときには，大法院規則に定めるところにより，遅滞なく家族関係登録事務を処理する者に家族関係登録簿の記録を嘱託しなければならない。
　　第36条第3項第1号中「当事者の本籍」を「当事者の登録基準地」とする。
②から㊴まで　省略。
第9条　省略。
　附則（2007・12・21法律第8715号）
（施行日）
①　この法律は公布した日から施行する。ただし，第2条第1項ナ目(2)第一三号及び第一四号，第2条第1項ナ目(1)第七号の三，第30条，第31条及び第44条第一号・第四号の改正規定は2008年1月1日から施行する。
（適用例）
②　この法律は，この法律の施行当時，法院に継続中である事件に対しても適用する。ただし，従前の規定により生じた効力には影響を受けない。
（経過措置）
③　2005年3月31日以前に法院に係属された事件に対しては，従前の規定による。

資料2 関係法令（大韓民国家事訴訟規則（抄））

大韓民国家事訴訟規則（抄）

(1990年12月31日大法院規則第1139号)
最近改正　2008年6月5大法院規則第2117号

第1編　総則

第1章　通則

（規則の趣旨）
第1条　家事事件の裁判及び調停の手続に関しては，「家事訴訟法」（以下「法」という）の規定によるほか，この規則が定めるところによる。

（家庭法院の管掌事項）
第2条　家庭法院は，法第2条第1項各号の事項に対しても，これを審理，裁判する。
　一　後見人の順位確認
　二　「民法」第1014条の規定による被認知者等の相続分に相当した価額の支給請求
　三　養親子関係存否確認
②　第1項第1号・第3号の事件は，法及びこの規則が定めるカ（가）類家事訴訟事件の手続により，第2号の事件はタ（다）類家事訴訟事件の手続により，審理，裁判する。

（事実調査の嘱託等）
第3条　裁判長，調停長，調停担当判事又は家事調査官は，必要であるときには，公務所，銀行，会社，学校，関係人の雇い主その他の者に対して，関係人の預金，財産，収入，教育関係その他の事項に関する事実調査を嘱託して，必要な事項の報告を要求することができる。

（費用の予納等）
第4条　法及びこの規則による事実調査，証拠調査，召還，告知，公告，その他審判手続の費用の予納に関しては，特別な規定がある場合を除いては，「民事訴訟法」第116条及び「民事訴訟規則」第19条，第20条の規定を準用する。

②　当事者が予納しなければならない費用の範囲と額及びその支給に関しては，民事訴訟費用法及び民事訴訟費用規則の規定を準用する。

（家族関係登録簿記録を嘱託しなければならない判決等）
第5条　法第9条の規定により，大法院規則で定める判決又は審判は，次の各号のものとする。
　一　親権，法律行為代理権，財産管理権の喪失宣告の審判又はその失権回復宣告の審判
　二　親権者の指定及び変更の判決又は審判
　三　後見人の選任又は変更の審判
　四　法第62条の規定により，親権者の親権，法律行為代理権，財産管理権の全部又は一部の行使を停止するか若しくは後見人の任務遂行を停止する裁判及びその代行者を選任する裁判
②　第1項第4号の裁判が本案審判の確定，審判請求の取下げその他の事由で効力を喪失することになったときには，家庭法院の法院書記官，法院事務官，法院主事又は法院主事補（以下「法院事務官等」という）は，法第9条の例により，家族関係登録簿記録を嘱託しなければならない。

（家族関係登録簿記録嘱託の方式）
第6条　家族関係登録簿記録の嘱託は，裁判長の命を受け，家庭法院の法院事務官等がこれを行う。
②　嘱託書には次の各号の事項を記載して，法院事務官等が記名捺印しなければならない。
　一　当事者及び事件本人の姓名，登録基準地，住所並びに戸主の姓名
　二　家族関係登録簿記録の原因及びその

第3編 資　料

　　　原因日付
　　三　嘱託年月日
　　四　法院事務官等の官職と姓名及び所属法院の表示
③第2項の嘱託書には確定した判決謄本，効力を発生した審判書の謄本その他家族関係登録簿記録の原因を証明する書面を添付しなければならない。

（家族関係登録事務を処理する者に対する通知）
第7条　次の各号の判決が確定するか若しくは審判が効力を発生したときには，法院事務官等は，遅滞なく，当事者又は事件本人の登録基準地の家族関係登録事務を処理する者にその旨を通知しなければならない。
　　一　カ（가）類及びナ（나）類家事訴訟事件の請求を認容した判決。ただし，事実婚関係存否確認事件を除く。
　　二　限定治産又は禁治産宣告及びその取消の審判
　　三　失踪宣告及びその取消の審判
　　三の二　親養子縁組許可の審判
　　四　親権者の法律行為代理権，財産管理権の辞退又は回復許可の審判
　　五　後見人の辞退許可の審判
②　第1項の通知には第6条の規定を準用する。ただし，判決又は審判書の謄本に確定日付又は効力発生日付を付記して送付することで，通知に代わることができる。

附則（2008・6・5 第 2177 号）
（施行日）
第1条　この規則は，2008 年 6 月 22 日から施行する。
（係属事件に関する経過措置）
第2条　この規則は，特別な規定がなければ，この規則の施行当時，法院に係属中である事件にも適用する。ただし，従来の規定により生じた効力には影響を及ぼさない。

※編注　「資料2　関係法令」収録の法令は，「戸籍実務六法　平成21年版」からの抜粋となるため本文と訳語が異なっている場合がございます。「凡例」をご参照のうえ，お役立ていただきますようお願い申し上げます。

条文索引

家族関係の登録等に関する法律

第2条 ……………………………………36
第3条 ………………………38, 39, 70, 91
第4条 …………………………48, 58, 91
第6条 ……………………………………114
第8条 ……………………………………37
第9条 ……………………………18, 40, 69
第10条 ……………………………19, 123
第11条 ……………………17, 47, 48, 242
第12条 …………………………38, 49, 221
第13条 ………………………………17, 108
第14条 ……………7, 18, 30, 34, 92, 108, 242
第15条 ……………………………………18
第16条 ……………………………………43
第18条 …………………43, 47, 61, 70, 71, 73
第19条 ……………………………………70
第20条 …………………58, 81, 121, 152, 238
第22条 ……………………………………140
第23条 ……………………………53, 58, 171
第24条 ……………………………………55
第25条 ………………………………55, 68, 81
第26条 ……………………52, 53, 54, 95, 111
第27条 ………………………………52, 53, 95
第28条 ……………………………………56
第31条 ……………………………54, 57, 171
第32条 ……………………………57, 152, 172
第34条 ……………………38, 91, 96, 165, 216
第35条 ……………38, 44, 59, 61, 97, 165, 177
第36条 ……………………48, 59, 91, 165, 178, 216
第37条 ……………………………………60, 111
第38条 ……………………43, 60, 61, 65, 111
第39条 ……………………………………67
第40条 ……………………………………60
第41条 ……………………………………60, 172
第42条 ……………35, 65, 92, 105, 108, 163
第43条 ……………………………………64, 105
第44条 ……………………………121, 123, 130
第45条 ……………………………………121
第46条 ……………………………52, 111, 120
第47条 ……………………………………118
第48条 ……………………………………118
第49条 ……………………………………61
第52条 ……………………………………61
第55条 ……………………………54, 143, 200
第56条 ……………………………………54, 140
第57条 ……………………………111, 117, 146
第58条 ……142, 154, 156, 175, 190, 202, 215
第59条 ……………………………………141
第60条 ……………………………………140
第61条 ……………………………………54
第62条 ………………………………55, 152
第63条 ……………………………54, 154, 156
第64条 ………………………………55, 155
第65条 ……………………………………154
第66条 ……………………………………156
第67条 ……………………………………166
第69条 ……………………………………161, 162
第70条 ……………………………………161
第71条 ………………………………54, 172
第72条 ……………………………………175
第73条 ……………………………………175, 190
第74条 …………………………54, 175, 190, 200
第75条 ……………………………………182
第76条 ………………………………56, 181
第77条 ……………………………………175
第78条 ……………………………………190
第79条 ……………………………………202
第80条 ……………………………………206
第81条 ……………………………………208
第82条 ……………………………………208
第83条 ……………………………………209
第84条 ……………………………………212, 214
第85条 ………………………………52, 211
第87条 ……………………………43, 61, 211
第88条 ………………………………43, 61
第90条 ……………………………………61
第92条 ……………………………………215, 219

第 93 条 ……………………………43, 221
第 94 条 ……………………………43, 222
第 95 条 ……………………………43, 222
第 96 条 ……………………………………224
第 97 条 ……………………………………226
第 98 条 ……………………………61, 225
第 99 条 ……………………………………229
第 100 条 …………………………………233
第 101 条 …………………………101, 235, 236
第 102 条 …………………………………238
第 103 条 ……………………………235, 238
第 104 条 ……………16, 43, 71, 77, 101, 208
第 105 条 ………………………71, 77, 101
第 107 条 …………43, 71, 81, 154, 175, 189
第 108 条 ……………………………………81
第 109 条 ……………………………45, 105
第 110 条 …………………………………105
第 111 条 …………………………………106
第 112 条 …………………………………106
第 113 条 ……………………………………45
第 115 条 …………………………………110
第 116 条 …………………………………110
第 117 条 ……………………………17, 108
第 118 条 …………………………………109
第 119 条 …………………………………109
第 120 条 …………………………………109
第 121 条 ……………………………81, 109
第 122 条 ……………………………65, 97, 109
第 123 条 …………………………………112
第 124 条 …………………………………113
附則 3 条 ……………………………………4
附則 4 条 ……………………………………4, 7

家族関係の登録等に関する規則

第 2 条 ………………………………………19
第 4 条 ………………………………………19
第 5 条 ……………………………38, 49, 221
第 6 条 ………………………………38, 49
第 17 条 ……………………………………47
第 19 条 ……………………………………30
第 21 条 ……………………………20, 35, 211
第 22 条 ………………………………32, 242
第 23 条 ……………………………………33

第 24 条 ……………………………34, 38, 242
第 26 条 ……………………………………17
第 27 条 ……………………………………35
第 29 条 ……………………………………55, 123
第 30 条 ……………………………56, 96, 123
第 31 条 ……………………………………56
第 32 条 ……………………………55, 58, 61
第 33 条 ……………………………………55
第 34 条 ……………………………………55, 96
第 35 条 ……………………………………54, 57
第 36 条 ……………………………………54
第 37 条 ……………………………………123, 127
第 38 条 …………………………………130
第 40 条 ……………………………………61
第 41 条 ……………………………………63
第 42 条 ……………………………………62
第 43 条 ……………………………………63, 64
第 44 条 ……………………………………64, 94
第 45 条 ……………………………………58, 64
第 47 条 ……………………………………65
第 50 条 ……………………………113, 121
第 51 条 ……………………………………19
第 53 条 …………………………201, 203, 205, 209
第 54 条 ……………………46, 75, 211, 215, 227
第 55 条 …………………………46, 75, 119
第 56 条 …………………………………125
第 57 条 ……………………………………67
第 59 条 ……………………………………69
第 60 条 …………………46, 70, 76, 127, 229
第 61 条 ……………………………………46, 61
第 63 条 ……………………………………42
第 65 条 ……………………………………48, 211
第 66 条 ……………………………………73
第 67 条 ……………………………………70
第 69 条 ……………………………51, 66, 91, 164
第 73 条 ……………………………182, 194
第 74 条 …………………………………185
第 75 条 ……………………………186, 194
第 76 条 …………………………………186
第 77 条 …………………………………187
第 78 条 …………………………………185
第 79 条 …………………………………187
第 80 条 ……………………………………66, 188
第 80 条の 2 ……………………………222

第80条の3	225
第82条	92
第86条	63
第87条	71, 79, 224, 229, 236
第88条	39

在外国民の家族関係登録創設，家族関係登録簿訂正及び家族関係登録簿整理に関する特例法

第2条	99
第3条	99, 235
第4条	100
第5条	102
第7条	99

大法院家族関係登録例規

第8号	40
第15号	39
第21号	61
第22号	59
第23号	58, 62, 173
第25号	63
第26号	65
第27号	65
第30号	44, 59, 96, 97, 178
第31号	91
第32号	95
第33号	92, 96, 177
第34号	54
第35号	64, 66
第37号	42
第41号	48, 75
第45号	75
第52号	212
第54号	44, 76, 127
第55号	76
第56号	74
第57号	71
第58号	75
第67号	52
第68号	52
第69号	53, 238

第70号	55
第72号	56
第73号	206
第74号	56
第75号	67
第76号	67
第77号	67
第80号	60
第84号	81, 190, 202, 216
第85号	79, 81
第87号	75
第88号	119
第89号	120, 131
第90号	118
第91号	118
第93号	118
第94号	131
第95号	121
第96号	120
第97号	131
第98号	120, 131
第101号	124, 134, 147, 161, 232
第102号	126
第106号	126, 137
第107号	133, 135
第108号	132
第109号	127, 137
第110号	128
第111号	127
第113号	128, 214
第114号	128
第115号	137, 217
第119号	75
第120号	119
第121号	139
第122号	140
第123号	141
第124号	141
第125号	140
第126号	147
第128号	146
第129号	150
第130号	151
第131号	164

条文索引

第 133 号 …………………163	第 212 号 …………………237
第 134 号 …………………163	第 220 号 …………………69
第 136 号 …………………166	第 221 号 …………………69
第 138 号 …………………171	第 223 号 …………………77
第 139 号 …………………173	第 224 号 ………………72, 81
第 140 号 …………………170	第 228 号 …………………79
第 141 号 …………………169	第 233 号 …………………72
第 142 号 …………………170	第 234 号 …………………72
第 143 号 …………………170	第 236 号 …………………83
第 144 号 …………………171	第 237 号 …………………82
第 149 号 …………………173	第 239 号 …………………83
第 150 号 …………………170	第 240 号 …………………83
第 151 号 ………………39, 170	第 255 号 …………………190
第 152 号 …………………39	第 259 号 …………………21
第 155 号 …………………171	第 263 号 ………………55, 123
第 161 号 ………………163, 179	第 264 号 …………………111
第 164 号 …………………178	第 265 号 …………………111
第 165 号 …………………178	第 266 号 …………………112
第 166 号 …………………178	第 267 号 …………………112
第 168 号 ………………66, 194	第 268 号 …………………112
第 170 号 …………………175	第 269 号 …………………112
第 171 号 …………………190	第 270 号 …………………164
第 172 号 …………………193	第 273 号 …………99, 101, 102, 103
第 173 号 …………………196	第 274 号 …………………15
第 174 号 …………………197	第 276 号 …………………182
第 175 号 …………………196	第 278 号 ……………30, 49, 242
第 177 号 …………………199	第 280 号 …………………63
第 179 号 …………………208	第 281 号 …………………60
第 180 号 …………………206	第 291 号 ………………160, 161
第 184 号 ………………206, 209	第 292 号 ………42, 75, 137, 224
第 185 号 …………………208	
第 186 号 …………………212	
第 187 号 …………………212	
第 188 号 …………………212	
第 189 号 …………………214	
第 195 号 …………………217	
第 196 号 ………………216, 217	
第 197 号 …………………219	
第 199 号 …………………211	
第 200 号 …………………211	
第 205 号 …………………227	
第 206 号 …………………226	
第 210 号 …………………225	
第 211 号 …………………229	

事項索引

い

家制度 …………………………………… 4
遺言による認知 ……………………… 141
意思能力 ………………………………… 52
一般登録事項 …………………………… 16
一般登録事項欄 ………………………… 18
一般身分事項 …………………………… 6
違法な家族関係登録記録 ……………… 77
イメージ電算戸籍簿 ………………… 4, 7

う

受付帳 …………………………………… 63

か

改正民法 ………………………………… 10
改名 …………………………………… 229
改名許可基準 ………………………… 230
改名許可申請 ………………………… 230
改名申告 ……………………………… 231
確定判決による訂正 ………………… 79
家族関係証明書 ……………………… 20
家族関係登録事務 ………… 15, 36, 48
家族関係登録申告書 ……………… 55, 61
家族関係登録申告の受理 …………… 64
家族関係登録創設 …… 101, 117, 225, 235
家族関係登録創設許可申請 …… 101, 236
家族関係登録電算情報資料 ………… 16
家族関係登録電算情報処理組織 …… 34
家族関係登録文書件名簿 ………… 66, 76
家族関係登録法 ……………………… 89
家族関係登録簿 ……………………… 4
家族関係登録簿記録事項 …………… 16
家族関係登録簿整理申請 …………… 102
家族関係登録簿存在申告 ………… 59, 83
家族関係登録簿訂正許可申請 …… 101
家族関係登録簿訂正申請 ………… 101
家族関係登録簿の訂正 ……………… 68
家族関係の登録等に関する規則（家族関係登録規則） ……………………… 15
家族関係の登録等に関する法律（家族関係登録法） ……………………… 4
過怠料 ……………………… 107, 109
簡易職権訂正 ………………………… 74
外国式姓名表記の制限 ……………… 137

き

帰化 …………………………………… 222
棄児発見調書 ………………………… 61
基本証明書 …………………………… 23
協議離縁 ……………………………… 155
協議離婚 ……………………………… 181
協議離婚意思確認申請書 ……… 182, 185
協議離婚制度案内 …………………… 182
強制認知 ……………………………… 141

け

形式的審査権 ………………… 64, 68, 94
形式審査主義 ………………………… 64
刑罰 …………………………………… 107
原簿概念 ……………………………… 40

こ

後見 …………………………………… 205
後見終了 ……………………………… 208
後見人 ………………………………… 205
後見人更迭 …………………………… 208
後見の開始 …………………………… 205
口頭による申告 ……………………… 57
国際後見 ……………………………… 209
国際婚姻 ……………………………… 176
国際出生申告 ………………………… 131
国際親権 ……………………………… 203
国際認知 ……………………………… 145

国際養子縁組と離縁 ……………162
国際離婚 ……………………192
国籍 ………………………4, 221
国籍回復 ……………………223
国籍再取得 …………………222
国籍喪失通報書 ……………61
国籍の選択 …………………224
国籍の喪失 …………………225
戸口調査 ……………………3
戸主 ………………………5, 40
戸主制度 ……………………4
戸主制度の廃止 ……………4, 10
孤児 …………………………235
個人情報 ………………16, 29, 33
戸籍 …………………………5
戸籍記載事項 ………………6
戸籍公開主義 ………………29
戸籍事項 ………………6, 16
戸籍情報処理システム ……6
戸籍制度 ……………………3
戸籍電算情報中央管理所 …6
戸籍の閲覧 ………………7, 29
戸籍法 ……………………4, 15
戸籍簿 ………………………5
戸籍例規 ……………………15
子の養育と親権者決定に関する協議書
 ……………………………183
婚姻 …………………………169
婚姻意思 ……………………169
婚姻関係証明書 ……………23
婚姻外の出生子 ……………119
婚姻挙行地法主義 …………177
婚姻申告 ……………………171
婚姻中の出生子 ……………117
婚姻適齢 ……………………169
婚姻取消 ……………………175
婚姻無効 ……………………175

さ

催告懈怠 ……………………110
裁判上の離縁 ………………156
裁判上の離婚 ………………189
裁判・調停による婚姻申告 …175

在外公館 ……………………34
在外国民 ……………………34
在外国民家族関係登録特例法 ……98

し

失踪宣告の申告 ……………215
死亡 …………………………211
死亡申告 ……………………211
死亡証明書 ………………44, 98
死亡通報書 ………………43, 61
出生 …………………………117
出生証明書 ………………44, 98
出生申告 ……………………117
職務懈怠 …………………110, 112
職権による訂正 ……………73
書面による申告 ……………55
親権 …………………………199
親権者 ………………………199
親権者の指定 …………144, 187, 200
親権者の変更 ………………200
親権の喪失 …………………202
申告 …………………………50
申告期間 ……………………60
申告懈怠 …………………111, 113
申告書 ……………………55, 61
申告地主義 …………………48
申告人 ………………………52
申告能力 ……………………52
申告の競合 …………………67
申告の追完 …………………67
申告の撤回 …………………66
申請 …………………………43
親養子（特別養子） ……15, 156
事実探知回報書 ……………237
常居所 ………………………93
除籍簿 ……………………4, 6, 34

せ

姓・本の変更 ………………232
姓・本の変更許可基準 ……233
姓・本変更申告 …………127, 233
姓名 …………………………18

僭称後見人 …………………………208

そ

創設的申告 ……………………………51
創設的身分行為 ……………44, 80, 97

た

大法院例規 …………………………15, 39

ち

朝鮮戸籍令 ……………………………4, 37

つ

通報 ……………………………………43

て

電算運営責任官 ………………………38, 49
電算戸籍簿 ……………………………4, 6
電算情報中央管理所 …………………48

と

登録基準地 ……………………………18
登録事項別証明書 ……………………16
登録事項別証明書の交付 …16, 18, 29
登録電算情報資料 ……………………16
特種申告 ………………………………51
特種申告書類編綴帳 …………………51
特定登録事項 …………………………16
特定登録事項欄 ………………………18
特定身分事項 …………………………6
特別養子（親養子）……………15, 156
特別養子縁組関係証明書 ……………26
特別養子縁組関係証明書交付の特例
　………………………………………33
特別養子縁組許可審判 ………………159
特別養子縁組の取消 …………………159

に

任意代理 ………………………………53
任意認知 ………………………………139
認知 ……………………………………139
認知権者 ………………………………139
認知申告 …………………………139, 141

は

罰則 ……………………………………107

ひ

被認知者 ………………………………139

ふ

不在宣告等に関する特別措置法 …214
不受理申告書類編綴帳 ………………65
不受理通知 ……………………………65
不受理通知書 …………………………65
不服申請手続 …………………………104
不服申請人 ……………………………104

へ

閉鎖 ……………………………………47
閉鎖登録簿 …………………26, 34, 48

ほ

法院行政処 ………………………37, 49
報告的申告 ……………………………50
法定相続人の調査 ……………………241
法定代理 ………………………………54
補完 ……………………………………64
本 ………………………………………18
本籍地処理原則 ………………………48

事項索引

み

身分行為成立要件具備証明書による審査 …………………………………92
身分事項 ………………………… 6, 16
民籍制度 …………………………… 4
民法改正 …………………………… 11
民法上の一般養子縁組 …………… 149

む

無効な家族関係登録記録 ………… 77

よ

養子縁組 …………………………… 149
養子縁組関係証明書 ……………… 26
養子縁組取消 ……………………… 154
養子縁組無効 ……………………… 154

り

離縁 ………………………………… 155
離婚意思確認書 ……… 181, 188, 192
離婚意思撤回書 …………………… 188
離婚熟慮期間 ……………………… 184
離婚申告 …………………………… 190
離婚に関する案内（協議離婚制度案内）
 ……………………………………… 182
領事婚 ……………………………… 177

著者紹介

申榮鎬（しんよんほ）――――――――――――――――――――
　1953 年生まれ

大韓民国高麗大学校法学部・法学専門大学院教授
関西大学　招聘研究員

主要著書
『共同相続論』（1987）
『朝鮮前期相続法制』（2002）

主要論文
「韓国における親権法の現状と課題」戸籍時報 No.565, 566
「2005 年韓国民法改正の主要内容」戸籍時報 No.589
「韓国における離婚および子の養育並びに親権法制の実情」（『子どもの福祉
　と共同親権』2007，日本加除出版）
「韓国養子法の現在と未来」戸籍時報 No.627, 628

裵　薫（ぺえふん）――――――――――――――――――――
　1953 年生まれ

京都大学経済学部卒業
弁護士（大阪弁護士会）
会計士補（日本公認会計士協会近畿会）
2007 年　大阪にて「弁護士法人オルビス」設立

主要著書
『Q&A100 韓国家族法の実務』（1992，日本加除出版）共著
『新家族法実務大系 相続［Ⅰ］－相続・遺産分割－』（2008，新日本法規）共著
『裁判の中の在日コリアン』（2008，現代人文社）LAZAK 編著

主要論文
「会社分割を利用した事業再生手続モデル」（神戸大学大学院専門職学位論文）

韓国家族関係登録法
－戸籍に代わる身分登録法対応と実務－

　　　　　　　　　　定価：本体 4,200 円（税別）

平成 21 年 3 月 30 日　初版発行

　　　　　　著　者　　申　　榮　　鎬
　　　　　　　　　　　裵　　　　　薫
　　　　　　発行者　　尾　中　哲　夫

　　　　発行所　日本加除出版株式会社
　　本　　社　郵便番号 171-8516
　　　　　　　東京都豊島区南長崎 3 丁目 16 番 6 号
　　　　　　　TEL (03)3953-5757（代表）
　　　　　　　　　 (03)3952-5759（編集）
　　　　　　　FAX (03)3951-8911
　　　　　　　URL http://www.kajo.co.jp/
　　東日本営業所　郵便番号 171-8516
　　　　　　　東京都豊島区南長崎 3 丁目 16 番 6 号
　　　　　　　TEL (03)3953-5642
　　　　　　　FAX (03)3953-2061
　　西日本営業所　郵便番号 532-0011
　　　　　　　大阪市淀川区西中島 5 丁目 6 番 3 号
　　　　　　　チサンマンション第 2 新大阪 301 号
　　　　　　　TEL (06)6308-8128
　　　　　　　FAX (06)6307-2522

　　組版所・印刷所・製本所／大日本法令印刷株式会社

　　　落丁本・乱丁本は本社でお取替えいたします。
　　　　　　 © 2009, Printed in Japan
　　　　ISBN978-4-8178-3812-4　C2032　¥4200E

　[R]〈日本複写権センター委託出版物〉
　　本書の無断複写は、著作権法上での例外を除き、禁じられて
　　います。複写を希望される方は、事前に日本複写権センターの
　　許諾を得てください。　日本複写権センター (03-3401-2382)

「戸籍謄本等の交付請求」、「届出における本人確認」等の改正戸籍法に対応した最新版。
戸籍実務での使いやすさに徹した、定評のある六法。

戸籍実務六法
平成21年版

日本加除出版法令編纂室　編

- A5判（ビニール上製・箱入り）
- 2色刷り
- 定価3,990円（本体3,800円）
- 平成20年10月刊行

豊富な内容へのこだわり

◆ **平成20年9月1日現在までの最新内容を収録。**

平成20年5月1日に施行された「改正戸籍法」「改正戸籍法施行規則」に対応した最新版。さらに、それに伴い発出された最新の通達も収録。
戸籍事務の基本となる主要な国内法規はもとより、旧法規や人名用漢字表等の資料もできる限り収録。また、実務に欠かせない基本通達等においては全文を収録。

◆ **外国法規においては、各国の渉外戸籍事件が増加している近年の状況を踏まえ、処理・対応に必要な関連法令を豊富に収録。**

大韓民国「家族関係の登録等に関する規則」を新たに収録し、婚姻年齢・離婚制度等の見直しがされた同民法の改正、同国籍法等の改正に対応。
また、中華民国戸籍法の全文改正、同民法の改正を反映するなど、各国の収録する法令それぞれに必要な改訂を行い最新の内容に。

「家族」から発想する、いつくしむ世紀へ
日本加除出版

〒171-8516　東京都豊島区南長崎3丁目16番6号
営業部　TEL (03)3953-5642　FAX (03)3953-2061
http://www.kajo.co.jp/